除了野蛮国家，整个世界都被书统治着。

司母戊工作室

One Hot Summer

Dickens, Darwin, Disraeli,
and the Great Stink of 1858

大恶臭

1858伦敦酷夏

[英]罗斯玛丽•阿什顿（Rosemary Ashton）著
乔修峰 译

人民东方出版传媒
東方出版社

图书在版编目（CIP）数据

大恶臭：1858伦敦酷夏 /（英）罗斯玛丽・阿什顿著；乔修峰译 .
—北京：东方出版社，2019.3
书名原文：One Hot Summer: Dickens, Darwin, Disraeli, and the Great Stink of 1858
ISBN 978-7-5207-0791-6

Ⅰ . ①大…　Ⅱ . ①罗…　②乔…　Ⅲ . ①英国—近代史
—通俗读物　Ⅳ . ① K561.43-49

中国版本图书馆 CIP 数据核字（2019）第 028731 号

版权合同登记号：01-2018-8772

大恶臭：1858伦敦酷夏
（DA ECHOU:1858 LUNDUN KUXIA）

作　　者：［英］罗斯玛丽・阿什顿
译　　者：乔修峰
责任编辑：黄珊珊
出　　版：东方出版社
发　　行：人民东方出版传媒有限公司
地　　址：北京市东城区东四十条 113 号
邮　　编：100007
印　　刷：北京联兴盛业印刷股份有限公司
版　　次：2019 年 3 月第 1 版
印　　次：2019 年 3 月北京第 1 次印刷
开　　本：640 毫米 ×950 毫米　1/16
印　　张：23.75
字　　数：307 千字
书　　号：ISBN 978-7-5207-0791-6
定　　价：68.00 元
发行电话：（010）85924663　85924644　85924641

名家 & 媒体推荐

写历史，往往会聚焦在大人物、大事件上面。《大恶臭：1858 伦敦酷夏》则展示了最重要的一种历史写法，挖掘那些重大事件、伟大人物之外的事情，在貌似互不相干的话题和思想之间找出关联。这本书既像小说一样好读，又像惊悚片一样刺激。历史就该这么写，但这么写的人太少了。

——朱迪思·弗兰德斯（Judith Flanders），《维多利亚时代的城市》（*The Victorian City*）作者

大众媒体培养了名人崇拜，并与那年夏天泰晤士河的污染状况发生了碰撞。阿什顿精彩地描述了这次碰撞。无论那个炎热的夏天产生了怎样的影响，这本书都是“必读之书”。

——莉莎·皮卡德（Liza Picard），《维多利亚时代的伦敦》（*Victorian London*）作者

阿什顿把我们带回到了 1858 年那个漫长而又炎热的夏天，描绘了酷暑中的社会、个人和政治风波，讲述了不同人物之间相互交织的命运。

——李·杰克逊（Lee Jackson），《肮脏的老伦敦》（*Dirty Old London*）作者

这本书生动地描绘了一个时代，描绘了那个时代形形色色的人物，把公共事件和个人经历有机地结合在了一起，饱含情感，令人叹服。

——戴西·海（Daisy Hay）《迪斯累里夫妇》（*Mr and Mrs Disraeli*）作者

精彩的研究……该书认为，对维多利亚时代三大杰出人物狄更斯、迪斯累里和达尔文来说，1858 年是他们人生中的一个重要年份。

——《泰晤士报》(*The Times*)

阿什顿的新书讲述了 1858 年伦敦的夏天，气温达到了历史新高，排污系统却出了问题……相比那些全景式的宏大叙事，这本书更能让我们真切地感受当时的伦敦人到底是怎样生活和呼吸的。

——《星期日邮报》(*Mail on Sunday*)

在那个臭气熏天的夏天，英国经历了一系列变革。阿什顿为我们拍下了一张纤毫毕现的全景快照。

——《每日电讯报》(*Daily Telegraph*)

阿什顿竟然把大恶臭写得如此生动……那年夏天伦敦恶臭扑鼻，但仍有很多事情吸引了伦敦人的目光——马赛、画展、谋杀案、离婚案……阿什顿借助细腻的微观视角，发现了一系列引人深思的机缘巧合，让我们知道还有很多人很值得我们深入了解……总之，这本书一点都不乏味。

——《华尔街日报》(*The Wall Street Journal*)

内容丰富多彩，叙述引人入胜。

——《泰晤士报文学增刊》(*TLS*)

这本书写维多利亚人，却更像维多利亚人自己写的。翻开书页，就像推开一扇门，走进了维多利亚人的世界。

——《卫报》(*The Guardian*)

这本书真正出彩的地方，就在于描绘了一个在现代与黑暗时代之间颤抖的伦敦……这是一幅英国黄金时代的全景画，美不胜收。

——《经济学人》(*The Economist*)

这本书精彩地描绘了维多利亚时代中期英国的一个多事之夏。

——《图书馆杂志》(*Library Journal*)

引人入胜。

——《新标准》(*The New Criterion*)

Contents

目录

推荐序

英国的世界“第一”

——从1858年泰晤士河治污谈起

陆建德（中国社会科学院文学所研究员）

狄更斯的杰作《小杜丽》是在 1855 年至 1857 年间分期发表的，小说的起首，叙述者描写了烈日烤晒下的法国港口城市马赛陆地上的景色，接着读者的视线被引到海面上：“海港内污浊的水面和海港外美丽的大海，因为没有丝毫的风而微波不兴。黑与蓝两种颜色之间，清晰地标示出纯净的大海绝不逾越的界线；大海和港内令人厌恶的浊水一样，静静躺着，两者永不混合。”海港严重污染，才会出现这一泾渭分明的奇观。读者会问，伦敦泰晤士河的出海口是不是会有同样的景象？《小杜丽》连载完毕立即出版，第二年六月，伦敦几乎也像马赛一样炎热，最高温度达到甚至超过九十华氏度（三十二摄氏度），这在当地几乎是破纪录了。泰晤士河承载着无数包括人类排泄物在内的下水道污水，发出难闻的气味，在当年刚竣工的威斯敏斯特宫议事的议员也深受其害。罗斯玛丽·阿什顿这本著作以 1858 年夏天伦敦的大恶臭为背景，结合当年通过的《泰晤士河净化法案》《医疗法》和《离婚法》等多种法案的产生过程，讲述了达尔文、狄更斯和时任财政大臣的迪斯累里那一年丰富而曲折的经历。这是一本带有传记特色的社会史，很多史料是首次披露，极有可读性。

伊丽莎白时期的著名诗人斯宾塞（1552—1599）写过一首《婚前曲》，全诗共十节，每一节的结句都是“可爱的泰晤士，轻轻地流，等我唱完了歌”。诗中两只洁白的天鹅顺流而下，岸边鲜花盛开，景色美丽，草地上还有一群仙女。托·斯·艾略特在《荒原》两次引了这句诗，还说“仙女们已经走了”（赵萝蕤译文），意在与二十世纪初期不甚雅观的泰晤士河岸形成对比。其实十六世纪的泰晤士河也目击了很多不幸，自杀者往往喜欢在这条河里终结生命。不过那时的伦敦基本上还局限在当今的威斯敏斯特市和伦敦老城一带，人口少，城市污水直接排放到河中，河水不很清澈（《婚前曲》也说到“water not so fayer”），[1] 不过还不致酿成一次惊动英国王室和政府的严重事件。

两百多年后的情形就完全不同了。1852 年 11 月，美国民主党总统候选人富兰克林·皮尔斯赢得大选，第二年初春宣誓就任美国第十四任总统（1853—1857）后立即派他的大学同学、小说家霍桑出任美国驻英国利物浦的领事。霍桑 1857 年离任，几年后写了《我们的老家》（1863，中译本名为《霍桑英国漫记》），题献给已经下野的皮尔斯。请看霍桑笔下伦敦的母亲河：“横穿一座大城市的河流，往往会为展示这座城市宏伟庄严的建筑提供特殊优势，然而泰晤士河畔，所谓的‘桥下游’的景观，绝没有给人留下应有的深刻印象。事实上，它似乎剖开了伦敦的心脏，仅仅暴露了它已经腐烂破败到何种程度。林立于两岸的是你能想象到的最破旧、最黑暗、最丑陋的建筑。衰败的仓房，窗户已被堵死，码头也一片萧条。因此，若是对世上的大都市没多大了解，我定会以为这城市已经历了商业和金融预言家所预测的本世纪大萧条。泰晤士河水流浑浊，反射不出任何影像，只怀抱着

1 彼得·阿克罗伊德为《伦敦传》（翁海贞等译，译林出版社，2016 年）中关于泰晤士河的一章取名“黑暗的泰晤士河”。

无数肮脏的秘密，仿佛一个愧疚的良心，因源源不断注入的罪恶的溪流而肮脏不堪。因而，泰晤士河也不过是流经这座城市的一条阴暗河流罢了。”[1] 如果气温超过了三十摄氏度，泰晤士河又会给伦敦带来什么？这是霍桑没想到的——幸好他已离开了英国。但是他预感不祥。他说的“源源不断注入的罪恶的溪流”就是指直接排入泰晤士河的污水。

恩格斯第一次坐船到英国，大约是在1842年初冬，他在《英国工人阶级状况》中的记载却很不一样：“从海面向伦敦桥溯流而上时看到的泰晤士河的景色，是再动人不过的了。在两边，特别是在乌里治以上的这许多房屋、造船厂，沿着两岸停泊的无数船只，这些船只愈来愈密集，最后只在河当中留下一条狭窄的空间，成百的轮船就在这条狭窄的空间不断地来来去去，——这一切是这样雄伟，这样壮丽，以至于使人沉醉在里面，使人还在踏上英国的土地以前就不能不对英国的伟大感到惊奇。”[2] 恩格斯在这本书的1892年版加了一条注：“这是差不多五十年前，在美丽如画的帆船时代写的。现在，这样的船如果还出现在伦敦的话，那就只是停在船坞里面了，而布满了泰晤士河的是熏得漆黑的丑陋的轮船。”恩格斯初次遭遇的伦敦，颇有点四十年前（1802年）年轻的华兹华斯站在西敏寺桥上看到的气象：万物“沐浴在无烟的清气中，灿烂辉煌”[3]。正因为河上是“美丽如画的帆船”，空气中才“无烟”。那一年世上第一条蒸汽机船在苏格兰的一条运河试航，帆船退出历史舞台，还要几十年。四十年代初，英国海战主要还依赖三桅帆船。

十九世纪中叶，泰晤士河上的船更新换代，烧煤的蒸汽船淘汰了帆船，繁忙的泰晤士河道上也是浓烟滚滚。霍桑也曾坐新式轮船观赏

1 《霍桑英国漫记》，于承琳等译，中国青年出版社，2017年，第202页至203页。

2 《英国工人阶级状况》，人民出版社，1956年，第58页。

3 《十四行诗：在西敏寺桥上》，屠岸译文。

伦敦景色，他写道："无数的煤烟颗粒从烟囱中排出，漂浮在空中；逢上仲夏，烈日炎炎，露天甲板上浓浓的暑气袭来……"[1] 那时的泰晤士河下已经建成一条人类历史上还未曾有过的河底隧道，霍桑也去见识过一番。圆形入口处由玻璃覆盖，走下几段楼梯，只见一条拱廊"通往无尽的黑夜"，好在隧道每隔一段都用煤气灯照明，还有一些小商小贩在售卖一些小玩意儿。霍桑幽默地写道："英国人在他们伟大河流的河床下开挖隧道，使两三千吨重的航船在他们头顶驶过，这一切仅为了给几个老妇人提供新场所来卖蛋糕和生姜啤酒！"[2] 这里的两个细节是不能忽略的：煤气灯和隧道都是里程碑式的新事物。

1858 年的泰晤士河大恶臭对伦敦乃至工业革命敲起警钟，环保意识正是通过类似的丑闻逐渐产生、加强。事发后，英国议会以最快的速度组建调查委员会，审批治污方案，于 8 月 20 日通过《泰晤士河净化法案》。伦敦市政工程委员会总工程师约瑟夫·巴泽尔杰特的设计方案胜出，他沿泰晤士河在地下拦截污水，又建造了专门通道把污水引到泰晤士河的入海口。这项工程的一切费用来自专项税金。这时的英国已经有一支非常庞大、高效的工程师队伍。

工程师为现代生活提供无数便利，但是我国的读书界对他们的具体贡献所知太少。2012 年的伦敦奥运会开幕式表演第二场"绿色而愉悦的土地"给我极深印象，场上主角是穿着简陋的产业工人和一批头戴高顶礼帽、身穿黑色礼服的工程师，工程师中为首的是由莎剧演员肯尼斯·布拉纳扮演的伊桑巴德·金德姆·布鲁内尔（1806—1859），他的台词来自莎剧《暴风雨》："不要怕，这岛上充满了各种声音。"这位布鲁内尔是史上最伟大的工程师之一，他设计建造了英国的大西铁路和一系列载入桥梁建筑史的大桥（期间发明空气压缩技术），第

1 《霍桑英国漫记》，第 201 页。

2 《霍桑英国漫记》，第 204 页。

一艘横渡大西洋的木制明轮船“大西方”（1837）和1858年铺设横跨大西洋电缆的双层铁壳轮船“大东方”也都是他的杰作。前面提及的泰晤士河隧道是由他父亲马克·伊桑巴德·布鲁内尔（1769—1849）设计的，当今建筑工程中必不可少的隧道盾构也是由老布鲁内尔首创。布鲁内尔父子发明创造之多，实在是世所罕见。成功的发明家背后还有很多不那么成功的探究者，后者一次次的摸索铺就了成功之路。《小杜丽》里就有一位叫丹尼尔·多西工程师，他不计代价地在工作室忙碌，即使自己的发明未被政府部门接受，仍旧坦然自若。

我也想乘此机会提一提另一对有名的父子，约瑟夫·杰克逊·利斯特（1786—1869）和约瑟夫·利斯特（1827—1912）。老利斯特是业余物理学家，发明了显微镜里的组合透镜方法并确定哺乳动物血液中红血球的形状，其子为“外科消毒法之父”。[1] 十九世纪的英国继承了十八世纪发明创造的传统，奠定了现代工业社会的基础。发现蒸汽的瓦特固然重要，而蒸汽机车的制造与不断完善却是一个工程师共同体数十年齐心协作的结果。这些成就来自一种发明创造的文化，来自对自然奥秘无穷无尽的好奇心和忘我的献身精神，来自一个发育健全、各个成员能够默契配合的科学共同体。与此相应的是英国皇家学会的指导作用以及当时一套鼓励科技和探险的机制。英国的林奈学会在1858年已拥有好几百位各有专长的成员，他们不论是组织会议还是编辑出版期刊都做得井井有条，相互之间诚挚交往，无所保留。达尔文的物种起源的思想已经酝酿多年，他与华莱士的愉快合作促使他在1858年下决心把自己的发现写出来公开发表。两人的交往处处显示出“君子坦荡荡”的绅士风度。

1 医学卫生上的进步也惠及中国人。上海的仁济医院由英国外科医生雒魏林（音译当为洛克哈特，1811-1896）于1844年创办，一切资金都来自捐款。该院纯属慈善性质，专收中国病人（故而当初英文名 Chinese Hospital），推广牛痘接种，普及公共卫生知识。病人包括吸食鸦片成瘾者。仁济一度因接受英国人雷士德的捐赠更名雷士德医院。

华莱士也曾独立注意到进化现象。1848 年，才二十三岁的华莱士和昆虫学家亨利·贝茨就到亚马孙河探险并收集昆虫、蝴蝶，为时四年，第二年他弟弟赫伯特也前往巴西，不幸死于黄热病，1854 年，他又在皇家地理学会资助下赴马来群岛收集标本，一待就是八年，“他乘坐当地人的小船，在各岛奔波了一万四千英里，经常晕船，也遇到过食物严重不足的情况，还得过热病，一个人待在简陋的茅舍里，靠着跟新加坡等地的医生要来的奎宁，发汗熬过去。在马来群岛期间，他收集了十万多种动植物，还发现了马来群岛有一条无形的海洋分界线，该线两侧的动物物种差别很大。”用他自己的话来说：“两条腿被虫子咬得体无完肤，疼痛发炎，已经在屋里憋了一个月，但足不出户又招上了热病，还在康复中。浪费这么多时间，严重影响了我采集昆虫的任务。”（见本书第 99 页）没有强健的体魄和勇敢的精神，无法完成如此艰巨的工作。华莱士还与英国同好者交流信息，与他们形成了一个科学研究共同体。皇家学会、皇家地理学会等组织也起到了提倡合作的枢纽作用。如果都是“惟吾德馨”之类的人物，相争相斗就是必然命运了。十九世纪初，到各地搜集植物标本在英国已经蔚然成风，大英博物馆设有自然历史部，植物学家罗伯特·布朗（1773—1858）多年担任植物标本库的负责人。1858 年，英国植物学家已在殖民地锡兰（今斯里兰卡）开设植物园。没有这种全球性的科学考察，达尔文、华莱士共创的进化论是不可能问世的。正是这种植物学上的兴趣促使英国人欧内斯特·亨利·威尔逊在 1899 年至 1911 年间四次到中国西部采集植物标本和种子，1913 年出版《一位博物学家在华西》。据我所知，这本极有价值的著作至今仅有部分译成中文，改名《威尔逊在阿坝》。我在上世纪八十年代留学的时候去一位英国朋友家，花园里的杜鹃花正盛开着，主人告诉我杜鹃花的故乡在中国，我十分惊讶。这件小事也说明我们一般的所谓“读书人”在博物学领域知识非常欠缺，现在依然如此。中国传统士大夫以科举得官为人生目的，重书本知识，达尔文和华莱士漫游式的考察和冒险超出了他们的想象，《小杜丽》中多西这种彻底无我的人，他们也无法理解。现在的中国年轻人还须在“五四精神”的激励下摆脱功利主义和实惠哲学的羁绊，做出让世界刮目相看的事情来。

迪斯累里（也译成狄思累利）与达尔文和狄更斯不同，多年积极从政。他在1858年出任内阁中除首相之外最重要的财政大臣，早年是保守党“青年英格兰”运动的领袖，[1]后来两度出任首相。这位雄辩的政治家还是流行一时的小说家，曾独出心裁地用“两个民族”来概括英国的阶级对立。可惜我们的读书界对这位十九世纪世界史上的关键人物是忽视的，好在管南异的《进退之间：本杰明·狄思累利的“青年英格兰”三部曲研究》（浙江大学出版社，2010年）已经从文学研究方面填补了空白。多次出现在本书的布尔沃·利顿也是维多利亚时代有影响的政治家、作家，今天大学英文系的一般教师也不一定听说过他的名字。英国政治家不得不接受舆论监督，几乎没有隐私可言。但总体而言，报刊（本书作者引用的报刊杂志多达五十余种）督促政府解决难题，堪称社会改革的积极推进者。

大恶臭事发后，伦敦报刊以极为犀利的语言施加压力。7月1日的《泰晤士报》敦促政府加快步伐：“负责这个问题的委员会一个接一个，一拨接一拨，采集的信息足够建造一百种下水道了……可他们还是什么都没做，不过就是往河里抛几船石灰，……要不就是在几个排污口摆摆样子。这么干，到明年这时候，也不会有什么变化。我们要找出问题的根本所在，一天都不要再浪费。”（见本书第180—181页）议会设立的调查污染问题的泰晤士河委员会也受到7月17日《笨拙周报》的嘲讽，诸位成员被取笑为化学坩埚先生、廉价燃气公司计量

1 《共产党宣言》里批判“封建的社会主义”的文字主要是针对“青年英国”（即“青年英格兰”）的。

表先生、糨糊脑袋先生、呆头呆脑勋爵、吹管教授、万事通先生、污水坑先生。一个能够产生《笨拙周报》的社会是风趣、自信的社会，创办人之一亨利·梅休也像恩格斯那样着力反映十九世纪中期伦敦穷人生活和儿童问题。用众声喧哗四字来形容英国的报刊业、出版业是绝对不过分的，这一特殊的语言多元生态显然也有利于社会的进步和读者判断力的提高。马克思也为报刊写过大量新闻报道和时事分析。本书提及的宪章派报纸《人民报》创刊于1852年，刊登或转载过马克思和恩格斯不少文章，马克思还作为外国革命流亡人士的代表出席该报创刊四周年的纪念宴会并致辞。[1] 正是这样一种宽松的出版氛围，促成了很多重要的思想流派的产生。

严复翻译《天演论》以及达尔文的“进化”观念在中国读书人中间曾产生过警钟般的效果，但也会导往可疑的方向。进化论会不会鼓励人们用生物的模式来看待人类社会？1971年的中国，翻译出版的书籍极少，但是赫胥黎的《进化论与伦理学》却是例外。作者有感于维多利亚时代“狂热的个人主义”和“‘自行其是’的倾向”，不主张把生物界的“适者生存”应用到人类社会的伦理领域。“对伦理上最好的东西（即所谓善或美德）的实践包括一种行为的途径，这种行为的途径在各方面都是同宇宙生存斗争中导致成功的那种行径对立的。它要求‘自我约束’来代替无情的‘自行其是’；它要求每个人不仅要尊重而且还要帮助他的伙伴以此来代替、推开或践踏所有竞争对手；它的影响所向与其说是在于使适者生存，不如说是在于使尽可能多的人适于生存。它否定格斗的生存理论。”[2]赫胥黎反对赤裸裸的竞争，同时也拒绝乌托邦的诱惑。他补充了一句话：“进化论并不鼓励对千年盛世的预测。”[3]《进化论与伦理学》在1893年问世，其实作者所担心

1 详见《马克思恩格斯选集》（共四册）第一册，人民出版社，1995年，第774页至776页。

2 《进化论与伦理学》，科学出版社，1971年，第57页至58页。

3 《进化论与伦理学》，第59页。

的“狂热的个人主义”和“自行其是”的信条在诸多因素的牵制下并未被英国社会普遍接受，反而是社会主义的思想在赢得人心，在 1892 年的大选中甚至有工人入选议会。

本书作者详细披露狄更斯的婚姻危机以及随之而起的狄更斯和萨克雷的失和，不过两人之间的不快完全没有恶化到“不共戴天”的地步。他们是克制的，从未互相诋毁，始终能客观评价对方的作品。《大恶臭》中这一部分牵涉俱乐部生活颇多。俱乐部是英国比较有身份的人的去处，所谓的“圈子”往往通过俱乐部形成。成员必须遵守规则，像耶茨那样因言语不当被俱乐部除名是很不体面的。一旦某位成员引起物议，其去留纯粹取决于全体成员的民主表决。俱乐部的自治全仗规章制度，就此而言很像英国古老大学里的学院，各院院长的产生有一个民主的过程，相关学院的正式成员参与院务，也不会因意见不合而反目。英国社会有各种各样的组织，它们使得整个社会的质地特别紧密，同时富有弹性，能不断进行自我调整与修复。

狄更斯与埃伦·特南的关系带有悲剧成分，对此难作是非判断。问题的关键是狄更斯与夫人疏远后能否公道待她。利维斯在论及狄更斯的独特天才时特意指出他的天才全面覆盖了人性的兴趣，接着用括弧加上一句“狄更斯不是‘一个一本正经、坐怀不乱的人’”（“Dickens was not ‘a solemn and unsexual man’”）[1]。利维斯晚年推崇狄更斯，这句插语的分量就非同寻常。人是成长变化的，情感亦然，故而 1858 年颁发的《离婚法》合乎新的人道观。中国传统文化重男轻女，有“三妻四妾”一说（民国时期“姨太太”还屡见不鲜），男方还可以休妻、出妻，从贫苦人家买来“童养媳”当牛马使唤。拐卖妇女的现象，即使在当今也时见于报端。我国《婚姻法》的制定是西风东渐的结果。

1 《小说家狄更斯》，利维斯夫妇合著，1970 年，游隼版，1983 年，第 301 页。

1858年是咸丰八年，除了迫于生计出洋的劳工，中国士大夫还在吟诗作对，对外部世界毫无兴趣，但是现代化已经初露曙光，那时的上海公共租界已经有英国人比尔兄弟组建的消防队，现代城市的公共设施随后逐步在上海创设。1852年年初上海的北华捷报馆就编辑了英文《上海年鉴》，刊载了当时最详细的上海地图，收有连续系统的气象记录以及大量其他珍贵史料。出生于香山的容闳（1828—1912）先在澳门、香港入读教会办的马礼逊纪念学校，1847年赴美留学，1854年从耶鲁毕业回国，立志以个人微弱之力慢慢改造社会和人的观念。那一年7月，上海租界的工部局成立，中国历史上的很多“第一”随之而来。

如何看待英国的殖民遗产？《大恶臭》中不少篇幅涉及英国在印度的统治，这方面我们的知识储备也是普遍不足的。以往人们经常把东印度公司与英国等同起来。印度1857年至1858年的起义被镇压，英国政府立即意识到问题的严重性，决定直接接管印度。维多利亚女王也鼓励首相起草一份印度公告，要体现宽容与平等。当年议会通过《印度管理法案》，德比首相说了这段话：

我认为，印度所有的宗教信徒都应受到保护，绝不允许妨碍基督教传教士在印度活动；但另一方面，我也确信，政府应为所有教派和信仰提供一视同仁、不偏不倚的保护，除此之外，不应过度干涉。这不仅有益于英国的利益、和平和安康，也有利于英国行使治理印度的权力。

但是随着印度知识界国家意识的增强，英国在印度的统治以及帝国体系受到越来越多的批评，尤其是作家拒绝沉默，例如福斯特的《印度之行》和奥威尔的《缅甸岁月》（缅甸原由英属印度管辖）发出了与爱国歌曲《统治吧！不列颠尼亚》对抗的声音。印度的独立与印巴分治是震撼世界的大事，英国并未与独立的原殖民地反目成仇，反而与它们保持了良好的关系，很多新独立国家的领袖人物在英国接受教育。英联邦是历史的产物，“二战”后从大英帝国独立出来的国家绝大部分自愿选择加入英联邦，目前成员国还超过五十个，每四年举行一次运动会。多年来英国女王伊丽莎白二世是英联邦名义上的元首，2018年该职改由查尔斯王子担任。

还有点未尽的话，想借此机会表达一下。英国很早就有了执业医生注册制度，这是值得骄傲的。恩格斯肯定了英国的医院，但是指出医院太少，而且收费贵，工人付不起费用，只好求助于江湖医生的假药。“在英国的一切城市里这种江湖医生都有好多，他们靠各式各样的广告、招贴及其他诡计在最穷的阶级中招揽顾客。此外，还有极多的包治百病的所谓特许专卖药出卖，……所有这些药剂都有一个特点，就是能医治世界上的一切疾病。……这些丸药有的人用来治大便不通，有的人用来泻肚子，有的人却用来治热病、虚弱以及各种各样的疾病。”[1]由此看来四十年代还没有严格实行执业医生注册制度。英国的医疗改革旷日持久，“二战”后实行的国民医疗保健系统（NHS）是福利社会最典型的成就。恩格斯揭示的那套虚假广告，在很多地方仍未绝迹。如果“祖传秘方”、“扶正祛邪”之类的语言畅行无阻，诸多像光环下的人参一般的神药不必通过临床试验来证明其无所不能的疗效，那么江湖医生乃至“大仙”[2]还是有着施展手段的空间。

读完《大恶臭》的译稿，我深深感到修峰花费在翻译上的时间和精力不会白费。1858年伦敦的高温促使政府立法启动下水道改造，一百多年来，随着人们环保意识的提高，泰晤士河的综合治理未曾间断。上世纪八十年代，上海的苏州河也因生活和工业污水的肆意排放而以黑臭著称，经过二三十年的截污治污以及河道疏浚，苏州河水质改善，鱼类群落渐渐恢复，两岸已没有异味。但是全国总体水质下降

1 《英国工人阶级状况》，人民出版社，1956年，第146页。

2 见《新京报》2019年3月11日报道《丈夫听信“大仙”鞭打妻子致死》。

的趋势是否根本扭转？城市下水管道的铺设是否跟得上建造高楼的热潮？我国的环境整治和生态修复还有很长的路要走，我也希望这本书能够广受关注。

Prologue
序曲

1858 年 6 月 16 日星期三，是英国有史以来最热的一天。那年夏天也是英国历史上最为炎热的夏天之一。伦敦两百多万居民的废水都排进了泰晤士河，引起了熏天恶臭。在这种情况下，住在伦敦是一种什么感觉？人们又是怎么熬过炎炎夏日的？在泰晤士河沿岸居住或工作的人，包括议会大厦中的议员和威斯敏斯特厅[1]的法官们，面对难以忍受的环境，采取了哪些措施？报刊又是怎么报道的？

那年夏天的一件大事，就是采纳工程师约瑟夫·巴泽尔杰特[2]的方案，沿泰晤士河修筑大堤，利用拦截式下水道，将废水引到伦敦以东。伦敦多次遭受霍乱等疫病侵扰，最近一次就在 1854 年。尽管人们错误地认为这些疾病是通过空气而非水源传播的，但所有人都意识到，泰晤士河已经威胁到了伦敦人的健康。

1 威斯敏斯特厅（Westminster Hall）为议会大厦现存最古老的部分，英国最重要的三个法庭——王座法庭（Court of King’s Bench）、民事法庭（Court of Common Pleas）和大法官法庭（Court of Chancery）曾设于此。本书脚注均为译者所加。

2 约瑟夫·巴泽尔杰特（Joseph Bazalgette，1819—1891），英国工程师，修建了伦敦下水道系统和泰晤士河大堤。

英国在1855年之前逐步取消了纸张税和印花税，报纸数量激增，前所未有地成了民众获取信息、了解观点的重要渠道。从历史悠久、威望很高的《泰晤士报》[1]，到各种新兴报刊，如1850年创办的街头小报《雷诺兹报》，都不断给当局施压，要求治理泰晤士河。1858年夏天，政府终于采取了措施。巴泽尔杰特开始了他的伟大工程，修建了维多利亚大堤、艾伯特大堤和切尔西大堤，开辟了新的街道和公园，对伦敦的公共卫生、城市交通和地貌景观产生了深远的影响。那年夏天，还有一些重大工程也已经竣工或正在进行之中。伊桑巴德·金德姆·布鲁内尔[2]的“大东方号”已经下水，这是当时世界上最大的铁壳汽船，就停泊在泰晤士河畔的德特福德，但由于缺少资金，一直无法扬帆远航。8月，汽船“尼亚加拉号”和“阿伽门农号”驶入大西洋，接通了海底电报电缆，实现了英国和美国的即时通信。

1858年夏天，科学领域成绩斐然，上述工程只是冰山一角。达尔文[3]的《物种起源》开天辟地，改变了人们对生物进化的认识，虽然1859年11月才出版，但在1858年6月已经开始萌芽。达尔文早年随“小猎犬号”航海考察，后又潜心研究二十年，逐渐形成了自然选择理论，但进展十分缓慢。1858年6月，他收到了艾尔弗雷德·拉塞尔·华莱士[4]的信和论文，十分震惊，发现再不抓紧时间发表，就有可能被别人捷足先登，于是迅速写出了便于阅读的单卷本《物种起源》。该书既有学术的严谨，又不失澎湃的激情。他后来回忆说，原本想写

1 《泰晤士报》(*The Times*)是伦敦出版的日报，19世纪中期发展成为一份颇受重视的全国性大报，也是英国历史最悠久、最具影响力的报纸之一。

2 伊桑巴德·金德姆·布鲁内尔(Isambard Kingdom Brunel，1806—1859)，英国土木工程师和机械工程师，建造了3艘蒸汽发动机船“大西方号”、“大不列颠号”和“大东方号”，这些船在下水时都是世界上最大的。

3 查尔斯·达尔文(Charles Darwin，1809—1882)，英国博物学家，提出了以自然选择为基础的进化论，著有《物种起源》《人类的由来》等。

4 艾尔弗雷德·拉塞尔·华莱士(Alfred Russel Wallace，1823—1913)，英国博物学家，与达尔文同时独立地发现了物种通过自然选择进化的理论。

得更长一些，提供更多的细节，但那样就不会有这么多读者，也不会这么快就产生影响。1858 年夏天，家庭变故、身体状况和研究工作不断给他带来惊吓和打击，但只有家人和几位好友知道，在那短短的几周里，49 岁的达尔文经历了事业和人生中的危机时刻。

那年夏天，狄更斯[1]、迪斯累里[2]也和达尔文一样，在危机中收获了成功，成了维多利亚时代的代表人物，科学、文学和政治舞台也因为他们而星光灿烂。1858 年夏天，46 岁的狄更斯已经出版了好几部畅销小说，正如日中天，但也有传言说他不忠于婚姻。有的说他跟妻妹眉目传情，有的说他跟女演员朝云暮雨，这位女演员才 19 岁，跟他二女儿凯蒂一样大。狄更斯不仅否认感情出轨，还头脑发热，公开宣布与妻子分居。两人已经结婚二十二年，生了十个孩子，有九个活了下来。这年夏天，他行事冲动，与朋友绝交，跟出版商终止合作，伤害了妻子儿女，还因为加里克俱乐部[3]的一点小事，和萨克雷[4]起了争执。两人都是加里克俱乐部的会员，又都在文坛享有盛誉，虽然不是至交好友，但也一直没有伤了和气，他们的女儿也相处融洽，现在却割席分坐，形同陌路。这年夏天，俱乐部里也不太平。一些年轻作家和律师也卷入了所谓的“加里克俱乐部事件”，引起了报界的热议。这些年轻人大多崇拜狄更斯和萨克雷，模仿他们的写作风格。狄更斯

1　查尔斯·狄更斯（Charles Dickens，1812—1870），英国小说家，本书提到了他的《博兹札记》《匹克威克外传》《雾都孤儿》《董贝父子》《马丁·瞿述伟》《大卫·科波菲尔》《双城记》《远大前程》《荒凉山庄》《小杜丽》《我们共同的朋友》《德鲁德疑案》等作品。

2　本杰明·迪斯累里（Benjamin Disraeli，1804—1881），英国保守党政治家和作家，1868 年、1874 年至 1880 年出任首相。本书提到了他的《康宁思比》《坦克雷德》《西比尔，或两个国家》等长篇小说。

3　加里克俱乐部（Garrick Club）是伦敦著名的俱乐部，成立于 1831 年，得名于 18 世纪英国著名演员、剧作家戴维·加里克（David Garrick，1717—1779）。

4　威廉·梅克皮斯·萨克雷（William Makepeace Thackeray，1811—1863），英国小说家，本书提到了他的《名利场》《彭登尼斯》《纽克姆一家》《亨利·埃斯蒙德》《势利人脸谱》《弗吉尼亚人》等作品。

进入了创作的枯水期，但也在绝望中嗅到商机，首次开始在全国各地巡回朗读自己的作品。他读得声情并茂，但也疲惫不堪。情感的旋涡差点让他失去朋友和读者，但不管是演讲、朗读还是写作，他都展现出了顽强的意志和强大的人格魅力，最终渡过了这次难关，回到了小说创作的轨道，1859 年出版了《双城记》，1860 年写出了《远大前程》，1864 年至 1865 年又创作了《我们共同的朋友》。后两部作品是他反思罪与耻的扛鼎之作。

1858 年，迪斯累里 53 岁，刚开始在政坛留下印迹。虽然他在 1837 年就当上了议员，但基本上都是在反对党，现在终于进了德比勋爵[1]领导的托利党政府，担任财政大臣。他统领议会下院，在 8 月 2 日前推动议会通过了一系列影响深远的法案，最著名的当数《泰晤士河净化法案》。这年 6 月和 7 月，伦敦酷热难耐，泰晤士河臭气熏天，议员们围绕治河方案争论不休，每种方案都要提出质疑，或要求暂缓表决。迪斯累里凭借出色的口才和谋略说服了他们。从他给友人和同僚的信中，可以看到他精彩绝伦的表演。起初，维多利亚女王和艾伯特亲王[2]、德比勋爵、大多数议员和报界一样，觉得迪斯雷里华而不实，鲁莽草率，两面三刀。迪斯累里则不断给女王写信，汇报议会“战场”上的每一次交锋，最终改变了女王对他的态度。他还襄助辉格党的约翰 · 罗素勋爵[3]，敦促议会通过了一项法案，让犹太裔的莱昂内尔 · 德 · 罗斯柴尔德不必“以基督徒的名义”宣誓，便可拥有议会下院席位。迪斯累里虽然也是犹太人，但早已皈依英国国教。

那年夏天，德比 – 迪斯累里政府还推动议会通过了《医疗法》，

1 德比勋爵（Lord Derby），即爱德华 · 斯坦利（Edward Stanley，1799—1869），英国保守党人，1852 年、1858 年、1866 年至 1868 年出任首相。

2 艾伯特亲王（Prince Albert，1819—1861），维多利亚女王的丈夫，实际上是女王的私人秘书和首席机要顾问。

3 约翰 · 罗素勋爵（Lord John Russell，1792—1878），英国辉格党政治家，两次出任首相。

建立了执业医师注册制度，成立了全国医学总会，极大地改善了这个混乱的行业，消除了很多不平等和不规范的现象。议会还修正了《离婚法》，对未来的社会政策产生了深远的影响。《离婚法》已于1858年1月实施，但这年夏天又出了“鲁滨逊诉鲁滨逊和莱恩案”，爱德华·莱恩医生被控与病人伊莎贝拉·鲁滨逊通奸，案情复杂，数月未决。报纸天天报道，一时满城风雨，全国的法律精英都在思考如何修正法律。达尔文与莱恩交往密切，看了报道后非常震惊。狄更斯也担心自己会被告上离婚法庭，6月份寝食不安，如坐针毡。迪斯累里则为好友和同僚爱德华·布尔沃·利顿[1]捏着一把汗。利顿与妻子矛盾公开，引得6月到7月的报纸不断报道，不仅有可能让他身败名裂，还可能殃及迪斯累里，甚至拖垮岌岌可危的托利党政府。

近年来，《泰晤士报》和不列颠图书馆收藏的19世纪报刊都已实现数字化，建立了可以检索的数据库，有助于深入研究某一特定时段的新闻时事，把握维多利亚时代日常生活的质地和构造。这在以前是难以想象的。此外，议会辩论、议会委员会议事录和法庭卷宗也有了电子版，有助于深入研究达尔文、狄更斯和迪斯累里的生平。除了翻阅他们的书信日记，还可以参考同时代人对他们的评价，这些人里有他们的同事和朋友，也有日报和周报的撰稿人。报上的文章有保守的，也有激进的；有友好的，也有敌对的；有严肃的，也有无聊的。除了这些名人，还有很多不知名的人，或当时有名但现在已被遗忘的人，他们也是时代画卷的重要组成部分，现在可以借助当时的报刊，重现他们的风采。例如，狄更斯认识的律师埃德温·詹姆斯，曾经名噪一时，但品行可疑；年轻记者埃德蒙·耶茨[2]，不经意地挑起了加里

1 爱德华·布尔沃·利顿（Edward Bulwer Lytton，1803—1873），英国议会下院议员、殖民大臣、小说家和剧作家，本书提到了他的《佩勒姆，或一位绅士的历险》《他该怎么办？》等作品。

2 埃德蒙·耶茨（Edmund Yates，1831—1894），英国记者，与狄更斯交往密切。

克俱乐部事件，令狄更斯和萨克雷反目成仇；工程师戈兹沃西·格尼，虽然也提出了治河方案，却没有参与后来的工程建设；还有很多工程师和投资人，虽然名气不如布鲁内尔，却和他一起建造了那个令人瞩目的庞然大物。

微观史学（Microhistory）旨在细致深入地研究历史现象，挖掘未知的关联、模式和结构。1858 年有些事件改变了人们的生活，影响了国家建设。例如，改造伦敦下水道，建造大型轮船，敷设大西洋电报电缆，提倡婚姻领域的公正平等，整顿医疗行业。但也有些人和事，在当时的英国尤其是伦敦影响很大，今天却没有那么重要了。例如，圈环裙时尚，德比马赛，皇家美术学院年展，克里斯蒂滑稽说唱团，“美国驯马大师”詹姆斯·拉里，丰富多彩的戏剧和童话剧（pantomime）。[1] 当时，大大小小的剧院日渐多了起来，除了伦敦西区[2] 那些老牌剧院，在偏僻地区的酒馆周边，也出现了很多小剧场。

还有一些个人之间的关联，以前没有引起注意或重视。例如，达尔文与爱德华·莱恩、狄更斯与埃德温·詹姆斯、迪斯累里与爱德华·布尔沃·利顿之间的关系。利顿与妻子罗西娜感情破裂后，把她送到了精神病院，弄得自己臭名昭著，成了 1858 年 6 月至 7 月间的轰动新闻。选取一个比较短的时段，深入考察，就能发现很多路径原来是相通、交叉或重合的，也能看到一些有意为之或纯属偶然的关联。如果对达尔文、狄更斯和迪斯累里的生平事迹感兴趣，对他们的亲朋好友、观察者、评论者和竞争者感兴趣，对那些努力把日子过好的平凡人感兴趣（比如那位大热天回家取外套的人，因为穿着不“得体”，

1　圈环裙是一种用硬环扩撑起来的女裙，在 19 世纪非常流行；德比马赛是英国传统马赛，始于 1780 年，每年 6 月在英国萨里郡的埃普瑟姆丘陵举行；皇家美术学院创立于 1768 年，第一任院长为乔舒亚·雷诺兹。

2　伦敦西区为王宫、议会、政府部门所在地，有很多商场、剧院和高级住宅，与贫穷的东区形成了鲜明的对比。

法官拒绝受理他的案子），那么，1858 年夏天就是一个巨大的宝藏。

长篇传记和宏观史书要么讲述人物一生，要么叙述整段历史，无暇挖掘芸芸众生在那个夏天所经历的种种紧张时刻。弗吉尼亚·伍尔夫[1]在《现代小说》一文中说，小说要“记录微尘坠落心田的过程”，“描述每一事每一景给意识留下的痕迹，哪怕看上去毫不相干、互不相连”。微观研究也能让历史具有这种魅力。例如，在迪斯累里的政治生涯中，有一个阶段对他后来的崛起非常重要，却没有引起重视。史学家和传记家经常回顾他鲁莽的青春年代，分析他辛辣犀利的小说和报刊文章，考察他在 1868 年当上首相后取得的成就，却忽略了他在 1858 年夏天的努力，尤其是他如何在 8 月 2 日前征服了那些抱有敌意的媒体和心存疑虑的同僚。再如，我们都知道狄更斯婚姻不幸，知道他四处倾诉衷肠，却不清楚他在 1858 年 6 月初宣布分居后，是怎样一天天熬过了那个漫长的夏季。同样，我们知道达尔文在 1858 年 6 月中旬收到了华莱士寄来的论文，惊诧万分并改变了写作计划，却不太清楚那年夏天他的家庭生活与研究工作之间的相互影响。深入考察这短短的几个月，可以从这些人物和当时的社会之间找到更多的关联。毕竟，那年夏天的很多公共事件都对整个国家产生了深远的影响。

除了通过在线数据库查阅报刊资料、议会文件和法庭卷宗，我还参考了很多尚未发表的文献。谨向以下机构的馆员、负责人和手稿管理员表示感谢：耶鲁大学拜内克珍本与手稿图书馆，不列颠图书馆，布罗姆利地方研究图书馆，加里克俱乐部，兰贝斯宫图书馆，国家气象图书馆与资料库，苏格兰国家图书馆，维多利亚与艾伯特戏剧表演资料库。感谢贝里·切瓦斯科、格雷戈里·达特、迈克·迪尔克、林赛·杜吉德、尼古拉斯·雅各布斯、比尔·朗、弗雷德·施瓦次巴

1　弗吉尼亚·伍尔夫（Virginia Woolf，1882—1941），英国小说家、评论家。

赫、迈克尔·斯莱特、约翰·萨瑟兰、琼·赛克斯、洛娜·昂温、恩里卡·维拉里、勒内·韦斯为我提供信息，给我鼓励。感谢我的著作事务代理人维多利亚·霍布斯、耶鲁大学出版社的编辑希瑟·麦卡勒姆和雷切尔·朗斯代尔。

Chapter 01

第一章

历史中的1858年

重要关头

温度表一整天都在 90 度。[1] 可以想象，燃烧的蜡烛，热腾腾的饭菜，再加上一二十个煮得半熟的人，是什么感觉。要我说，跟这个相比，烤架上的圣劳伦斯[2] 都得算清凉的象征。[1]

1858 年 6 月 16 日，美国历史学家约翰·洛思罗普·莫特利[3] 在伦敦参加晚宴，写下了上面的话。后来得知，那是那年夏天最热的一天，而那年夏天又是英国有史以来最热的夏天之一。泰晤士河及周边地区臭气熏天，议会最终决定修建泰晤士河大堤，通过堤下的下水道将废水运走。除此之外，1858 年似乎并不是英国历史上的重要年份。但事实上，那一年是一个重要的转折年份，对国家和个人都产生了深远的影响。无论是对普通人还是对富豪、名流和权贵来说，那年夏天都是一个重要的关头。

1 原书中温度为华氏度，摄氏度 =（华氏度 −32）÷ 1.8。

2 圣劳伦斯（St Lawrence，?—258），罗马殉教士，传说是被放在烤架上炙烤而死。

3 约翰·洛思罗普·莫特利（John Lothrop Motley，1814—1877），美国外交家和历史学家。

我们回顾历史时，经常用某个年份来标志公共生活或个人生活中的大事，用某个时刻来标志社会、政治、文化和思想领域的重大变革。我们会用1789年来标志“法国大革命”，用攻克巴士底狱那天来标志当时错综复杂的形势，用1914年来标志第一次世界大战开幕，用1859年《物种起源》的出版来标志人类对自然和自然发展史的全新认识。同时，我们也知道，一个事件真正的源头远在那个标志性的年份之前，而所谓的起点，不过是此前各种力量汇聚的结果。

历史学家要追溯、挖掘、阐释这些标志性的时刻或年份之前的各种因素。1832年通过了第一次议会改革法案，这一年成了英国历史上的重要年份。但对那些在议会内外为此奔走游说的人来说，这其实是一段很长的历史。为了消除选举腐败，扩大代表权，不让特权阶层垄断政治权力，他们已经奋斗了多年。1848年是欧洲的“革命之年”，武装暴动从巴黎开始，向各国蔓延，形成了多米诺骨牌效应，推动了民主的进程。但严格来说，这一年其实也是革命失败之年，各国独裁政府又在这一年纷纷复辟，人民还要再等几十年才能得到普选权。诚如史学家G.M.屈维廉所言：“1848年是个转折点，因为现代历史的转型失败了。”[2] 1848年，马克思还出版了后来影响全球的《共产党宣言》，但在当时并没有引起思想或现实中的革命，在此后的很多年里，也没有任何地方认识到它的重要性。

那些重要的年月日，通常都是长期积累的结果。1859年就是一个很好的例子。这年11月，达尔文出版了《物种起源》。这是他随“小猎犬号”出海考察归来后，又研究了二十多年才完成的著作。该书全名为《论借助自然选择（即在生存斗争中保存优良族）的方法的物种起源》，虽然冗赘，却富有革命意义，因为“自然选择”点出了物种进化的关键。人们后来大都接受了这个观点，但当时还不太理解。其实，“进化”并不是一个全新的概念。1861年4月，《物种起源》第三版出版时，达尔文又在书中增加了一篇《物种起源观点的发展史》，把这个概念的历史一直追溯到亚里士多德，然后是布丰、他祖父伊拉兹马斯·达尔文、艾蒂安·若弗鲁瓦·圣伊莱尔、《创世遗痕》的“匿名作者”（爱丁堡出版商罗伯特·钱伯斯）和理查德·欧文教授[1]，最后才是他和华莱士用自然选择来解释物种的变异和保存。[3]《物种起源》是科学界和达尔文个人生活中多种力量和因素共同作用的结果。它既是顶点，又是起点，引起了很多争议，很多圈外人士都不满该书对宗教信仰的冲击。虽然《物种起源》是1859年出版的，但从某种程度上说，1858年更为重要。正是在1858年那个闷热的6月，达尔文收到了华莱士的来信和论文，经历了人生中最大的一次恐慌，从而加快了这部经典著作的写作进程。

达尔文晚年写了一本自传，回顾了自己的研究生涯，认为大事常成于微隐。他说，1831年至1836年随“小猎犬号”出海考察，是“我一生最重要的事件，决定了我此后的整个事业道路，但它竟然是由两件小事决定的。一是我舅父提议载我回三十英里外的什鲁斯伯里——别人的舅父可能不会这么做，二是我的鼻型”。[4]他早先在爱丁堡大学学医，后来转到剑桥大学学习，为将来担任神职做准备。“小猎犬号”要去南美测绘水文，他想随船出海，担任没有报酬的博物学家。他父亲不同意，他舅父乔赛亚·韦奇伍德便替他求情。第二件事与“小猎犬号”的舰长罗伯特·菲茨罗伊有关。菲茨罗伊性情暴躁，反复无常。气象学会的前身于1854年成立时，他是第一任气象学家。他对达尔文的鼻型深表怀疑，但最后还是同意带他出海。“他是拉瓦特尔[2]的狂热信徒，”达尔文写道，“自认为能够根据相貌判断一个人的

1 布丰（Buffon，1707—1788），法国博物学家，与他人合著了《自然史》；艾蒂安·若弗鲁瓦·圣伊莱尔（Étienne Geoffroy Saint-Hilaire，1772—1844），法国博物学家，支持拉马克的生物进化学说；罗伯特·钱伯斯（Robert Chambers，1802—1871），苏格兰出版商，进化论者，匿名出版了富有争议的《创世遗痕》（*Vestiges of Creation*，1844）；理查德·欧文（Richard Owen，1804—1892），英国解剖学家、古生物学家。

2 拉瓦特尔（Lavater，1741—1801），瑞士神学家，颅相术创立者。

性格。他只看了我的鼻子，就断定我缺乏航海的精力和毅力。”达尔文用他那种既自信又谦逊的语气说道：“但我觉得，他后来很满意——我的鼻子说谎了！”[5]

《物种起源》出版之前，达尔文还算不上名人，但也和狄更斯、迪斯累里一样，在 1858 年夏天经历了人生中的危机时刻。1858 年 5 月至 8 月，短短四个月，很多维多利亚时代的名人，还有那些昙花一现的名人，都发现自己卷入了影响全国的政治、社会和文化事件之中。议会通过了几项影响深远的法案，涉及印度治理、犹太人议员席位、医疗卫生、婚姻和“大恶臭”。正是这场触目惊心的大恶臭，让 1858 年出了名。那年夏天异常炎热，伦敦的废水未经处理，直接排入泰晤士河，导致河水严重污染。《泰晤士报》等媒体早就在呼吁“采取措施”，但议会并不积极，地方政务委员会、教区委员会和供水公司也相互推诿。这次，终于忍无可忍了，议会迅速通过了法案，由约瑟夫·巴泽尔杰特负责修筑堤岸，治理泰晤士河。

因此，1858 年也是巴泽尔杰特开始这项伟大工程的年份。1861 年 4 月，《观察者》称其为“当代最宏伟壮观的工程”。巴泽尔杰特在泰晤士河两岸修筑大堤，用拦截式下水道将废水引到伦敦以东，从北岸的巴金和南岸的克罗斯内斯排出。同时，大堤也疏解了泰晤士河畔斯特兰德大街[1]的交通，让伦敦像很多欧洲都市那样，拥有了壮观的滨河大道。1864 年，大堤下面又修建了地铁，成了世界上首个地铁网的一部分。[6]

1858 年夏天，还有几项重要的发明问世，也引起了关注。布鲁内尔的“大东方号”就停泊在泰晤士河边的德特福德。6 月底，维多利亚女王忍着酷热和恶臭，登船参观。该船有双层铁甲，两组蒸汽机，装满燃煤，可以中途不停，直达澳大利亚，但由于资金短缺，一直未

1　斯特兰德大街（Strand）是东西向的主干道，与泰晤士河平行，是当时伦敦最长的街道。

能完成舾装。[7]这艘巨轮有些超前，当时世界上能供它停靠的港口寥寥无几，要么面积太小，要么深度不够。直到 1866 年，它才派上用场，参与敷设大西洋海底电缆。这条电报电缆也是当时的重大发明，1858 年夏天首次引起关注。8 月 16 日，电缆接通，维多利亚女王和詹姆斯·布坎南总统[1]完成了简短的通信，信号随即变弱消失。等后来有了更多的资金和更先进的技术，才又成立新公司，重新敷设电缆。1866 年，“大东方号”承担了敷设任务，终于物尽其用。[8]

摄影术也在 1858 年取得了重大突破。有史以来的第一张彗星照片，就是在这年秋天拍摄的。6 月，多纳蒂[2]在佛罗伦萨通过望远镜观测到了这颗彗星。9 月，英格兰南部已经可以用肉眼观测。9 月 27 日，威廉·厄舍伍德在萨里郡的赖盖特拍下它的照片。[9] 1858 年，《凯利氏伦敦邮政人名地址录》首次收录了“摄影艺术家”和“摄影器材制造商”。7 月，乔治·奥古斯塔斯·萨拉[3]在报纸时评专栏《夜以继昼》中写道，“近日，摄影师在新街挂出了招牌，架上了镜头”，如果下午路过考文特花园[4]附近的这条街道，“就有可能被强行拉到摄影‘艺术家’的洞里，不管愿不愿意，都会被‘拍下来’”。[10]

1858 年春天有两部戏也谈到了新兴的摄影术。3 月，约翰·霍林斯黑德创作了家庭短剧《波杰斯的出生地》，在皇家吕克昂剧院上演，剧中塑造了两位“摄影艺术家”，他们试图永久保存“文学大师”波杰斯的故居。4 月，剧作家协会的年轻会员 N.H. 哈林顿和埃德蒙·耶茨创作了幽默短剧《您的照片——只要一先令！》，在协会附近的斯特兰德剧院上演，场景就是摄影师的工作室，一个带玻璃屋顶的阁

1 詹姆斯·布坎南（James Buchanan，1791—1868），美国总统，曾任驻英公使。

2 多纳蒂（Giovanni Battista Donati，1826—1873），意大利天文学家，发现了多纳蒂彗星。

3 乔治·奥古斯塔斯·萨拉（George A. Sala，1828—1890），英国记者，曾为狄更斯的《家常话》撰稿。

4 考文特花园（Covent Garden）是伦敦一处著名广场，曾为伦敦主要的水果、花卉和蔬菜市场。

楼。[11] 1858年6月，爱德华·科普兰出版了一本谈摄影的小册子，一共三十二页，配有插图，六便士一本。这本小册子属于《大众指南系列》，说明1839年问世的摄影术已经成了寻常百姓的业余爱好。小册子标题很长，但信息量很大：

《大众摄影：玻璃相片或纸质相片制作方法，最常用的相片制作方法详解，包括火棉胶正负片；旅行摄影使用的干火棉胶；单暗箱立体相机以及用玻璃负片或纸质负片印制相片的全套技术；各种摄影方法所需器材及化学材料价格清单。附插图二十幅，作者是爱德华·A. 柯普兰，著有〈鱼缸及其教训〉》。

柯普兰知道，有些摄影爱好者想在旅行途中显影，便讲解了如何使用火棉胶干板负片摄影，认为这项技术对时间宝贵的“建筑师和工程师”非常有用。[12]

1858年9月，英国科学促进会主席理查德·欧文总结了本年度的科技成就，表扬了摄影术的进步，肯定了它对其他学科和普通民众的意义，认为摄影术将对日常生活和知识获取方式产生深远的影响。他说：“在一些重要的气象记录中，摄影术已经成了不可或缺的忠实仆人。”生物学家可以利用照片，判断动植物的生长速度；工程师可以“在国内借助照片，掌握印度等偏远地区的铁路工程每周的进度，细到每一块砖、每一块板和每一颗钉子”；“最贫穷的移民”也可以在出国时，携带“乡人乡景”照片。[13]

欧文是当时英国最杰出的比较解剖学家和古生物学家，也是大英博物馆[1]博物学部门的负责人。1858年9月，英国科学促进会在利兹召开大会，他作为主席做了长篇演说，最后提到了统计学和卫生学这

1 大英博物馆（British Museum）也译作不列颠博物馆，1753年建于伦敦，是英国综合性的国家博物馆。

两个新兴学科，认为它们对“国家的繁荣和人类的安康”非常重要。在此之前，政府在面对瘟疫、热病和全国性的霍乱（最近一次是 1854 年）时比较被动，通常是出了问题才做出应对，虽然也有隔离检疫，但更需要主动预防。统计学有助于比较不同地区的死亡率，查找病因，为今后的预防指明道路。欧文表扬了埃德温・查德威克为卫生改革做出的贡献。1842 年，查德威克撰写了《英国劳动人口卫生状况报告》，认为传染病与城市卫生条件差有关，伦敦也不例外，这座大都市的人口和面积在 19 世纪上半叶翻了一番。[14]

不过，1858 年，查德威克的星光已经黯淡。他固执傲慢，得罪了政客、工程师和官员，1854 年被迫离职，退职金倒也丰厚，每年一千镑。[15] 虽然不再担任公职，但他关于城市病的一些观点仍然很有影响力。他一心要解决伦敦等人口密集地区的脏乱状况，没想到适得其反，招致了灾难性的后果。当时，伦敦居民大都将粪便排到化粪池，由“挖夜土的人”夜间挖走，卖到郊区，用作肥料。[16] 查德威克建议改用抽水马桶，将污物排入下水道。伦敦最初修建下水道，是为了排雨，现在又增加了抽水马桶排出的污水。这些污水没有经过处理，直接汇入泰晤士河，造成了河水污染，而供水公司仍从河中取水，作为饮用水出售。[17] 很多支流也夹杂污水，汇入泰晤士河，未经处理便注入大海。1858 年夏天，这个刺鼻扎眼的问题亟待解决。

查德威克开创的公共卫生研究，已经从政府官员手中转到了其他改革者手中，包括约翰・斯诺、约翰・西蒙等医生和巴泽尔杰特等工程师。他们大都和欧文及大多数官员一样，相信查德威克的“臭气”致病说，认为霍乱等传染病是通过空气传播的。但事实上，真正的凶手是水中的细菌。在英国，只有约翰・斯诺发现了这一点。1854 年霍乱爆发时，他发现伦敦索霍区有一个街区死亡率畸高，原因是当地居民都从宽街水泵打水吃，这些水没有经过净化处理。斯诺生前主要因为提倡麻醉术著名，曾两次在维多利亚女王分娩时使用氯仿麻醉，但他关于水能传播疾病的观点，却是在去世很久以后，才得到了医学界的承认。1858 年 6 月 16 日，斯诺因中风去世，年仅 45 岁。那天也是有史以来最热的一天。19 世纪 60 年代，斯诺的一些同行也开始接受他的观点，但直到 1883 年罗伯特·科赫[1]发现了霍乱细菌病原，斯诺的理论才得到了普遍的认同。[18]

因此，1858 年 9 月，欧文也和其他人一样，相信疾病是通过空气传播的。他认为泰晤士河污水漫溢，"污染了空气"，具有"毒害和致病能力"，并随着"一个又一个夏天"的到来而变本加厉。他呼吁改造排污系统，希望"工程师们群策群力"，在这个史无前例的酷暑即将结束之际，"让泰晤士河远离污染，成为伦敦雨水的天然容器"。[19]欧文不是卫生专家，也不愿在科学大会上谈论政治，但还是忍不住批评了当局："这条雄伟的大河横贯伦敦，抚摸着议会大厦的墙壁"，我们却把家中的废水倒入河中，这就是"沙漠与蛮荒的标志，科学及其应用应该为公众着想，合力把它消灭"。[20]早在四年前，约翰·斯诺就根据宽街水泵和其他地区的数据，指出了污染水源与疾病的关系。1856 年 6 月，他又给《泰晤士报》写信，题为《霍乱与供水》，谈到了 1854 年伦敦霍乱期间的两家供水公司。一个是萨瑟克和沃克斯霍尔公司，另一个是兰贝斯公司，前者水质不洁，后者水质洁净，饮用者因霍乱死亡的比例为六比一。他曾在 1854 年 9 月和 10 月的《医学时报》上公布过这个发现，又在 1856 年这封信的末尾指出："除了霍乱，还有很多疾病也因为水中混杂了污水而加重。"[21]

斯诺的观点并没有引起重视，但 1858 年还是不断有人要求解决排污问题。那年夏天持续高温，打破了 1846 年和 1857 年夏天的高温

1　罗伯特·科赫（Robert Koch，1843—1910），德国细菌学家，1883 年发现了导致霍乱的病原及传播方式。

纪录。[22]《泰晤士报》、《建筑师》等报刊和很多议员每年夏天都呼吁治理泰晤士河，至少已有十年。到 1858 年 9 月欧文谈论这个问题时，立法已经完成。巴泽尔杰特此前曾多次提出治理方案和建议，现在终于得到授权，拿到了资金，准备修建拦截式下水道。

1856 年 1 月，伦敦市政工程委员会[1]成立不久，总工程师巴泽尔杰特就建议修建下水道，将废水引出伦敦，从泰晤士河的南岸和北岸排出，但遭到了反对。人人都知道要解决排污问题，但怎样解决，政治家、官员和工程师们各执一词。而且，很多既得利益者，像教区委员会、地方筑路委员会、私人供水公司、下水道管理委员会和不愿增加选民负担的议员，都不愿承担费用。[23]1858 年夏天，议会最终决定要采取措施了，议员们还在闷热的会议室中，就谁来出钱（伦敦人还是全体英国人）、采用哪种方案，争执不下。

报界也义愤填膺，谴责政客沉迷诡辩，浪费时间。泰晤士河两岸的居民，只要条件允许，都选择了离家出逃。但丁·加布里埃尔·罗塞蒂住在黑衣修士桥附近，为了躲避“臭气熏天的河水”，也搬到红狮广场，借住在威廉·莫里斯家中[2]。[24]1858 年 6 月 30 日星期三，海德公园中午的温度达到了 75 华氏度（24 摄氏度），虽然不是当月最高，但议员们已经忍受了四周的高温，再也无法忍受酷热和恶臭，决定投降。他们连续数周坚持辩论，出席全体会议，很可能是想在这次会议结束前完成立法。星期六，《泰晤士报》欢快地描述了议员们如何放弃挣扎：

突然，他们从会场蜂拥而出，为首的是财政大臣［迪斯累里］。他一手抓着一把纸，一手抓着手帕，捂着鼻子，弓着腰，惊恐万分地

1 伦敦市政工程委员会（Metropolitan Board of Works）于 1855 年设立，主要负责伦敦基础设施建设。

2 但丁·加布里埃尔·罗塞蒂（Dante Gabriel Rossetti，1828—1882），英国拉斐尔前派画家、诗人；威廉·莫里斯（William Morris，1834—1896），英国诗人、画家、工艺美术家。

逃离了恶臭。詹姆斯·格雷厄姆爵士紧随其后，咳嗽不止。格莱斯顿先生[1]格外关照自己的鼻子……其他委员也争先恐后，逃离了有毒的房间。看他们手里的纸张凌乱不堪，就知道他们收到的撤离通知是多么紧急。[25]

在随后几天甚至几周里，报刊都认为是环境恶化迫使政治家们采取了行动。行动的确迅速。财政大臣迪斯累里是下院领袖，首相德比勋爵是上院议员，两人在7月15日提交了泰晤士河议案，经委员会讨论通过，8月2日正式成为法律。迪斯累里顿时成了英雄。当然，也有人说他和政府是因为自己受不了才采取的行动。7月17日，迪斯累里提交议案两天后，医疗改革家埃德温·兰克斯特在《雅典娜神殿》上发表了文章《银色的泰晤士河》，明显带有讽刺意味：

伦敦深受双重政府之苦。一边是市政当局，但百分之九十的居民不归它管，也不理它；另一边是帝国立法机关，它的大多数成员对伦敦一无所知，更谈不上关心。难怪这座大都市在卫生方面管理不力。但现在不同了，泰晤士河已经威胁到河边的立法机关了。真得感谢议会当初在这里安家，否则还不知道什么时候才能消除这个令国史蒙羞的恶臭。

兰克斯特接着说，唯一的办法就是不惜一切代价，将废水引到伦敦城外。[26]几年前，他也曾帮约翰·斯诺检验水样。

迪斯累里宣布，经反复辩论，决定由伦敦居民承担工程费用，约三百万英镑，通过征收四十年的特别税来筹集，税率在每英镑三便士以内，由政府提供担保，预计五年完工。议员们旋即针对细节发问，质疑伦敦市政工程委员会的能力。不过，议案在两院宣读后，很快就通过了。

1　威廉·格莱斯顿（William Gladstone，1809—1898），英国自由党领袖，四次出任首相。

媒体全程跟踪报道，不断提出批评和质疑。《笨拙周报》[1] 曾经刊登一幅漫画，把"泰晤士河老爹"画成了骷髅。7 月 24 日星期六，该报悲观地说，这项工程可能得用时十年，耗资一千万英镑。[27] 7 月 21 日，《泰晤士报》发表社论说，该报已连续十年报道泰晤士河的污染状况，夏天污染尤其严重，也一直批评当局不作为，而工程师和专家们又迟迟不能达成一致。这次，该报主编称赞政府终于迈出了第一步，6 月的两周酷热"对伦敦治理的作用，相当于孟加拉士兵叛乱 [2] 对印度治理的作用"。[28] 1857 年至 1858 年，印度士兵发动兵变，反抗英国军队。1858 年 2 月，辉格党首相帕默斯顿勋爵 [3] 首次提出《印度法案》，要求取消东印度公司的行政权，由英国政府直接统治印度。2 月底，德比勋爵临危受命，组建了托利党政府，这项法案的重担也就落到了迪斯累里身上。

迪斯累里崛起

迪斯累里只有一次接近权力中心，而且时间不长。1852 年，第十四代德比伯爵、托利党领袖爱德华·斯坦利出任首相，任命迪斯累里为财政大臣。迪斯累里的预算案饱受非议，导致他和德比在十个月后下台。1858 年初，首相还是人气很高的政坛老将帕默斯顿勋爵。他出身贵族，平易近人，多次入阁，在外交大臣任上功绩卓著，素以爱国著称。1855 年，他第一次出任首相，组建了自由党内阁。1858 年，这位 72 岁的首相依旧雄心勃勃，精力十足。很多媒体批评他任人唯

1 《笨拙周报》（*Punch*）是 1841 年创刊的插图期刊，以其讽刺性幽默、漫画著称。

2 又称印度兵变（Sepoy rebellion），指 1857 年至 1858 年印度士兵反对英国殖民政策的暴动，导致东印度公司被撤销，英国政府开始直接统治印度。

3 帕默斯顿（Palmerston，1784—1865），曾任英国外交大臣，1855 年至 1858 年、1859 年至 1865 年出任首相。

亲，生活不检点。他有些粗枝大叶，虽然招人喜欢，但也让有些人反感。当时，马克思为躲避政治迫害，来到了英国，住在伦敦北部。1853 年底，他写了一系列评论帕默斯顿的文章，发表在英国的《人民报》和美国的《纽约每日论坛报》上。前者是欧内斯特·琼斯创办并主编的宪章派报纸，后者是霍勒斯·格里利主编的自由派报纸。

马克思经常给这两份报纸撰写文章，评论英国和欧洲政治。帕默斯顿系列的第一篇引用了 16 世纪的长篇叙事诗《疯狂的奥兰多》。阿里奥斯托[1]在诗中描写了年轻的骑士鲁杰罗多次被女巫艾尔辛娜算计。马克思说，帕默斯顿虽然在野，却深受民众欢迎，有望重掌大权：

鲁杰罗一次又一次地受到了艾尔辛娜的蛊惑。这位迷途的骑士知道她是老巫婆变的……也知道她把以前的追求者都变成了驴子或野兽，但还是禁不住诱惑，一次又一次地爱上了她。英国民众就是鲁杰罗，帕默斯顿就是艾尔辛娜。[29]

从1807年起，帕默斯顿就没离开过“政治舞台”，虽然年过七旬，但魅力依旧不减当年：

他会演喜剧，也会演史诗……性情适合闹剧，但悲剧也很拿手。他不是一流的演说家，却是老到的辩论家，记性好，阅历多，处世圆通，遇事不慌，如绅士般博学多才。对议会中的阴谋把戏、人员派系了如指掌；处理起棘手问题来，手段老练，言辞动听……他肆无忌惮，自然也就不会惊慌失措；八面玲珑，自然也就不会袒露心扉；轻浪浮薄，满不在乎，心高气傲，自然也就不会轻易动怒。这个小丑欢天喜地，赢得了所有人的欢心。[30]

狄更斯也批评过帕默斯顿，但不像马克思这么气势磅礴。1855 年

1　阿里奥斯托（Ludovico Ariosto，1474—1533），意大利诗人，代表作为长篇叙事诗《疯狂的奥兰多》。

6 月，新成立的行政改革协会在特鲁里街剧院[1]开会，狄更斯发言说，帕默斯顿 70 岁才当首相，面对反对意见和不同意见，总爱用玩笑蒙混过关。克里米亚战争[2]爆发后，该协会要求改革陆海军和行政部门，指责帕默斯顿在任命官员时无视才德，只看“党派和家族势力”。帕默斯顿则在议会中油腔滑调地回应说，该协会的会议不过是“特鲁里街的业余演出”。1855 年 6 月 27 日，该协会第三次开会，狄更斯在会上批评帕默斯顿“在国家深陷耻辱与危难之际”，仍“在官方场合习惯性地”开玩笑。帕默斯顿对戏剧不敬，也令狄更斯非常不满。狄更斯素以导演并参演私人戏剧著称，还经常为女王表演。他以其人之道还治其人之身，拿戏剧表演来影射帕默斯顿任人唯亲：

戏剧表演，不管是私下的还是公开的，我都略知一二……但如果让我用女王陛下的仆从组建一个剧团，我想，我不知道到哪儿去找“那位滑稽的老绅士”；如果让我排演一出童话剧，我想，我也不知道该到什么机构去找戏法变幻……现在好了，这位尊贵的老爷居然肯亲自出马，组织公演。可惜，演技太差，道具太烂，角色分配乱七八糟，剧团里全是“跑龙套的”。经理们家家人丁兴旺，偏偏又喜欢把亲朋好友都安插到戏剧界的“头等大事”之中——当然不是因为这些亲友才华出众，而是因为他们都是亲友。既然如此，我们就不得不组织起来，反对他们。他们把《错误的喜剧》演得像悲剧一样，实在让人忍无可忍，我们只好不揣冒昧，排演一出《改革的学校》[托马斯·莫顿在 1805 年创作的戏剧]，希望能在大戏落幕前，让那位尊贵的老爷有点长进。[31]

1 特鲁里街剧院（Drury Lane Theatre）是位于伦敦西区的皇家剧院，这条街道也以剧场集中著称。

2 克里米亚战争（Crimean War）指 1853 年至 1856 年俄国与英国、法国、土耳其、撒丁王国之间的战争，主要战场为克里米亚半岛。

1857年底，帕默斯顿将克兰里卡德侯爵招入内阁，触犯了众怒。1855年，克兰里卡德在爱尔兰卷入了官司，可能涉及私生子和遗产继承问题。[32]一向善于捕捉丑闻的《笨拙周报》在1858年1月23日刊登了大幅漫画《首相的新车夫——就这副德性》，帕默斯顿坐在马车里，克兰里卡德坐在车夫的位子上。[33]一个月后，帕默斯顿下台，与克兰里卡德不无关系。《伦敦新闻画报》[1]在2月27日说，帕默斯顿在任命官员时“晕头转向”，滥用职权。[34]1858年9月，艾伯特亲王还对帕默斯顿的突然下台感到惊讶，说帕默斯顿以前曾“被标榜为唯一纯正的英国政治家、自由的斗士、人民的代表”，现在却“经常被嘘”，到处碰壁，连他自己的阵营都看不惯他。艾伯特亲王还说，帕默斯顿本人倒还算平静，“至少表面上还是神采奕奕，似乎并不在意这次挫折”。[35]

帕默斯顿下台，主要是在应对拿破仑三世[2]遇刺事件时，没能展现爱国情怀，触犯了众怒。拿破仑三世是拿破仑·波拿巴的侄子，1848年当选第二共和国总统，由于宪法限制他连任，便在1852年12月自称第二帝国皇帝，开始加强审查制度，采取镇压措施。意大利民族主义者菲利斯·奥尔西尼率人在英国制造手榴弹，行刺拿破仑三世，得到了英法两国民众的帮助。虽然刺杀未遂，但法国仍向帕默斯顿政府施压，帕默斯顿只好在2月初向议会提交了《密谋谋杀法案》，引起了媒体和公众的不满。2月22日，马克思在《纽约每日论坛报》上说：“约翰牛的自尊心受到了伤害，这个议案无异于伤口撒盐。”[36]帕默斯顿的同僚也不买账，与他争夺自由党领导权的约翰·罗素勋爵就说，不能因为外国暴君提了要求，英国就得拿出这么一个法案。

1 《伦敦新闻画报》（*Illustrated London News*）是伦敦第一家采用插图的刊物，也是首先广泛使用木刻和版画并采用照片的刊物，1842年创刊时为周报，着重报道英国社会生活。

2 拿破仑三世（Napoleon III，1808—1873），又称路易·拿破仑，1852年至1870年为法国皇帝。

2月2日，内政大臣乔治·格雷爵士写信劝罗素支持这个法案。他说，“我们当然不能仅凭猜测，就将避难者和外国人驱逐出境”，但“有关谋杀罪的法律的确混乱不清，无法令人满意”。按照习惯法，当时的惩罚仅仅是罚款或监禁，但在爱尔兰却是“可判死刑的重罪”。政府认为应当制定一个普遍适用的法案，规定“无论在国内还是国外，谋杀他人都属于可判处劳役的重罪”。[37]这么说不无道理，但如帕默斯顿的另一位同僚詹姆斯·格雷厄姆所说，英国公众很难接受。格雷厄姆的语气与马克思很像：“约翰牛是个奇怪的动物。你越是拿棒子赶它，它就越来劲”，而且，“整个欧洲都会嘲笑我们自取其辱”，竟然听命于一个自封的皇帝。[38]这个法案没能通过。2月19日，帕默斯顿内阁辞职，德比临危受命，组建了保守党政府。德比政府在议会中属于少数派，要想比1852年那届政府更长命，只能指望反对党四分五裂，指望帕默斯顿众叛亲离。1858年4月，《本特利杂志》说，帕默斯顿“搬起石头砸了自己的脚”，他原本就是靠爱国才得到了群众拥护，这次却应外国之请提交议案，也就毁掉了群众基础。[39]

德比再次任命迪斯累里为财政大臣，他自己可能也觉得这是一次冒险。迪斯累里离经叛道，虽然年轻时受了洗礼，但毕竟还是犹太人，也没上过大学，二十多岁时还写过激进小说，经常出入那些“追求刺激”的圈子，跟丑闻缠身的贵族厮混，向他们借钱，仰仗他们庇护，显然不是洁身自好之辈。德比的儿子斯坦利勋爵就信不过迪斯累里，在日记中写道：“此人有能力，但永远不可能得到公众信任。”[40]没人能说清楚迪斯累里什么时候才是正经的。[41]他聪明多疑，喜欢冷嘲热讽，言行带有浪漫气息和异国情调。1833年，他与政界名媛亨利埃塔·赛克斯夫人暗通款曲，在日记中写道：“我一生挣扎奋斗，但也有狂喜的时刻，月光、爱情与诗歌，如疾风骤雨一般，扑面而来。”[42]显然，这时他是认真的。1858年，德比组阁，斯坦利拒绝征召，在一定程度上也是不愿与迪斯累里为伍。迪斯累里可能不知道这一点，还在2月22日给德比写信，谄媚地表示了同情："我不禁流下了热泪，但我知道，您心中肯定也在滴血。"[43]德比在情感方面相对迟钝，很可能没有体会到迪斯累里所暗示的舐犊之情。

虽然德比和迪斯累里出身和性格悬殊，却配合得很好。他们很幸运，帕默斯顿阵营瓦解后，很多自由党人转而投靠他们，帮他们一起完成了那些未竟的立法任务。德比和迪斯累里支持政治改革，得到了议会的支持。[44]他们延续了帕默斯顿的政策，希望收回东印度公司的行政权，由英国政府直接统治印度。印度兵变后，各方面都认识到，东印度公司毕竟是商业机构，无法像政府那样治理印度。约瑟夫·欧文在1858年的大事记中说，东印度公司"行使政府职能，却不承担行政责任"，"不必对议会、舆论或女王负责"，"其负责人……是由一些对印度一无所知的机构和绅士挑选出来的，却能随意罢免总督"。[45]

虽然议员们大都同意由英国政府来统治印度，但在具体细节上还有争议，在官员选拔问题上也意见不一，再加上上院主教要求在印度推行基督教，导致法案拖延了数月，直到1858年7月底才最终通过。迪斯累里对女王说，酷热和恶臭也起到了推动作用。自从担任了财政大臣，他就在女王的鼓励下，天天向她报送"战场手记"。6月24日，他以一贯的风格写道：

财政大臣谨呈女王陛下御览：今天再次宣读印度法案，没有分组表决。斯坦利勋爵［不久后出任第一任印度大臣］清晰有力地阐释了法案的精神和条文……下院全体委员会几乎没有反对意见……他［迪斯累里］提议，在法案通过之前，不再讨论其他事项。法案通过后，议会的高温和卫生状况将有助于推动其他议案快速通过。他认为这次会议有望提前闭幕。[46]

女王最初并不信任迪斯累里，现在也开始欣赏他了。他知道如何取悦女王，向她描绘了将来加冕印度女王的美好前景："财政大臣认为，这项法案深谋远虑，经过五个月的讨论，已经瓜熟蒂落，但还只是帝宫的前殿，陛下有必要屈尊考虑下一步如何影响印度民众的观点，改变他们的想象。”他在信末再次保证：“我会顶着泰晤士河的恶臭，把事情办妥。”[47]事实证明，这次调整印度统治权，对女王、迪斯累里和印度都产生了重要的影响。

1858 年 8 月 1 日，《年代》总结了这次议会会议，评价了德比政府的功绩，包括推动议会通过了三大法案。一是造福民众的《泰晤士河净化法案》；二是“反复不定、颇费周章”的《印度法案》；三是《弃绝宣誓法案》，也即人们熟知的《犹太法案》，使犹太人不必“以基督徒的名义”起誓，便可拥有议员席位。[48]多年来，保守党和自由党都曾就此提交议案，名义上是要求废除议会宣誓条例中陈旧荒谬的条款（例如，要求效忠詹姆斯二世的子孙，但其血脉早已断绝），实际上是为了删除“以基督徒的名义”起誓这一条。这个动议多次在下院通过，但都被上院否决，很多时候仅仅是因为宗教偏见，上院主教显然不想让犹太人参与有关英国国教的立法。辉格党的约翰·罗素勋爵在 1846 年至 1851 年担任首相，多次尝试解决这个问题。1847 年 6 月，莱昂内尔·德·罗斯柴尔德男爵（奥地利的爵位）当选伦敦城[1]议员，却无法到议会就座。1849 年，罗素勋爵首次提交议案，试图让罗斯柴尔德进入下院，但下院通过后，又被上院否决。1858 年，迪斯累里与罗素商量出了一个折中方案，几经周折，在下院通过。7 月 1 日，上院终于同意由下院通过一项决议，允许犹太人进入下院，但不得进入上院。[49]7 月 26 日，罗斯柴尔德手按《圣经·旧约》宣誓，在下院就座。

1　伦敦城（City of London）是伦敦老城，位于伦敦市中心，也是伦敦的商业和金融中心。

医疗与婚姻

1858年8月2日，议会闭幕。大法官切姆斯福德在上院向两院议员宣读了女王敕语[1]。女王对印度法案非常满意，认为它捍卫了“法律的公平正义”，改善了印度人民的生活；女王也支持治理“雄伟的”泰晤士河，“其现状有损大国声誉，严重危害了伦敦居民的安康”。[50]此外，议会还通过了关于地方土地和铁路的若干法案、《大西洋电报公司法案》、《执业医师法案》、《离婚和婚姻诉讼法》修正案，后两者对英国人的生活产生了深远的影响。

医疗改革势在必行。当时，医学教育、医学毕业生的资格证书和行医权十分混乱。苏格兰医学院的毕业生不能在英格兰行医；大学及伦敦老牌医学院颁发的资格证书，也与亨利八世[2]时成立的皇家内科医师学院、皇家外科医师学院颁发的证书不同。1815年的《药师法》规定，药师可以在英格兰处方并售药，并提出了“全科医生”这个新词。全科医生人数日渐增多，遭到了两家皇家医师学院的排挤。而且，不管是否受过医学训练，都可以从事顺势治疗、水疗或催眠治疗，这些另类疗法在19世纪50年代已经初具规模。不同门类的医生之间也有等级偏见。内科医生历来要求有大学文凭，等级最高，外科医生次之，全科医生居末。但随着医院附属医学院的发展，以及19世纪40年代末外科麻醉术的应用，这种等级关系也在发生变化。[51]托马斯·韦克利是有执业资格的外科医生，在1823年创办了医学杂志《柳叶刀》，1835年成为激进派议员，大力揭露医学界的不平等

1 女王敕语（Queen's Speech）由内阁拟定，阐明国内施政方针及对外政策，议会开会时由英国女王或其代表宣读。

2 亨利八世（Henry VIII，1491—1547），英格兰国王，与教皇决裂，确立国王为英国国教会首脑。

现象和医疗骗术，主张改革医学教育，尤其是改革两所皇家医师学院。[52]与此同时，全科医生的队伍日渐壮大，面对皇家医师学院的排挤和欺辱，逐渐开始反击。

韦克利等人开始寻求立法改革。1840 年至 1858 年提交下院的医疗法案不下十七份，仅 1858 年初，就有三份医疗法案同时提交，但都没能通过。一方面是因为两所皇家医学院在政界很有影响力，另一方面也是因为改革者观点不一，有的主张废除皇家医师学院的特权，有的强调各医学专业的教育和资格要统一标准，有的主张限制另类医疗行业和其他"冒牌医生"，保障执业医生的权益。[53]1858 年 6 月，《笨拙周报》刊登了文章《医生及其法案》，认为医生们立场不一，影响了医疗改革的进程，再这样吵下去，整个法案都无法通过，建议采用顺势疗法，"先试用小剂量"，再逐步过渡到整个剂量。[54]

议会最终通过了一个折中法案，由力主改革的首席医官约翰·西蒙负责起草，再由威廉·考珀提交下院。考珀是帕默斯顿的继子（很有可能是亲生的，考珀夫人与帕默斯顿在结婚前就已相恋多年），在帕默斯顿内阁倒台前担任卫生委员会主席。这个法案限制了皇家医师学院的权力和垄断地位，要求所有医生参加统一的资格考试，首次建立了医师执业资格注册制度，每年公布名单，剔除不合格的从业人员，并成立全国医学总会，负责监管所有医疗事务。在西蒙起草的法案中，医学总会由两所皇家医师学院、大学及全科医生的代表组成，但 1858 年 5 月至 6 月宣读时，皇家医师学院大力游说内政大臣斯宾塞·沃波尔，最终保留了两所皇家学院的部分特权，全科医生未能进入医学总会（他们要等 1886 年《医疗法》出台后，才能进入医学总会）。改革派大失所望，但也似乎接受了《笨拙周报》的建议，毕竟是取得了一定的成绩。法案于 1858 年 10 月 1 日生效，主要贡献是建立了驱逐冒牌医生的注册制度，设立了监管医疗事务的医学总会，统一了各医学专业的考试。[55]虽然不够完美，但也是医疗行业规范化的一个里程碑，因为医疗行业就像帕默斯顿1853年在议会所说，已经成了“一个迷宫和一团乱麻”，身为当时的内政大臣，他坦言自己“没有能力提出一个议案”。[56]

《医疗法》经过多年的波折，终于有了一个可以接受的结果。《离婚和婚姻诉讼法》的出台过程虽然没有这么旷日持久，却同样不轻松。1854年和1856年就有议案提议降低离婚难度，但未获通过。1856年表面上是因为没有时间辩论了，但真正的原因是很多政客和教会人士只允许富人离婚。狄更斯在1856年10月的《家常话》上抨击道：

按现行的离婚法，只要建立了婚姻关系，就再也逃脱不掉，解除不了，除非能够证明有某些特殊情况（此处无须赘言）并支付一大笔钱。不拿一大笔钱，就是暴行、酗酒、逃跑、重罪和疯癫，也无法解除这层关系。一个丈夫长年对妻子施暴，最终将她抛弃，却随时可以宣布她是他的财产，夺走她赖以生存的收入。一个荡妇，给丈夫带来无法忍受的折磨、虐待和耻辱，却仍能要求他不离不弃，从年轻到年老，再到死亡，不让他寻找幸福的伴侣……

这种严苛的束缚，有道德、正义和理智作后盾。刚有议案建议修正法律，稍稍放宽一点，马上就有人出来为婚姻制度唱赞歌……议会中的世俗权威和教会权威纷纷起身，慷慨陈词。没人说他们说的不对。他们有很多话要说，要谈早期基督教作家的观点，要讲过去几百年人们在婚姻问题上是怎么写的、怎么说的、怎么做的。他们摆好了异想天开的陀螺，一鞭子抽了下去，就开始没完没了地畅谈婚姻的益处（哪里用得着他们来说）……却只字不提婚姻中的折磨和冤屈。[57]

1857年，离婚法案再度提交到议会，还不确定是否会被拖延。多亏首相帕默斯顿勋爵有胆有识，意志坚定，软硬兼施，法案才最终得以通过。1858年1月1日，《离婚和婚姻诉讼法》生效。

狄更斯没说错，在这个新《离婚法》出台之前，离婚要经历三个阶段，不仅烦琐漫长，还很费钱，大多数人只能望而兴叹。1860年，有人匿名出版了《新〈离婚和婚姻诉讼法〉及离婚法院诉讼程序手册》，热情洋溢地赞美了新法，认为这次改革将改变人们的生活，“是立法机关制定的最重要的法律，有助于‘改进民族品性，提升并确保民族道德和幸福水平’”。它扫除了一个有着近二百年历史的荒谬规定，因为按照旧法，要想离婚，“就先要到宗教法庭获准分居”[1]，法律上保留夫妻关系，申请人不能再婚；接着，申请人要在法庭上当着陪审团的面，证明对方通奸或有所谓的“非法性交”，要求赔偿；最后，要想“彻底离婚”，还需要议会通过一个法案，允许解除婚姻关系，宣布这桩婚事从一开始就是无效的，申请人才可以再婚。[58]

丈夫要想彻底离婚，就要证明妻子与人通奸，而妻子要想离婚，还需要提供更多的证据，除了证明丈夫通奸，还要证明他犯有其他罪行。无论是丈夫还是妻子，几乎没有人能走完所有程序。1857年5月议会上院的辩论记录显示，1800年至1850年，平均每年只有两人能彻底离婚。[59] 1856年的辩论记录表明，在过去的一百五十年里，只有四位妇女获准离婚。[60]而且，英格兰法律格外苛刻，苏格兰、普鲁士及其他欧洲国家则相对宽松。《私通报》[2]喜欢讨论离婚案中的淫秽细节，1839年总结了英国男子的不利地位（女子几乎无法离婚）：

> 如果腰缠万贯，就有希望从议会弄张离婚状，另觅佳偶；如果没有这么多钱，但也饶有家资，便可以到宗教法庭弄个不彻底的离婚，不必替妻子偿还债务，但不能再婚。如果没钱，收入也不多，就别想离婚的事了。[61]

苏格兰女子在离婚问题上与男子享有同等的权利。在普鲁士，通

1 这种“分居”的英文为“a divorce a *mensa et thoro*”，字面意思是“不同寝同食”。

2 该报名为“*Crim. Con. Gazette*”，其中的“Crim. Con.”是“criminal conversation”的缩写，字面意思为“非法性交”，指属于民事侵权行为的通奸，夫妻一方可以据此提起离婚或损害赔偿的诉讼。

奸并非必要条件，只要夫妻自愿，或性情不合，均可申请离婚。[62]

新法出台前，博士会馆的宗教法庭[1]显得非常荒谬。博士会馆是一个律师学会，成立于13世纪，在圣保罗大教堂附近。1836年，狄更斯曾在《纪事晨报》的“博兹札记”中写到过它。这里有宗教法庭，负责审理宗教案件；也有海事法庭，负责处理海事争端；还有遗嘱验证处，负责验证遗嘱，颁发遗嘱验证文书。所谓的“博士”，是指在牛津或剑桥大学获得民法（基于罗马法）学位的律师，在上述几个法庭担任法官或律师。1836年，狄更斯要和凯瑟琳·霍加斯结婚，但她还不满21岁，需要到博士会馆申请一张特许状。[63]狄更斯说，在那个“古老又古怪的房间里”，有十来个自命不凡、“表情严肃的绅士”，身着深红色长袍，头戴假发；法庭官员则身着“黑袍，戴黑色山羊皮手套，穿齐膝短裤和丝绸上衣”，“辩护律师（council）穿着红袍，诉状律师（proctor）戴着毛领子”，办理着不合时宜的事务，应用着数百年前的“陈腐”法律。[64]

狄更斯也在《大卫·科波菲尔》（1850）中抨击博士会馆的繁文缛节，讽刺律师的势利行径。大卫上学时，与比他年长的史朵夫成了朋友。他问史朵夫：“什么是诉状律师？”

“嗨，就是一种僧侣似的律师，”史朵夫答道，“在圣保罗大教堂的墓园附近，有一个懒散老旧的偏僻角落，那里有个博士会馆。会馆里有些老掉牙的法庭，他们在那里工作，相当于普通法和衡平法法庭上的律师。正常来说，这些家伙在两百多年前就该消失了。我跟你说说博士会馆，你就知道他们是什么东西了。那是一个偏僻的小地方，执行所谓的教会法，拿那些陈旧荒谬的议会法案来玩各种把戏。世界上四分之三的人，都不知道这些法律；另外四分之一，则认为它们是

1　宗教法庭（Court of Arches）指坎特伯雷大主教法庭，之前设在伦敦城内的St Mary-le-Bow教堂，因支撑该教堂尖塔的石拱（arches）而得名。

从爱德华国王时代挖出来的化石。自古以来，凡是跟遗嘱和婚姻有关的案子，都要在那里审理；凡是跟船舶舟艇有关的争议，都要在那里裁决。”

“瞎说，史朵夫！”我叫了起来，“你不会想说航海跟宗教有关系吧？”

“当然不会，老伙计，”他答道，“我是说，这是两种案件，却都在博士会馆里面，由同一伙人来审理裁决……诉状律师雇佣辩护律师，他们都能捞不少钱，联手打造了一个很有势力的团伙。”[65]

这些问题明显需要改革，但议会的辩论依旧复杂，激烈，漫长。有人担心，一旦放开，离婚申请就会纷至沓来，不仅会削弱婚姻的宗教意义，还会引出妇女的权利、财产和继承问题，因为女子嫁人后，她本人以及她的钱财、资产和孩子都归丈夫所有。对女子来说，结婚的不利之处是失去了独立于丈夫的个人权利；对男子来说，结婚的不利之处是要负责偿还妻子的债务。夫妻离婚，孩子一般归丈夫抚养。为争取女子离婚时享有平等权利，妥善安置遭丈夫抛弃、虐待、剥夺子女抚养权的妇女，卡罗琳·诺顿做了很多努力。她在当时名气很大，当然并不全是美名。她是剧作家谢里丹[1]的外孙女，生于显赫但不富有的辉格党家族，谈吐风趣，相貌出众，天生媚骨，嫁给了托利党议员乔治·诺顿。乔治生性吝啬，经常对她动粗。1836 年，乔治告她跟前辉格党首相梅尔本勋爵[2]通奸，要求离婚，未获批准，但也让她声名扫地。她自己本就水性杨花，梅尔本又是出了名的风流成性。她失去了三个儿子的抚养权，从此开始致力于提高妇女在婚姻中的权益。

卡罗琳还以此为题，写自传体小说，印小册子，劝政界人士把她的问题拿到议会中讨论。1855 年 6 月，她出版了小册子《就大法官克

1 谢里丹（Richard Brinsley Sheridan，1751—1816），英国戏剧家、下院议员，著有《造谣学校》。

2 梅尔本勋爵（Lord Melbourne，1779—1848）在 1834 年、1835 年至 1841 年两次担任首相。

兰沃斯的“婚姻与离婚法案”致女王书》，写得慷慨激昂，透露了不少细节。1854 年，大法官克兰沃斯提交了这个法案，但上院坚决反对。卡罗琳在小册子中反复强调，当今陛下也是女性，也是妻子；她不只是在为自己，也是在为所有女性争取离婚和分居时的财产权。她不断提醒说，女王虽是这片土地上权力最大的女人，但也没有任何个人权利。她还拿自己的稿酬调侃丈夫：“从法律上说，我的所有著作版权都归丈夫所有……让他把这本小册子的版权也拿去吧。”[66]

多亏帕默斯顿意志坚定，《离婚和婚姻诉讼法》才得以在 1857 年 8 月下旬通过。那年夏天的议会辩论都是陈词滥调，上下两院都有人强调上帝认为婚姻关系不可解除，上院为首的是牛津主教塞缪尔·威尔伯福斯；也有人担心人们会争先恐后地跑去离婚，尤其是那些一直没有机会的穷人（当然也有穷人无视法律，抛弃配偶，与新欢同居）。法案在两院之间传来传去，胜负都在毫厘之间。1857 年 8 月 4 日，议员们表示已经筋疲力尽，要求帕默斯顿结束会议，等秋天再议。这位 72 岁的首相和他 85 岁的盟友林德赫斯特勋爵坚决不答应。帕默斯顿说他是乐天派，“并不在乎在‘绝望的深渊’[1]中挣扎”，“一定要坚持到底”。1857 年 8 月 21 日，帕默斯顿宣布，他准备坚持到 9 月份。三天后，议会以 46 票对 44 票通过了这个法案。此时，持反对立场的托利党人大多受不了伦敦的酷热，纷纷逃到了乡下。[67]

议会在闷热和争吵中通过了这个法案，钱不多或没有钱的人也有了离婚的机会，女性权益也得到了一定的保护。当然，妻子要想离婚，还需要证明丈夫与人通奸，并有家暴、乱伦、强奸、鸡奸、兽奸等恶行或无故抛弃她两年以上；而丈夫想要离婚，则只须证明妻子与人通奸。议会里面也很热闹，很多打着道德旗号谈离婚的议员，都是罗西娜·布尔沃·利顿所说的浪荡子，尤其是帕默斯顿和林德赫斯

1　绝望的深渊（Slough of Despond）是班扬的小说《天路历程》中的一个地方。

特。[68]新法究竟会导致道德滑坡，还是解救生活在水深火热中的夫妻？这是议员们反复讨论的问题。答案要到 1858 年夏天第一批离婚案判决后，才能揭晓。

1857 年的《离婚法》裁撤了宗教法庭和遗嘱验证法院，在威斯敏斯特厅设立离婚法院，1858 年 1 月 16 日开始受理案件。《纪事晨报》很满意新法院没有设在博士会馆，因为后者的历史太不光彩，又位于“破败不堪、极为不便的”宗教法庭里面。[69]1 月 9 日，《笨拙周报》刊登了《宗教法庭的临终之歌》，这个古老的法庭在哀悼自己使命终结的同时，也庆幸它的员工都得到了经济补偿。11 月，法院的秋季开庭期到来后，该报又刊登了一幅漫画，两个幽灵徘徊在博士会馆，他们就是大卫·科波菲尔很想了解的诉状律师。[70]在上院主教中，只有伦敦主教阿奇博尔德·泰特[1]赞同《离婚法》的全部条款。他曾大胆地指出，“早期基督教作家的许多观点”，既可以证明婚姻关系不应打破，也同样可以反驳这个观点。[71]博士会馆的约翰·李博士给他写信，认为不该剥夺博士会馆的职责，并表示牛津和剑桥的罗马法教师也不满意这种变革。[72]

任何重大变革，都有获益者和失意者，新《离婚法》也不例外。狄更斯在 1858 年 6 月初就很恐慌，担心凯瑟琳的娘家人会怂恿她到法院告他与人通奸。在第一批离婚案中，达尔文格外关心“鲁滨逊诉鲁滨逊和莱恩案”，那也是 6 月份最为轰动的案子，很多报纸都在追踪报道。被告莱恩在萨里郡开办了一家水疗院，经营得不错，达尔文经常去治疗呕吐和腹泻，1858 年春天也去过，但没有见效。同为被告的伊莎贝拉·鲁滨逊是莱恩的病人，原告是她丈夫。由于案情复杂，法官一时难以定夺，便推迟宣判，广泛征求意见，修正了新出台的

1 阿奇博尔德·泰特（Archibald Tait，1811—1882），1842 年接替托马斯·阿诺德出任拉格比公学校长，1856 年出任伦敦主教。

《离婚法》。[73] 鲁滨逊夫人虽然是被告，但不能出庭接受质询。她的律师声称她患有精神病，把这桩离婚案与精神健康联系在了一起。当时还有一个备受关注的事件，也涉及妻子的精神问题——罗西娜被她丈夫爱德华·布尔沃·利顿关进了精神病院。布尔沃·利顿是迪斯累里在议会中的同僚和盟友，也是狄更斯的同行和朋友。罗西娜将矛头对准了丈夫的这两位朋友，尤其是迪斯累里。迪斯累里经常寻花问柳，就在人生第一次品尝政治权力，眼看要平步青云的时候，却面临着东窗事发的危险。

文学与艺术

1858 年，狄更斯没有创作任何长篇或短篇小说，甚至没有动笔。自他 1833 年开始创作以来，这还是头一次。1858 年 1 月，他还对好友约翰·福斯特说：

> 希望能够收回心来，写个故事。我已经决定要写一个了。总觉得自己能在逆境中爆发。压力一天比一天大，很想摆脱，但又没有办法。如果夏天能静下心来，就不用为写书的事焦虑了。明年 10 月或 11 月，就能出版了。[74]

他要写的是《双城记》，但没能收住心，夏天也没静下来，直到 1859 年 2 月才开始动笔。

1858 年夏天，狄更斯的心思主要集中在两件事上。一是与凯瑟琳分居，二是举办商业朗读会。他在第一件事上昏了头，还为着加里克俱乐部的一件小事，跟竞争对手萨克雷结了仇。两人都是这家俱乐部的会员。当时，“每行一便士稿酬”[1] 的年轻作家埃德蒙·耶茨写了一篇文章，说萨克雷虚伪刻薄。萨克雷很可能也受高温影响，失去了理

1 指稿酬很低的作家（penny-a-liner），当时很多记者和通俗小说家都以每行一便士计酬。

智，怒火中烧，要求惩罚耶茨，捍卫“绅士”尊严。狄更斯公开表示支持耶茨。他很清楚，虽然自己才华横溢，但萨克雷和他那帮朋友还是瞧不起他，觉得他不够高雅。1858 年 6 月，所谓的“加里克俱乐部事件”就在炎热的天气中爆发了。当事人不断煽风点火，折腾数月，第二年春天才勉强消停下来。1858 年夏天，萨克雷和狄更斯一样，格外容易动怒。他当时正在写长篇小说《弗吉尼亚人》，每月一日出版一期，但读者评价不高，美国评论家也认为他把乔治·华盛顿写得太过负面。他找朋友诉苦，说实在写不下去了，有时甚至无法按时交稿。[75]

事实上，小说在 1858 年总体上比较惨淡。5 月底，特罗洛普[1]出版了《索恩医生》，也没有受到好评。《雅典娜神殿》说得比较中肯，称赞叙述者“睿智敦厚”，但也认为读者可能不会关心这位索恩医生，小说至少有三分之一是多余的。《旁观者》也认为，医疗行业嫉贤妒能这个话题“太老了”，很多人都写过。《周六评论》认为故事写得不用心，太沉闷。[76]1858 年文学界的真正“发现”是乔治·艾略特[2]。1 月，约翰·布莱克伍德出版了她的《教区生活场景》，收录了三个中篇小说，描写 19 世纪早期英格兰中部地区的生活。这是她第一次尝试写小说，狄更斯等人都给予了很高的评价。这还只是小试牛刀。她第二年又出版了自己的第一部长篇小说《亚当·比德》，一举成名，成了与狄更斯、萨克雷并驾齐驱的小说大师。这部成名作恰好是在 1858 年夏天写的，倒和达尔文的情况有些相似。

乔治·艾略特的真名是玛丽安·埃文斯，因为与有妇之夫乔治·亨利·刘易斯同居，不愿在封面上署真名。她的作品用现实主义

1 安东尼·特罗洛普（Anthony Trollope，1815—1882），英国小说家，著有《养老院院长》《索恩医生》等。

2 乔治·艾略特（George Eliot，1819—1880），英国女作家，本书提到了她的《教区生活场景》《亚当·比德》《弗洛斯河上的磨坊》《织工马南》等作品。

手法描绘普通人的日常生活，但又融入了奇思妙语、浪漫传奇和文学传统，令人耳目一新。[77]《亚当·比德》的主要人物并不完美，叙述者在为他们辩护时，赞扬了艺术中的“荷兰现实主义”。这便为亨利·詹姆斯[1]等步其后尘的小说家设定了一个标准，只是当时还看不出来。不过，布莱克伍德已经在向萨克雷吹嘘说，《教区生活场景》让他发现了一位“一流”作家。狄更斯收到这本书后，也给素未谋面的乔治·艾略特写了一封热情洋溢的信。早在1857年，小说还在《布莱克伍德杂志》上连载时，狄更斯就对好友约翰·福斯特说：“一定要读一读，这是我从事写作以来见到的最好的作品。”[78]

我们不妨把乔治·艾略特的这种写法称作“戏剧性、象征性地再现日常生活”。在1858年皇家美术学院的年展上，也有绘画作品运用了这种手法。奥古斯塔斯·埃格[2]的参展作品是三幅画，没有命名，通常被称作《过去与现在》，描绘了一个中产阶级家庭的婚姻悲剧。在第一幅画中，丈夫在看一封信，发现妻子有了外遇。妻子悲痛欲绝，倒在地上，两个女儿在角落里玩纸牌。这就使人联想到17世纪荷兰绘画中的家庭生活场景。小康之家的摆设，桌布和窗帘的褶子，都是写实风格，但也饱含象征意义。妻子的手镯暗含蛇的母题；墙上的两幅画也意味深长，一幅是亚当夏娃被逐出伊甸园，另一幅是小船在海上遇到风暴，标题是《惨遭抛弃》；孩子们搭的纸牌屋正在倒塌，纸牌屋的“地基”就建在巴尔扎克[3]的一本书上，而巴尔扎克又以描写男欢女爱和堕落女子见长。另外两幅画讲了故事的结局。一幅是丈夫死后，两个女儿在阁楼上过着体面但贫穷的生活；另一幅是妻子走投无路，躲在泰晤士河畔的阿德尔菲桥下，那是妓女、罪犯和自杀者出没的地方。埃格的作品在展出时配有文字：“8月4日，听说B

1 亨利·詹姆斯（Henry James，1843—1916），美国小说家、评论家。
2 奥古斯塔斯·埃格（Augustus Egg，1816—1863），英国画家，擅长风俗画和历史画。
3 巴尔扎克（Honoré de Balzac，1799—1850），法国小说家。

在两周前就已去世，两个孩子父母双亡，孤苦伶仃。人们最后一次见她，是周五在斯特兰德大街附近，很明显已经无家可归。这是怎样的堕落啊！”[79]

埃格的作品引发了热议，有人觉得这个话题太过凄惨，不宜入画。年展上还有一幅荷兰风格的室内画，也令人眼前一亮，那便是罗伯特·泰特的《切尔西的一间房内》，主角是托马斯·卡莱尔夫妇[1]，他们简朴的寓所就在伦敦切尔西区的切恩巷。这幅画尺寸不大，但细节逼真。卡莱尔夫妇都曾谈到该画的创作过程。卡莱尔抱怨说，1857年7月，酷热“难当”，泰特带着“讨厌的摄影器材”，“整天在屋里转来转去”。六个月后，又说泰特借了他的晨衣[2]和鞋子，到画室中作画。他的妻子简则说，泰特似乎要用凡·戴克[3]那种写实风格来展现客厅中的所有物件，单是针线盒就画了一整天。[80]卡莱尔夫妇是当时伦敦文坛最有名的伉俪，无须在作品标题中写出他们的大名。他们去世后，公众发现两人婚姻并不幸福。从简的书信和日记可以看到，她当时刚经历了一次崩溃。她体弱多病，卡莱尔却只顾躲在书房里写腓特烈大帝[4]，对她不管不问，还向阿什伯顿夫人大献殷勤，那位夫人对卡莱尔百依百顺，丝毫不顾及简的感受。[81]

1858年画展上最有名的当数威廉·鲍威尔·弗里斯[5]的巨幅全景画《德比赛马日》，描绘了当时的社会风貌。它与埃格的三联画都被泰特美术馆收藏，《切尔西的一间房内》则留在了卡莱尔夫妇的故居。

1 托马斯·卡莱尔（Thomas Carlyle，1795—1881），苏格兰散文作家和历史学家，著有《旧衣新裁》《法国大革命》《过去与现在》等。其妻简·卡莱尔（Jane Carlyle，1801—1866）也是文笔优美的散文作家。

2 晨衣（dressing gown）是梳妆、休息时罩在睡衣外的衣服。

3 凡·戴克（Anthony Van Dyck，1599—1641），佛兰德斯画家，1632年来到英国，擅长肖像画。

4 腓特烈大帝（Frederick the Great，1712—1786），即腓特烈二世，领导普鲁士跻身欧洲大国之列。

5 威廉·鲍威尔·弗里斯（William Powell Frith，1819—1909），英国画家，擅长风俗画。

弗里斯的画引起了轰动，观者如潮，展方只好在画前加设栏杆，并安排一名警察维持秩序。德比马赛是英国人尤其是伦敦人钟爱的赛事，每年夏天都有成千上万的伦敦人去埃普瑟姆[1]看比赛。《纪事年鉴》在总结1858年的大事时说，弗里斯捕捉到了这场赛事的“热闹与生机”。《本特利杂志》则安慰那些未能到现场观赛的人（马赛已于5月19日星期三举行）：“如果肯花上一先令，去看看这幅美轮美奂的作品，并能幸运地挤到前面，那么，当初待在家里也就没什么遗憾了。”[82]这幅画后来被制成版画并多次展出，给弗里斯带来了不菲的收入。它也是继戴维·威尔基[2]1822年的《切尔西退伍军人》之后，第一幅在展出时需要加装护栏的画作。[83]

德比马赛吸引了社会各个阶层，弗里斯也将他们尽数收入画中。有钱人会坐自己的马车赶往萨里郡的埃普瑟姆丘陵，议会通常会在这天休会一天；中产阶级会借用或租用四轮马车或两轮马车前往赛场，不久前也开始乘坐火车；下层民众一般是步行到埃普瑟姆，在马场周边搭帐篷过夜。吉普赛人、杂技演员、小丑和骗子都从四面八方赶来，各种买卖人也不会错失机会，有卖冷饮的，也有卖花的。弗里斯还画了一群人在围观一个快手骗子[3]，这种骗子经常在集市和露天游乐场出没，有个看客的怀表被人从后面偷走了。这幅画和当时的报刊一样，并不排斥盛会现场的犯罪活动。[84]萨拉擅长记录日常生活，在1859年用狄更斯那种包罗万象的风格，描绘了芸芸众生赶往德比赛马场的盛况：

德比马赛是人人都要看的。有坐火车去的，也有走大路去的。有

1 埃普瑟姆（Epsom）在伦敦西南，以每年举行德比马赛著名。

2 戴维·威尔基（David Wilkie，1785—1841），苏格兰画家，《切尔西退伍军人》是其最有名的画作。

3 用三只小杯覆于桌上，其中一个下面藏一粒豆，然后快速变换其位置，让旁观者赌哪个小杯下藏着豆子。

两院议员、律师和法官，也有陆军、海军和政府官员。有梅费尔和旧衣市的，也有帕克街和衬裙巷的；有王宫附属教堂和白教堂的，也有圣詹姆斯街和圣贾尔斯街的。[1] 大鹏大概是世界上最大的鸟吧？就算给我一根大鹏的羽毛，做成笔，再给我一卷大法官法庭卷宗那么长的纸，最后给我一条河作墨水，我也写不完那通往赛场的大路、山丘、看台、吉普赛人、唱小夜曲的埃塞俄比亚人；还有那成群结队的骑手，宛如沙漠中的贝都因人，向着塔滕纳姆弯道[2]飞驰而去；还有那从未正确过的记分卡；还有那总是闯入赛场却找不到出路的小狗，它的痛苦给人带来了欢乐，仿佛它就是小丑先生[3]。[85] 多么令人神往、扣人心弦、沁人心脾的赛事啊！[86]

1858 年的德比马赛比往年更有吸引力，因为 2 月底上台的新首相也是一位马迷，来自一个痴迷赛马的家族，这项赛事就是他的家族在 1780 年创办的。[87] 所有报纸都兴奋地抓住这个机会，畅谈体育和政治，大讲双关语和笑话。德比勋爵的“神箭手”是赌注登记经纪人眼中的热门，它能否赢得今年的比赛？它的主人正处在政治生涯的紧要关头，议会正在讨论《印度法案》等棘手的法案，政府正因印度问题面临一项谴责动议，他能过得了这一关吗？好不容易爬上财政大臣宝座的迪斯累里，会不会也和前景不妙的德比政府一样，只是昙花一现？一个是沉默寡言的贵族，一个是招摇显眼的中产阶级冒险家，这对反差极大的盟友会在这个最炎热的夏季，气温达到最高峰的时候，取得什么样的成就？

1858 年夏天，我们故事中的三位主人公都已人到中年。狄更斯成

1 上述地名两两并置，分别是伦敦富人和穷人聚居的区域，例如，梅费尔（Mayfair）是西区的高级住宅区，旧衣市（Rag Fair）则是穷人经常光顾的地方，暗示社会各阶层的人都来观看马赛。

2 塔滕纳姆弯道（Tattenham Corner）是埃普瑟姆丘陵赛马场的一个著名地点。

3 影射一份新发行的幽默杂志。

名很早，达尔文和迪斯累里则大器晚成。早在1837年，25岁的狄更斯就凭借《匹克威克外传》一举成名。1858年，他也来到了人生的十字路口，精神几乎崩溃，生怕自己精心营造的公共形象毁于一旦。这年夏天，他和迪斯累里一直没有离开公众视线。达尔文虽然也和他们一样，经历了情感波折，却在伦敦郊外过着默默无闻的生活。从他那里坐火车，很快就能抵达闷热的首都。

1858年，三人均未谋面。迪斯累里以前见过狄更斯。1843年10月，他在曼彻斯特参加了狄更斯主持的一次募捐。[88]狄更斯很少在信中提及迪斯累里，也没说多少好话。1846年，议会就废除谷物法进行辩论，迪斯累里背叛了罗伯特·皮尔爵士[1]，令狄更斯大为不满。迪斯累里支持约翰·罗素勋爵，为罗斯柴尔德争取议会席位，狄更斯也只是略表赞赏，在1849年7月写道："很高兴看到迪斯累里在犹太人问题上良心未泯。"[89]迪斯累里又是怎么看狄更斯的呢？1857年，有人问他对狄更斯的《小杜丽》有什么看法，他没有直接回答，只是说"不管是写小说还是读小说，他都没了兴趣"。[90]此前，他倒是喜欢用《匹克威克外传》和《雾都孤儿》中的人物来形容自己的熟人。1838年，他对姐姐莎拉说，查尔斯·格雷爵士在下院被叫作"匹克威克先生，他的长相、眼镜和说话风格简直就是'人物原型'"。[91]第二年又说，有一天和布尔沃·利顿爵士离开议会，谈到了伦敦口碑不佳的出版社，"一致认为，理查德·本特利就是费根，亨利·科尔伯恩就是'逮不着'，桑德斯和奥特雷就是克莱伯"[2]。[92]

狄更斯和迪斯累里似乎都不知道达尔文，也不了解达尔文的研究。1859年《物种起源》的出版也没有改变这种状况。两人现存的信

1　罗伯特·皮尔（Robert Peel，1788—1850），英国保守党创始人，在1834年至1835年、1841年至1846年出任首相，因取消谷物法遭执政党内阁反对而被迫辞职。

2　这里用《雾都孤儿》中三个形象不佳的人物来代表出版社，费根（Fagin）是小偷团伙头目，"逮不着"（Dodger）是小偷团伙骨干，克莱伯（Claypole）是棺材铺伙计。

件都没提到达尔文。达尔文倒是知道两人的小说。他喜欢小说，对乔治·艾略特的《亚当·比德》和《织工马南》情有独钟。[93]他也和迪斯累里一样，偶尔会提到狄更斯的早期作品和人物，如匹克威克的男仆塞姆·韦勒、《博兹札记》和《荒凉山庄》中的斯纳斯比先生。[94]1864年，他说迪斯累里的一部小说“生动地嘲讽了我们这些进化论者，一位年轻的女士说，‘啊，地质学已经证明’，我们是从乌鸦或类似的动物变来的”。[95]他说的是《坦克雷德》(1847)，小说中的康斯坦斯·罗利夫人建议朋友读读《混沌启示录》(影射罗伯特·钱伯斯轰动一时的《创世遗痕》)，在那本书里，地质学证明了一切——“我们是鱼，我认为我们会变成乌鸦”。[96]

达尔文和狄更斯在1838年也有交集，只是彼此都不知道。当时，两人都被选为雅典娜神殿俱乐部的会员。俱乐部位于蓓尔美尔街，成立于1824年，旨在表彰学术和文学方面的成就。1838年，俱乐部翻修，为筹募资金，委员会决定增选四十名会员。[97]狄更斯的入选没有争议，他当时已经出版了《匹克威克外传》,《雾都孤儿》正在《本特利杂志》上连载，但达尔文刚随“小猎犬号”航海归来，在科学界还算不上知名人物，他把这次侥幸入选视为“命运的巧合”。达尔文在回顾自己的职业生涯时经常这么说。例如，他父亲不同意他辍学出海，多亏舅父乔赛亚·韦奇伍德出面说情；船长菲茨罗伊不可理喻，差点因为他的鼻型将他拒之门外，最终被他说服。这次，他又将自己的入选与父亲不喜欢奶酪联系在了一起。他在《自传》中说，多年前，他父亲罗伯特·达尔文医生给第一代兰斯多恩侯爵治病，说自己不喜欢奶酪，引起了兰斯多恩的兴趣，才有了1838年兰斯多恩的后人提名他为会员：

雅典娜神殿俱乐部要新增四十名会员，即所谓的“四十大盗”，很多人为此奔走游说。我没找人，但兰斯多恩勋爵推荐了我，并让我当选。如果我猜得没错，这也是机缘巧合。五十年前，我父亲在荷兰不吃奶酪，倒让我成了雅典娜神殿的一员。[98]

迪斯累里的入会经历比较曲折。1832 年，他挖空心思要进雅典娜神殿俱乐部，却被投票否决，1835 年再次铩羽而归。虽然他父亲艾萨克老成持重，学识渊博，也是俱乐部的创始人之一，但迪斯累里在小说和报刊文章中嬉笑怒骂，得罪了不少人，大家也普遍认为他轻浮放浪，名声不好。直到 1866 年，在政界打拼了将近三十年后，61 岁的迪斯累里才最终迈进了俱乐部的大门。[99]

达尔文尚未成名就当选会员，实属幸运，但他并不关心伦敦的俱乐部圈子，很少参加文学或政治聚会，也不在公共场合发表演说，就连科学界的社交活动都很少参加，与狄更斯和迪斯累里形成了巨大的反差。他不喜欢热闹，身体也不好，工作又投入，几乎足不出户，长年隐居住在肯特郡的达温村。虽然在伦敦科学圈里也有朋友，所在的几个学会也在伦敦开会，但他还是很少参与，出门一般不会超过几天。多亏有伦敦这些朋友，他才能了解最新的科学进展，创立"自然选择"理论。单凭他自己，是不可能为名望和地位而奋斗的。

虽然这三位杰出人物之间的关联只是间接的，但回到 1858 年夏天的伦敦这个大背景，就能看出更多的联系。还有很多人在伦敦酷暑中忍受煎熬，在宗教论争、时尚娱乐、文学艺术中乘风破浪，在闷热的会议室中讨论立法、经费、离婚案与精神病案、俱乐部会员资格、公共卫生、医疗、技术进步或科学论文的价值、第二天的新闻头条和社论。有些人和事看似毫不相干，有时却隐含着短暂或偶然的联系，有时也隐含着深刻或重要的关联。迪斯累里和布鲁内尔有什么共同之处？又与在伦敦北部避难、给德国和美国报刊撰写时评的马克思有什么共同之处？弗里斯的《德比赛马日》和布鲁内尔的"大东方号"有什么共同之处？这艘巨轮又与鲁滨逊离婚案、提倡节育有什么共同之处？行刺拿破仑三世与狄更斯笔下的人物、加里克俱乐部事件有什么共同之处？德比马赛与《亚当·比德》呢？林奈学会[1]与达尔文幼子的夭折呢？印度与泰晤士河呢？《离婚法》与“美国驯马大师”詹姆斯·拉里呢？达尔文、狄更斯和迪斯累里每天都在忙着应对自己的生活，他们同时代的人也不知道形势如何变化、问题怎样解决。我们却可以借助历史学家的事后之明，考察在 1858 年那个炎热的夏季，“微尘”以什么样的“方式”降落在了这些人物身上。

1 林奈学会（Linnaean Society）是英国一家出版博物学期刊的学会。瑞典植物学家和探险家林奈（Carolus Linnaeus，1707—1778）建立了动植物界的分类系统。

Chapter 02
第二章 1858年5月

苦恼的狄更斯

上周六，皇家美术学院绘画雕塑年展开幕，像往年一样举办了庆典，场面十分壮观。政府大员、两院议员、陆海军首脑、教会要人、法官以及文学、科学和工商界的代表，齐聚这座殿堂，向艺术致敬。[1]

1858年5月3日星期一，《泰晤士报》以这种华丽的辞藻报道了5月1日的这场盛宴。皇家美术学院当时还在特拉法加广场，也就是现在国家美术馆的位置。宴会在晚上6点开始，由皇家美术学院院长查尔斯·伊斯特莱克爵士[1]主持。在座的都是大名鼎鼎的人物，包括首相德比勋爵和他儿子斯坦利勋爵、财政大臣迪斯累里、内政大臣斯宾塞·沃波尔、高等法院王座法庭庭长兼离婚法院首席法官坎贝尔勋爵、大法官切姆斯福德勋爵。此外，还有自由党的主要人物帕默斯顿

1 查尔斯·伊斯特莱克（Charles Eastlake，1793—1865），英国画家，翻译了歌德的《色彩学》。

勋爵、约翰·罗素勋爵和威廉·格莱斯顿。戴维·萨洛蒙斯以伦敦市长的身份应邀出席，他也是第一位担任这个要职的犹太人。和他的姻亲罗斯柴尔德一样，虽然当选了议员，但由于不能“以基督徒的名义”起誓，无法进议会就座。不过，这次晚宴后，没过几个月，就出台了新法，罗斯柴尔德获得了议员席位，萨洛蒙斯也再次竞选格林尼治议员并于1859年当选。[2]

宴会现场还有力主改革的伦敦主教阿奇博尔德·泰特，极端保守的牛津主教塞缪尔·威尔伯福斯。剑桥公爵代表军队发言，迈克尔·法拉第教授[1]则代表科学界出席，皇家内外科医师学院的两位院长分别代表各自的行业。文学界的两位代表是狄更斯和萨克雷。主办方向他们敬酒，他们也都作了回应。狄更斯说：“我代表的是你们的姐妹，她很强壮，也很健康［《泰晤士报》说此处有“笑声”］。她深爱着你们，也一直关注着你们。她在这座艺术殿堂看到自己还没被人遗忘，还是你们盛情款待的上宾，她表示非常开心（欢呼声和笑声）。”萨克雷接着发言，主要谈了他的个人经历。他深情地谈到了狄更斯，说要不是因为这位“朋友”，“我很可能没有机会领受诸位的敬酒”：

我本该努力成为一个画家或图画设计师，而不是作家，那才是我早年的梦想。我记得，狄更斯先生还很年轻的时候，就已经开始创作引人入胜的幽默作品，给世人带来欢乐了。我不记得那部作品的名字了（笑声），只记得是淡绿色封面，一个月一期（笑声）。当时，这位青年才俊想找个画家，给他的作品创作插图。我记得，我拿了两三幅画去找他。说来也怪，他竟然没有相中（笑声）。这可毁了我的艺术生涯。要不然，我也会努力让我的画在将来的某一天，挂到这座殿堂的墙上，我会为此感到自豪，感到快乐。但经历了这次打击之后，

1　迈克尔·法拉第（Michael Faraday，1791—1867），英国物理学家和化学家，发明了发电机。

我就开始关注另一种艺术行业了……我永远乐意收到你们的邀请，享受你们的盛情款待。[3]

萨克雷明显在恭维狄更斯。他在狄更斯面前一直不自在。虽然他比这位同行大七个月，但写小说的时间却晚了很多。他提到的《匹克威克外传》1836 年开始按月连载，刚出几期，就让狄更斯名声大振。第一期出版后，插图师罗伯特・西摩[1]就自杀了。1836 年 4 月，萨克雷想接手这份工作，但狄更斯选择了哈布洛特・奈特・布朗，也即菲兹[2]。[4] 直到 1847 年和 1848 年，《名利场》按月连载，36 岁的萨克雷才尝到了一夜成名的滋味，而狄更斯早在 24 岁就已经品尝过了。

狄更斯没有在这次宴会上恭维萨克雷，但不久前在皇家普通戏剧基金会的募款宴会上称赞过他。当时是 3 月底，两人都应邀出席，狄更斯称萨克雷“是一位给文学增添了荣耀的绅士，文学也因他而熠熠生辉”，他的作品妙趣横生，是一面反映自然的“伟大镜子”。[5] 5 月 9 日星期日，萨克雷设宴招待狄更斯、画家丹尼尔・麦克利兹和埃德温・兰西尔[3]等人。[6] 萨克雷的两个女儿和狄更斯的女儿们关系不错，狄更斯的长子也属于萨克雷的《笨拙周报》圈子。不过，好景不长，皇家美术学院晚宴后不到一个月，随着气温骤升，两人也都鲁莽起来，卷入了争吵和谣言，这段不自然但还算客气的友谊也就提前宣告结束了。

5 月 3 日星期一，《雅典娜神殿》报道说，维多利亚女王在 4 月 29 日星期四为皇家美术学院年展揭幕，“观者如潮”。报界对参展作

1 罗伯特・西摩（Robert Seymour，1798—1836），英国插画师。

2 哈布洛特・奈特・布朗（Hablot Knight Browne，1815—1882），即“菲兹”（Phiz），英国插画师，1836 年至 1859 年为狄更斯的作品创作插图。

3 丹尼尔・麦克利兹（Daniel Maclise，1806—1870），爱尔兰画家，擅长历史画和肖像画，曾为狄更斯画像；埃德温・兰西尔（Edwin Landseer，1802—1873），英国画家，以画动物闻名。

品褒贬不一。不止一位评论家注意到，这一年没有拉斐尔前派的画作入选，但弗里斯的《德比赛马日》大受欢迎；埃格的三联画也引起了争议，有人赞它深得霍加斯[1]的神韵，也有人指责它不堪入目；泰特的《切尔西的一间房内》"真实地"再现了当时的文学巨匠和他的妻子，两人都以言辞辛辣风趣著称。[7]受到好评的画作不多。但丁·加布里埃尔·罗塞蒂没有作品参展，他在6月对画家威廉·贝尔·斯科特[2]说，这次年展"丑陋至极"，"所有画作均平淡无奇"。[8]这个评价并不中肯，很多人都觉得埃格的画很有戏剧性。

狄更斯在公开场合和私人场合的活动也都很有戏剧性。他在公开场合的亮相非常惊艳。1858年4月29日星期四，他举办了第一次商业朗读会。此前也有慈善组织和机构请他朗读，筹募资金。2月，他在共济会会堂做了鼓舞人心的演说，为扩建位于大奥蒙德街的儿童医院募集了三千多英镑。医院推选他为名誉董事，请他举办一次公开朗读，以筹募更多资金。[9]他没有耽搁，4月15日便在圣马丁堂朗读了《圣诞颂歌》中的选段。一年前，为了帮助朋友道格拉斯·杰罗尔德的遗孀和子女，他曾在两千多听众面前朗读这个故事。这次，他借着为医院募捐的机会，向外界透露，今后他将举办公开朗读会，为自己增加点收入。他知道这么做有风险，好友约翰·福斯特也坚决反对，担心靠表演挣钱有损作家声誉。[10]

狄更斯经常邀请福斯特、奥古斯塔斯·埃格等朋友到他的业余剧团演出，但大都是在自己或别人家中，即便在外面，也都有体面的理由。[11]狄更斯做事一向追求完美，他的塔维斯托克寓所[3]位于

1 威廉·霍加斯（William Hogarth，1697—1764），英国画家、版画家、艺术理论家，作品有版画《时髦婚姻》、理论著作《美的分析》等。

2 威廉·贝尔·斯科特（William Bell Scott，1811—1890），英国画家，出生于苏格兰，后移居伦敦，是较早描绘工业革命的画家。

3 塔维斯托克寓所（Tavistock House）位于伦敦布鲁姆斯伯里的塔维斯托克广场，狄更斯于1851年将其买下，1860年售出。

布鲁姆斯伯里，房子比较大，他便在后院建了一个私人小剧场。年轻的作曲家弗朗西斯科·伯杰曾为狄更斯创作开场音乐和背景音乐。据他说，这个剧场“麻雀虽小，但五脏俱全”，“吊灯、布景［由著名布景画家克拉克森·斯坦菲尔德设计］、帷幕，无不恰到好处”，服装出自阿德尔菲剧院的裁缝之手，假发来自“斯特兰德大街的威尔逊”，道具则由“阿德尔菲的爱尔兰”提供。[12] 1857 年 7 月，为帮助杰罗尔德的遗孀，狄更斯为皇室排演了威尔基·科林斯[1]的情节剧《冰封深海》。该剧讲男性之间的竞争与奉献，狄更斯扮演的男子一心要杀死情敌，对方却舍身救了他。他后来稍作修改，把这个角色写进了下一部小说，也就是《双城记》(1859）中的西德尼·卡屯。伯杰说，在最关键的那一幕，狄更斯独自站在台上，面临着道德抉择，表演得出神入化：“我从没见过比这更有力、更感人、更精彩的表演。”[13]

这次演出在摄政街的插画美术馆举行，演员有狄更斯的儿子查利、女儿玛米和凯蒂、妻妹海伦·霍加斯、好友奥古斯塔斯·埃格、约翰·福斯特和《笨拙周报》主编马克·莱蒙[2]。观众则是维多利亚女王、艾伯特亲王和他们的客人——比利时国王利奥波德[3]一家。1857 年 7 月 4 日，女王在日记中写道：

9 点，与亲爱的舅父［利奥波德］、几位客人和四个大点的孩子，去插画美术馆观看一场业余演出。演的是威尔基·科林斯的三幕浪漫情节剧《冰封深海》，讲北极探险的故事。结尾部分最有趣，很紧张，也很感人。这部剧是狄更斯演的，非常棒。他饰演理查德·沃多，精

1　威尔基·科林斯 (Wilkie Collins，1824—1889)，英国小说家，著有《白衣女人》《月亮宝石》等。

2　马克·莱蒙（Mark Lemon，1809—1870），英国剧作家，1841 年起担任《笨拙周报》主编。

3　利奥波德一世（King Leopold，1790—1865），比利时国王，1840 年协助安排了他外甥女维多利亚女王与他侄子艾伯特之间的婚姻。

彩至极，无人能比。故事惊心动魄，令人难忘。[14]

狄更斯很清楚，他作为演员和导演，已经征服了各种观众。1858年春，他觉得可以通过朗读自己的小说大赚一笔。先在伦敦朗读，然后全国巡演，最后再去美国，估计在美国能挣一万镑。[15] 从1858年到1870年去世，他虽然身体欠佳，却坚持在国内外举办朗读会，上演了一幕活力四射的独角戏。他英年早逝，可能也与频繁朗读有关。他专门设计了一个台子，站在打好光的幕布前，朗读他小说中最搞笑和最悲惨的场景，惟妙惟肖地模仿人物的声音。最有名也最精彩的是《雾都孤儿》中比尔·赛克斯杀害南茜的一幕，狄更斯在朗读时还加上了肢体动作。[16] 他一直很在意读者的评价，在人生最黑暗的这段日子里，他格外需要掌声。

狄更斯担心自己声誉受损，或被人当成演员（演员在当时不算绅士），特意让《泰晤士报》做了提醒。1858年4月16日，该报高度赞扬了他前一天晚上为帮助患病儿童所做的演出，说他"演技如此高超，很难相信他竟然只是一位表演爱好者"，而且，由他本人来朗读自己的作品，也为"那些美轮美奂的作品增添了别样的趣味"。该报接着说，圣马丁堂当天"座无虚席"，"募集的资金恐怕足以治疗全国的患病儿童了"。该报提醒说，从4月29日开始，每周四晚上，"这位富有爱心的'朗读者'"就要为了自己的收益，展示朗读才华了。[17] 说得再好听，也无法掩盖一个尴尬的事实——这位名利双收的作家并不满足于现状，他要为圣马丁堂的三千多名观众表演，然后再全国巡演。圣马丁堂是一座仿都铎风格建筑，位于考文特花园的长地街。萨克雷和他的朋友觉得这么做不够体面。福斯特也意识到了这一点并提醒了狄更斯。其实，狄更斯心里也明白，但他只能铤而走险，一方面是为了挣钱，但更是为了维持他在读者心目中的地位。

4月29日星期四，狄更斯第一次举办商业朗读会，忍不住为自己辩白了几句。几天后，《年代》全文刊登了他的话，但没有评论。狄更斯说，尝试这项新事业，主要是出于道德责任。他虽然说得谦和，却不够坦诚，显然没能展现最好的一面：

女士们，先生们，大家可能知道，前几年，为了帮助慈善事业，我已经习惯了偶尔朗读一下我的短篇作品，我自己也为此付出了一些时间和金钱。现在，这种要求越来越多，我已经应接不暇，只能做个决断，要么为了自己的收益，把偶尔举办朗读会作为一种职业，要么干脆不再朗读。我没费多大劲，或者说根本就没费劲，便决定走第一条路（欢呼声）。[18]

狄更斯说他为了慈善事业，长期奉献自己的声望和时间，并非虚言；说他越来越无力应对这么多请托，也不难理解；但说唯一的办法就是继续举办朗读会，却只为了增加自己的收入，就有些讲不通了。他也意识到，有人可能会指责这么做有辱作家清名，便说他也是考虑了很久才下的决心，认为这个计划“绝不会损害文学的声誉和独立性”，“只要能让公众人物与公众面对面，相互信任，相互尊重，就是好的”。他说：“很多人可能永远没有机会听到我的声音，看到我的面容。现在，有了朗读会，就可以建立亲密的友谊。这是我的特权，我的骄傲，也是我的责任。”[19]他之所以要费尽心机地解释，就是因为还有人对写作这个“职业”存有偏见，对表演这个“职业”偏见更多，但更重要的是，当时他正因为婚姻问题，深陷苦闷与愧疚之中，格外需要巩固自己的声望。

1858 年 5 月 9 日同萨克雷吃饭的这天，狄更斯还给他的朋友安杰拉・伯德特－库茨[1]写了一封信。库茨是银行继承人，热衷慈善事业。这封信显得有些无情无义，开头是这么说的：

1 19 世纪四五十年代，安杰拉・伯德特－库茨（Angela Burdett-Coutts，1814—1906）在狄更斯的建议下参与了多项慈善事业。

亲爱的库茨小姐：

多年来，您一直是我亲密的朋友，让我备感温暖亲切。有件不幸的家事，实在不该瞒着您……我觉得，这么多年来，我的婚姻一直是世界上最不幸的婚姻。从古至今，世上就没有两个人，会像我和我夫人这样，彼此完全没有兴趣，没有同情，没有信任，没有感情，更谈不上情投意合。这是她的不幸，也是我的不幸。可大自然硬是在我们中间横隔了一道无法逾越的障碍，今生今世无法破除。[20]

他接着说，孩子们也不喜欢凯瑟琳（从1837年到1852年，他们一共生了十个孩子，九个活了下来），“没有一个愿意亲近她。他们小的时候，她没陪他们玩；他们长大了，也不信任她。她从来没在他们面前表现出母亲的样子”。但孩子们和很多朋友，包括库茨小姐，后来都不认可这个残忍、绝对的评价，凯蒂就称呼凯瑟琳为“可怜的母亲”。[21]在精明机智、精力旺盛的丈夫身边，凯瑟琳显得有些笨拙迟钝，这无可否认；抚养这么多孩子，需要未婚的妹妹乔治娜·霍加斯帮忙，也是事实。1842年，15岁的乔治娜住到了狄更斯家，狄更斯经常夸她治家有方。1858年，狄更斯夫妇最终分手，乔治娜选择跟狄更斯在一起，替他照看八个孩子，最小的爱德华六岁，最大的玛米20岁。长子查尔斯已经21岁，可以自己决定去留，他选择跟母亲一起生活。[22]

狄更斯还告诉库茨小姐，凯瑟琳要搬出塔维斯托克寓所，福斯特正在帮她安排。这所房子是狄更斯一家的大本营，排演过多部戏剧，一家人都曾参与演出，凯瑟琳也时有参与。此时，狄更斯已经搬到了《家常话》报社，就在斯特兰德大街旁边的威灵顿街。[23]几个年幼的孩子都是男孩，归狄更斯抚养，八九岁时被送去上学，后来大都被狄更斯安排出国谋生。弗兰克1844年出生，1863年去了印度；艾尔弗雷德1845年出生，1864年去了澳大利亚；西德尼1847年出生，1859年参加了海军；最小的爱德华1868年移民去了澳大利亚。只有1849年出生的哈里留在了英国，在剑桥大学学习数学，后来成了一名律师。沃尔特生于1841年，1858年还在驻印陆军服役，1863年12月在加尔各答去世，年仅22岁。1871年，弗兰克回国探望母亲（狄更斯已在一年前去世）。其他几个孩子在青少年时代离开英国后，就再也没能见到父母。[24]

狄更斯对库茨说，他与妻子分手，是因为性情不合，但实际上还与他的戏剧表演有关。为了分手，他已经谋划了将近一年。他的剧团在私下演出或为女王演出时，他也让女眷们登台，但到剧场演出时，他都是聘请专业演员。一方面，可能是女眷们嗓门不够大，动作不到位；另一方面，当时普遍认为女性不宜登台，不仅有失体面，还会让人怀疑是风尘女子，因为早先经常有人在剧场或剧场附近幽会。19世纪三四十年代，以狄更斯的朋友威廉·查尔斯·麦克里迪[1]为首的演员兼经理们开始大力整治剧场环境。[25]

到19世纪50年代，大剧院都已经成了体面的场所，但女演员还是要注意自己的名声。1857年夏天，狄更斯策划在曼彻斯特演出《冰封深海》，认识了一家女演员。8月2日，他给威尔基·科林斯写信说，该剧要在曼彻斯特的自由贸易大厅上演。“场地很大，”他写道，“我们得请女演员。”[26]他请的是弗朗西丝·特南。她丈夫是演员兼经理，因患梅毒，1845年在贝斯纳尔格林的一家精神病院去世。弗朗西丝已经年过五旬，有三个女儿。狄更斯雇用了其中两个，20岁的玛丽亚担任女主角，埃伦饰演配角。[27]埃伦也被叫做内利。9月，狄更斯给库茨写信，详细描述了玛丽亚的激情表演。她跪在垂死的理查德·沃多（狄更斯扮演）身前，“眼泪簌簌落下，滴到他嘴里，落到他胡须上，洒满了他褴褛的衣衫——当他抓住她头发的时候，还滴到了他的手臂上”，“哭得好像心都碎了，悲伤地抽搐着”。[28]

1　威廉·查尔斯·麦克里迪（William Charles Macready，1793—1873），英国演员兼剧场经理，曾担任伦敦考文特花园剧院和特鲁里街剧院经理。

曼彻斯特的演出非常成功。8 月 25 日，狄更斯回到伦敦，仍然无法平复激动的心情。他对科林斯说，演完了《冰封深海》，“兴奋劲迟迟不退，静不下来，真是绝望”，“很想摆脱出来”，“可每当我下定决心要打起精神的时候，却又只能无助地看着自己的脸，就像现在这样，苍白得难以想象，难以描绘，那种痛苦真是匪夷所思”。[29] 他决定和科林斯结伴出游，谎称要为《家常话》合写一篇《两个懒散学徒的闲游》，但真正的原因是急切想见到特南家的小妹——18 岁的埃伦·特南。他已经坠入了爱河。科林斯作旅伴很合适，他当时 34 岁，比狄更斯小 11 岁，精力旺盛，经常出入伦敦和巴黎那些有伤风化的地方，还包养了情妇卡罗琳·格雷夫斯，但一直没有娶进门。[30] 狄更斯没有邀请好友约翰·福斯特同行。福斯特比他年长，也比他稳重。狄更斯知道，福斯特既不会同意他办朗读会挣钱，也不会同意他跟这么年轻的女孩交往过密（内利生于 1839 年 3 月，狄更斯的二女儿凯蒂生于同年 1 月）。再说，狄更斯还需要福斯特帮他跟出版商打交道，不久后还要代他跟凯瑟琳家谈分居的事。1857 年 9 月初，狄更斯给福斯特写信说：“可怜的凯瑟琳和我根本合不来，毫无希望。”他说自己并不是才有这种感觉：“你还记得玛丽出生的时候吧，那时候就出了问题，一步步走到现在。”玛丽（即玛米）是狄更斯的第二个孩子，1838 年出生，当时狄更斯刚结婚两年。他这么说显然是自欺欺人。事实上，他是到 1854 年才开始向福斯特暗示自己婚姻出了问题。[31]

似乎只有狄更斯自己相信，他的婚姻几乎从一开始就是不幸的。这自然能让他良心好受些。在随后的几个月里，他在给好友写信时也一直这么说，甚至还在给一两位女性写信时编造了一个童话，显然与《冰封深海》和埃伦有关。1857 年 12 月，他给理查德·沃森的遗孀写信，说自己是“上帝创造的最不安分的生灵”：

我希望能生在一个有吃人妖的时代，巨龙把守着他的城堡。我希望，长了七个头却没有大脑的吃人妖掠走我心爱的公主——你不知道我有多么爱她——把她关到群山之巅的城堡中，用头发捆住她。我今天就想拿起宝剑，爬上高山，救出公主。如果不成，就血溅当场。这就是我在 1857 年的心情。[32]

曼彻斯特演出的兴奋劲过去后，他和科林斯前往英格兰北部，到湖区漫游，参观了卡莱尔和兰开斯特，1857 年 9 月中旬在唐克斯特结束了行程，特南姐妹正在那里演出。狄更斯和科林斯看演出时，被当地媒体发现，他们谎称是为写一篇幽默文章才旅行至此。[33]这两个"懒散的学徒"观看了唐克斯特马赛，实际上是狄更斯和埃伦一起看的。这篇游记发表在 10 月 31 日的《家常话》上，狄更斯化名"弗朗西斯·好孩子"，科林斯化名"托马斯·闲人"。最后，"闲人先生"怀疑他的旅伴"已经为一副淡紫色的小手套，一顶小女帽"和帽子下面那头"金发""发了疯"。[34]

从这时一直到 1858 年 5 月，狄更斯在信中不停地谈他那种无法控制的躁动。科林斯最清楚狄更斯的烦恼。3 月，狄更斯对他说："唐克斯特的阴霾沉重地压在我的心头，一刻也没法写作，一刻也没法休息，现在还醒着。"狄更斯意识到，办朗读会的念头也跟这种精神状态有关："自从最后一次演《冰封深海》，我就没有得到片刻的安宁和满足。我真觉得，从来没有人被一个精灵控制并撕裂成这样。虽然没法消除或减轻这种状态，我却突然想到，可以换一种方式来忍受这种煎熬，试试公开朗读，耗耗体力，换换心情，也许能有点作用。"[35]狄更斯已经跟很多好友暗示过分居的事，但埃伦的事似乎只有科林斯、福斯特和《家常话》编辑威尔斯听他说过。不过，还是有人听到了风声，开始私底下议论起来。

1858 年 5 月 19 日是德比赛马日，狄更斯得知库茨想替凯瑟琳说情，便给库茨去信说，"任何人的意见或神的旨意，都动摇不了我的决心"。[36]凯瑟琳当天也写信感谢库茨为她说情："上帝保佑，我现在只剩一条路了。虽然现在还不能说，但总有一天，我会告诉您，我受到了多么不公正的对待。”[37]这时已经有很多流言蜚语。狄更斯怒不可遏，认为是凯瑟琳那个“恶毒的母亲”在造谣生事，他在给库茨的信中称岳母为“那个女人”。那天，他还给库茨写了一封信，对他儿子查利去看德比马赛表示了不满：“都什么时候了，他居然还有心情去看马赛。”[38]一周后，他告诉麦克里迪，不想再谈“过去的事”了，“一心想把它从脑海中踢出去”。[39]

凯瑟琳的家人有可能因为对狄更斯不满，故意在外面说他跟妻子不和，但不管怎么说，如果狄更斯以为能守住这个秘密，就太天真了。[40]萨克雷已经在俱乐部和各种聚会中谈狄更斯的婚外恋了。萨克雷的妻子患有精神病，一直住在伦敦东南的坎伯韦尔，由心地善良的管家照料，女儿大多数时间和祖母住在巴黎，他实际上过着单身汉的日子，自然常去俱乐部。几天后，萨克雷的这些话就传到了狄更斯的耳朵里。这也是两人后来反目的一个原因。很快，其他人也开始谈论狄更斯的婚姻问题了。没过多久，到5月和6月，流言已经多到让狄更斯不得不设法控制媒体报道了。5月17日至21日是德比马赛周，萨克雷在埃普瑟姆看马赛，听说了狄更斯的事，后来又在加里克俱乐部说了出来，虽然可能是无心的，但的确不够慎重。6月初，他对母亲说：

唉，说什么好呢？文学圈里有个坏消息，比狄更斯先生与夫人分居这事还要糟糕，而且，嘁嘁喳喳，流传着很多版本，都相当不堪。最糟糕的是，我为了反驳其中一个版本，又被拽进了另一个版本。上周，我去加里克俱乐部，听说狄更斯分居是因为与妻妹［乔治娜］有染。我说不对，根本不是这么回事——是跟一个女演员。结果，前半截没传到狄更斯耳朵里，后半截他倒知道了，就以为是我在到处诋毁他！可以确定，我们俩是永远不可能做朋友了。我这个版本也是在埃普瑟姆听来的，当时我也是头一次听说。我本该什么话都不说，可听到有人讲那个更不堪的版本，我就忍不住讲了这个来反驳。[41]

德比赛马日

5 月 19 日星期三，清晨的阳光抚摸着埃普瑟姆丘陵。前一天下了雨，天气不错，气温大概在 60 华氏度（16 摄氏度），比往年暖和。几周后，《泰晤士报》报道说，5 月的平均气温只比平均值高了 6 华氏度，但真正的热天是月底才开始的。[42] 不管是体育报刊，还是一般报纸，开赛前就已经开始预热，解析赔率，接着又描绘比赛当天的观众，报道比赛结果。5 月 20 日，《泰晤士报》报道说，整个伦敦仿佛都陷入了狂热之中。该报记者也和其他记者一样，惊讶德比马赛竟然吸引了这么多人，从贵族到小偷，各阶层的人欢聚一堂，摩肩接踵，"在德比马赛期间，埃普瑟姆丘陵本身就是一景，举世无双"。按比赛开始时的赔率，德比勋爵的"神箭手"是热门，赔率是 10∶3，最终夺魁的"贝兹曼"赔率是 10∶1。[43]

这次马赛格外引人注目，首先是首相的马也参赛，其次是政府正因印度问题面临倒台风险。长期以来，为方便议员观赛，议会都会在比赛时休会。这种做法自然容易招致非议。《泰晤士报》等报刊指出，德比勋爵似乎更关心他的马厩，而不是他的政府。同情首相的报刊则认为，给政治家们放半天假观看马赛，是英国的伟大传统，没必要因为内阁面临危机就要破例。有人说，德比勋爵关心的是马赛而不是政治，议会正在讨论印度问题，此时休会有些不负责任；《赛马时报》和极端保守的《圣詹姆斯纪事报》则反驳了这些说法。[44] 很多报纸都抓住这个机会，把政治和体育联系了起来。J. 尤因・里奇写过很多关于伦敦的书，都很畅销。他意识到，这次德比马赛会格外刺激：

那个戴着眼镜，黑领圈又高又硬的……就是英国首相。他的马是这次比赛的热门，他还没在德比马赛中赢过。据说，相比于在议会中获胜，他宁愿在马赛中夺魁。有人说，他已经跟骑师许下了诺言，如果夺魁，就给他奖励，一年五十镑，直至去世……在潮水般的叫喊声和欢呼声中，比赛结束了。只用了2分54秒，辉格党的约瑟夫·霍利准男爵就击败了保守党首相德比勋爵，拿走了五万镑。先生们，他的骑师走了这么点路，就和咱们辛苦一年挣得一样多。结果宣布了，鸽子也放飞了，电报开始忙碌起来……很多人心情沉重地踏上了回家的路，他们受的打击可真不小。[45]

所有报纸，无论政治立场，都借预测头马的机会，展望了德比政府的前景。还有报纸把这两件事联系起来，开出了赔率。《年代》主要报道艺术、娱乐和体育活动，逢周日出版，政治上支持德比勋爵。5月16日，该报刊登了“巴普蒂斯特”的小诗《1858年德比马赛索引》，按照参赛马匹名字的字母顺序，逐一做了分析，认为“贝兹曼”值得下注，并预祝德比勋爵好运：

……无须把索引看完，
我就要将马场的蓝色勋带授予德比勋爵，
祝他在国事和马赛中
都能永铸辉煌。[46]

离开赛还有两天的时候，《赛马时报》刊登了一首长诗，拿“神箭手”（Toxopholite）的名字做起了文章。它的名字与射箭爱好者或“弓箭手”（Toxophilite）只差一个字母：

谈起“神箭手”，没人敢不重视，
我也不认为它微不足道。
它十有八九会命中靶心，
他们说，好久没见这么棒的马了；
不管德比勋爵是不是首相，
只要有了“神箭手”，就会受到欢迎。[47]

比赛后的那个星期六，《笨拙周报》详细讨论了政局，把政治家比作赛马，给出了下周重新开始讨论印度问题时的“收盘价”：

9:7 埃伦伯勒勋爵“替罪羊”

15:12 斯坦利勋爵支持

20:19 迪奇的命运（成交）

99:1 切姆斯福德勋爵的反犹癖

300:20 约翰勋爵定局（报价）

1000:1 帕姆和约翰·罗素勋爵联手（10000000:1 成交）

6:5 德比勋爵内阁解散（报价）

6:5 帕默斯顿勋爵接任（成交）。[48]

可见，《笨拙周报》认为，德比和迪斯累里（即“迪奇”）有可能勉强过关；如果他们下台，帕默斯顿（即“帕姆”）则有可能接手，组建辉格党内阁。在该报看来，反对党的两位领袖帕默斯顿和约翰·罗素勋爵长期不和，联手的可能性极小，只有1000:1甚至10000000:1；议会正在就《宣誓法案》进行辩论，一贯反犹的切姆斯福德这次很难得逞。

从上述赔率可以看出，《笨拙周报》认为英国在印度问题上外交失误，引发了当前的危机，督查委员会[1]主席埃伦伯勒勋爵成了替罪羊。[49]

1857年5月，印度士兵兵变，杀害了很多欧洲人，攻陷了奥德省首府勒克瑙的英军驻地。英印双方都有暴行。直到1858年3月19日，驻印英军首领科林·坎贝尔爵士才解了勒克瑙之围。英国民众听说本国妇孺惨遭杀害，顿时群情激奋。1857年10月，狄更斯给库茨写信说，他希望自己就是驻印英军总司令：“我会全力消灭那个犯下滔天大罪的种族。”[50]他说得这么过激，很可能与他次子沃尔特正在驻印英军服役有关。16岁的沃尔特当时就在第四十二苏格兰高地兵团。1858年2

1 督查委员会（Board of Control）于1784年设立，负责监督东印度公司对英属印度的治理，1858年撤销。

月，狄更斯在信中说，沃尔特“就在印度战斗最激烈的地方”。[51]相反，托马斯·卡莱尔则尖锐地批评了英军的暴行，包括把印度士兵绑在炮口上开火：

报上说的那些细节，简直惨无人道。我实在读不下去，也不喜欢大多数英国人对这件事的反应。说什么严惩叛军、碎尸万段……我倒觉得，英国人更应该想想怎么惩罚自己，他们在那里做的事太愚蠢……正因为干了这么多蠢事，才可能甚至不可避免地招来这样的后果。[52]

1857年9月，马克思也在《纽约每日论坛报》上发表系列文章，观点几乎一模一样，认为印度士兵的暴行固然骇人听闻，却也是一种“本能反应”。[53]

1858年3月，印度总督坎宁勋爵[1]宣布了一项惩罚措施，要将奥德省的地产收归英国所有。威廉·霍华德·罗素当时是《泰晤士报》驻印记者，从科林·坎贝尔的总部发回了很多翔实的报道。他在3月21日的日记中坦承，刚才在部队餐帐中听了苏格兰长老会牧师麦凯的布道，“说得天花乱坠，但逻辑不通”。麦凯“试图证明，英国不会重蹈往日帝国的覆辙，因为那些帝国都不信基督教，而英国不仅信奉基督教，还抬着约柜[2]”。“我觉得，”罗素接着写道，“我们在印度做的事，在欧洲是不会做的，否则肯定会受民众谴责。我们在欧洲的基督徒品性……不足以补偿我们在印度斯坦的侵占和吞并，也不足以补偿我们在印度北部的暴力和欺诈。”[54]

并非只有罗素反对坎宁。奥德省首席司法行政长官詹姆斯·乌特勒姆爵士也劝坎宁采取温和的策略，认为惩罚措施太过严苛，不分青红皂白，一概没收土地，容易激怒当地人。在伦敦，埃伦伯勒勋爵也

1 查尔斯·约翰·坎宁（Charles John Canning，1812—1862），1856年至1862年任印度总督。

2 约柜内置刻有十诫的两块石板，藏于古犹太圣殿内的至圣所。

支持乌特勒姆。他不知道后来已经修改了这道法令，减轻了对奥德人的刺激，仍给坎宁发去急电，提出了严厉的批评：

我们必须告诉你，我们担心这个剥夺当地人继承权的法令，将为重建和平带来几乎无法克服的困难……征服者打败反抗力量后……通常都会采取温和的政策，对多数人施行仁政，你却背道而驰……希望你在执行这个没收财产的法令时，能够放宽一些。我们希望看到印度自愿服从英国统治。大规模没收财产，不可能让他们乐意。如果一个国家所有人都深感不公，心怀敌意，其政府就很难长久维持；即便能够维持，也不是理想的状态。[55]

这封急电还没到坎宁手中，国内就知道了，德比内阁因此受到各方攻击，狼狈不堪。为避免内阁倒台，埃伦伯勒于5月10日辞去职务，向女王递交辞呈，说他只是“想让印度民众和总督明白，女王陛下一贯仁慈公正，不会赞同任何不利于永久和平的措施”。[56]埃伦伯勒委曲求全，但也未能阻止帕默斯顿发动攻击。帕默斯顿仍打算提交一份公开谴责案，击垮德比的少数党政府。5月13日星期四，爱德华·卡德维尔奉命将谴责案交到下院；次日，沙夫茨伯里勋爵[1]交到了上院。

德比和迪斯累里都感到内阁气数已尽，可能熬不过下周的德比马赛周。5月16日星期日，德比勋爵对女王和艾伯特亲王说，他估计公开谴责案可能还会再辩论一周，他很可能会“以15到35票的差距落败”。[57]报刊大多预测德比勋爵会在德比马赛后下台，但5月21日星期五，迪斯累里却兴奋地对女王说，谴责案撤销了。德比马赛前的那个周五，帕默斯顿召集反对党议员，到他在伦敦皮卡迪利大街的邸宅议事，希望自己的阵营能够统一思想，在他奉命组阁时提供足够的

1 沙夫茨伯里勋爵（Lord Shaftesbury，1801—1885），即第七任沙夫茨伯里伯爵，英国圣公会福音派领袖。

支持。这就是所谓的“剑桥邸宅阴谋”。不过，反对党内部还是一如既往地出现了分裂。迪斯累里对女王说，5 月 21 日辩论时，下院全部坐满，有 620 名议员到场，“估计会在凌晨三点分组表决”，但后来“出现了一个可能从未有过的场面，着实让人兴奋”——反对党议员一个接一个地起身，要求卡德维尔撤销议案。卡德维尔和帕默斯顿离开了会场。稍后，帕默斯顿“尴尬地”走了回来，“强作笑脸”，宣布撤销公开谴责案。迪斯累里认为：“这说明反对党已经四分五裂。”[58] 几天后，迪斯累里回到自己的选区白金汉郡，在斯劳出席了为他举办的宴会，兴高采烈地把当时的场景描述了一番。他说，反对党原本志在必得，却输得一败涂地，好比一场地震，一开始还“窃窃私语”，接着就听到了呻吟和尖叫，“远处传来了隐隐的雷声”，“地面突然崩裂，一个村庄不见了，紧接着一座高塔倒下了，反对党席分崩离析，乱作一团”。[59]

迪斯累里回忆德比勋爵时，说他是一个缺乏想象力的人。[60] 但这次，德比也深受鼓舞，在 5 月 23 日星期四给女王的信中一反常态，不仅侃侃而谈，还用了一个比喻：

陛下，您远离事发现场，无法想象那天晚上多么惊天动地。偷袭者精心挖掘的爆破坑道彻底引爆了，但不是炸在敌人脚下，而是炸在他们自己脚下。这么多下院议员来伦敦参会，场面何等壮观！他们真是不惜一切代价，就连新婚燕尔的卡斯尔罗斯勋爵，也被从意大利叫了回来。德比勋爵真希望他能抵制住诱惑，不要这么白跑一趟。下院一共有 654 名议员，据说有 626 位来到了伦敦，支持政府的大概有 304 票到 308 票，全部希望都寄托在少数“自由党”议员缺席或倒戈上。[61]

兴奋过后，迪斯累里和德比耐心地引导议会通过了《印度法案》。他们已经赶走了帕默斯顿和罗素这两个“逮不着”，那两人还以为能在机会来临时摒弃前嫌，合力把执政党赶下台。[62] 迪斯累里给好友莎拉·布里奇斯·威廉斯写信，描述了过关后的快乐心情。莎拉比他年长，后来成了他的恩主。他和德比曾在1852年组建少数党内阁，处境比这次更加凶险，几个月就倒台了。[63]但现在不同了，他对莎拉说，“全国上下都站到了我们这边”。他曾对女王吹嘘说，1858年4月提交的预算案已经“大获全胜”，[64]这次又和德比在印度问题上杀出重围，不免有些得意扬扬，说“从没有哪个政党像现在的辉格党联盟这么丢人”，它居然想“像吃人妖吃小孩那样，吞下女王陛下的政府”。[65]

很多媒体和民众都支持德比－迪斯累里政府。令人们惊讶的是，一个传到了第十四代的勋爵，居然肯和一个暴发户合作，两人连官位都难保，居然也推行了一系列重要改革。虽然经常有人嘲笑迪斯累里衣着奢华，举止做作，言谈浮夸，但他还是靠着勤奋和聪明赢得了赞誉，尤其是推动议会通过了《印度法案》，编制了备受好评的预算案，通过了《泰晤士河净化法案》。1858年7月，文学月刊《本特利杂志》比较了迪斯累里和他的前任、辉格党的乔治·康沃尔·刘易斯，认为“后者的发言让人昏昏欲睡，除了那些困得站不起来的议员，其他人都跑了”，“迪斯累里先生却是一个作家，一个口角生风的辩论家，一个彻头彻尾的实干家，集才华、勇气、智慧和天赋于一身，成了当代一流的政治家”。[66]

迪斯累里的发言肯定不会让人昏昏欲睡。5月26日，他回到自己的选区，给斯劳的保守党选民做了一次演说，生动地描述了卡德维尔谴责案的灭亡过程。有人提议向“女王陛下的大臣们”敬酒时，他做了回应，把反对党痛斥了一番。他在欢呼声和笑声中说，帕默斯顿内阁2月突然倒台，他的政府临危受命，可有人说，这届新“政府势单力薄，终将一事无成”。“完全是无稽之谈。他们捍卫了英国的荣耀，维持了和平”；填补了“巨大的财政亏空，减免了税费”；“制定了重建印度帝国的方针，不但令英国人欣赏、欧洲人羡慕，而且，一旦实施”，必将“令祖国更加光荣伟大”。所有这些，短短三个月就实现了，而且是在有阻力的情况下实现的。“英国现在有一个自查理二世以来就未曾有过的阴谋集团[1]，它唯一的目标就是推翻女王的政府，为此不择手段，死不悔改”。[67]迪斯累里详细描述了“剑桥邸宅阴谋”。就在一周前，他和德比还担心会被这个阴谋拉下马。

迪斯累里的言论锋芒毕露，令反对党大为恼火，甚至失去理智，把这件事拿到了议会上。5月30日，约翰·罗素勋爵对下院说，德比接手政府的时候，英国的状况并不差。第二天，帕默斯顿勋爵也批评这届政府“结党营私”。迪斯累里的反击更胜一筹。既然帕默斯顿指责他在公开讲演中议论国事，他就抓住这一点展开反击：“尊贵的勋爵大人听说我在光天化日之下，在选民面前议论国事，他表示非常担心”，那他是不是觉得，在俱乐部里一边饮酒，一边处理议会事务更妥当？是不是觉得，“应该像他那样，在俱乐部开怀畅饮的时候……在一群醉鬼（不是我说的）面前宣布大政方针”？[68]5月31日，克拉伦登勋爵[2]在上院宣布，他第二天要把迪斯累里在斯劳的演讲拿来讨论，因为里面有些言论针对的是他在任期间的作为。德比勋爵似乎也跟迪斯累里学会了狂放，回应说，他很感谢克拉伦登勋爵提前通知，“这样我就有机会在明晚之前读到我那位朋友的演讲了”。[69]这番话引起了一阵哄笑。6月1日，议会就此进行讨论，德比又说，迪斯累里在斯劳的演讲不仅幽默风趣，而且栩栩如生，又把他带回到了谴责案撤销的那天，“那一幕空前绝后”，令他终生难忘。[70]

迪斯累里和帕默斯顿是议会中火力最猛的两大攻击手，经过反复较量，迪斯累里占据了上风。帕默斯顿对他冷嘲热讽，他就以其人之道还治其人之身。帕默斯顿说他沽名钓誉，两面三刀，他就证明这

1　查理二世时有五大臣小集团，五人名字的首字母恰巧组成了“CABAL”（阴谋集团）。

2　克拉伦登勋爵（Lord Clarendon，1800—1870），英国外交家、政治家。

些话形容帕默斯顿更合适。[71] 约翰·罗素勋爵虽然不情愿，却也不得不承认，这个对手的口才实在太好了。6 月 1 日星期四，他在早宴上对美国访客约翰·莫特利说，迪斯累里在斯劳“给那些农夫、牧民和绅士做了一次演讲，那是有史以来最机智、最风趣、最荒谬、最无耻、最蛊惑人心的演讲之一”。[72]

迪斯累里在政治上成名较晚，直到此时，他的名气还主要是靠早年那几部文风华丽、引人入胜的小说。1845 年，他出版了《西比尔，或两个国家》，吹响了“青年英格兰”运动的号角，要求重振保守党雄风，解决迅猛发展的工业化带来的贫困问题，消除劳工阶层的绝望情绪。他多次跳出故事，评论国家现状，批评罗伯特·皮尔爵士的保守党政府。迪斯累里虽然是保守党议员，却反对皮尔，1846 年还参与赶皮尔下台，与皮尔没让他入阁不无关系。在《西比尔》中，他把对党魁的不忠说成是勇敢耿直的道德反抗，是为了打造一个更有力也更有同情心的保守党。小说进展到一半的时候，有这么一段话：

从议会的意义上说，那个伟大的政党［即托利党］已经不复存在，但我相信，它仍然存在于英国人的思想、情感和神圣的记忆之中。它源自伟大的原则和崇高的天性；它同情百姓，敬奉上帝……它还没死，它只是睡着了。这是一个政治上只重物质的时代，一个目标混乱、才智迷茫的时代，一个无视其他成就、只顾追求财富的时代，人们都在一艘即将沉没的船上哄抢财物。在这样一个时代，保守党的精灵必将走出坟墓……让君主重新获得力量，让臣民重新获得自由，并大声宣布，权力只有一项责任，那就是让人民过上幸福安康的生活。[73]

他在议会下院的发言也是这种风格。他爱冒险，好结仇，但在 1858 年夏季之初，他也拥有了权力，得到了尊重。他第一次真正感受到了内阁大臣的风光，展示出了那些后来帮他成为首相（1868 年）的才华。他和狄更斯一样，拥有令人叹服的口才、抱负和意志，年轻时穿得花里胡哨，留着长长的卷发，用溢于言表的自信掩盖卑微的出身。他也和狄更斯一样，没有上过大学，但比狄更斯更明确地属于中产阶级。狄更斯小的时候，他父亲欠债入狱，给他的心灵带来了创伤；同样，迪斯累里虽然是知名学者艾萨克·迪斯累里的儿子，却也经常遭到反犹主义者的羞辱，《笨拙周报》就经常把他描绘成费根的模样。[74] 他父亲为了不让他受歧视，听从朋友的建议，让他在小时候就接受了英国国教浸礼。这虽然为他进入议会扫清了障碍，却无法保证他不受人身攻击。

为了扭转犹太人身份的劣势，迪斯累里谎称自己祖上是西班牙[1]贵族，给家族的历史增添了浪漫的异域色彩，并在小说中以自己为原型，塑造了希多尼亚这个理想人物。他还利用各种机会赞美英国贵族，像卡莱尔在针砭时弊的《过去与现在》（1843）中那样，称颂中世纪贵族的仁慈。

迪斯累里不像德比、帕默斯顿或约翰·罗素勋爵那样出身名门望族，他得奋力打拼才能跻身政坛。19 世纪 30 年代，为了当上议员，他想了很多办法。1837 年，在老色鬼林德赫斯特勋爵和两人都很钟爱的亨利埃塔·赛克斯夫人的帮助下，他终于如愿以偿，进了议会。他敢于冒险，明知有可能被揭穿，也要在议会中说谎。1846 年 5 月，他在下院辩论时说，他从未开口向皮尔要官，但事实上，他曾在 1841 年给皮尔写信要求安排职位。好在皮尔有绅士风度，没有揭穿他，让他逃过了一劫。他总是过着入不敷出的生活，1839 年娶了一个大他十二岁的有钱的寡妇，但也只是替他偿还了部分债务（还有一些他没有告诉她）。迪斯累里的日子一直如履薄冰，总是差一点就出丑。他

1　原文为“Sephardi”，指《圣经·旧约》中《俄巴底亚书》第 20 章提及的一个地区，据称即今西班牙。后面提到的希多尼亚（Sidonia），是迪斯累里的小说《康宁思比》中的一个先知般的犹太人。

和乔治·本廷克勋爵在议会中关系不错，1848 年借了乔治家两万五千英镑（相当于今天一百多万英镑），买下了休恩登庄园。1857 年 6 月，乔治的哥哥突然要求还款，迪斯累里不得不找放债人借钱。他已经不是第一次这么做了，当然也不是最后一次。[75] 有些圈子知道他是同性恋，经常与年轻的贵族厮混。他也在小说中写了不少有伤风化的场景，使用了一些模棱两可的同性恋词汇，谈到过“希腊式”爱情、雅辛托斯（希腊神话中阿波罗钟爱的美少年）、花花公子和貌美如花的男孩。1858 年夏天，布尔沃·利顿的妻子罗西娜不断在私人和公开信件中说他是个鸡奸客。[76]

那年夏天，狄更斯竭力维护自己作为作家、社会批评家、丈夫和父亲的良好形象，但没能成功。迪斯累里也同样备受关注。他花钱依旧没有节制，虽然在政府任职，妻子有钱，朋友也经常帮忙，但经济上还是捉襟见肘。他和狄更斯一样，衣着打扮低调了许多。虽然还留着长长的卷发，他妻子玛丽·安也定期给他染成黑色，但已经不像年轻时那么光彩照人。[77] 美国记者纳撒尼尔·帕克·威利斯在 19 世纪 30 年代认识了迪斯累里，多次在伦敦上流社会的沙龙中目睹他的风采。1852 年，威利斯对读者说，迪斯累里年轻时爱穿“华丽的刺绣马甲”，上面的“金花光彩夺目”，脚上穿着“漆皮软鞋”，“脖子上戴着好几条链子”，“格外惹眼”：

他脸色发青，要不是看他动作敏捷，呼吸有力，还以为他得了痨病。眼睛黑得像埃里伯斯[1]，目光中透着一种唯我独尊、蓄势待发的霸气。嘴巴更是枕戈待旦，一旦开口，便如悬河泄水，滔滔不绝，嘴角还会露出一丝不屑，宛如靡菲斯特[2]附体。[78]

很多人描述过他在二三十岁时的外国打扮。有人见他穿紫色裤

1　埃里伯斯（Erebus）是希腊神话中的混沌之子，代表黑暗。

2　靡菲斯特（Mephistopheles）是欧洲中世纪浮士德传说中的恶魔。

子，配红马甲和白手套，手套外面戴好几个戒指；也有人见他穿着“花哨的裤子”，搭配“闪亮的链子”和“深绿色大衣”。[79] 1858 年，不管是熟人还是陌生人，都觉得他依然衣着花哨，好出风头。1858 年 5 月 5 日，俄国小说家伊万·屠格涅夫[1]在考文特花园的共济会会堂参加宴会，主办方是旨在为穷困作家及其家人提供资助的皇家文学基金会。1859 年 1 月，屠格涅夫在俄国杂志上撰文描述了这次宴会，说主持宴会的帕默斯顿勋爵风度翩翩，贵族气十足，迪斯累里却像个“演员和花花公子”（实际上，迪斯累里没有出席，屠格涅夫是在伦敦其他场合见过他）。[80]

虽然身为犹太人，行为古怪，事业和生活都有污点，但迪斯累里还是在 1858 年大放异彩，恰逢其时地来到了公共舞台，克服了重重困难，让德比勋爵、维多利亚女王和艾伯特亲王看到了他的价值，并殚精竭虑地推动议会通过了一系列重要的改革法案。

婚姻问题

1857 年，帕默斯顿政府推动议会通过了《离婚法》。1858 年春天到夏初，新设立的离婚法院开始审理案件。这对新法也是一个检验。这个法律与迪斯累里无关，他也不太关心。虽然他有时用情不专，但跟玛丽·安还算恩爱。每当有人说她粗俗愚蠢，口无遮拦，他总会替她申辩。玛丽·安也喜欢艳装丽服，年近五旬还穿粉色绸缎，佩戴钻石。19 世纪 60 年代，夏洛特·德·罗斯柴尔德说，她这位朋友七十多了，还戴着假发，“绑着浅蓝色天鹅绒头绳，插着金蝴蝶头饰”。[81] 1871 年，她将近 79 岁，还穿着“女孩们常穿的平纹细布，搭配艳丽

1　伊万·屠格涅夫（Ivan Turgenev，1818—1883），俄国作家，著有《猎人笔记》《父与子》等。

的蓝黄丝带”。迪斯累里此时也已经66岁，穿“珠灰色套装，戴软帽，换了一副新义齿，留了一头新卷发”。[82]真是天造地设的一对。

从1858年1月16日起，如果夫妻没有这么恩爱，就可以到新离婚法院申请离婚了。但直到5月份，第一批适用新法的案件才宣告审结。一方面是因为这些案件大都是上一年遗留下来的，原来受理案件的宗教法庭已经撤销，需要重审，有些案件也需要补充材料；另一方面，正如1858年1月12日的《泰晤士报》所说，各方都认为新法院的当务之急是“确立原则，规范流程”。[83]新法院有三位法官，一位是名字有些怪的克雷斯韦尔·克雷斯韦尔爵士，64岁，单身，小心谨慎，有时性情暴躁，但处事公正，威望很高，1863年去世前一直主持法院工作。另一位是威廉·怀特曼爵士，72岁，已婚。还有一位是民事法庭首席法官亚历山大·科伯恩爵士[1]，在英国法官中排行第三，55岁，和克雷斯韦尔一样单身，但喜欢抛头露面，是社交达人，有两个十多岁的私生子。[84]没有记录表明科伯恩在审案时会不好意思评判当事人的性道德。其实，在1857年议会就《离婚法案》进行辩论时，很多私生活见不得光的议员也都振振有词，侃侃而谈。相反，克雷斯韦尔对女性不抱偏见，工作认真负责，必要时也召集陪审团，在威斯敏斯特厅的离婚法院工作了六年，审理了一千多宗案件。[85]

1858年5月4日判决的“汤姆金斯诉汤姆金斯案”是一个重要的里程碑。该案中妻子作为原告，不仅要证明丈夫与人通奸，还要证明丈夫曾经对她施暴。她丈夫在法灵顿市场卖土豆，不仅对她动粗，还包养了情妇。克雷斯韦尔在法庭上说，这是他第一次叫陪审团。陪审团支持妻子，法官判决夫妻分居。这个案子体现了新法的优越性。原告是女性，又属于劳工阶层，按照旧法是没有希望离婚的。法庭上

1 亚历山大·科伯恩（Alexander Cockburn，1802—1880），1856年至1859年任高等民事法庭首席大法官，1859年至1874年任王座法庭庭长。

的旁听者也明白这一点，在陪审团做出裁定后，纷纷鼓掌。[86]这时，判决也多了起来。不管原告是丈夫还是妻子，报界大都认为判决公正迅速。5 月 15 日星期六，《曼彻斯特时报》说，目前大多数案件都没有聘请律师，判结速度比较快，“已经有些蒙冤的妻子站了出来，要求得到补偿，这当然是天经地义的”。[87]

截止到这年年底，离婚法院一共审理了 244 宗案件，报界普遍认为新法非常成功。[88]高等法院王座法庭庭长坎贝尔勋爵也表示了肯定。5 月 16 日星期日的《年代》报道说，坎贝尔勋爵在 5 月 11 日表示，两天审结八个案子，充分证明了司法的效率之高。“下层民众”受益最多，原来的司法程序耗时费钱，他们没有机会摆脱不幸的婚姻，但新法让他们和富人一样，有了离婚的机会。[89]

5 月中旬，报纸都在报道离婚法院、德比马赛、狄更斯的朗读会、《印度法案》引起的内阁危机以及埃伦伯勒辞职后内阁的改组。5 月 13 日，埃伦伯勒辞职三天后，《泰晤士报》报道说，德比的儿子斯坦利勋爵将接任督查委员会主席，爱德华·布尔沃·利顿爵士有望出任殖民大臣，“如果当不了赫特福德郡议员，也可以直接封他贵族爵位”。[90]如果布尔沃·利顿想进内阁，就要重新竞选议员，但把握不大，他在 1852 年当选议员时优势就很小。[91]因此，《泰晤士报》暗示，如果他无法通过竞选议员进入下院，还可以封他贵族头衔，让他进上院。迪斯累里经常用标着“机密”的信件向该报主编约翰·德莱恩透露消息，[92]所以该报知道，2 月底德比组阁时就曾邀请布尔沃担任这个职务，但布尔沃要求封他贵族头衔，否则拒绝入阁。德比很生气，2 月 25 日对迪斯累里表示自己不会让步：“此人如果还有点用的话，那也是在下院。”他让迪斯累里去“劝劝我们这位顽固的朋友，让他有点自知之明”。[93]迪斯累里去了，但没能说服布尔沃。[94]5 月，德比再邀布尔沃入阁，布尔沃答应了，却惹恼了他的妻子罗西娜。两人早已势同水火，罗西娜也多次向丈夫开炮。这次她又发起了自以为正义的恶毒攻击，把迪斯累里也列入了攻击范围。整个夏天，报纸几乎每天都在报道家庭矛盾，指责无良的医生为了一己私利，随意开具精神病证明，协助夫妻一方将另一方关进精神病院，很多消息都与利顿夫妇有关，令迪斯累里大为恼火，心中很是不安。

1827 年，布尔沃·利顿与罗西娜·惠勒结婚，但日子过得并不幸福。两人都容易激动，情绪也不稳定。布尔沃在经济和情感上依赖母亲，偏偏他母亲又很霸道。罗西娜出生于家道中落的爱尔兰上层家庭，有些放荡不羁。双方家长都不同意这桩婚事。布尔沃（这是他当时的姓）的母亲一怒之下，停了他的零用钱，但在 1830 年，这对小夫妻还是在梅费尔安了家，过起了与收入不符的生活。[95] 布尔沃跟男性和女性都传过绯闻，抛弃了妻子和两个孩子——可怜的埃米莉和罗伯特。罗西娜也不甘示弱，一度红杏出墙。1836 年，两人分居，从此不共戴天。两人都喜欢写作，布尔沃写过“银餐叉派”小说，描写贵族的浪漫传奇。1828 年，他出版了第二部作品《佩勒姆，或一位绅士的历险》，主人公亨利·佩勒姆是个贵族公子哥，喜欢穿黑衣赴宴。这部小说畅销一时，“无尾礼服”[1] 也成了当时流行的男子晚礼服，一直延续到今天。托马斯·卡莱尔对此非常不满，在 1833 年至 1834 年出版了《旧衣新裁》，批判布尔沃笔下那些没有责任心和同情心的贵族。

罗西娜也写小说，但没有赢得美誉，反倒招来了恶名。她借作品发泄对丈夫的不满，说他冷落她，至少打过她一次，分居时还剥夺了她跟孩子见面的权利。他们的女儿埃米莉 1848 年去世时只有 19 岁，死前也没能见母亲最后一面。此后，罗西娜便通过书信、小册子和自传体小说，呼吁政治家、律师和普通读者关注法律对女性的不公。罗西娜与卡罗琳·诺顿不同，她不在乎别人的苦难，也不在乎妇女问题，只顾倾诉自己的遭遇，攻击丈夫和他的朋友，包括狄更斯和迪斯

1　常见的男子晚礼服有两种，一种是此处所说的无尾礼服 (dinner jacket)，一种是燕尾服。

累里。

布尔沃自然不是一个称职的丈夫和父亲，但罗西娜的穷追猛打也近乎疯狂。1858 年 5 月底，她出版了三卷本小说《世界与他的妻子，或一个重要人物》，情节非常简单，就是为了讽刺贵族。很明显，小说中“伯特·德·维尔爵士”的原型就是她丈夫。这个愚蠢的家伙在第二章出场，罗西娜借机嘲讽了她丈夫的名字。布尔沃对自己的姓氏非常自豪，把祖先追溯到了征服者威廉[1]时代。1843 年，他母亲去世，他又把她的姓“利顿”加到了自己的名字中，由爱德华·利顿·布尔沃变成了爱德华·乔治·厄尔·利顿·布尔沃·利顿。这让他的仇家们有了谈资。罗西娜还批评他爱慕虚荣，总想得到更高的爵位，很会操纵《泰晤士报》等媒体：

休伯特·德·维尔是大不列颠联合王国的波塔吉斯伯爵、克兰黑文子爵和德罗斯利男爵，还是神圣罗马帝国伯爵，新斯科舍半岛准男爵和嘉德勋位爵士。他是英国所谓的“聪明人”，能把自己的人生分成泾渭分明的两部分，一部分是小恶，一部分是大才。他把后者擦得锃亮，镀上金，刻上纹章，要为公众服务；与温莎城堡和白金汉宫那些房间不同，它们一年到头都向大众和报社开放。他把前者扔到自己的储藏间里，因为那是他自己的私事，跟别人没有关系——聪明人都这么干……没人愿把自己心爱的东西拿出来，让别人说三道四。[96]

“波塔吉斯勋爵”不关心妻子。有人说，他朋友林修斯勋爵（以林德赫斯特勋爵为原型）这么支持出台新《离婚法》，肯定是出于对女性的尊重。波塔吉斯勋爵对此嗤之以鼻：“说得好像真有人会在乎女性的地位……呸！有什么用？男人可以随意处置妻子。”[97]罗西娜知道丈夫想进德比内阁，便催促出版商早点出版这部小说，以便给丈夫

1　征服者威廉（William the Conqueror，1027?—1087），法国诺曼底公爵，在黑斯廷斯战役中击败哈罗德一世，加冕为英国国王。

当头一棒。[98]她的上一部小说《非常成功！》也是三卷本，1856年出版。她在序言中抱怨说，她本想在伦敦出版，但她丈夫动用关系从中作梗，她又没有"福奇斯特"(暗指她丈夫的朋友兼顾问约翰·福斯特)替她出谋划策，只好在萨默塞特郡的汤顿[1]自费出版。[99]小说自始至终都在攻击她丈夫和他的朋友们，说狄更斯要被封为"假慈悲府院勋爵、舰队街阴沟勋爵[2]、青灰色浮渣勋爵"；卡莱尔虽然跟布尔沃·利顿关系一般，但也被说成要获封"歌德空话勋爵、羊肉杂碎布丁勋爵[3]、大熊星座勋爵、菲茨·马屁精勋爵"；《泰晤士报》被叫作《每周一吼报》，迪斯累里成了耶利哥·叽叽喳先生，贾纳斯·奥尔甫夫爵士也是以布尔沃·利顿为原型。[100]

小说把布尔沃·利顿和迪斯累里描绘成文坛的好兄弟，政界的好搭档，同在德比勋爵手下做事。德比勋爵在小说中被叫作"欧克斯勋爵"，欧克斯赛[4]也是德比祖上创办的著名马赛。小说还嘲讽布尔沃·利顿和迪斯累里是纨绔子弟，其中一个人物问另一人"对面那两个丑鬼是谁"：

"……一个留着黑色卷发，好像头上盘着蛇和水蛭；另一个是浅色头发，八字须，像个疯女人。这俩人脸上坑坑洼洼，是不是被魔鬼踩了，留下了一堆邪恶的脚印？"

"哦！那俩呀，"布弗里先生笑道，"是耶利哥·叽叽喳先生和贾纳斯·奥尔甫夫爵士，是欧克斯勋爵手下两名得力的杂耍演员。他们可是一个训练有素的团伙。在伦敦所谓的'上流社会'，这种团伙有五六个呢……"

1 汤顿（Taunton）是英国西南部城市，萨默塞特郡首府。

2 舰队街（Fleet Street）以报馆集中著称。街名实为误译，"Fleet"非指舰队，而是指流入泰晤士河的弗利特河。

3 卡莱尔是苏格兰人，对歌德十分推崇，经常批评英国人"空话"连篇，小说家特罗洛普也在小说中称其为"反空话博士"；羊肉杂碎布丁为苏格兰传统食物。

4 欧克斯赛（Oakes）是英国传统马赛之一，创始于1779年，每年在埃普瑟姆举行一次。

"天哪！这两个滥竽充数的骗子！欧克斯勋爵怎么敢在他们的下巴上搭梯子，耍政治杂技？我敢说，光他们那头发，就值得掏一个先令去瞧瞧……"[101]

"聪明的犹太人"叽叽喳先生主张让犹太人进议会，他的同僚林修斯勋爵（林德赫斯特）是上院"不中用的老淫贼"，支持卡罗琳·诺顿那个"糊弄鬼的解放运动"（指林德赫斯特主张议会立法，给已婚妇女更多自由）。[102]罗西娜和卡罗琳都被丈夫抛弃，本该同病相怜，但罗西娜看不惯卡罗琳的妇女解放运动，认为1856年至1857年议员们讨论离婚法案，不过是做做样子，并不是真心想让妇女享有平等权利。

1858年2月，罗西娜从《泰晤士报》得知，布尔沃·利顿有可能入阁，负责殖民部，便给德比勋爵写信说：

勋爵大人：

众所周知，政治粪堆贴什么标签，都无所谓。不管是"辉格党"还是"托利党"、"保守党"还是"激进派"，都无所谓，都必然会腐败，谁也不比谁好多少。亲爱的辉格党曾经组过一个内阁，绰号"清一色才子政府"（All the Talents）[1]，您这个新内阁则是当之无愧的"清一色无赖政府"（All the Blackguards）。您的财政大臣早就付了三十个银币[2]，您还排演了闹剧《一夜蠢行》，人们看了，也只是耸耸肩走开。可您千不该万不该，不该派一个满嘴谎言的家伙，一个懦夫、骗子、无赖，到殖民部去任职，您该把他流放到殖民地啊！您现在的做法，不仅会让您的内阁被世人鄙视，还会让它成为世人的笑柄。真的，您要是了解万恶的殖民大臣和财政大臣的习性，就会让其中一个到索多

1 指1806年至1807年以格伦维尔（William W. Grenville）为首相的政府，用作反语。
2 指犹大为三十个银币出卖耶稣。

玛当王，另一个到蛾摩拉当王。[1]他们早已恶贯满盈。

好在您这回拿到的假释许可证很快就要过期了，和上回一样。[2]

大人，谨向您和您的团伙奉上万般鄙视。

您永远的殖民大臣的猎物、法律的牺牲品：罗西娜·布尔沃·利顿

哎！[103]

不知德比读后做何感想。信里暗示迪斯累里已经负债累累，经济上有见不得人的勾当，和布尔沃·利顿都是同性恋，还有可能就是一对。信里也讽刺了德比，提醒他上次当首相就没当几天。

炮轰德比还不足以让罗西娜心满意足。一周后，她又给斯坦利勋爵和林德赫斯特勋爵写了信，仍旧直言不讳。当时，斯坦利也在犹豫要不要出任内阁阁臣，很大程度是因为信不过迪斯累里。2 月 23 日，他收到了罗西娜的贺信：

您决定不跟撒谎大王·懦夫·布尔沃·利顿爵士——这个集所有腐败于一身的恶心东西——同在内阁为臣，真是可喜可贺。更何况，内阁中还有那个恬不知耻、见风使舵的迪斯累里！就算在英国，他都足以腐蚀五十届内阁……德比勋爵在上院高呼："把奸夫都流放到海外！"可是，两院议员，哪个不是奸夫？只是通奸的方式各有千秋罢了。请务必让他把林德赫斯特勋爵的大名放到……德比流放军团的第一位！[104]

同一天，她还给林德赫斯特本人写了信，奚落他年事已高（将近 86 岁，完全失明），却仍贪恋女色：

勋爵大人：

您这个不中用的老淫贼！您和赛克斯夫人不清不楚，通奸损害赔偿金还没付清，怎么好意思当大法官？您一生荒淫无度，都苟延残

1 在《圣经·旧约》的《创世记》中，索多玛和蛾摩拉都是因居民罪恶深重而被上帝焚毁的古城，有人认为主要是因为两城淫乱不堪，尤其是沉溺男色。

2 暗示德比勋爵 1858 年组建的内阁会像他 1852 年的内阁那样很快倒台。

喘了，还不思悔改，竟然为了诺顿这个人老珠黄的梅萨利纳[1][即放荡女子]，假公济私，让议会通过一个渎神骗人的法案……真是本性难移……可您别忘了，老年人，用不了多久，您就要去一个跟上院截然不同的特别法庭了！在那里，渎神的骗子可玩不出什么花样。[105]

林德赫斯特风流成性，就连迪斯累里也在回忆录中说，此人因"对女人多情"而"臭名昭著"。当然，迪斯累里也说这位朋友头脑清晰，"性格温和"。[106]事实上，林德赫斯特的确为改善妇女地位做出了贡献。他在1839年帮卡罗琳·诺顿修改了未成年人监护法，1856年和1857年讨论《离婚法》时也支持男女平等，还推动议会修正了1857年的《离婚法》，提高了离婚妇女的财产权。[107]

迪斯累里说，他知道"有三个大人物喜欢涂脂抹粉"，即林德赫斯特、帕默斯顿和布尔沃·利顿，其中布尔沃·利顿最爱打扮。[108]罗西娜也嘲笑她丈夫爱打扮，很在意自己的头发，使用化妆品，为了保持形体，甚至会穿女式紧身褡。1832年8月，《弗雷泽杂志》刊登了一幅漫画，画的就是布尔沃·利顿在照镜子。六年后，萨克雷在该杂志上图文并茂地说，布尔沃·利顿是个口齿不清的花花公子，"鹰钩鼻"，白脸，穿紧身外套，戴假发，"声音沙哑，咕噜不清"，说自己是"密斯他爱德华利顿·布尔威格"[2]。[109]1846年，布尔沃·利顿匿名发表了长诗《新泰门：伦敦传奇》，嘲讽丁尼生[3]是"艾尔弗雷德小姐派"，并模仿了丁尼生《玛丽安娜》一诗中的叠句。1846年2月28日，丁尼生在《笨拙周报》上发表了讽刺诗《新泰门与诗人们》，说

1 梅萨利纳（Messalina，22—48），罗马皇帝克劳狄一世的第三个妻子，淫乱阴险，与情夫阴谋夺取政权，被克劳狄处死。

2 原文为"*Mistaw*edwadLyttnBulwig"，嘲讽利顿口齿不清，戴假发，"密斯他"应为Mister（先生），"布尔威格"（Bulwig）即他的名字布尔沃（Bulwer）和假发（wig）的谐音。

3 艾尔弗雷德·丁尼生（Alfred Tenneyson，1809—1892），英国诗人，主要诗作有《悼念》《国王叙事诗》等。

布尔沃·利顿是个“穿女式紧身褡的软垫男”，鞋里要垫“三英寸的软木垫”，“鞋头是粉色麂皮”。[110]迪斯累里也经常生布尔沃·利顿的气，说他爱慕虚荣，行为古怪，野心勃勃，尤其是1858年春天：

他想成为一个当红作家，卓越的演说家，天国里的准男爵，用内布沃斯大院（布尔沃·利顿的乡宅）当靴子！有一次，我想劝他担任内阁大臣，他却让我帮他弄个贵族头衔，还一本正经地对我说：“亲爱的朋友，记住我要说的话。我要郑重地告诉你，你现在可是在跟有史以来最虚荣的人打交道。”[111]

迪斯累里还说，虽然布尔沃跟狄更斯关系不错，却一直“羡慕妒忌得要死”。[112]

罗西娜不断在书信和小说中攻击布尔沃和他的朋友们。起初，她以为丈夫没能入阁，是因为德比听了她的忠告，还在1858年3月向朋友丽贝卡·赖夫斯吹嘘自己的威力。[113]可两个月后，她发现布尔沃还是准备重新竞选赫特福德郡议员，以便入阁担任殖民大臣，便开始大张旗鼓地展开报复，希望闹得满城风雨，引起报界关注。不料，6月形势突转，有传言说她得了精神病，住进了精神病院。随后，利顿夫妇渐渐淡出了报刊头条。

新《离婚法》对罗西娜和布尔沃没有什么帮助，两人都不敢到法院提起离婚诉讼。他们有太多不可告人的秘密，估计谁也得不到法官或陪审团的支持。

狄更斯却担心离婚问题。他早就对布尔沃·利顿的婚姻表示过同情，1851年又对布尔沃说罗西娜是个“灾星”。当时，狄更斯为德文公爵排演了布尔沃的戏剧《我们没那么糟》，罗西娜扬言自己会去现场。[114]1858年5月底，狄更斯有些恐慌，他的婚姻问题似乎也要失控。虽然这次恐慌的时间不长，却足以让他心惊肉跳。他当时正劝凯瑟琳在分居协议上签字，既能让凯瑟琳今后经济有保障，又能让他免受指摘。但凯瑟琳的家人可能不同意，尤其是他岳母和妻妹海伦·霍加斯。狄更斯对这两人恨之入骨，怀疑她们在散布流言蜚语，说他坏话。

这段时间，狄更斯、狄更斯的代理人约翰·福斯特和律师弗雷德里克·乌弗里、凯瑟琳的代理人马克·莱蒙和律师乔治·弗雷德里克·史密斯通信频繁。霍加斯家威胁说，要劝凯瑟琳到离婚法院告狄更斯。她们可能不会真那么做，那不仅需要证明狄更斯与人通奸，还要证明他有乱伦行为，或者虐待、抛弃了凯瑟琳。这都不容易办到，凯瑟琳也不想闹得满城风雨。离婚案要听取朋友、仆人、车夫、旅馆员工等目击者的证词，要他们陈述通奸细节，有时很夸张，通常也不太可信。当时有传言说，狄更斯与妻妹乔治娜·霍加斯有染。如果确有其事，虽然两人没有血缘关系，也可以在法律上认定为乱伦，符合离婚诉讼的要求。但那样，霍加斯家就要因为狄更斯对他们一个女儿不好，到法庭上指证另一个女儿与狄更斯通奸。这似乎不太可能。

不过，狄更斯此时已经急火攻心，寝食难安，四处写信抱怨妻子娘家的女人（他岳父乔治·霍加斯似乎一直没有介入）包藏祸心，“肆意诽谤”，有可能自曝家丑，把他告上法庭。[115]他对好友麦克里迪说，霍加斯家的女人“太恶毒”，竟然想到法庭告他，“我已经义正辞严地警告了她们”。凯瑟琳的姑母海伦·汤姆森后来也说，这家人的确想过走司法程序。[116]福斯特也沉不住气了，5 月 21 日心急火燎地给律师乌弗里写信说，狄更斯“今天凌晨三点”起草了分居协议，务必要让霍加斯家同意；还说《离婚法》对这份协议很不利，要乌弗里下午三点之前和他见面，下午四点半到五点一起“去见狄更斯”。[117]

虽然危机随时可能爆发，但最终还是解决了，后来也比较顺利，凯瑟琳的父亲签署了一份法律文件，代表家人否认曾经“说过或暗示过乔治亚娜［原文如此］与其姐夫查尔斯·狄更斯先生有任何不正当关系”。[118]这其实是狄更斯以凯瑟琳家人的名义起草的一份声明，坚持要凯瑟琳家在上面签字。经过一番争执，双方最后签署了分居协议，凯瑟琳每年有六百英镑赡养费，可以自由地跟孩子见面。但在此之前，狄更斯还写了一份声明，刻薄地描绘了凯瑟琳的性格，5 月 25 日交给阿瑟·史密斯保管，授权他可以给“任何想还我公道的人，或因不明真相而冤枉了我的人”看。[119] 史密斯是狄更斯的朋友，帮他组织朗读会，并在这年夏天陪他到全国各地巡演。史密斯显然在某些圈子里展示过这封信，几个月后，这封信便闹得满城风雨，狄更斯费尽心机要捂住的丑闻还是曝光了。

虽然狄更斯因为分居的事忙得焦头烂额，但也没有耽误每周四晚上到圣马丁堂朗读，给朋友写信，请伦敦著名摄影师赫伯特·沃特金斯给他拍照，寄给意大利的朋友。[120] 这时，夏季的酷热已经袭来。据《泰晤士报》记载，5 月 31 日星期一，背阴处测量的温度达到了 84 华氏度（29 摄氏度）。[121] 维多利亚女王上周一刚满 39 岁，在日记中说“天气开始令人愉悦”。她在 5 月 31 日写道，“又是一个晴朗的热天”，并加了一句，“听说利顿爵士已经答应就职，真是恼火！”[122] 布尔沃·利顿再次索要贵族头衔未果，终于在这天接受了德比的邀请，同意入阁。[123] 到处是关于高温的记载。5 月 30 日星期日，《年代》抱怨皇家美术学院年展作品太多，大约有 1100 到 1200 幅画，近 260 件雕塑，“热浪滚滚，尘土飞扬，圈环裙挤作一团”，还要评论这些作品，实在太难了。[124] 圈环裙虽然已经流行多年，但在这年的酷暑中却格外“火热”，大有普及之势，引得《笨拙周报》等报刊不断发表评论。

5 月底还有一条新闻：布鲁内尔和罗素联手打造的“大东方号”开始向公众开放。这艘巨轮有时也被叫作“利维坦”。《年代》称它为“工程界的奇迹”，尺寸和吨位都打破了纪录，但至少还要二十万英镑才能完成舾装。该报乐观地预言，这艘巨轮必定会取得商业成功。[125] 好几个领域前景都很光明。大西洋海底电缆也是这一年备受瞩目的工程，计划于夏天敷设并在大西洋中间接通。5 月 29 日，一支通信队奉命从朴次茅斯港出海，测试机器。[126] 德比政府也渡过了难关，有望在议会闭幕前通过一系列重要法案。虽然布尔沃·利顿麻烦不断，他的朋友迪斯累里却春风得意，狄更斯也刚刚摆脱了人生中最大的一次危机。

与此同时，达尔文也在二十英里外的肯特郡按部就班地忙碌着，给世界各地的学者写信，比较物种笔记，研究花园中的蜂巢，观察悍蚁的习性。4 月底到 5 月初，他到爱德华·莱恩医生的慕尔公园接受水疗时，发现了这种罕见的蚂蚁，决定写入《物种起源》。[127] 不过，随后几周，他的出版计划将会遇到突如其来的危机。

6 月，达尔文、狄更斯和迪斯累里都会十分忙碌。随着夏日气温不断升高并打破纪录，无论国家还是个人，都将迎来一系列重大的决定。

Chapter 03
第三章

1858年6月（上）

达尔文的研究

1858 年 6 月 3 日，达尔文写信向约瑟夫·胡克[1]求教。胡克是植物学家，也是达尔文最要好的朋友，时任邱园副园长。几个月前，达尔文入选德意志博物学院，现在要付费印制他的证书。“我真不知道证书上该写什么，”他写道，“看在上帝的分上，快帮我想一句。我不想太花哨，但也别太寒酸。”[1]他当时正住在肯特郡乡下，与世隔绝，享受着天伦之乐，同时翻阅书籍和随“小猎犬号”考察以来的笔记，与其他科学家通信，不徐不疾地研究物种问题，耐心地观察花园中的动物。他要向伦敦的朋友征求意见，寻求帮助，尤其是胡克和英国一流的地质学家查尔斯·赖尔爵士[2]。达尔文此时正在研究蜂巢结构问题，跟朋友和同行通信，比较笔记，寻求帮助。他向哥哥伊拉兹马斯·阿尔维·达尔文请教蜂巢结构，他哥哥寄来了一些图表；6 月 5 日，他

1　约瑟夫·胡克（Joseph Hooker，1817—1911），英国植物地理学家，证明了进化论对植物学的实用价值。

2　查尔斯·赖尔（Charles Lyell，1797—1875），英国地质学家，著有《地质学原理》。

又向威廉·德盖特迈耶请教，这位伦敦教师和达尔文一样，对蜜蜂和鸽子很感兴趣。[2]

这时，达尔文还只是在同行中小有名气，并不为公众所知。[3]他在 1839 年至 1854 年撰写或编辑了多部著作，涉及他随“小猎犬号”航海考察时的动物学和地质学发现，主要是珊瑚礁、化石和藤壶，但只有专业读者读过。他能成为公认的有创见和国际影响力的科学家，离不开两个原因。一是观察和研究时格外细心，有决心，有耐心；二是善于团结。第二点尤其重要，毕竟他很少与同行面对面地接触。从书信中也能看出，他在朋友和同行中很有魅力。他善于在夸赞通信人的同时，从对方那里获取大量信息。很多科学家都拿他当朋友，觉得他能将心比心，慷慨无私地分享信息和看法。他在选择了要奋斗一生的事业后，便投入了大量的时间和精力，也喜欢描述研究过程中的惊奇、兴奋、失望和疑惑，偶尔也会自嘲一番。1858 年 8 月，他在怀特岛给胡克写信，建议胡克去海边度假：

如果你去布罗德斯泰斯，赶上天气晴朗，温暖干燥，大风从法国海岸吹来，就很有可能看到蓟籽穿越英吉利海峡！有一天，我看到一粒蓟籽，向内陆飘去，几分钟后又有一粒，然后又是一粒。我想，天哪，法国的蓟可真不少。我就在脑海中给你写了封信。但我又看到云朵低垂，并没有向内陆移动，便开始担心是不是有什么古怪。等我绕过海角，果然发现，风向是与海岸线平行的。海角有一大片蓟，被旋风吹到海上，转了个 90 度的弯，又回到了岸上！有一天，海浪把一大堆昆虫冲到岸上，我救了十三种甲虫，我觉得不是法国的。你在海边散步的时候，留意过蓟籽吗？[4]

胡克和达尔文是 1839 年认识的，当时两人都还年轻，很快就成了朋友。1844 年，达尔文跟胡克讲了他那个有悖主流科学和正统宗教的观点，即，物种并非永恒不变，也不是上帝创造的，而是通过自然选择，随时间而变。他说，“我最后豁然开朗”，“几乎相信（我最初的观点完全相反），物种并不是永恒不变的（这么说简直像在杀人）”。[5] 1858 年，他还在核对并阐释这个理论，没有发表。1857 年 9 月，他写了一篇题为《自然选择》的文章，寄给了哈佛大学植物学教授阿萨·格雷[1]。[6] 格雷知道，这将是达尔文在物种理论领域的突出贡献，只是暂时还不想公开。

与达尔文通信的人遍布世界各地。1858 年的头两个月，达尔文为收集蜜蜂、蚂蚁和植物信息，曾写信给锡兰[2]植物园园长乔治·思韦茨、在中非尼日尔河探险的海军外科医生威廉·贝凯、美国的阿萨·格雷和大英博物馆的博物学家。[7] 达尔文身体欠佳，性格内向，讨厌伦敦，不爱社交，长年隐居在达温村。幸好有朋友给他寄送信息，否则他恐怕还得再参加几次远航，或者到实验室中埋头工作，才能得到这些信息。胡克定期给他邮寄林奈学会的图书和邱园的植物样本。托马斯·亨利·赫胥黎[3]的儿子伦纳德·赫胥黎曾为胡克作传，说胡克的包裹一般是从邱园“寄到博罗的纳格斯黑德［在伦敦桥火车站附近］，再从那里转往达温”，但“如果赶上某种稀有的兰花开花，老管家帕斯洛也会亲自到邱园去取”。[8] 有些包裹可能也会通过铁路运输。达温村离布罗姆利镇很近，不久就会有两条伦敦铁路通往该镇。一条是水晶宫[4]与伦敦西区铁路，1858 年 5 月 3 日开始运营；一条是肯特郡中部铁路，往返于伦敦桥和布罗姆利之间，7 月 5 日开始运营。[9] 达尔文收发信件的频率很高。据《布罗姆利纪事报》记载，布罗姆利与伦敦之间的邮件，工作日每天双向各四趟，周日一趟。[10] 该报是布罗姆利当地的月刊，1858 年 6 月 1 日创刊。

1　阿萨·格雷（Asa Gray，1810—1888），美国植物学家，是达尔文学说在美国的主要支持者。

2　锡兰是南亚岛国斯里兰卡的旧称。

3　托马斯·亨利·赫胥黎（Thomas Henry Huxley，1825—1895），英国生物学家，达尔文最有力的支持者。

4　水晶宫是伦敦海德公园内一座玻璃和钢铁构件的巨型展厅，曾举办过 1851 年的世界博览会，后迁至锡德纳姆重新装建，1936 年毁于大火。

达尔文家中除了妻子埃玛和八个孩子，还有很多仆人。管家帕斯洛从 1839 年一直工作到 1876 年，此外还有厨娘戴维斯夫人、几位家庭女教师、门房和车夫，另有一些男女仆人帮忙料理家务，管理周边土地，饲养奶牛和鸡。达尔文要在花园中观察种子和蠕虫，在温室中观察外国植物，便雇了园丁威廉·布鲁克斯和亨利·莱廷顿，他们也在达尔文的达温小筑工作了一辈子。[11]

达尔文知道，他比一些年轻同行幸运，他有一大家人作为后盾，又继承了丰厚的遗产，不用为养家糊口分心。托马斯·亨利·赫胥黎就没有这么幸运，他要给报刊撰写科学专栏，在伦敦多家机构任教，还要谋求固定的科研职位，这种职位并不多。1846 年 12 月，他随“响尾蛇号”出海，前往大堡礁[1]考察，历时四年。[12]在此期间，他有了未婚妻，但足足等了八年，直到 1855 年，才把她从澳大利亚接回英国。1858 年夏天，赫胥黎 33 岁，虽然已经成名，却一直没有稳定的收入，在撰写科研论文和报刊文章的同时，还要到多家机构授课。达尔文在《自传》中说，赫胥黎的头脑“快如闪电，利如剃刀”，可惜没有空闲写更多的作品，“他的动物学研究非常出色”，要不是“繁重的文字和管理工作”（指期刊撰稿和编辑）挤占了他的时间，他会取得更大的成就。[13]

地质学家查尔斯·赖尔爵士此时已年满六十，名声显赫，生活舒适，与贵族和皇室往来密切。达尔文在《自传》中说他“酷爱交际，尤其爱与知名人士和上流人士交往”。[14]赖尔也担心赫胥黎操劳过度，1864 年给达尔文写信说：

他要授课，要到地质学会讲演，近期还有六七件工作（包括给《泰晤士报》写信评价达尔文）。他要是有你我这么多闲暇，把忙活这些事的精力都用来写一本书，将会取得多大的成就啊！他还没办

1　大堡礁位于澳大利亚东北沿海，是世界上最大的珊瑚礁。

《博物学评论》时，我就劝他不要办。纵然他精力充沛，才华横溢，可刊物的担子全压在他身上，而且每季度都要按时完成，早晚会把他累垮。[15]

1873 年，赖尔的担忧变成了现实，赫胥黎因为操劳过度，精神崩溃。达尔文一家帮他筹集资金，送他去奥弗涅休养，还把他的孩子接到了达温小筑。[16]

像赫胥黎这种献身科学却衣食无着的人并不少见，年轻的艾尔弗雷德·拉塞尔·华莱士也同样捉襟见肘。1858 年，华莱士 35 岁，也在研究进化论。他和赫胥黎一样出身于中产阶级家庭。赫胥黎的父亲是数学教师，华莱士的父亲是律师，都没钱供他们上大学。赫胥黎一边打工，一边到处听课，学习科学和医学，还在伦敦大学拿过奖学金和奖章。后来随“响尾蛇号”考察大堡礁和新几内亚岛，在船上做了四年助理外科医生。1850 年返回英国，虽然订了婚，但没钱结婚，还欠了一百英镑的债，不知道下一步该怎么办。1851 年，他当选皇家学会[1]会员，是当年最年轻的候选人，但仍然没有争取到大学教职，也没能得到官方的科研资助。[17]

华莱士因为父亲投资亏本，13 岁就辍学回家，跟哥哥在伦敦学习测绘，业余时间读书自学，晚上到托特纳姆科特路附近的科学馆听讲座。这些讲座是给工人办的，有时在政治和宗教上比较激进。[18] 1848 年，他已经读了达尔文在“小猎犬号”的《考察日记》，也读了罗伯特·钱伯斯的《创世遗痕》，与昆虫学家亨利·贝茨前往亚马孙河，四年后带回了大量的昆虫和蝴蝶。1849 年，他弟弟赫伯特也加入了他们的队伍，因黄热病在巴西去世。[19] 他手头并不宽裕，主要靠收集

1 皇家学会（Royal Society）是英国最早的科学学会，成立于 1660 年，早期成员包括雷恩、牛顿和哈雷等。

标本挣钱。他把标本寄回国内或带回国内，交给伦敦的专业代理商塞缪尔·史蒂文斯，后者再转卖给博物馆和私人藏家。华莱士在动物学会晚间的会议中见过赫胥黎，十分仰慕，说赫胥黎比他小两岁，但“非常神奇，讲了一个复杂难懂的问题，连我这种一无所知的人都能听懂，还产生了浓厚的兴趣”（伦敦动物园的一匹斑马死了，赫胥黎谈到了它的肝脏）。[20]

1854 年，华莱士和贝茨的亚马孙河探险记录已经出版，他也受皇家地理学会资助，前往新加坡和马来群岛考察。他在那里待了八年，考察各岛，收集标本，寄给史蒂文斯，史蒂文斯卖掉后再把钱寄给他维持生活。就像达尔文很看重“小猎犬号”的航海经历一样，华莱士也认为，马来群岛的八年“漫游”是他“人生中最重要也是影响最大的一段经历”。他从伦敦出发时，还带了十六岁的查尔斯·艾伦，但一年半后，他就开始孤军奋战。他研究了数百种甲虫、昆虫和鸟类，研究了猩猩的毛皮和骨架，还研究了最具异域风情、最珍贵的“红色极乐鸟”[1]。他把这些发现都写到了日记、书信和科学论文里面，很多都属于首次记载。他乘坐当地人的小船，在各岛奔波了一万四千英里，经常晕船，也遇到过食物严重不足的情况，还得过热病，一个人待在简陋的茅舍里，靠着跟新加坡等地的医生要来的奎宁，发汗熬过去。[21] 在马来群岛期间，他收集了十万多种动植物，还发现马来群岛有一条无形的海洋分界线，该线两侧的动物物种差别很大。1868 年，赫胥黎把这条分界线命名为“华莱士线”。[22]

华莱士经常会碰到地方官员和欧洲旅行者。1858 年 1 月 4 日，他给贝茨写信说，他到安波沙洲采集物种，已经过了二十天，见过昆虫学家、医生、一位德国收藏家和一位“在维也纳博物馆做过一年研究

1　极乐鸟（bird of paradise）又称天堂鸟，其色泽和雄鸟羽翼的奇异形状只有少数雉和蜂鸟可与之相比。

的”匈牙利人。[23]三周后，他从德那第岛给贝茨写信说，“这儿有一片未知区域，很有价值，德那第岛是它的中心”，他打算在这儿待两三年。他还说，有只荷兰轮船，一个月来一次，“大约十周就可以把英国信件带来，很方便；这儿还有很多小型纵帆船和当地船只，可以坐船到周边岛屿”。[24]1857 年 5 月，他从阿鲁群岛给代理商史蒂文斯写信说，他发现了一些非常好看的极乐鸟，打算做成精美的标本，当地人做得“太蹩脚”，没能展现这种鸟“在炫耀羽毛时的神态”。他也少有地自夸了几句：

我觉得我是第一个射杀极乐鸟并剥皮吃肉的英国人，也是第一个这么做的欧洲人，而且是自己承担风险和费用。如果冒险采集标本可以得到回报，我当然受之无愧……两条腿被虫子咬得体无完肤，疼痛发炎，已经在屋里憋了一个月，但足不出户又招上了热病，还在康复之中。浪费这么多时间，严重影响了我采集昆虫的任务。[25]

达尔文早年随船远航，也经历过疾病和不适，他很佩服华莱士的毅力，敢在危机四伏的偏远地区孤军奋战，乘坐不适合航海的小船，直面野生动物，忍受食物和淡水的匮乏，还要跟疟疾作斗争。两人的关系算不上亲密，但都了解对方发表的论文，也有通信往来。就在八年的马来生活开始之前，华莱士还在沙捞越写了一篇论文，1855 年 9 月发表在《博物学年鉴杂志》上。他在自传中说，这是他谈物种起源的第一篇文章。他以谦逊而严谨的语气回忆道：

论文的题目是《论控制新物种出现的规律》。论文结尾时将这个规律概括为：“每一个新物种出现时，在同一空间和同一时间，都有一个已经存在的亲缘物种。”这显然是在谈进化，指出了进化发生的时间和地点，也指出进化只能借助自然繁殖，《创世遗痕》也提到了这一点，但至于进化是如何发生的，当时还不清楚，要再等几年才能知道。[26]

达尔文也读了华莱士的论文，还做了注解。他得知华莱士还在国外，便把他加到了海外同行的名单中。他为了征集“鸽子和家禽毛皮”，开列了一份海外同行名单，涵盖了印度、安提瓜、巴拿马、纳塔尔、好望角、中国香港、冈比亚、突尼斯、南美洲、安格拉、牙买加等地。[27]1857年5月1日，他给华莱士写信说，论文已经拜读，可以“清楚地看到我们所见略同，并且在一定程度上得出了相似的结论”。他动情地说：“我敢说，您也会同意，理论文章能让人产生这种惺惺相惜的感觉很不容易。就算是同样的事实，不同的人也会得出不同的结论。”[28]

达尔文对此深有体会。他已经逐渐确信，进化是通过自然选择实现的（即华莱士所说的“如何”），但他连最好的朋友胡克都说服不了，更不用说一直抱有怀疑态度的赖尔了。英国博物学家理查德·欧文、地质学教授亚当·塞奇威克[1]也都无法接受这个观点。塞奇威克是达尔文在剑桥时的老师，很反感《物种起源》对宗教信仰的冲击。很多普通读者也无法接受《物种起源》。达尔文给华莱士的信表达了一种相知恨晚的心情，但也暗含了一些焦虑。他的理论虽然已经考虑成熟，但还没有全部发表，很可能会被别人捷足先登，而这个人又很可能是初出茅庐的华莱士。达尔文在信中说要与华莱士并肩作战，接着又暗示说，他已经研究了很长时间：“从我打开第一个笔记本，开始记录物种与变种有哪些差异，又怎样形成了这些差异，到今年夏天就二十年了！我现在还在整理书稿，准备出版，但这个话题太大，虽然已经写了几章，但恐怕还得两年才能完稿。”[29]这段时间，他在给很多人写信时都提到了这一点。华莱士可能是在1857年8月收到了达尔文的信，9月27日回信告诉达尔文自己在马来群岛的计划，说很高兴达尔文认同他的观点，这只是一个初步成果，希望回国后能在“英国的图书馆和收藏室”中继续研究。[30]

达尔文在1857年12月22日回信说，这篇论文也引起了国内学

1 亚当·塞奇威克（Adam Sedgwick，1785—1873），英国地质学家。

界的关注，赖尔和加尔各答的爱德华·布莱思都曾提醒他读一读，这两人都“特别好”。他对“海岛与大陆最初的关系”兴趣不大，但希望读到华莱士关于阿鲁群岛动物分布的最新研究。他再次提到，他自己的研究已经进行了二十年，书稿大约完成了一半，但进展“很慢，一方面是因为身体欠佳，另一方面也是因为自己写东西本来就慢”，“仅杂交一章，就已经写了整整三个月”。最后，他对华莱士打算“再在国外待三到四年”表示惊讶：

那你可要大饱眼福了。星罗棋布的马来群岛，肥沃富饶的南美，太值得考察了！我非常钦佩并尊重你投身自然科学的热情和勇气，衷心祝愿你一帆风顺，所有理论都能大获成功。不过，关于海岛的那个理论除外，我可是宁死不降。[31]

达尔文的很多信都是这种风格，坦诚、恭谦、大度、朴实、幽默，学术上坚持己见，既不妄自菲薄，也不羞于捍卫自己的原创地位。他胸怀坦荡，不会暗箭伤人，但也不会轻易放弃自己的原创者身份。这一点很重要，因为在 1858 年 6 月中旬，他又收到了华莱士的信和论文。这封信写于 1858 年 2 月，现已失存。正是这封信让达尔文经历了人生中最大的一次惊吓。

1858 年 6 月初，达尔文还没有打算公布他的理论，只跟科学界的好友透露过。5 月 18 日，他给澳大利亚的西姆斯·科温顿写了一封信。当年他随“小猎犬号”出海时，科温顿是他的仆人，后来成了他的助手和秘书。他向这位老友讲了自己的研究和计划，再次提到写书很费时间：

我最近工作太累，身体很不好。这几年在写一本书，发现有些摘抄还是你做的呢！这是我写的最厚的一本书，已经准备了二十年，主要讨论家养动植物变种的起源和自然界中物种的起源，涉及博物学的各个分支，超出了我的驾驭能力，很痛苦。[32]

达尔文这时还认为要写成好几卷，几年后才能出版。[33]

他身体状况不好，为治疗呕吐和腹泻，已经多次尝试水疗。这是当时很流行的一种疗法。他对科温顿说，刚从“一家水疗院回来，在那儿一天沐浴三次，什么都不做，目前看效果还不错”。他说的是萨里郡的慕尔公园，那是一处院落开阔的老建筑，爱德华·莱恩医生把它改造成了水疗院。达尔文在那里待了两周，5 月 4 日回到达温。他很喜欢莱恩一家，也很欣赏莱恩的新书《水疗法，或医疗的自然体系》(1857)。[34] 回家还不到一个半月，他就从报上看到，莱恩卷入了一场离婚官司，正闹得沸沸扬扬。

在此期间，伦敦及周边地区气温持续在 75 至 82 华氏度之间（约 24 至 28 摄氏度），达尔文仍坚持工作。6 月 8 日，他对胡克说自己“长了疖子，只能坐在沙发上”，用铅笔给胡克回信。此前，他给胡克寄了一篇讨论属的论文，胡克来信表示赞同。达尔文说，“我原来还确信，你会说我的手稿全是废话”，“我可是在它身上倾注了一生的心血，你要是不赞同这篇，就不会赞同我的整部著作，我肯定会十分沮丧”。他打算接下来写“‘趋异原理’，它和‘自然选择’一起，构成了我这本书的核心”。[35]

6 月 10 日星期四发生了一件事，一周后达尔文又收到了华莱士的信和论文，这两件事意外地影响了达尔文的写作计划。6 月 10 日，84 岁的罗伯特·布朗[1]去世，他是大英博物馆植物学部门的管理员，也是林奈学会的前主席。林奈学会是历史最悠久的生物学会，胡克和达尔文都是会员。学会原定 6 月 17 日召开年度最后一次会议，随后进入漫长的暑假，但由于布朗去世，需要增补一名委员会委员，会议便推迟到了 7 月 1 日，从而影响了达尔文的出版计划。这自然是达尔文无法预见的。

1 罗伯特·布朗（Robert Brown，1773—1858），苏格兰植物学家，1827 年将英国博物学家班克斯的植物收藏转移到大英博物馆，并成为博物馆新成立的植物学部门的管理员。

狄更斯婚姻破裂

就在同一天，6 月 10 日星期四，狄更斯举办了朗读会，讲八岁的保罗·董贝去世的故事，后来成了深受各地观众喜爱的节目。第二天，狄更斯对友人丹尼尔·麦克利兹说："昨晚，在圣马丁堂，哭声和喝彩声响成了一片。我讲了小董贝短暂的一生。以前从没见这么多人同声相应，也没见任何事能让这么多人如此激动。"[36]

这年夏天晚些时候，《伦敦新闻画报》说，"明智的英国大众应该感谢"狄更斯，因为他"发明了一种新的娱乐方式"。文章配了插图，狄更斯站在圣马丁堂的舞台上，一脸忧伤，显然被自己的故事感动了。[37] 6 月 10 日是狄更斯第一次朗读"小董贝"的故事，他也花了不少心思。他从《董贝父子》（1846—1848）中摘选了几页内容，再修改润色，写成一份朗诵稿，大字印刷，页边留白。[38]这次朗读长达两个小时，从保罗出生讲到他童年的苦难，最后讲他生病去世。保罗的死在小说中占了单独一章，不断调动读者的情绪，反复描写金色的波浪带走了这个可怜的孩子，最后是叙述者悲痛欲绝的呼唤。[39]

狄更斯格外看重这次朗读，希望观众能够满意。他正在和凯瑟琳商议分居，作为公众人物，这件事必然会引起关注。他想把影响降到最低，但最终没能成功。他刚写了一份分居声明，交给了《泰晤士报》的主编约翰·德莱恩，6 月 7 日星期一见报，6 月 12 日星期六又刊登在了《家常话》上。各地报刊纷纷转载，很多人读后都发表了评论。日报、周报、晚报、半月刊、月刊和"一便士一份的报纸"也都欢欣雀跃，品头论足。最令狄更斯头疼的是那些擅长毁谤谩骂的"一便士一份的报纸"。1855 年，最后一项报刊税取消后，这种报纸在几年内冒出来很多。[40]

狄更斯在这份分居声明中写道：

二十三年前，我和大家建立了现在这种关系……一直将心比心，坦诚相待。永远不戏弄大家，不欺骗大家，这是我的责任……

很多人关注我，经常会有些不实的传言和不负责任的说法。有时我也生气，甚至伤心，但我一直忍着，名望和成功的光芒必然会有阴影相伴……

多年来，我一直坚守这个原则。现在，我要破一次例。这是第一次，我相信也是最后一次。我要在自己办的杂志上讲述自己的私生活，恳请各位兄弟……帮我传播。

我的家庭出了点问题，已经很长时间了，但我不想多说，因为这是神圣不可侵犯的私事，最近也已经解决，没有引发任何怒气和怨言……

但有人却在散布关于这件私事的谣言，要么是没安好心，要么是愚昧无知，要么是无心插柳，要么三种情况都有。这些谣言严重不实，极端荒谬，也极其残忍，不仅伤害了我，也殃及一些无辜之人，其中有我至亲至爱的人，也有与我素不相识的人（如果真有其人的话）。这些谣言就像污浊的空气，四处扩散，我甚至怀疑一千个读者里面能不能有一个会仔细读读我要说的真相。

只要了解我，知道我的秉性，用不着我签字画押，就知道我绝不是谣言里说的那种人。那些谣言自相矛盾，破绽百出。但毕竟很多人只是读过我的作品，并不了解我本人。如果我不用这种非常的方式讲出真相，以正视听，他们可能会心生疑虑。那是我无法忍受的。

因此，我以我和我妻子的名义，在此郑重宣布，近期我所见到的有关这件家事的所有传言，都严重不实。在这份声明发布之后，如果还有人继续散播这些谣言，那就像在天国和人间做伪证的人一样，居心不良，无耻下流。[41]

不出所料，《泰晤士报》的主编鼓励狄更斯大胆发表，狄更斯的朋友则劝他不要发表，福斯特更是“竭力劝阻”，但狄更斯还是走上了歧途。[42]他知道这些流言说他跟埃伦和乔治娜关系暧昧（这里面也有萨克雷的一份“功劳”），便急于澄清自己，决定向广大读者求助。当然，他的读者也的确称得上“广大”。只是，这么做并不明智。他说读者“兄弟”一直“信任”他，也有自吹自擂之嫌。他一方面说自己是公众人物，另一方面却又说自己的私生活与他人无关，这本身就自相矛盾。更何况，他还是主动要谈自己的私生活，别人想不关注都不行。他说那些谣言“严重不实”“荒谬”“残忍”，却又不透露这些谣言的内容；他神秘兮兮地提到“一些无辜之人”，说里面有他认识的，也有杜撰出来的，却又不说都有谁，又是谁杜撰的。结果，那些不了解内情的读者，也就是他的亲朋好友、伦敦记者和俱乐部以外的人，反倒被勾起了兴趣，想知道谣言都是怎么说的、无辜的人都有哪些。他明明很不诚实，却坚持说自己很诚实。不过，他说“无法忍受”哪怕一个读者对他的人品产生怀疑，这倒是实话。

就在两个月前，狄更斯还给画家威廉·霍尔曼·亨特[1]提出过忠告。4 月，亨特来信抱怨说，《家常话》上刊登的一个短篇小说是在诽谤他。他说的是罗伯特·布拉夫的小说，讲一个艺术家跟他的模特关系暧昧，虽然没有指名道姓，但很明显是在影射亨特。4 月 20 日，狄更斯回信说，自己很惊讶，亨特居然认为故事中那个艺术家是他。亨特要求狄更斯在《家常话》上加一句，说故事中的人物原型不是亨特。狄更斯说，他“确信”，如果加上这么一句，“反而会适得其反，让本来没这么想的读者也都这么想了”。[43]这话说得在理。他是《家常话》的主编，加句话不是难事，但他没有这么做，反倒救了亨特一把。只是，狄更斯后来在处理自己的麻烦时，就没有这么淡定了。

1 威廉·霍尔曼·亨特（William Holman Hunt，1827—1910），英国拉斐尔前派画家。

6月7日之后，很多报纸都像《泰晤士报》那样，只刊登狄更斯的声明，不做评论。有些报纸对狄更斯表示了同情。6月8日，《圣詹姆斯纪事报》说，“我们支持他这个感人的官方声明”，“足以证明他清白无辜”。[44]《年代》也同情狄更斯，但和狄更斯劝亨特的说法一样，认为他不该把个人的私事拿到大庭广众之下来说。该报还暗示说，它作为消息灵通的首都媒体，自然知道那些谣言是怎么回事，并认为狄更斯高估了自己：

据我们了解，这件事并不像狄更斯先生说的那样尽人皆知。就是喜欢他作品的人，听说这件事的也不足百分之一。但由于知情者大都是狄更斯先生文学圈里的人，他就误以为很多人都知道了这件事……很遗憾，狄更斯先生犯了井底之蛙常犯的错误，以为自己很重要，以为大众都很关心他的行踪、活动和家事。[45]

这还不算什么，有两份黄色小报对狄更斯更不客气。一个是《宫廷活动公报》，从报名就能看出，它关注的是声色犬马；另一个是《雷诺兹报》。两份报纸把狄更斯没说的内容都说了出来。6月12日星期六，《宫廷活动公报》说，“正在疯传的这件事”，说白了，就是狄更斯夫人从家里搬了出去，因为“那位才华横溢的绅士喜欢的不是她，而是她妹妹”。该报说狄更斯“很有希望在新离婚法院大放异彩，只是，对他的桂冠没有任何好处”。《雷诺兹报》也不甘示弱，在6月13日星期日说，狄更斯在声明中说的那些谣言，“的确在文艺界广为流传，大家也都相信那是真的”。该报故作正经地说：

我们相信，这些事确如他所说，都是谣言。最近，一位女性亲戚，还有一位年轻的职业女士，都跟狄更斯先生的大名紧密相连。有人一直认为这位小说大师在道德、节操和生活作风上都堪称楷模，现在也不免起了疑心，感到震惊……狄更斯先生肯定是听了什么人的馊主意。其实，他更应该韬光养晦，静待“谣言”自生自灭。要么，就把事情说清楚，别像上封信［即《家常话》上刊登的分居声明］那样，遮遮掩掩，矫揉造作。[46]

狄更斯让《家常话》的同事威尔斯去问律师乌弗里，“是否可以起诉”《宫廷活动公报》，可能的话，把《雷诺兹报》也一起告了。最后，还是理智占据了上风，狄更斯放弃了这个念头。[47] G.W.M. 雷诺兹早就让狄更斯头疼不已。雷诺兹是个激进、冲动的记者，经常入不敷出，为了糊口，也写些粗制滥造的小说，还沾狄更斯的光，出版了虚构的巴黎“导览”《匹克威克在国外——游在法国》（1837—1838），大赚了一笔。他的报社设在斯特兰德大街旁边的威灵顿北街 7 号，就在《家常话》报社（16 号）的斜对面，似乎成心要跟狄更斯唱对台戏。[48]

狄更斯最终还是熬了过来。流言主要是在伦敦文学圈里传播。城里的年轻人会在俱乐部、晚宴、剧场和马场谈论这件事，其中有崇拜并模仿狄更斯的，如萨拉和埃德蒙·耶茨；也有因为狄更斯没有上过牛津或剑桥而瞧不起他的，如萨克雷和《笨拙周报》的撰稿人。狄更斯的朋友卡莱尔虽然也谈了这件事，但目的是澄清谣言。1859 年，狄更斯出版了《双城记》，献给卡莱尔，向卡莱尔的《法国大革命》（1837）致敬。1858 年 6 月 2 日，狄更斯还没在《泰晤士报》发表分居声明，卡莱尔就给美国作家拉尔夫·沃尔多·爱默生[1]写信说：“报上很快就会有狄更斯‘与妻子分居’之类的消息，我觉得，分居和律师协议是真的，其他的都是胡说八道。他们夫妻都没有违法或不检点的行为，只是这么多年来一直不幸福，最后决定不再煎熬了。”[49] 卡莱尔在狄更斯宣布分居的前一周就知道了消息，但还不是最早的，爱德华·莱曼·布兰查德比他还早一周。5 月 26 日星期三，这位著名的

1 拉尔夫·沃尔多·爱默生（Ralph Waldo Emerson，1803—1882），美国思想家、散文作家、诗人。

滑稽讽刺剧和童话剧作家就在日记中写道："听说查尔斯·狄更斯上周六和他妻子分居了！"[50]

并不是所有人都和卡莱尔一样，认为狄更斯说的是真话。6月初，萨克雷跟母亲说了狄更斯的事，为凯瑟琳打抱不平：这位九个孩子的母亲，"做了二十二年的主妇"，没犯什么错，"却要被扫地出门"！[51]玛丽安·埃文斯和刘易斯听说这件事时，还在德国慕尼黑度假。他们很清楚，如果私生活有悖正统或常规，将会受到怎样的伤害，引起怎样的流言蜚语。1854年，他们在德国公开同居时，就尝过这种滋味，玛丽安的哥哥艾萨克跟她彻底断绝了关系。刘易斯的婚姻名存实亡，他妻子阿格尼斯跟别人生了两个孩子。刘易斯和玛丽安的选择跟狄更斯不一样，纵然众叛亲离，两人也要相依为命。他们不会随波逐流，说别人的闲话。刘易斯只是在6月14日的日记中说，晚餐后拜访了著名化学家李比希[1]，"谈到了狄更斯公开与妻子分居，唏嘘不已。这件事不仅在英国传开了，在德国也是沸沸扬扬"。[52]

狄更斯还在忙着每周四晚上的朗读会，但已经准备逃离伦敦。酷热难以忍受，流言也让他如坐针毡。从8月2日到11月13日，他和精明的阿瑟·史密斯一道，在全国各地巡回朗读，从布里斯托尔开始，足迹遍布英格兰、苏格兰和爱尔兰大大小小的城市，最后在布莱顿收工。[53]狄更斯还会遇到很多麻烦，但现在总算可以松口气了。6月4日，凯瑟琳在分居协议上签了字，准备和查利搬到摄政公园附近的格洛斯特新月街。此后，狄更斯大多数时间都住在伦敦的《家常话》报社和肯特郡的盖茨山庄[2]。一家人住了将近十年的塔维斯托克寓所，连同那座私人小剧场，也随着家庭破裂不久后转手他人。

1 李比希（Justus von Liebig，1803—1873），德国化学家，发展了基因理论及碳、氢、卤素定量分析法。

2 盖茨山庄建于1780年，狄更斯曾在童年时代见过它，后于1856年将其买下。

仲夏的疯狂

5 月底，天气开始热了起来。6 月第一周，伦敦气温还在升高。女王在日记中说，6 月 4 日星期五“热得令人窒息”，次日一场雷雨过后，“闷热潮湿，天空阴沉”，随后几天也都“闷热难受”。[54] 6 月 7 日星期一，《泰晤士报》刊登了狄更斯的分居声明，也刊登了《攀登勃朗峰》[1] 的演出通告。这个节目已经演了很长时间，由阿瑟·史密斯的哥哥艾伯特主演，他比弟弟名气更大。通告中说，由于天气炎热，“艾伯特·史密斯先生在埃及厅准备了冰水过滤器，供观众使用”。[55] 艾伯特爱出风头，放荡不羁，1851 年登上了勃朗峰，次年便开始在皮卡迪利大街的埃及厅演出，展示登山的全景回转画，演唱反映时事热点的歌曲。1858 年 7 月 6 日，节目已经演了两千场，艾伯特决定结束演出。[56] 为他经营演出的阿瑟也开始帮狄更斯安排夏天的巡回朗读。

6 月第一周，迪斯累里也在忍受酷热。6 月 7 日星期一，背阴处温度达到了 75 华氏度（24 摄氏度）。迪斯累里在议会下院开会，给白金汉郡的妻子写了一个便条，请她“寄双鞋来，现在这双漆皮皮鞋把脚都泡湿了”。[57]《泰晤士报》的读者来信很多在谈高温天气，不久还会谈到伦敦恶臭。6 月 11 日，一位读者从汉普夏郡的费勒姆来信说，6 月 8 日星期二：

> 这里的气温一度非常高，下午一点，我在太阳下测的是 136 度［超过了 50 摄氏度］。据我去年［也已经打破高温纪录］观测，太阳下的温度从未超过 123 度［约 50 摄氏度］。很多科学家都与贵报通信，贵报肯定能给我们提供一些有价值的数据。[58]

6 月 8 日星期二，伦敦北面三十英里外的赫特福德同样酷热难当。

1 勃朗峰位于欧洲西南部法国、意大利边境，是阿尔卑斯山的最高峰。

布尔沃·利顿为了担任内阁大臣，被迫重新参加选举。起初，他还担心一旦选举失利，就会丢掉议员席位，后来发现自由党无意竞争，也就放下心来。[59]这是个好消息，但也有坏消息。在他演讲时，罗西娜从萨默塞特气冲冲地赶来，在城里张贴海报，并冲上竞选讲坛，当着众人的面，痛斥他的斑斑劣迹。选举开始前，迪斯累里就心急火燎地提醒布尔沃·利顿，罗西娜又在四处写信告状了：

亲爱的布尔沃：

我还以为你已经驯服了汤顿的母老虎，看来你没有做到。

她还在给你的同事和朋友写信，控诉你的暴行。她罗列的那些罪名，实在难以启齿，我觉得别的女人肯定写不出来，也只有她能这么说。她还扬言要让战事升级。

这让朋友们很不舒服，我想你也舒服不了。

怎么回事？是不是你的代理人粗心大意，玩忽职守，拖欠她生活费了？[60]

最不舒服的恐怕就是迪斯累里了。罗西娜在信中信口开河，说迪斯累里不仅与布尔沃沆瀣一气，还共享断袖之癖。难怪迪斯累里在信中很不客气。布尔沃的吝啬是出了名的，罗西娜经常抱怨他给的赡养费太少，而且经常拖欠。如果布尔沃肯多给些赡养费，或许可以买通她，至少让她不要因为这件事找他麻烦，他和迪斯累里的日子也能好过些。

那个星期二，天气炎热，布尔沃正在赫特福德城外一处空地发表演说，罗西娜突然冲了过来，打了他一个措手不及。罗西娜大声说，布尔沃没有尽到做父亲的责任，害死了女儿埃米莉，应该流放到殖民地，而不是担任殖民大臣。关于她这次偷袭，有不同的说法。她曾给好友赖夫斯小姐写信说过，也在萨默塞特和赫特福德的报纸上写过文章，后来还在自传《被毁掉的一生》中描绘过。这部自传满是攻讦谩骂之词，1867年出版后很快就被查禁，1880年才再度面世，布尔沃和很多挨骂的人彼时都已去世多年。[61]不过，相对一致的说法是：布尔沃在台上看到罗西娜冲了过来，差点昏倒，忙从旁边的花园夺路而逃，她则对着听众慷慨陈词，历数“撒谎大王爵士”的种种劣迹。[62]卡莱尔此时已经离开伦敦，到邓弗里斯郡避暑。几周后，他从报上了解了当时的情形，栩栩如生地说，“那位女士怒气冲冲，猛地跃上讲坛，当着众人的面，一把拎起她那幽灵般的丈夫，他当时正讲得慷慨激昂哩”。[63]

罗西娜想在报上发表她这番演说，但几周后才有全国性的报刊同意帮忙。《泰晤士报》跟布尔沃关系不错，被她骂作“面向全国发行的力恶的报业墙头草”。6 月 9 日，该报报道布尔沃重新当选议员，引用了支持者的谄媚之辞，并刊登了布尔沃的演说辞。演说辞开头就说，“大约三四百年前”，他的一位先人“曾在亨利七世[1]的枢密院中担任要职”。[64]可见，罗西娜笑她丈夫沽名钓誉，并不过分。《泰晤士报》没有报道罗西娜搅局的事。布尔沃在高层颇有影响力，全国性的报刊暂时没有报道他出丑的消息。但没过几周，他又采取了极端行动，导致这件丑事在 7 月初传遍了全国。

罗西娜 6 月 8 日给好友丽贝卡·赖夫斯写信说，她曾告诉赫特福德的选民，她丈夫正密谋把她诬陷成精神病人。他的确在这么做。1858 年 3 月，他让六位医生出具书面意见，证明罗西娜精神不正常。[65]他也找好友约翰·福斯特帮忙。福斯特在文学界和报界是出了名的“宇宙执事”[2]，当时正在忙活狄更斯和凯瑟琳分居的事。1836 年布尔沃与罗西娜分居时，福斯特就是布尔沃的代理人，1839 年还帮布尔沃监视过罗西娜。[66]1845 年，《精神病人法》通过后，成立了精神病管理委员会，负责监管精神病院。从 1856 年 1 月起，福斯特

1 亨利七世（Henry VII，1457—1509），都铎王朝第一代英格兰国王。

2 教区执事（beadle）负责维持教堂秩序、辅佐教士，此处指约翰·福斯特经常给狄更斯、布尔沃·利顿等朋友帮忙，好像整个宇宙都归他管。

就担任委员会秘书。1857 年 10 月，福斯特劝布尔沃不要把罗西娜关到精神病院，虽然他也认为罗西娜精神不正常，但估计很难说服医生开具证明。[67]不过，布尔沃已经铁了心，要拿精神病院吓唬罗西娜，逼她收手。1858 年 6 月 12 日，罗西娜回到汤顿，两名医生和当地精神病院的一名女子登门拜访，劝她不要再攻击她丈夫。她激动地对丽贝卡·赖夫斯说，布尔沃派黑尔·汤姆森医生从伦敦赶来劝她：

“利顿夫人，您肯定不想到英国各地演讲，把自己的过去和利顿爵士的信件都讲给别人听吧？”我不想吗？只要上帝还在，我就要这么做。除非他把我的债都还了，再给我一份像样的赡养费，而且是无债务、未抵押的……我还说，他迫害了我二十六年，让我欠下了两千五百镑，如果他保证……把这笔钱还上，并在我（而不是他）的有生之年，每年给我五百镑（他现在才给四百镑，像打发叫花子似的），我就保证不再提他的名字，说实话，我还巴不得早点忘掉呢。[68]

如果布尔沃同意替她还债，增加赡养费，这件事也许就能解决。可惜，两人都不是理智的人。罗西娜继续给布尔沃的支持者写信，并扬言要去伦敦，让他“突然发现殖民部热得待不下去”。[69]6 月还没过完，迪斯累里担心的事就发生了，布尔沃的丑闻沸沸扬扬地传开了。

把人关进精神病院是当时的热门话题。丈夫如果嫌弃妻子，就可以诬陷她得了精神病，贿赂两名医生，让他们出具一份证明，把她送进精神病院。当时很多报道说，无耻的丈夫贿赂无良的医生，把“病人”关进黑心的私营精神病院。也有丈夫被关进精神病院的，也有父母、子女或亲戚为争夺遗产而采取这种手段的。[70]当时有个案子轰动一时，主角是富可敌国的亨利·缪克斯爵士，他的家族是有名的酿酒商。所有人都认为他疯了，他妻子和他的三个姐妹为了争夺他的大笔遗产，争执不休。《泰晤士报》说，这位可怜的精神病人一年前修改了遗嘱，把全部财产都留给了妻子，他的姐妹则分文没有。1858 年

6 月，天气“异常炎热”，该案在圣詹姆斯街的茅屋酒店审理了九天，争论的焦点是他是什么时候疯的，在修改遗嘱前还是修改后？也就是说，新遗嘱到底有没有效？[71]

赫特福德郡有三名保守党议员，缪克斯和布尔沃是其中两位。1857 年 4 月大选时，布尔沃和同僚想劝缪克斯退出竞选，因为他话都说不清楚。可那天缪克斯虽然“一副可怜兮兮的样子”，“憔悴，倦怠，悲痛”，对身边的竞选活动不理不睬，居然也当选了。[72] 他继续担任议员，虽然力不从心，徒有虚名，但也一直坚持到 1859 年 5 月大选。那时，德比政府倒台，帕默斯顿重掌大权。缪克斯的案子涉及的财产数额巨大，所以很引人注目。三姐妹在案件审理期间透露，缪克斯的财产有六十多万英镑（约合今天六千万英镑）。[73] 1858 年 6 月 8 日星期二，也就是布尔沃在赫特福德狼狈而逃的那天，该案开庭审理，一直持续到 6 月 17 日星期四。陪审团精疲力竭，一方面是因为天气炎热，6 月 16 日背阴处的温度达到了创纪录的 94.5 华氏度（35 摄氏度），另一方面是因为案情太过复杂。陪审团认为，无法从法律上判断亨利爵士到底什么时候疯的，因此，既不能支持贪婪的三姐妹，也不能支持拿色相换钱的年轻妻子。该案最终未能做出判决。亨利爵士活到了 1883 年。当然，他的日子并不好过。[74]

缪克斯夫人的律师是埃德温·詹姆斯，擅长代理精神病案和其他吸引眼球的案子。事实上，他也正是靠代理棘手的案件出的名，通常都是些看似不可能打赢的案子。缪克斯案庭审时，虽然酷热难耐，他还是逗得庭上哄堂大笑。6 月 19 日，《人民报》说他“详细地分析了证据，幽默地指出，对方说缪克斯爵士神志不清，显然是一派胡言，十分可笑”，“如果说缪克斯在修改遗嘱时精神不正常，那么，他在之前立遗嘱给亲戚分钱时，也同样精神不正常”。[75]

罗西娜也很关心这个案子。她丈夫给她扣上了精神病的帽子，她也想摆脱出来。6 月 11 日，她给赖夫斯小姐写信说：“他们正在调查缪克斯的精神问题，我觉得他们更应该查查撒谎大王爵士的脑子是不是有问题，这个畜生比缪克斯病得还厉害。”[76]

最热的一天出现在 6 月中旬，无论是议会、剧院还是家中，人们都在抱怨天气太热。卡莱尔正在切尔西区的寓所中写腓特烈大帝，书房在顶楼，6 月 12 日这天实在太热，不得不搬到楼下花园凉棚里继续写作。几天后，他完成了书稿，打算去苏格兰度假，担心“马厩太热”，他的马“弗里茨”会“不舒服”（弗里茨是腓特烈大帝的昵称）。[77]他向福斯特描述了此时的身心状况：“我刚从绝望的深渊逃了出来，半死不活，背阴处温度已经达到 82 华氏度。泰晤士河臭气熏天，比冥河［阴间五河之一］还臭。一个衣着艳丽的旧衣商［暗讽迪斯累里的犹太身份］正操纵着大英帝国；别西卜[1]得到了多数人的支持，正在人间横行霸道。”[78]

住在白金汉宫的维多利亚女王也抱怨天气太热。[79]德比勋爵病了，无法出席议会会议。迪斯累里对布里奇斯·威廉斯夫人说，这位“领袖兼同僚突然痛风发作，让我不知如何是好”，“好消息是我们现在总体上稳赢不输，坏消息是一旦我让下院通过所有议案，很快就会交到上院，到时候他还得出面力挺，费心办理”。[80]这些议案中有《印度法案》和《宣誓法案》，后者涉及罗斯柴尔德的议员席位，也很棘手，两院正为此反复辩论。

5 月 31 日，上院就《宣誓法案》进行辩论。卢肯勋爵试图让“两院恢复和谐”，提醒上院议员，这个问题从 19 世纪 30 年代起，就不断提交议会讨论。他恳请上院不要再加阻挠，“不让犹太人进议会，既不礼貌，也不明智”。[81]大法官切姆斯福德则表示反对，他“精

1　别西卜（Beelzebub）是基督教《圣经》中的鬼王，也是弥尔顿《失乐园》中仅次于撒旦的堕落天使。

通法律，有狂热的党派意识”，一直反对犹太人担任议员。[82]林德赫斯特勋爵提出了妥协方案，建议让两院自主决定是否接纳犹太议员。“犹太人只能在议会外面徘徊的日子就要结束了，”《利物浦信使报》在6月2日写道，“因为林德赫斯特勋爵要给上院议员打一针止痛针。”[83]6月9日，德比勋爵在圣詹姆斯广场的邸宅中，给年轻的保守党同僚卡那封勋爵写了一封密函，请同僚们传阅。他对两院意见相左表示担忧，建议采纳卢肯勋爵和林德赫斯特勋爵的妥协方案，想知道各位同僚阅信后的意见，如果他们无法到场投票，可否来信委托投票。“我担心，”他谦恭地写道，“很多和我步调基本一致的人，这次也可能反戈相向。”他鼓励说，两院各自做决定，“就和一般的议会法案不一样了”，它“只对通过它的上院或下院有约束力，也只对这次议会会议有约束力”。也就是说，反对者如果还想讨论这个问题，下次议会开会时还可再提。[84]拉锯战终于结束了。

6月，泰晤士河的臭味越来越大。6月14日星期一，伦敦市长在官邸讲话，说已经收到了好几封关于泰晤士河的投诉信。《纪事周报》在周六报道了他的讲话：“他认为有必要提醒大家，泰晤士河的恶臭现在已经到了最为严重的地步。这么说绝非夸张，因为就在一两天前，他还和几百名乘客坐汽船从伦敦桥到威斯敏斯特，他和全体乘客都可以作证。他表示再也不会参加这种试验了。”[85]

人们的生计也受到了影响。由于河水发臭，游船租不出去，已经停运。[86]《人民报》注意到，6月底，那些“指望在每年这个时候把船租出去小赚一笔的人，都没了生意”，“现在河上只有船舱里面还有生意，白兰地供不应求”。[87]天气炎热，看戏的人也少了。6月16日，《戏剧杂志》的评论员在索霍剧院看完《奥赛罗》后，再也待不下去，没有看后面的两个短剧便离开了：“剧院太热了，我们十一点半就退场了。”[88]最热的那天，在威斯敏斯特厅的财政大臣法院，有位律师恳请首席法官弗雷德里克·波洛克爵士[1]批准，“在这极端炎热的天气中摘下假发”。他得到了批准，大家还开玩笑，拿伦敦的天气跟热带国家比较，说那些国家肯定不会戴假发。[89]

俱乐部的冲突

1858年夏天，迪斯累里在政坛大放异彩，德比的位子岌岌可危，狄更斯被婚姻问题弄得焦头烂额，泰晤士河臭气熏天，离婚法院和精神病管理委员会新闻不断，让那些爱传小道消息的报刊格外兴奋。其中，《嘉宾》和《街谈巷议》都是5月1日创刊的周报，撰稿人大多是城里的年轻人。他们以狄更斯和萨克雷为榜样，有时会模仿狄更斯在小说和《家常话》中表达的义愤之情，揭露社会剥削，抨击议会、法院和教会碌碌无为，但大多数时候是在模仿狄更斯的冷嘲热讽。萨克雷不像狄更斯那么激进地批评社会，他主要讽刺各阶级之间谄上欺下的势利风气（他自己也未能免俗），尤其是虚伪之风。两份周报都和萨克雷一样，不相信人间有真情善意。出版商约翰·麦克斯韦创办的《街谈巷议》更是以挑衅攻讦为能事。年轻的萨拉和埃德蒙·耶茨经常挑灯夜战，为两家报纸撰稿，一时也小有名气。[90]

萨拉嗜酒如命，放荡不羁，曾为《家常话》撰稿。1856年，他说服狄更斯资助他去俄国旅行，他则撰写旅行见闻作为回报。不过，萨拉并不可靠，经常无法按时交稿，总觉得狄更斯欠了他钱，跟狄更斯吵架，1857年被狄更斯解雇。萨拉给很多报纸撰稿，其中包括一便士一份的激进报纸《每日电讯报》。出版商亨利·维泽特利也是个放荡不羁的文化人，报刊税取消后，他也创办了一些廉价报纸，邀请萨拉

1 财政大臣法院（Court of the Exchequer）原系审理有关税收方面案件的法院，后并入高等法院。弗雷德里克·波洛克（Frederick Pollock，1783—1870）是英国法学家，著有《契约原理》。

撰稿。[91]

这其中就有一便士一份的周报《嘉宾》。该报于1858年5月创刊，刊登了萨拉描写伦敦生活的系列札记《夜以继昼》。这些札记向读者展示了白天和夜间伦敦的街巷房舍，很像狄更斯《博兹札记》的翻版，但更加生动，并且按照真实日期来写，记录了1858年6月和7月伦敦人在酷暑中的劳作与休闲。他也写过上午时分闷热的法庭和议会。6月的一天，上午十点，天气炎热，作者走进威斯敏斯特厅的王座法庭，看到陪审团在狭小闷热的房间里听双方律师辩论，“用蓝色棉帕擦拭额头的汗水”。这座历史悠久的建筑既保留了中世纪的雕梁画栋，又增添了查尔斯·巴里爵士[1]设计的铜饰和彩绘玻璃。萨拉随后带读者来到泰晤士河南岸的王座法庭监狱，借鉴了狄更斯在《小杜丽》（1855—1857）中对马夏尔西监狱[2]的描写。犯人不但能在监狱里随意走动，还能做生意：

> 我脚下是一大片铺着沙砾的空地，我就站在正中央，南面是高高的砖墙……北面是一排样式普通的房子……没有铁窗、栅门、护栏和冰冷的铁链……狱卒个个红光满面，带着大号钥匙，跟高墙内的绅士们相处甚欢，他们只是不得不……禁止……绅士们在高墙外干那些勾当……难兄难弟们［collegians，狄更斯在《小杜丽》中用的词］——也就是囚犯们——又是什么情况呢？现在是上午十点，他们穿着各式各样的破衣烂衫，在院子里溜达，吸烟……[92]

没过多久，萨拉自己也进了王座法庭监狱，但不再是悠闲的参观者。1858年9月，他与维泽特利去德国洪堡。同行的还有奥古斯塔斯·梅休，也是一位“每行一便士稿酬”的记者，有时也会根据热点话题创作小说。萨拉本想赌一把，赚钱还债，结果又欠了新债，12月

1 查尔斯·巴里（Charles Barry，1795—1860），英国建筑家，英国议会大厦的设计师。

2 马夏尔西监狱（Marshalsea）位于伦敦索斯瓦克，主要关禁负债人，1842年废除。

被关进王座法庭监狱。他在里面待了两周，凌晨三点还给好友耶茨写信，请他将所附稿件转交报社。耶茨经常借钱给他，这次可能也是耶茨替他还了债，把他救了出来。[93]

萨拉密切观察伦敦生活，用闲谈的语气写稿，认为这种新写法很有市场（他的感觉是对的），既给狄更斯式的新闻报道增添了浪荡子的活泼气息，也准确地描绘了伦敦的风土人情。他四处闲逛，曾在7月的一个下午，到摄政街看时髦人物购物，马车和圈环裙比比皆是（“穿着圈环裙的杜尔西尼亚[1]”）。晚上，他去闷热的剧院、音乐厅和“科学座谈会”，也写过斯特兰德大街和考文特花园的夜生活，如埃文斯晚餐厅。萨克雷经常光顾这家餐厅，在《纽克姆一家》（1853—1855）中称它为“安乐窝”。萨拉也曾在午夜时分造访比林斯门鱼市和考文特花园果市，在凌晨五点路过《泰晤士报》报社，并引用了萨克雷的小说《彭登尼斯》（1850）中的名段。萨克雷在这部小说中写年轻的主人公深夜走在街上，看到一家全国性大报的报社灯火通明，正在为读者准备早晨要读的各地新闻。[94]

1895年，萨拉出版了回忆录《乔治·奥古斯塔斯·萨拉生平自述》，虽然可信度不高，却也饶有趣味。他说，很久以前，就有人跟他讲了狄更斯“婚姻问题”的“秘密”，但他没有说出去。据他所知，除了狄更斯一家，只有威尔基·科林斯和埃德蒙·耶茨听说过这件事，但两人都已过世。[95]肯定是耶茨向他透露了狄更斯与埃伦·特南的关系。基本可以肯定，耶茨在1858年就知道了这层关系，而且也算不上秘密了。耶茨跟狄更斯关系很好，他和萨拉一样，出身于演员家庭，家人跟狄更斯很熟，但他没有像萨拉那样跟狄更斯闹翻。不过，1858年夏天，他却跟自己的偶像萨克雷闹翻了。6月20日，

1 杜尔西尼亚是《堂吉诃德》中堂吉诃德对他所钟情的一位淳朴的乡村女子的称呼，泛指理想化的情人。

一直令狄更斯耿耿于怀的《雷诺兹报》刊登了一首歌谣，拿狄更斯的婚姻开起了玩笑，作者很可能就是萨拉："若论用舌头和笔头胡说八道，没人能干得过狄更斯；/ 但现在他再也没法拿道德说事了，/ 因为从今往后，人们评判他的品行时，/ 不再依据他的"家常话"，而是依据他的家务事"。[96] 耶茨则在媒体上全力支持狄更斯，在维泽特利的《时代画报》上为狄更斯辩护。6 月 12 日，他化名"俱乐部闲人"，在该报上写文章说，关于狄更斯家事的传言都是"恶意中伤，荒诞不经"。[97]

随后几周，耶茨和狄更斯都深陷丑闻，两人也相濡以沫。耶茨正是因为在俱乐部闲逛，才惹上了麻烦。1848 年，还差半年就满 18 岁的耶茨凭借父母的职业，成了加里克俱乐部的会员。[98] 俱乐部成立于 1831 年，位于考文特花园，会员主要是附近剧院的人，也有文学圈和其他行业的，尤其是政界和法律界人士。[99] 狄更斯和萨克雷都是会员，狄更斯还是俱乐部委员会委员，但他除了参加委员会会议，很少到俱乐部去，萨克雷却把俱乐部当成了第二个家。耶茨一度认为《彭登尼斯》是最好的小说，他就是读了这部小说，才决定要做一名记者和作家。[100] 不过，就在 6 月 12 日星期六，也就是报界纷纷刊登狄更斯分居声明的那天，耶茨发表了一篇文章，讽刺了萨克雷。萨克雷怒不可遏，而狄更斯也因为萨克雷传他的闲话，心生怨恨，毫无必要地卷入了进来。

上周六，耶茨为一便士一份的周报《街谈巷议》写了一篇文章，评价了狄更斯，现在想再写一篇介绍萨克雷。文章开头描写了萨克雷的外貌，还算中规中矩，但越往后越不友好：

萨克雷先生今年 46 岁，但一头银发让他显得更加苍老一些。他身材魁梧，有六英尺两英寸高，直起腰板来走路，到哪儿都很显眼。他脸色苍白，表情不多，但鼻梁骨折很明显，那是年轻时受的伤……凡是见过他的，都觉得他是一位绅士。他举止冷淡，不招人喜欢。说起话来，要么直言不讳地说世上没有真情善意，要么就装出敦厚仁慈的样子。他的温和是装出来的，他的隽语是伤人的，他的自尊是脆弱的，但只看外表的话，他无疑是个从容淡定、温文尔雅、知书达理的绅士，纵然心里将人千刀万剐，表面上也能装得波澜不惊。[101]

谈完了萨克雷的外表和风度，耶茨又谈了萨克雷的事业，称赞他在《笨拙周报》上的文章和《势利人脸谱》。后者最初是一系列随笔，以《一个势利小人眼中的英国势利小人》为题，发表在1846年的《笨拙周报》上。不过，耶茨并没有说，这个标题很适合形容萨克雷本人。耶茨说萨克雷先是靠《名利场》和《彭登尼斯》一举成名，当然也是实至名归；“后来又写了《亨利·埃斯蒙德》，引来一片嘘声；然后是《纽克姆一家》，堪称他的巅峰之作”。耶茨接下来的话戳中了萨克雷的痛处：“《弗吉尼亚人》正在连载，文笔不错，但情节乏味，不算成功。”萨克雷知道这话说得没错，他也正在为每月的连载绞尽脑汁。4月，萨克雷对美国朋友说，刚按时完成当月要出版的那一期，“书写得巧妙，却很无聊，这是事实……有三分之一是好故事，另外三分之二就是乏善可陈的长篇小说了，除了写一位年轻绅士从美国到英国，就没有什么内容了”。[102]

耶茨在文章的最后一段说，萨克雷在“18世纪英国幽默作家讲座”中向贵族大献殷勤，因为“伦敦的朝臣和名流都要来听”；萨克雷后来去美国，又大肆吹捧乔治·华盛顿，抨击英国王室。这位27岁的新秀作家写道，“我们认为，他的事业正在走下坡路”，“写的东西缺乏感情，只能靠精彩的讽刺和对人心的深刻把握来弥补”。[103]就这样，耶茨半是批评半是赞美地结束了为凑版面而匆匆写就的文章。他也许觉得，萨克雷这种公学和大学出身的绅士，可能会瞧不起他这样的人。狄更斯对此深有体会。不过，耶茨写这篇文章的动机，也可能如他后来所说，只是为了多写稿子挣钱，改善家人的生活。当时他已经结婚，有三个孩子，还有一份固定工作，在邮政总局当文员。当然，他也可能是受了当时报界那种轻率、马虎、缺乏同情心的氛围影响。[104]

耶茨人微言轻，这篇文章没有引起太多反响，但萨克雷仍然怒不可遏。他这段时间身体不舒服（日记里经常写着“痉挛”，他也经常因为身体不适而爽约[105]），还要绞尽脑汁地写小说。

萨克雷在 6 月 13 日星期四，也就是耶茨文章发表的次日，给耶茨写了一封信。从这封信来看，他可能没找任何人商量。有人跟他说了耶茨的文章，还提到耶茨曾在上周六的《街谈巷议》上说，虽然《弗吉尼亚人》的连载总是拖拖拉拉，但出版商布拉德伯里和埃文斯每月还是得给萨克雷二百英镑。萨克雷不介意耶茨评论他的作品——“你是文学评论家，或褒或贬，都是你的自由”，但他认为透露别人的出版交易有失绅士风度，也不满耶茨说他在私下聊天和公开演讲时表现得很虚伪：

照我理解，你是说，我私下聊天不够真诚，公开抒情又动机不纯。你还把一些我从未表达过的情感强加到了我的头上。

这些话要是素不相识的人写的，我也懒得理会，不过是多些诬陷之词罢了。可我们不止一次握过手，关系也一直不错……你竟然还写这样的文章，那就不只是刻薄无礼了，简直就是造谣中伤。

我们是在这个俱乐部认识的，但你还没出生的时候，我就已经和其他绅士在这里谈天说地了，绝对想不到那些贩卖“文学谈话”的人竟然拿我们的谈话去发表；而且，我也不记得出了俱乐部，我曾和你说过哪怕六个字。请允许我告诉你，你在俱乐部听到的谈话，并不适合在报上发表；请允许我请求你，不要在发表的文章中评论我私下的谈话，我想我有这个权利；也请你不要再笨嘴拙舌地议论我的私事；请你记住，我个人真诚与否，用不着你来指手画脚。[106]

如何回应耶茨，萨克雷还是花了心思的。这封信至少三易其稿，其中一稿还谈到耶茨对他作品的攻击。[107]不过，萨克雷最终决定不谈作品，而是集中火力反驳耶茨对他人品的攻击。这么做是明智的，但他的语气也的确有些傲慢，说耶茨还年轻（没他资格老），破坏了俱乐部的规矩，没有绅士风度，并抓住这一点穷追猛打。他说耶茨造谣中伤，未免有些言过其实。虽然耶茨的确提到了萨克雷的谈话，但并没有说具体的谈话内容，也就没有违反那条不成文的规定——不能在公开发表的文字中引用俱乐部的谈话。

萨克雷没有听到或听取息事宁人的建议，耶茨则求助了他的“导师”狄更斯。1884 年，耶茨出版了《回忆与经历》，里面有一段为自己开脱的话，说他当时已经写了一个针锋相对的回复，但又在 6 月 15 日星期二给狄更斯写了一个便条，问能否在那天晚些时候拜访他，听听他的看法。[108]狄更斯此时跟耶茨关系很好，有时写信会称呼他“亲爱的埃德蒙”。1855 年，耶茨的一个儿子成了狄更斯的教子；耶茨的母亲也是狄更斯很欣赏的演员。狄更斯回信让耶茨晚上六点前找他：“不用说，不管遇到什么事，你都可以来找我。你永远的查·狄。”[109]狄更斯劝耶茨给萨克雷回信时语气缓和一些。当然，这还不足以平息这场无谓的口角。狄更斯讨厌萨克雷，他能想到萨克雷会拿他感情出轨的事开玩笑，也知道萨克雷会觉得他地位不够高。的确，萨克雷在给耶茨的信中反复在说“绅士风度”，谈“绅士”俱乐部的规矩。

耶茨虽然请教了狄更斯，但回信时并没有谦恭或让步。他的火气不比萨克雷小：“你要是以为我一定会接受你对我那些话的‘谬解’，就太可笑了。我绝不接受，而且坚决反对。”这么说还不解气，他又把萨克雷信里说的“造谣中伤”原封奉还，说如果这个词可以形容他那篇文章，自然也可以形容萨克雷的信。他最后说：“你的信足以说明一切，我暂时没有什么要补充的了。”[110]总的说来，耶茨的信虽然没有服软，但也没再火上浇油。耶茨后来说，他最先写的那封信虽然有些冒险，但也有可能逼萨克雷收手，因为信里举了些例子，证明萨克雷也曾在报上写文章羞辱他人，而且还是俱乐部里的人。这些例子确凿可信，萨克雷无法反驳。耶茨回忆说，他收到萨克雷的信后，“马上坐下来”，“冒昧地提醒他，他以前也犯过类似的错误，比起我来有过之而无不及”：

我提醒他，他在《黄绒裤信札》（1837 年至 1838 年发表在《弗雷德杂志》上）中写过“密斯他爱德华利顿 · 布尔威格”[布尔沃 · 利顿]……

说到加里克俱乐部，我提醒萨克雷先生，他不仅在《势利人脸谱》中以项迪上尉为笔名，惟妙惟肖地描写了俱乐部会员斯蒂芬 · 普赖斯，使用了普赖斯为人熟知的口头禅……在《彭登尼斯》中，他又用格兰比 · 卡尔克拉夫特这个人物来讽刺俱乐部会员格兰比 · 蒂普托夫，用福克这个人物来嘲讽俱乐部会员安德鲁 · 阿塞德肯的言谈、举止和仪态，还附上了阿塞德肯的木刻肖像，令阿塞德肯大为光火。

耶茨认为，他当时就该把这封信寄出去，那样“或许能让萨克雷先生收手，不用再见识他那敏感的神经”。[111] 萨克雷自然无法否认耶茨的指责。事实上，他的确在 1853 年给布尔沃 · 利顿写信，为《黄绒裤信札》的事道歉，说“年轻时怎么那么草率，把讽刺挖苦当成是没有恶意的打趣，却没有想到可能会伤人”。[112] 耶茨那篇文章又何尝不是这样。

萨克雷接着又犯了一个错误。6 月 19 日，他给俱乐部委员会写信，说了这件事，希望委员会能够支持他：“随信附上耶茨的文章。发表这种文章，会破坏俱乐部的愉悦气氛……也是绅士们无法接受的。”[113] 这样一来，这场争吵又持续了好几个月，他和狄更斯之间也产生了无法弥合的裂痕。在此期间，萨克雷还做了一件事，如果狄更斯知道了，肯定会进一步加深两人之间的裂痕。6 月 15 日，萨克雷给查利 · 狄更斯写信，请他周日（6 月 20 日）来参加晚宴。查利已经和凯瑟琳搬到了摄政公园。萨克雷说，他还请了其他人，“如果你母亲在城里，想不想来见见老朋友？大家都想和她聚聚”，“女孩们[他的两个女儿，21 岁的安妮和 18 岁的明尼］向她致以最诚挚的问候”。[114]

6 月 12 日星期六，报界忙着报道丑闻。除了谈《家常话》与狄更斯、《街谈巷议》与萨克雷，各报也都在谈缪克斯案，《笨拙周报》还谈到了《毒药法案》。6 月 4 日，德比勋爵提交了这个法案，旨在加强对毒药销售的管控。这个法案也算应对及时，因为 1857 年 6 月和 7 月刚审理了马德琳·史密斯投毒案，她用砷毒死了情人，制造了那年夏天最大的丑闻。[115]《笨拙周报》似乎对这个法案兴趣不大，把话题转到了 1858 年夏天最大的丑闻：

《毒药法案》也许会有一定的效果，但现在，两百万伦敦人正在吸另一种毒药，每天都要吸，直至死亡。它的毒性比药店里任何一种毒药都强……相比之下，《毒药法案》简直不值一提。上周天气晴朗，泰晤士河却臭不可闻。还是先治理河水，修建下水道，再去攻击药店吧。[116]

随后几周，报纸都在抱怨泰晤士河每况愈下。等议会最终决定治理河水的时候，报纸又开始议论负责实施具体方案的委员会。

6 月 12 日，《泰晤士报》还兴奋地报道了伦敦的教会丑闻。该报在社论中说：

昨天，圣詹姆斯厅召开了重要会议，读者首次有机会了解伦敦教会的陋习。关于［罗马天主教的］告罪、教士和刺探隐私的问题，我们已经听了很多……经常有人揭露这种制度的弊病，但很少有人想到，我们的教会也有这些问题……圣巴拿巴教堂有个教士，有段时间经常邀请甚至逼迫各年龄段的女士，向他坦白她们的言谈、行动和想法，不仅要坦白近期的，还要坦白一生的，然后才能领受圣餐……圣詹姆斯厅这次会议揭露了这种丑行。[117]

6 月 12 日的《泰晤士报》还有一篇《贝尔格莱维亚区的告解室》，详细报道了这次会议。文章说，6 月 11 日星期五上午十一点半，皮卡迪利的圣詹姆斯厅"人山人海"，台上有反对高教会派[1]、捍卫圣公会福音派的沙夫茨伯里勋爵，还有"很多贵族绅士"，共"五十多名上院议员和二百多名下院议员"到场。会议要"揭发圣巴拿巴教堂前助理牧师艾尔弗雷德·普尔及该堂其他人员滥用告罪制度的问题"。伦敦主教阿奇博尔德·泰特没有听普尔辩解，直接取消了他的布道资格。维多利亚女王的女儿维琪刚嫁给普鲁士的腓特烈·威廉王子，在柏林定居。女王在《泰晤士报》上读到这个消息后，告诉维琪"一定要读读"报道，"肯定会大吃一惊"。[118] 1858年下半年，《笨拙周报》一直在讽刺这件事，配了很多插图和口号，描绘了告解室、戴大十字架的牧师、标着"罗马"字样的教堂蜡烛。7月24日的整版漫画是一个仆人搀着一位贵夫人上马车，问她："夫人，去告罪还是去克雷蒙？"（克雷蒙是切尔西区有名的娱乐场所）[119]

圣巴拿巴教堂建于1850年，位于皮姆利科，离威斯敏斯特不远，属于圣保罗大教堂奈茨布里奇教区的一个分堂。1858年有一本讲伦敦教堂的书，说圣保罗大教堂最近口碑不好，不仅有"天主教"风格的装饰——十字架屏风、"花饰奢靡"的柱子和"彩绘玻璃"，还有个教士讲"神职之神圣"。[120] 圣巴拿巴教堂也有十字架屏风和银烛架。两座教堂都被怀疑支持罗马天主教。英国当时正处在约翰·亨利·纽曼和尼古拉斯·威斯曼领导的"天主教复兴"时期。[2] 1850年，教皇庇护九世[3]任命威斯曼为威斯敏斯特大主教，以纪念英国在时隔近四百年后重新恢复天主教体系。沙夫茨伯里勋爵警告说，"富丽堂皇的圣巴拿巴教堂"里有"穿白色法衣的教士"。[121] 正如耶茨6月19日在

1 高教会派是英国国教的一个派别，虽脱离教皇辖制，仍坚持承袭天主教传统。

2 约翰·亨利·纽曼（John Henry Newman，1801—1890），英国基督教圣公会内部牛津运动领袖，后改奉天主教。尼古拉斯·威斯曼（Nicholas Wiseman，1802—1865），英国天主教教士、枢机主教，威斯敏斯特第一任大主教，同情牛津运动。

3 庇护九世（Pius IX，1792—1878），罗马教皇，召集了第一次梵蒂冈会议，发布了教皇永无谬误论的教义。

《伦敦新闻画报》上所说，这么多政界人物齐聚圣詹姆斯厅，讨论宗教问题，很不寻常：

圣巴拿巴教堂的艾尔弗雷德·普尔牧师及其同事的言行，成了本周热议的话题。本来，由于天气炎热，又缺少爆炸性新闻，那些爱拨弄是非、四处找乐子的人大都已经蔫了。这下精神头又来了。[122]

其实，这段时间报界并不缺少刺激。6 月 14 日星期一，新设立的离婚法院就要开庭审理“鲁滨逊诉鲁滨逊和莱恩案”，这也是它审理的第一桩引人注目的案子。该案由克雷斯韦尔爵士、科伯恩勋爵和怀特曼先生负责审理，三位当事人都请了律师。该案涉及一些法律难题，并迫使《离婚法》作出了修正。被告伊莎贝拉·鲁滨逊的日记提供了大量的通奸“证据”。气温持续升高，在该案开庭两天后达到了最高峰。该案也引起了全国关注，就像前一年的马德琳·史密斯投毒案一样，轰动一时。与此同时，加里克俱乐部事件也已经路人皆知，整个夏天不断见报；狄更斯分居的事情暂时告一段落，8 月份又重新回到了报纸头条；利顿夫妇仍在吵吵闹闹；达尔文收到了华莱士的信，顿时打破了平静的工作节奏；迪斯累里则夜以继日地争取让议会在夏季休假前通过各项议案。

Chapter 04
第四章

1858年6月（下）

银色的泰晤士河

1858 年夏天的最高气温出现在 6 月中旬，创下了历年来的最高纪录。很多读者给《泰晤士报》写信，报告各地的气温及历史记录。6 月 15 日星期二，G.J. 西蒙斯从伦敦北部的卡姆登来信说：

先生：

今天天气“格外热”，很多读者可能想知道气温到底有多高。请允许我附上这份观测记录，所用观测仪器已经气象学会检验：

背阴处气温（华氏）：

上午 9 点，80.3 度

上午 11 点，84.4 度

下午 1 点，88.4 度

下午 2 点，87.2 度

下午 3 点，88.7 度

下午 5 点，82.5 度

最高温度：89.9 或 90.0 度［32.5 摄氏度］

最低温度：61.4 度［16.4 摄氏度］

虽有微风，但日平均气温还是高出平均值近 15 度。[1]

该报同一版面还报道了 6 月 14 日伦敦两处官方观测点中午的温度：海德公园 86 华氏度（30 摄氏度）；布鲁内尔的泰晤士河管渠入口，位于泰晤士河南岸的罗瑟希德，达到了 87 华氏度（31 摄氏度）。6 月 16 日星期三，背阴处最高气温达到了 94.5 华氏度（35 摄氏度）。很快，英国东南部纷纷寄来观测记录。[2]7 月 1 日，达尔文家乡的《布罗姆利纪事报》说，6 月份该地区“晴天格外多”，自 6 月 5 日起就没有降水，“酷热的”天气“在 16 日星期三达到了最高峰，背阴处为 93 华氏度［34 摄氏度］”。[3]附近的贝肯纳姆有位 W. 亚当斯牧师，给伦敦皇家气象学会寄去了他记录的《每日最高最低气温表》，最热的这天气温为 91 华氏度。[4]

6 月 16 日，下院围绕两个与苏格兰有关的议案进行辩论。其中一个涉及教会税，1634 年（查理一世在位时）开始征收。很多苏格兰议员要求取消该税，经过长时间的讨论，议会最终还是决定“推迟六个月”再议。[5]这天的会议一直开到下午将近六点，迪斯累里给莎拉·布里奇斯·威廉斯写信说，他一生“一直在战斗，但可以欣慰地说，在重大问题上从未失手”。他把炎热的天气、《印度法案》、科林·坎贝尔爵士与印军的最后一次交战联系在了一起：“敌人就像印军那样，拒不投降，我也只好像科林爵士那样，顶着烈日继续战斗。”他解释说，议会为了赶时间，不仅下午照常开会，上午也安排了会议；他要早起开会，晚上“通常都得半夜三点”才能睡觉，感觉整个生命都被“榨干了”；德比勋爵又痛风发作，回家休养，他更是没有一刻得闲。[6]

几天后，《泰晤士报》刊登了一则讣告：6 月 16 日，“医学博士约翰·斯诺因患中风”在“皮卡迪利萨克维尔街 18 号的家中”去世，“享年 45 岁”。[7]6 月 8 日，斯诺到皇家医学与外科学会开会，9 日晚与几位医生讨论胸部疾病，10日病倒，16日去世。[8]1858年晚些时候，他的朋友、同事本杰明·理查森替他完成了遗作《论氯仿及其他麻醉药》。理查森在该书序言中谈了斯诺的贡献，称斯诺“最先发现了不洁水源与霍乱之间的关系”。他说，斯诺早在1855年就写过这方面的著作，还花了二百镑印书，最后却“只换回了几个先令”。[9]虽然有理查森大力推广，但斯诺在公共卫生领域的这一发现并未引起国内外关注。[10]有关他去世的报道也很少，只有《建筑师》在6月26日刊登了一篇短文，肯定了他对霍乱及其原因的调查，提到他曾指出霍乱“与饮用不洁净的水有很大的关系”。[11]

关于泰晤士河污染问题的讨论日渐热烈，斯诺却无缘参与了。6月18日，议会就泰晤士河问题辩论了四个小时。下水道管理委员会也召开了会议，但教区委员会、伦敦城各公司、供水公司都把自身利益放在第一位，市政工程委员会莫衷一是，没有做出任何决定。6月18日，《泰晤士报》发表了言辞犀利的社论：

只要这个扰民的问题还没有直接影响上院的老爷们和下院的大人们，他们就不会在乎伦敦居民的安全与健康。但现在，他们也逃不掉了，要么逃离书房和会议室，要么待在那儿闻毒气。这样倒好，他们也许不得不替伦敦人想想了……这件事已经讨论了这么多年，市政工程委员会却还在“提交”方案，与下水道管理委员会吵来吵去……到底要不要利用废水？排水口设在哪儿？这显然不是什么解决不了的问题。既然早晚都得解决，为什么现在不解决，还要再等三年？市政工程委员会就像一个做不出裁定的陪审团，不妨让他们坐上汽船，在伦敦桥和沃克斯霍尔桥之间往返不停，直到他们就某个方案达成一致；或者，把他们全都派到臭气熏天的河段，直到他们自己也无法忍受，再也不敢放任不管。[12]

其他报刊也跟着呐喊起来。6月20日星期日，《年代》把泰晤士河称作排污渠，说下水道管理委员会经常开会，“讨论”该由谁“掏钱安装下水管道”，但一直无法达成一致，只好作罢。该报还注意到，上周是最热的一周，报刊上的读者来信都在抱怨“泰晤士河又脏又臭”，当局应该感到羞耻。[13] 6 月 17 日，“T.S.”律师给《泰晤士报》写了一封信，他就住在河边的坦普尔：

我就是“腐臭河畔”的一名可怜的律师。泰晤士河的确已经腐烂，它在报复。坦普尔今天臭不可闻，令人作呕。近三百万人把污物排到河里，两岸臭气笼罩……要把我慢慢折磨死……请允许我抗议，我不想被毒死；也请允许我问问，这件事到底谁负责？是谁拿着高薪，保护我不被毒死？为什么我还在吸毒气……政府快出个法案吧……政府会因此永垂青史。财政大臣下次再到斯劳演讲，就可以光明正大地说，德比勋爵的政府为国家做了件好事。[14]

这位律师指的是迪斯累里 5 月 26 日到斯劳赴宴，吹嘘他们粉碎了帕默斯顿的“阴谋”。这位律师说得没错，德比和迪斯累里后来的确因为治河受到了称赞。律师那些恐怖的说法，源自当时流行的臭气致病说，很多人担心泰晤士河的恶臭会引发霍乱等传染病。《伦敦新闻画报》担心会出现霍乱，布鲁厄姆勋爵也在议会中谈到了这个问题，还有很多传言说河边的居民正大批死亡，有人甚至说臭味能把站在河边的人直接熏倒。[15] 但事实上，统计发现，1858 年夏天，疾病并没有明显增多，也没有爆发霍乱，这或许能让人相信臭气并非致病原因。[16] 据推测，人们不再喝泰晤士河的水，不是怕喝了生病，而是太难喝了。1858 年底，《年度记录》回顾了这一年的高温和恶臭，惊讶地说，“甜蜜的泰晤士河已经由银色变成墨绿色”，但伦敦居民的健康居然没有受到严重的摧残。[17]

6 月 21 日星期一，托马斯 · 卡莱尔正准备两天后去苏格兰避暑。他对朋友说，“这里如炙似烤”，他和夫人已经基本不吃正餐了。[18] 两天后的晚上，爱德华 · 布兰查德回自己在南安普敦街的寓所，从泰晤士河畔走到斯特兰德大街，一路上很不舒服，“现在大家都在说泰晤士河又黑又脏，果然吓人”。[19] 6 月 25 日，约翰·罗斯金[1]从瑞士的贝林佐纳给他父亲写信，庆幸他父亲住在伦敦南部，远离泰晤士河和“所有码头桥梁”，不用像很多伦敦人那样饱受其苦。“我虽然离提契诺河湿地不到五英里，”他写道，“但环境好多了。”[20] 美国历史学家约翰·莫特利访问伦敦期间，经常与知名政治家、上流社会贵妇、文学界名士共进三餐。6 月 20 日，他向妻子描述了伦敦的酷热，拿烤架上的圣劳伦斯作比。6 月 14 日星期一，他与达尔文的哥哥伊拉兹马斯吃饭，说即便按美国标准，这天也得算“酷热难耐”。他说，整整一周，“没人想到英国会这么热”，“空气中有一种令人窒息的感觉。待在封闭的房间里，戴着白硬领，更加憋闷。我这辈子头一次觉得天气实在太暖和了”。[21]

6 月 21 日，《泰晤士报》收到了“L.G.”的长信。他显然很清楚泰晤士河的问题所在，知道这件事涉及多方利益，而各方又都心怀鬼胎：“虽然泰晤士河老爹有很多恩主——伦敦城、君主、伦敦市政工程委员会、既定权利拥有者、私人权利拥有者和一大堆防护措施，但他还是被污染了。”泰晤士河的所有权一直是争议的焦点：

> 关于河床归谁所有，王室和伦敦当局已经争了两百年。直到去年出台《泰晤士河管理法》，才设立了泰晤士河管理委员会，负责管理河道收入……但也只够维持现状，没有多余的钱来治理那个触目惊心的公害，还需要公众慷慨解囊。[22]

下院成立了泰晤士河调查委员会，“L.G.”恳请委员会主席肯德尔先生破除官僚作风，承认这项工程耗资巨大，听取巴泽尔杰特等工程师的建议。1855 年底，伦敦市政工程委员会刚成立，巴泽尔杰特就提议修建拦截式下水道。“L.G.”等人呼吁尽快采取措施，终于引起了关注。从 6 月中旬开始，议程明显加快。约翰·西蒙的呼吁影响很大。

1 约翰·罗斯金（John Ruskin，1819—1900），英国艺术评论家，著有《现代画家》。

他在卫生委员会任职，1858 年 6 月在同事爱德华·格林豪的帮助下，发布了《英国人民卫生状况报告》。西蒙呼吁重视公共卫生并采取措施，以免将来“英国还像现在这样视生命如草芥”。[23]（几年后，西蒙承认，他原来也相信臭气致病说，但后来发现，约翰·斯诺等人提出的污染水源致病说才是对的。[24]）

下院负责卫生问题的委员会由十三名下院议员和四名上院议员组成，其中包括反对党的两位大人物帕默斯顿和约翰·罗素。该委员会在 6 月和 7 月一共召开了十三次会议，咨询了很多工程师和化学家，7 月 19 日提交了报告。从议会特别委员会[1]的记录来看，绝大多数委员都参加了至少十二次会议。[25]虽然委员会位高权重，目标明确，但报界并没有放松对它的监督。

6 月 26 日星期六，白天温度达到了 80 华氏度左右。威斯敏斯特厅的法庭已经顾不上讨论戴不戴假发了，都暂停审理案件，但议会还要忍着酷热继续开会。[26]女王这段时间每天都要在日记中记录天气状况，6 月 23 日写着“异常闷热，令人窒息”。[27]6 月 24 日，迪斯累里给女王写信说，在闷热的议会中待了好几个小时，已经疲惫不堪，但情绪依然高涨。他认为高温对他有利，“议会中的温度和卫生状况将有助于”通过各项议案，尤其是《印度法案》和他几天后要提交的泰晤士河法案。[28]6 月 25 日星期五，他在下院说，虽然泰晤士河问题不归政府管，但从道义上说，政府有义务保障伦敦居民的健康，希望政府能够有所行动。[29]报纸上也有很多有关公共卫生的言论、主张和统计数据。一到周末，那些周六和周日发行的报纸便紧随《泰晤士报》之后，提供详细资料，发出可怕的警告。这些周报很多都持激进立场，对保守党政府抱有怀疑的态度。虽然这届保守党政府

1 议会特别委员会（select committee）指议会中指定负责研究某一特殊问题或法案并提出报告的小型委员会。

一反常态，力主改革，但质疑的声音一直存在。6 月 26 日星期六，《泰晤士报》诗兴大发（《笨拙周报》后来也刊登了很多漫画，1858 年圣诞节还出现了一大批以泰晤士河为题材的童话剧）：

河流也会思考，也会说话，从湿漉漉的床上爬起来，发出警告和预言，哀叹国家不幸，悲悼君王驾崩。这条大河穿过伦敦的一座座桥梁。如果河神像神话中那样拥有法力，看到所有人都觉得他法力无边，必定狂喜不已。泰晤士河的“热病”已经深入膏肓。所有权贵、要人和机构都承认它非常危险。市政当局对与自己有关或归自己管的事，一向发现不了什么问题，现在也不得不承认，泰晤士河水质不洁。就算官员们觉得史密斯菲尔德［伦敦肉市］鲜香扑鼻，也不得不承认，比林斯门［鱼市］溅出的水确实难闻。[1] 法官们都被臭气熏出了威斯敏斯特厅……高等民事法庭和财政大臣法院都看到有害气体钻进了它们的房间。议会两院都在讨论这个问题。[30]

文章提到，负责议会供暖、照明和通风的工程师戈兹沃西·格尼已经给下院议长写信，说“他已经无法保证议员们的健康”。议会大厦由查尔斯·巴里设计建造，尚未完成装修。泰晤士河委员会后来也咨询了格尼，但没有采纳他的方案。格尼建议在泰晤士河河道内挖掘斜井，把废水引到低水位线以下，并在下水道内烧掉沼气。[31]《泰晤士报》说，下院有很多工程师可以担此重任，不该把这项任务扔给“几乎毫无能力”的市政工程委员会。在过去的三年里，约翰·思韦茨主持市政工程委员会，与本杰明·霍尔爵士矛盾不断。[32] 霍尔是帕默斯顿政府的工务大臣，提出了“改善伦敦地方管理”的议案，在 1855 年得到通过并成为法律，伦敦市政工程委员会也因此设立。1855 年，思韦茨出任委员会主席，直至 1870 年去世。[33] 迪斯累里正是要

1 此处带有明显的讽刺意味。史密斯菲尔德市场虽然离泰晤士河较远，但因为有大量牲畜，气味也很难闻，在 19 世纪上半叶备受批评；而比林斯门鱼市就在泰晤士河边，河水发出的恶臭更让人难以忍受。

在霍尔这个法案的基础上，提出他的《伦敦地方管理法修正案》，也即人们常说的《泰晤士河净化法案》。

虽然霍尔爱争吵，不善于团结，否定过巴泽尔杰特的方案，但议会大厦钟楼安装的新钟还是以他的名字命名为“大本钟”[1]。[34]大本钟在白教堂附近铸造。6月5日，《人民报》报道了大本钟从铸造厂运到议会大厦的盛况：“它被安放在马车上，由十四马拉着，顶上挂着英国国旗”，一大群人随行观看。[35]

6月26日和27日这个周末，所有周报都在讨论高温、泰晤士河和公共卫生。星期六，欧内斯特·琼斯的《人民报》刊登了一篇报道《无外套，不受理》，说有人去伦敦东区的斯特普尼，向泰晤士河治安法庭提出诉讼请求，治安官亚德利先生让他回家穿上外套再来：“你不穿外套，我没法听你陈述。你穿成这样来这里，太不礼貌了。明明有夹克或外套，却不穿来，我是不会理会的。”此人只好离开法庭，但还没等他回来，治安官就走了。[36]当然，这套礼节并非只针对那位工人，就连威斯敏斯特厅的律师，在最热的那天，也要先征得法官同意，才能摘下假发。

6月26日星期六，《泰晤士报》刊登了外科医生、化学家艾尔弗雷德·斯米的来信。他从职业角度观察泰晤士河已有三十年，从未见河水像现在这样“乌黑浑浊，宛如墨水”。他要求停止“胡说八道的辩论”，把权力交给某个人，让他赶紧采取措施。《伦敦新闻画报》说，“我们的代表”可真勇敢，在议会“整日整夜地”开会，忍受“泰晤士河臭气的毒害”，却不打算花钱解决这个问题。6月27日星期日，《年代》也呼吁说：“伦敦人，快来看看你们的大河吧！泰晤士河已经成了一个可怕的化粪池。”[37]该报毫无凭据地说，泰晤士河边得斑疹伤寒和腹泻的人数正在增多。[38]

1 “大本钟”（Big Ben）中的“本”（Ben）是霍尔的名字本杰明（Benjamin）的昵称。

达尔文家也受到了传染病的影响，但与泰晤士河的臭味和水质无关。6 月 26 日，他从达温给赖尔写信说：“村里有三个孩子得猩红热死了，还有一些也已经不行了，非常痛苦。”[39] 他说，他和妻子都很害怕，几天前，他们 15 岁的女儿亨利埃塔，也就是埃蒂，病得很重，有点像白喉。1857 年英国爆发过白喉，在此之前英国人并不知道这种病。6 月 25 日，达尔文最小的孩子，18 个月大的查尔斯·韦林，就已经有了疑似猩红热的症状。[40]

女王几乎天天抱怨气温太高，但她兴致也很高。6 月 21 日去交响音乐厅听贝多芬和门德尔松；次日去皇家美术学院听音乐会；6 月 25 日陪客人乘火车去位于锡德纳姆的水晶宫，但“头疼得厉害”，没有停留太久。在天气最热的那两周，她还外出观看芭蕾舞剧和歌剧，包括多尼采蒂[1] 的《鲁克蕾齐亚·博尔吉亚》。她也去考文特花园新建成的皇家剧院，看了奥柏[2] 的轻歌剧《魔鬼兄弟》。[41] 这座剧院由查尔斯·巴里的儿子爱德华设计，建筑华丽，至今仍在。这段时间，女王还宴请过外国王室成员、德比勋爵、迪斯累里、约翰·罗素勋爵、布尔沃·利顿爵士和其他知名人士。

维多利亚女王、“快艇”与“大东方号”

6 月 25 日星期六，维多利亚女王与艾伯特亲王去看美国驯马大师詹姆斯·拉里的表演。她以前也看过，和成千上万的观众一样，佩服拉里能在现场驯服烈马或其他动物。她在日记中写道：

> 他先是驯服了动物园的一匹斑马。斑马性子很烈，很难接近，直到最后也没完全驯服，但已经开始跟着他到处溜达了。接着上场的是

1　多尼采蒂（Donizetti，1797—1848），意大利作曲家，创作了 60 余部歌剧。

2　奥柏（Daniel Auber，1782—1871），法国作曲家，创作了 45 部歌剧。

“快艇”，这匹牡马脾气很坏，不让任何人靠近，饿得半死，受尽了折磨，现在却像一只羔羊，学会了各种动作，我们还拍了拍它。随后，拉里先生又让“沙锥”完成了一套表演。这是艾伯特的马，它拼命抗拒，但拉里先生还是让它完成了表演。[42]

拉里的表演成了1858年轰动性的娱乐节目。他还出版了《烈马驯服术》，“快艇”的主人多切斯特勋爵、女王、艾伯特亲王、威尔士亲王、罗斯柴尔德男爵、离婚法院的亚历山大·科伯恩爵士都为他出书提供了资助。[43]拉里不仅令贵族兴奋，也令大众着迷。各种画报，还有为1858年至1859年演出季创作童话剧的作家，都从他这里找到了灵感。在《笨拙周报》1858年1月至6月的合订本中，“笨拙先生”希望自己能成为拉里，驯服全世界的政治首脑。一贯嗅觉灵敏的萨拉也没有错失机会，1858年12月写了幽默故事《我是如何驯服快艇夫人的》，堪称19世纪50年代版的莎士比亚《驯悍记》。[44]

维多利亚女王还顶着高温和恶臭，参观了那年夏天的另一处热门景观——布鲁内尔的“大东方号”。她仍称呼它在接受浸礼时的名字“利维坦”。6月29日，她对女儿维琪说：

我们昨天由陆路抵达德特福德，再乘小船到停泊在那里的“利维坦”，登船参观。他们竟然因为资金短缺停工了……泰晤士河臭得要命，差点没把我们毒死——回家后觉得很不舒服，河边的人都没法在屋里待了，下院也快开不成会了，这次议会会议有可能提前闭幕。[45]

她在日记中说，这艘船“大得惊人，长600英尺，宽83英尺，高58英尺”。[46]

《笨拙周报》很快就刊登了一首诗，纪念女王的这次参观：

那是怎样一幅画面！

忠诚的目光

惊恐（而不是惊讶）地看到，

维多利亚，英国女王，

沿着肮脏的泰晤士河顺流而下，
又急匆匆地返回王宫……
女王陛下快到道格斯岛的时候，
欣然把一束鲜花捧到鼻前
——可是，她没有笑！[47]

“大东方号”停泊泰晤士河南岸的德特福德，正对道格斯岛，那是它当初下水的地方。6 月初，这艘巨轮开始向公众开放。报界支持这种筹款方式，称赞它尺寸巨大，前景光明。《纪事周报》说，参观费为半克朗（相当于两先令六便士或八分之一英镑）：“巨轮还没完成最后的装配，据说还要一千人昼夜不停地工作五个月才能完成，但现在已经足以让有识之士感叹它的庞大体积了。”[48]该报说，这艘巨轮一共用了 30000 块钢板，3000000 个铆钉，重 10000 吨，长 700 英尺，宽 83 英尺，“就算去掉明轮罩，也无法穿过宽阔的蓓尔美尔街，肯定会被卡住”；“这个庞然大物如果出海，可以在一个月内运送 10000 名士兵到印度”，或 4000 名乘客和 18000 吨燃煤和货物。

在随后几个月里，人们争相登船参观这个工程奇迹。它不仅受困于经费，还受困于庞大的体积。当初下水就很困难，也很危险。由于船体过长，下水时不能与河道呈直角。造船的是米尔沃尔钢铁公司，位于道格斯岛的桅场街码头，如果由此直角入河，船头就会碰到对面河岸。因此，下水时船身要与河道平行，船头冲海。下水前，先要用两个巨型木制托架把船固定在特制的滑道上。[49]（桅场街码头现在还保留着部分下水滑道和船上的一条铁链。）

工程师托马斯·赖特在 1867 年说，道格斯岛是航海工程和铁船制造中心，有十余家厂商，包括建造“大东方号”的那家“巨型船厂”。厂主约翰·斯科特·罗素与布鲁内尔联手打造了“大东方号”。布鲁内尔聪颖过人，但有些过于敏感。赖特说，该厂有四千工人和童工，其中一部分是苏格兰人（包括罗素本人），他们曾在格拉斯哥的船厂学艺，那些船厂就在克莱德河[1]河畔。[50]罗素性情温和，布鲁内尔却很暴躁，不懂人情世故，两人相处并不融洽。1855 年，刚开工不久，布鲁内尔就给罗素写信，抱怨罗素提供的船重数据不准确："几个月前，我，要么就是你，已经定好了船的重量。可你的人报来的数字居然少了一千吨，你怎么还敢说满意！你要是连这都满意，可真不要脸了！抱歉给你添麻烦了，但我还是觉得你得感谢我。你要真是我忠实的仆人，我还真想赏你一顿鞭子。"[51]两人冲突不断，有段时间还分道扬镳，但大船一直没有停工。1857 年 4 月，《泰晤士报》说罗素是建造者，罗素还特意给该报去信，要求不要忽略布鲁内尔的贡献：

> 我设计了船体外形，建造了船身铁壳，要对她的优缺点负责……但最先提出这个创意的是公司的工程师布鲁内尔先生，他提出要建造一艘大型汽船，装载的燃煤要能开足马力达到最远航程……使用两台蒸汽机和两套推进器的想法，也是他提出来的，前所未有……世人将会看到，这也是该船有别于其他船只的主要特征。这些都是布鲁内尔先生的创见。[52]

在赞助人的催促下，布鲁内尔同意 1857 年 11 月下水。赞助人打广告说，巨轮将于 11 月 3 日下水，欢迎付费观看。这令布鲁内尔非常恼火。这次尝试没能成功，托架出现震动，压死了一名工人。布鲁内尔宣布暂停下水，等待进一步的实验和研究。[53]人们都密切关注下一次尝试。两周后再次下水，依然没有成功。12 月 7 日，托马斯·卡莱尔对弟弟约翰说："为了让大船下水，正在上演一场搏斗。"[54]布鲁内尔有些绝望。他已经筋疲力尽，又生了病，还得操心资金问题。1858 年 1 月 31 日，巨轮终于按预定方案滑入水中，布鲁内尔总算松了一口气。

这艘船的命名过程也很混乱。注册的是"大东方号"，但 1857 年

1 克莱德河是苏格兰境内的主要河流之一。

11月3日首次尝试下水时，有人请布鲁内尔起个名字，他没好气地说，叫什么都行，叫“托姆大拇指”都无所谓。最后决定让年轻的亨利埃塔·霍普给船起名，她父亲亨利·霍普是船厂的赞助人，也是英国最有钱的平民，在下院担任议员，二十年前支持过迪斯累里的“青年英格兰”运动。亨利埃塔开了一瓶香槟浇到船上，给它取名“利维坦”。[55] 1858年1月，“利维坦”或“大东方号”下水，但没有资金舾装，哪儿也去不了。布鲁内尔病倒，医生让他出国休养。巨轮只好待在德特福德，供游客参观，直到1858年11月底才由另一家公司买下，但还是因为经费问题，无法开动。直到1859年9月，“大东方号”才准备出海，计划先去利物浦，如果一切顺利，再开始真正的首航，前往纽约。[56] 布鲁内尔此时已经非常虚弱，但还是坚持上了船。9月7日，大船开动，布鲁内尔没有随船出海。途经肯特郡海岸时，船上发生爆炸，六名水手死亡，布鲁内尔也在第二周辞世。这艘已经开始被叫作“大东方号”的巨轮继续航行，但原定的纽约之行又推迟了一年。[57] 1866年敷设跨大西洋电报电缆时，该船被视为唯一能够运载足够电缆的巨轮，但它的设计还是太过超前，始终未能物尽其用。布鲁内尔在绝望中去世，但他的不懈努力也造就了他的英名。他最有名的照片都是在1857年到1858年拍摄的，先是在下水滑道上背靠着“大东方号”的铁链，后是登上他的杰作，看上去十分瘦弱。摄影师是年轻的罗伯特·豪利特，画家弗里斯曾委托他在1856年5月拍摄德比马赛的盛况，并借助这些照片画出了著名的《德比赛马日》，1858年展出。[58]

炎热的天气一直持续到6月底，虽然不同的记录者观测和计算的数据略有出入，但基本可以断定，1858年6月是有史以来最热的一个月，至少也能排到第二名。记者约瑟夫·欧文也是古董收藏家，出版过一本《当代年鉴》，比较准确地记录了1837年至1871年的公共事件。书中说，1858年6月，“白天平均最高温度”为76.5华氏度（接近25摄氏度），“比平均值高8.6度”，最高气温出现在6月16日星期三，格林尼治短时达到了创纪录的102华氏度（39摄氏度）。[59] 6月最后一天下午两点，迪斯累里、格莱斯顿和下院银行法委员会的委员们用手帕捂着鼻子，从会议室仓皇逃离。这个场面常被用来证明泰晤士河的恶臭已经到了让人忍无可忍的地步。[60] 高温和恶臭经常与英国人在印度的惨痛遭遇相提并论，泰晤士河也经常与恒河以及勒忒、斯提克斯[1]等神话河流联系在一起。《雅典娜神殿》上有篇文章谈到了6月26日星期六的一场日场音乐会，“人山人海，圈环裙鱼贯雁比，说话声此起彼伏，酷热难耐，不禁让人同情起拉合尔[2]和勒克瑙来”。[61]

圈环裙癖

由于前两周酷热难耐，《笨拙周报》在7月3日星期六发布了《消暑良方》，为读者提供了一份求生指南：

不要再看议会辩论记录，尽量保持凉爽……远离蜡烛店……拒绝公共宴会……告别音乐会、古典四重奏、日场演出、晚会、团聚会、茶舞会、演唱会和私人聚会……宁肯多走一半的路，也不要坐烤箱似的公共马车，否则会被烤熟……在凉爽的夜晚到来之前，不要参与任何没完没了的神学辩论……教区争吵和皮由兹[3]派丑闻［指圣巴拿巴教堂丑闻］。在这个大脑冒泡、全身关节烤得通红的天气里……穿老式靴子……和紧身衣，太遭罪了。[62]

天气如此炎热，女士们却为了追求时尚，穿起了越来越臃肿的圈环裙，里面还得穿硬布衬裙，想必更加难受，但实际情况并非如此。维多利亚女王的女儿维琪当时正在柏林忍受酷暑煎熬，听说母亲穿上

1 勒忒（Lethe）和斯提克斯（Styx）是希腊神话中的两条冥河。
2 拉合尔是巴基斯坦东北部城市，曾于1849年割让给英国。
3 爱德华·皮由兹（Edward Pusey，1800—1882），英国圣公会神学家、牛津运动领袖。

了“鸟笼裙”（cage），又惊又喜，在 7 月 24 日写道，“那得多舒服啊，又凉快又轻便”。[63]达尔文的孙女格温·雷夫拉特曾问埃蒂姑妈（达尔文的女儿亨利埃塔），穿圈环裙是什么感觉。格温出生于 1885 年，见到的是 19 世纪 90 年代和 20 世纪头十年的时尚，女性穿长可及地的“粗花呢女裙，总是绊腿”，夏天还要穿背心、紧身褡、毛袜和长袖罩衫，热得难受。埃蒂告诉她，穿圈环裙很舒服，“自从它们不再流行了，我就没穿过那么舒服的衣服。衬裙不贴着腿，走起路来既轻便，又轻松”。[64]

在 19 世纪的大多数时间里，女裙的下摆不断变宽，需要衬裙支撑，衬裙的硬度和重量也随之增加，既要撑住裙子，又不能太热太重。“圈环裙”（crinoline）这个词最初是指一种用棉和马毛（法语为“crin”）交织的硬衬布，可以增加衬裙的硬度，后来指 1856 年注册专利的一种新式衬裙，既能扩大裙子直径，又不会拖垮裙子和穿裙子的人。它用弹簧钢做圈撑，形似鸟笼，又称“鸟笼裙”。裙子里面有“笼子”支撑，“笼子”里面是衬裙。在使用钢制圈撑之前，人们还尝试过橡胶、充气软管、鲸须和藤条。[65]圈环裙至少流行了十年，后来女裙后部开始隆起，再后来又不再追求隆起。[66]1865 年 5 月，一直嘲讽圈环裙的《笨拙周报》称，这种衣服“气数已尽。如今，从巴黎归来的女士让我们眼前一亮。乍一看，还以为她们穿的是睡衣呢”。[67]其实，圈环裙的热潮最初就是在法国兴起的。拿破仑三世的皇后欧仁妮曾让英国裁缝查尔斯·沃思为她缝制圈环裙。

有了钢制圈撑，裙子就可以做得更大，装饰得更精美，却不会增加女性的不适感。迪斯累里的妻子玛丽·安妮就很新潮。1856 年，她已经 64 岁，还给比她年龄更大的好友莎拉·布里奇斯·威廉斯写信说，“这一季的伦敦女装都很肥人，很华丽，花饰也多”。[68]1856 年，即便在伦敦，圈环裙也是一种新兴时尚，可能还没有传到外省。这一点可以从伊丽莎白·盖斯凯尔[1]的作品中得到证实。1863年，她写了一个短篇小说，名为《克兰福德的鸟笼》，发表在狄更斯的《一年到头》上。故事发生在1856年，从头到尾都没有提“圈环裙”，但说克兰福德镇的女士正在等待巴黎寄来的一件时髦玩意儿。听说那是个鸟笼，她们有些失望，还以为是给鹦鹉准备的礼物。东西收到后，她们发现既没有盖子，也没有底座，便把它缝了起来，准备放鹦鹉。女仆范妮怯生生地说，这可能是件衬裙。女士们都不相信，后来还是当地的医生在翻看妻子的时装杂志时，才弄明白了是怎么回事。[69]

1856年夏天，《笨拙周报》开始了对圈环裙长达十年的评论，还配上插图，展示裙子的笼状结构。其中一幅画了一位女士穿着下摆很宽的裙子，把鸟笼状圈撑套在裙子外面，上面有一块圆板，两个孩子在圆板上玩耍，一个在转圈撑，另一个吊在圆板的护栏上。画的标题是《每位女士都自带婴儿车》。[70]在1857年12月的一幅画中，“笨拙医生”在给一位穿圈环裙的女士诊脉。该画的说明文字题为《圈环裙癖》，说这是一种新兴的妇科病，但怨声载道的却是丈夫们。这种传染病最初在法国爆发，法国皇后最先得了，很快就蔓延到英国，疫情十分严峻。“和其他精神病人一样，得了圈环裙癖的人也很难接近——甚至可以说，连她最亲近的人都得跟她保持一定距离”，她丈夫也得离她一臂远。“笨拙医生”建议，远离那些带插图的时装书，远离摄政街，因为那里有最新款的“鸟笼裙”。如果妻子得了这种病，丈夫就要“少给她些零花钱”，尝试用笑声让她摆脱疯癫。“笨拙医生将继续按每周一次的剂量，配制这种有益健康的良药[即笑话]，非常实惠，每剂只收三便士”。[71]

《笨拙周报》倒是说话算数，1857年和1858年全年都在评论圈

1 伊丽莎白·盖斯凯尔（Elizabeth Gaskell，1810—1865），英国小说家，著有《玛丽·巴顿》《北方与南方》等。

环裙癖。1857 年 2 月，该报说，女士们抱怨收到的聚会请柬越来越少了，因为原来能容纳五十位女士的房间，现在只能容纳十五位了。5 月，该报又说，皇家美术学院年展上的很多画作都很占空间，因为它们不仅画了穿圈环裙的女士，还画得跟真人一样大小。[72] 1858 年 2 月，该报画了两位穿圈环裙的女士，正费力地穿过教堂的窄门；7 月，该报又刊登了短文《贫民窟的圈环裙》，描绘了星期天“衬裙巷”（Petticoat Lane，这名字倒是恰如其分）旧衣市的喧闹场景，狗渠街的女仆和女工们也到那里去买贝尔格莱维亚淘汰了的圈环裙；10 月，该报戏称，现已出台《新公共马车条例》，要求女士们把裙子的圈撑挂在车外，以免占用车内空间。[73]

最令人难以置信的是，考文特花园的皇家剧院居然为了方便圈环裙出入，特意加宽了座椅和楼梯。这座剧院在 1856 年焚毁，后由爱德华·巴里设计重建。1858 年 5 月 29 日，《笨拙周报》说这座新剧场已经投入使用，并特意强调：

“给女士们更多空间！她们比以往更需要空间”……我们以前的文章很少替圈环裙说话，但现在必须承认，女装崇尚宽大，对男士也有好处。多亏了庞大而又可爱的女士们，考文特花园的新剧场才能建成那样，男士们可以舒舒服服地把腿伸直……英格兰的绅士们，可以懒洋洋地坐在那儿看上一出歌剧，再也不用担心膝盖会酸痛。毫无疑问，这得感谢女士们。[74]

5 月 22 日的《建筑师》也刊登了一篇长文，介绍巴里设计的这座豪华剧院，谈到 5 月 15 日首次开放时的惊艳，详细描述了这座代表最新技术的建筑在空间上的扩增。[75] 与此同时，为了适应圈环裙，男装的下身开始收紧，“上宽下窄”的裤子在 19 世纪 50 年代中期开始流行，方便了跳舞。[76]

穿圈环裙有危险，圈撑被钩住就会绊倒，裙子也容易着火，但也有好处，落水后能够浮在水上，等待救援。[77] 7 月，《人民报》刊登了《圈环裙被坏人利用》："星期二［7月6日］，一名女子因扒窃和在商店偷东西，被利物浦治安官拘禁。她用了一个巧妙的装置，把偷来的赃物藏在圈环裙内。抓获她时，从她身上搜出了几条披肩和其他一些被盗物品。"[78]

12月，童话剧演出季拉开了帷幕，圈环裙又在《凯尼尔沃思，或女王、伯爵与夫人》中扮演了重要的角色。这部华丽的滑稽剧在斯特兰德剧院上演。女主人公叫埃米·罗布萨特，历史上确有其人。她丈夫罗伯特·达德利是莱斯特伯爵，女王伊丽莎白一世的宠臣。达德利随女王巡视四方，埃米在家中独守空房，从楼梯上摔了下来，一命呜呼。有人怀疑她是被野心勃勃的丈夫谋害的。编剧用"双关和戏仿"改编了这个凄惨的故事，设计了一个圆满的结局：埃米的"圈环裙被楼梯钩住，没有跌下来，逃过了一劫"。《雅典娜神殿》认为"改得不错"。[79]

《笨拙周报》和1858年至1859年演出季的几部童话剧都戏称圈环裙为"得得得得得"[1]。始作俑者是亨利·西尔弗，他在1858年6月5日的《笨拙周报》上发表了小诗《得得得得得：时装民谣》，套用了当时的伴舞歌曲《得得得得得跳起来》（*Hoop de dooden do Galop*）。这首歌由查尔斯·马里奥特创作，1857年发表，多次重印。马里奥特可能也是受了另一首同名歌曲影响，后者由班卓琴手、喜剧演员亨利·福克斯在纽约演唱，模仿一个获得自由的奴隶，沿着铁路边走边唱，开头是"一百年前的今天，/ 老主人给了我自由"，每节都以"得得得得"收尾。[80] 西尔弗将吟游歌手的方言与舞蹈联系在一起，着重描写了圈环裙给男舞伴带来的不便。叙述者嫌舞伴的圈环裙老是绊他，抱怨说：

1 原文为"hoop-de-dooden-do"。"hoop-de-doo"通常是因为恼火、不耐烦而发出的声音，由于"hoop"也可以指圈环裙或裙子的圈撑，作家们便借此讽刺圈环裙带来的不便。

姑娘们都来把舞跳，
小脚不停往上翘，
别以为会像气球那么轻啊，
得得得得得。

圈环裙倒是叮当响，
舞伴们可遭了殃，
大腿破哟小腿折，
得得得得得。[81]

我们今天可能不觉得圈环裙的笑话有多么好笑，但在维多利亚时代不一样。从 1858 年春天到夏天，包括圣詹姆斯厅在内的很多音乐厅，都能听到这首民谣的各种版本。《时代画报》在 6 月 26 日评论说，美国克里斯蒂滑稽说唱团也唱这首歌，还边唱边舞，龇牙咧嘴，露出“难过的表情”。[82]

圈环裙在时装史上持续的时间比较长，各阶级的女性都想跟上潮流。但到 1864 年，已经有不少人开始感到厌倦，简·卡莱尔就是其中之一。她在那年 9 月给丈夫写信说，女仆们还穿着“讨厌的圈环裙”走来走去。[83]

婚姻问题

考文特花园的皇家剧院并不是唯一给圈环裙留出空间的地方。慕尔公园就有一个令它引以为傲的“圈环裙楼梯”，蜿蜒曲折，栏杆如女裙般扶摇而上。这处产业位于萨里郡绵延的群山之中，院内一派田园风光，透过落地窗，可以看到一处喷泉，一条小河，河中有一座小岛和一个凉亭。[84]爱德华·莱恩在这里开办了水疗院，由于经营有方，不少有钱人慕名而来，达尔文就是其中之一。他患有慢性病，经常恶心、呕吐、头痛、胃胀、长疖子，还要呕心沥血地写那部“永远写不完的物种著作”（这是他对赖尔说的话），身心俱疲，需要到慕尔公园放松。[85]他第一次去是在1857年4月。在此之前，他曾去过詹姆斯·格利的水疗院，那是位于莫尔文的一家老牌水疗院。他在那里治疗没有见效，也不相信格利医生所说的超人视力。他希望莱恩能治好他的病。

刚开始，达尔文以为见效了。到慕尔公园一周后，他对胡克说，“走路、吃饭就像个健壮的基督徒，晚上也能休息好了”。他还幽默地说，不知道水疗是怎么回事，“竟然能让大脑麻木，真是神奇。自从离开家门，我连一个物种都没想过”。[86]他给W.D.福克斯的信更为乐观：

我在家的时候身体很差，但这周已经大有改观，真是难以置信，完全无法解释。我很喜欢疗养院院长莱恩医生，还有他夫人和岳母。莱恩还很年轻，这也是唯一美中不足的地方，但他是位绅士，非常博学。我觉得他有一点比格利医生好，他不相信格利医生深信不疑的那些荒谬观点，也不试图做过多的解释，那是他或任何医生都解释不了的……我真觉得，有必要隔段时间就来这里待上两周，在这儿的乡间散步非常舒服……我现在完全相信，慢性病只能依靠水疗。[87]

1857年5月，回家还不到一周，他就失望了。一开始工作，“慕尔公园的神奇疗效就像一道闪电，消失得无影无踪”。[88]不过，他后来还是经常去慕尔公园。

爱德华·莱恩第一次见到达尔文时，只有34岁。三年前，他从爱丁堡南下，在这里开办了水疗院。在爱丁堡时，他跟德赖斯代尔家的乔治和查尔斯两兄弟一道学医。两家是邻居。1847年，莱恩娶了两兄弟的妹妹玛丽。1854年3月，他带着玛丽、两个儿子和岳母德赖斯代尔夫人搬到了萨里。[89]

乔治和查尔斯是慕尔公园的常客，两人都是执业医师。弟弟查尔斯学过工程，曾在约翰·斯科特·罗素的船厂工作，参与了“大东方号”的建造。[90]两兄弟在宗教方面思想开放，医学上也不墨守成规。查尔斯曾与贫民一起工作，支持妇女学习医学，1877年还参与成立了马尔萨斯协会。该协会提倡避孕，从经济、社会和医学的角度考虑限制家庭人口规模。[91]1878年，查尔斯提出，烟草会使人上瘾，有害健康。他也是较早提出这种观点的医生。[92]

乔治在爱丁堡读书时包揽了各种荣誉，1855年匿名出版了《身体、性与自然宗教》，直言不讳地讨论性与健康。他在书中提出，公众还不了解身体机制，包括性器官，所以“简要介绍了这些器官和生殖功能”。[93]读者显然需要关于性和节育的知识，这本书后来改名为《社会科学原理》，五十年里再版了三十五次，到19世纪末已经卖出了八万册。[94]

这本书虽然普及知识有功，但毕竟有些惊世骇俗，乔治·德赖斯代尔一直没有公开承认是自己写的，达尔文可能也不知道。但几乎可以肯定，爱德华·莱恩和爱丁堡那些离经叛道的朋友们是知道的。其中就包括出版商罗伯特·钱伯斯，他曾匿名写过很有争议的《创世遗痕》。还有乔治·库姆，英国首屈一指的颅相学家，能够根据头部特征判断人的性格。艾伯特亲王为教育他那个不听话的长子，也曾向库姆请教。1850年，艾伯特派欧内斯特·贝克尔到爱丁堡跟库姆学习颅相学，以纠正威尔士亲王“暴躁自私的脾气”。[95]贝克尔是艾伯特的秘书，也是威尔士亲王的老师。库姆经常来慕尔公园，他跟莱恩在爱丁堡时就是朋友，跟差点让莱恩身败名裂的伊莎贝拉·鲁滨逊也是朋友。

伊莎贝拉喜欢诗歌，容易动情，爱跟年轻男子打情骂俏。1854年，她给三个儿子聘请了家庭教师约翰·汤姆，两人关系有些暧昧。[96]她年轻守寡，1844年改嫁亨利·鲁滨逊，当时31岁，比亨利小六岁。亨利兄弟是工程师，在米尔沃尔开了一家造船厂。1848年，鲁滨逊兄弟曾与约翰·斯科特·罗素合作，四年后又分道扬镳。亨利有两个私生女，他对伊莎贝拉很吝啬，也谈不上温柔体贴，心思都放在了生意上。伊莎贝拉空虚寂寞，心情郁闷。[97]和福楼拜1857年塑造的爱玛·包法利一样，伊莎贝拉为了排遣寂寞，也开始读浪漫文学，幻想花前月下，自然也少不了红杏出墙。她在日记中写了不少不堪入目的内容。1854年，她成了慕尔公园的常客，既是莱恩家和德赖斯代尔家的朋友，又是“病人”。当然，她所谓的“病”，其实就是空虚寂寞，缺少男伴。她把全部情感和肉体需求都寄托在了小她十岁的莱恩身上。1858年夏天，亨利·鲁滨逊在她的日记中找到了很多感情出轨的“证据”，把她和莱恩告上了法庭。

1858年6月14日，该案一开庭就引起了轰动。主要有两个原因。首先，亨利在1856年看到了伊莎贝拉的私密日记，发现她对他恨之入骨，却对莱恩情深意浓，莱恩也投桃报李（这当然只是她的一面之词）。1857年12月，亨利向博士会馆那个死气沉沉的宗教法庭提起了诉讼，要求与伊莎贝拉“分居”（法律上保留夫妻名分，但不共寝食），得到了批准。这也是宗教法庭被撤销前审理的最后一批案件。伊莎贝拉没有辩解，两人分居，亨利抚养两个儿子和他的私生女。[98]1858年1月，新《离婚法》实施，亨利想彻底离婚，以便再婚。他不仅需要证明伊莎贝拉与人通奸，还需要证明奸夫就是爱德华·莱恩。他提交了两份证据，一是伊莎贝拉的日记，二是莱恩家一个仆人的证词。该案另一个引人注目的地方就是给《离婚法》出了难题。莱恩是被告，但也应该是证人。一方面，他是伊莎贝拉的医生，她的身体和精神状况是一个重要的考量因素；另一方面，伊莎贝拉在日记中写到了他，提到了他的举动，需要根据他的证言来判断日记内容真伪。不过，刚出台的《离婚法》不允许莱恩出庭做证。

该案由克雷斯韦尔、科伯恩和怀特曼主持审理。亨利、伊莎贝拉和莱恩都没有出庭，均由各自的律师代理。当然，新法也不允许作为被告的伊莎贝拉和莱恩出庭。亨利的律师认为，伊莎贝拉的日记可以证明她有罪，但“也不得不承认，能否证明莱恩医生有罪，还有待商榷”。[99]他的意思是说，从法律的角度讲，这本日记可以证明伊莎贝拉有罪，但不能证明莱恩有罪，除非他能出庭答辩，或有其他有力证据。莱恩的律师请求法庭不采信这本日记，法官们交换意见后，拒绝了这个请求。伊莎贝拉的律师起初也希望法庭不予采信，一看行不通，便改变策略，用日记来证明伊莎贝拉有妄想症，日记里的云雨之事都是她杜撰的，简单地说，她就是一个精神病人，是更年期引起的精神病。这个策略有一定风险，伊莎贝拉也只是偶尔才会同意律师采用。这些复杂因素让该案成了新离婚法院第一个引起广泛关注的案子。

没过多久，亨利的证据就只剩下伊莎贝拉的日记了。他的主要“证人”曾经是慕尔公园的马夫，能够证明伊莎贝拉和莱恩有不正当关系，但他自己却被证明是一个不可靠的人。慕尔公园的很多病人也作证说，他们虽然经常看到莱恩与伊莎贝拉在庭院中散步，但也看到同一天莱恩还和其他女病人散步。6 月 15 日是开庭第二天，德赖斯代尔夫人出庭为莱恩作证。次日，《泰晤士报》报道了她的证词：“莱恩的岳母德赖斯代尔夫人说，莱恩医生与鲁滨逊先生家关系非常亲密。莱恩医生对鲁滨逊夫人和对其他女士没有什么两样。”[100]

伊莎贝拉的律师罗伯特·菲利莫尔强调，原告的“证人证言不可靠”，坚持认为伊莎贝拉的日记“不可信”。“这些日记明显是出自一位爱幻想、张扬、冲动、浪漫、暴躁、几乎精神失常的女性之手”；她写这些日记时，“已经患上了一种女性特有的疾病”，尤其是更年期妇女，“能让病人产生离奇的幻想，给自己安上最可怕的罪名”。[101]他在庭上选读了一部分日记内容（大多数报刊在报道时，都没有照搬原话，但也基本没有遗漏），暗示伊莎贝拉身体不适。伊莎贝拉的医生在描述她的精神状况时，提到了“抑郁症”。法庭还询问了其他医生，他们都没有给伊莎贝拉看过病，也没有见过她，但都是妇女常见病或精神病专家，有的还兼通两者。[102] 菲利莫尔请求询问另一位被告莱恩，法官答复说，新法规定“通奸案当事人不得接受询问”。

不过，法官也认为，莱恩的情况比较特殊，需要讨论是否传唤莱恩，便宣布休庭，次日也即6月16日星期三再审。但第二天法官又宣布休庭，继续商议是否应该破例，撤销莱恩的被告身份，让他出庭作证。再次复庭已是6月21日星期一。[103] 在此期间，各周报纷纷预测结果。6月19日星期六，《人民报》刊登了《红杏出墙——一位女士的私密日记》，大量引用了庭审时宣读的日记，但标题明显属于臆测，容易让人产生误解。[104] 6月20日星期日，《年代》也刊登了吸引眼球的《偷情与水疗之恋：女士日记曝光》，大量引用伊莎贝拉的日记，说她和莱恩从慕尔公园坐马车去火车站时，也曾春风一度。[105]

21日复庭，科伯恩宣布，离婚法院共有六位法官，五人不同意将莱恩的身份由被告改为证人，只有怀特曼法官认为，新法的条文并未明确规定不可以。科伯恩决定听取多数意见，要求律师总结陈述。被告律师又多次引用日记，试图证明伊莎贝拉只是幻想着和莱恩在花园、马车、慕尔公园的书房里幽会，并没有实际发生，而且只有日记一个“证据”，没有说服力。法官宣布休庭，将于7月3日星期六宣判。[106]

这次庭审引用的日记，主要写了1854年9月和10月伊莎贝拉在慕尔公园的活动。她说，自己与莱恩在院子里散步，热烈地讨论诗与哲学，然后“深情相吻，耳畔私语，倾诉衷肠”。有天晚上，两人还在书房独处，享受了“澎湃的激情，缠绵的亲吻，紧张的刺激”。由于担心被人撞见，两人只好暂时分开，她还“整理了凌乱的秀发”。在慕尔公园的最后一晚，她与莱恩坐马车去火车站，她13

岁的儿子艾尔弗雷德和车夫坐在车顶。《年代》引用了她的话："我从未经历如此销魂的一小时。整个过程就不说了，只消说，我最后陶醉地依偎在时常梦到的臂弯之中，亲吻他弯弯的发丝，光润的面庞。那光芒四射的美"，早在 1850 年初次见面时，就已经"令我目眩，让我心醉"。[107]

大多数报刊认为，这就是精神病或妄想症患者的呓语。《每日新闻》认为，这是卢梭式的"强烈的感伤主义"，鲁滨逊夫人是个"年近五旬的疯子"，很可能会"毁掉这个青年医生的锦绣前程"。[108]《星期六评论》在 6 月 26 日指出，这些日记"本身就说明写日记的人精神不正常"。几家严肃的报刊很重视该案给新《离婚法》出的难题，医学杂志则意识到给女患者治病是有风险的。虽然莱恩从事的水疗为正统医学所不齿，但他也有行医资质，并非冒牌医生。他最初给慕尔公园打广告时，也特意强调了这一点。慕尔公园的前主人是托马斯·斯梅瑟斯特，也是有名的水疗师，还是《水疗杂志》的主编。莱恩接手水疗院后，在 1854 年 5 月的《泰晤士报》上刊登广告，强调了他的学历："慕尔公园医疗与水疗疗养院，位于萨里郡的法纳姆附近，现已开业，院长爱德华·W. 莱恩医生为爱丁堡大学文学硕士、医学博士。"[109]

爱丁堡大学的医学久负盛名。1858 年 10 月，莱恩出版了一本关于水疗的小书，煞费苦心地指出，他也受过良好的医学教育，必要时也会在水疗中加入传统疗法。

权威医学期刊《英国医学杂志》虽然不认可莱恩的水疗法，却也意识到该案有可能给整个医疗行业带来风险，要求公正审理：

我们当然不会格外同情开水疗院的人，但他的遭遇随时可能落到我们头上。任何一位同行，如果有"弯弯的发丝，光润的面庞"，哪怕没有那么英俊，都随时有可能失去天伦之乐和滚滚财源，身败名裂……在莱恩身陷困境之际，《泰晤士报》能挺身声援，实属难能可贵……莱恩医生受到了严重的指控，但按现行法律，他不能出庭为自己辩解。这是法律的漏洞，但在漏洞堵住之前，这位无辜之人还要继续蒙受不白之冤，实在太过残酷。[110]

很多报刊为莱恩鸣不平，一方面是因为庭审时医生的证词对他有利，而伊莎贝拉的日记也明显言过其实，至少有添枝加叶的嫌疑；另一方面是因为莱恩的朋友很有实力，上可游说《泰晤士报》，下可影响地方报刊。乔治·库姆一直与莱恩和伊莎贝拉保持通信，找《泰晤士报》的熟人帮忙，还请罗伯特·钱伯斯来助阵。莱恩请库姆游说《苏格兰人》，他自己则搞定《检查者》，后者的主编马米恩·萨维奇是慕尔公园的常客。[111] 1858 年初，库姆就曾给伊莎贝拉写信，帮她出主意。当时，宗教法庭已经批准她与亨利分居，但亨利还想到新设立的离婚法院提起诉讼。伊莎贝拉也意识到，她的日记可能会影响莱恩的婚姻和事业。2 月 23 日，库姆对她说："如果你日记里写了那些话，而且确有其事，莱恩医生就不能再干这一行了。有了这个污点，洁身自好的女士就不敢到他那儿去了。他可怜的妻子从此无法与他相亲相爱；德赖斯代尔夫人已经一大把年纪了，还要看着孩子们蒙受耻辱，身败名裂。"[112]

三天后，伊莎贝拉回了一封长信，骂她丈夫是个卑鄙小人，日记只是她孤单寂寞时的"消遣"。"还有什么能给我带来安慰？"她自问自答道，"只有孤独与笔。""只是，我的笔经常要蘸那如梦如幻的诗歌墨水，真实与虚幻交融，现实与想象共舞。我有一个致命的天赋，喜欢'给虚无缥缈的东西加上真实的人名和地名'，与其说这是一种恩赐，不如说是一个诅咒。"[113] 她同意库姆的意见，认为只有一个办法能救莱恩，那就是她承认"有时会短暂地陷入幻觉和妄想"，由于"常年忍受不幸，心力衰竭，产生了幻想"，并把幻想当成事实写了下来。[114] 但她也不能出庭作证，这些话没法说给法官听，只能希望法官也认为那些日记都是幻想。这个案子在炎热的 6 月开庭审理，由于案情特殊，现行法律无法解决，只得暂缓宣判。

达尔文也感到震惊和痛心。他喜欢莱恩，信任莱恩，相信莱恩不是庸医，也觉得水疗对传统医术无能为力的慢性病大有帮助。1858 年 6 月 24 日，他给福克斯写信说，他问过的人都“认为莱恩医生很可能是无辜的”，“没有任何确凿的证据”，“我不相信一位女士会受淫欲或幻想驱使，编造这么一个故事，更不相信她会把通奸情节写得这么详细”，但这个案子有可能会毁了莱恩，“我可从未听他说过一句不雅的话”。[115] 和所有人一样，达尔文也只能等着 7 月 3 日宣判。在此期间，他还要面对人生中最严重的一次危机。

达尔文的困境

1858 年 5 月初，达尔文从慕尔公园回到家中，再一次失望地发现，只要一回到工作状态，水疗的效果就全都不见了。孩子们的健康也让他担心。埃蒂又病了，咽喉发炎。[116] 去年夏天，他把埃蒂送到慕尔公园治疗，6 月份他自己也去待了两周。[117] 他对胡克说，“莱恩夫妇和他岳母德赖斯代尔夫人都是好人”。[118] 相比之下，他不太喜欢詹姆斯·格利医生，不仅因为格利轻信谬论，还因为他十岁的女儿安妮 1851 年就死在格利的水疗院，他不想再回到那个伤心之地。[119] 1857 年 10 月，他给福克斯写信说，埃蒂身体不好，他儿子伦纳德脉搏也很微弱，还经常心律不齐，“和其他三个孩子一样”。他“心碎”地说，“人要想快乐，没有忧伤，就不要结婚，不用牵挂任何人”。[120]（达尔文和埃玛都很担心孩子们的健康，但他没有想到，他的孩子大都很长寿，埃蒂活到了 80 多岁，伦纳德 90 多岁。）

6 月 18 日星期五，也就是最热的那天过去两天后，达尔文给他的良师益友查尔斯·赖尔写了一封信，开头很平静：

几年前，您觉得华莱士在《博物学年鉴杂志》上的一篇论文不错，建议我也读读。我觉得华莱士要是知道您这么器重他，肯定会非常高兴，给他写信时就捎带着提了一句。他今天寄来一篇论文，要我转交给您。我觉得很值得一读。我曾经简要地跟您解释过我的观点，即，基于生存竞争的“自然选择”。您当时说有人可能会抢先发表这个观点，还真让您说对了。我从没见过这么巧的事。就算华莱士看过我 1842 年写的《概要》手稿，也不可能写出比现在这篇更好的摘要了！而且，他用的术语恰恰就是我章节的标题。

他的手稿请您看后寄回。他没说让我替他发表，但我肯定会马上写信推荐给刊物。而我所有的创见，不管价值多大，都会因此而湮灭。当然，我的著作，如果还能有点价值的话，并不会减色，因为我的精力都放在了如何应用这个理论上面。[121]

赖尔读了信，自然能够理解达尔文的绝望之情，也会注意到，达尔文在暗示他自己才是无可辩驳的原创者，1842 年就曾给赖尔和胡克看过他的观点，如果有必要，也可以证明“自然选择”这个概念和表述都是他原创的。达尔文还提到对他有利的一点——“我的全部精力都放在了如何应用这个理论上面”。他已经在这方面研究了多年，而华莱士的短文只是提出了理论，还缺少例证。华莱士给达尔文的信和论文都已遗失。不过，由于赖尔在收到达尔文的信后，处置得当，论文的内容得以流传下来。[122]

达尔文焦急地等待赖尔的回信和建议。他没有明说请赖尔帮忙，但显然希望赖尔能够出手相助，尤其是华莱士那篇论文。他已经告诉赖尔，华莱士没说要发表，但他还是光明磊落，“肯定”要代华莱士投稿，很想听听赖尔的意见。在此期间，他还给儿子威廉写了一封信。威廉已经 18 岁，正准备上剑桥大学。他跟威廉讲了蠋的习性，汇报了威廉在达温养的蛾和蝴蝶的情况，提到“那匹可怜的老马划伤了膝盖，伤势严重，估计以后什么也干不了了”，还谈了埃蒂的病情，但没说他自己的烦心事。[123] 6 月 24 日，他给福克斯写信说，他相信莱恩是清白的，除了埃蒂生病，“昨晚小家伙也开始出现热病征兆”。[124] 这个小家伙就是查尔斯·韦林·达尔文，1856 年 12 月出生，当时埃玛已经 48 岁。

6 月 25 日，达尔文又给赖尔去信，先是为自己的打搅道歉，然后问华莱士的事怎么办，“我完全相信您的判断和公道”。他谈了自己的想法：

华莱士论文中的内容，我在 1844 年的《概要》中就已经谈过，而且更详细，胡克十几年前也曾经读过。大概一年前，我还给阿萨·格雷……寄了一份我的观点摘录，手头还留着底稿。因此，我可以保证并证明，我没有抄袭华莱士任何东西。我现在很想发表一个基本观点的概要，大概十来页，但又担心这么做是不是不够光明磊落。华莱士没说要发表……但我以前也没想要发表一份观点概要。现在，华莱士把他的理论概要寄给我了，我就也要发表自己的概要，是不是不够光明磊落？我宁可把整本书都烧了，也不愿让他或任何人觉得我是个卑鄙小人……

如果现在发表还算光明磊落，我会注明是因为收到了华莱士寄来的概要，与我的基本结论不谋而合，我才决定发表自己的概要。我们俩只有一点不同：我是从家畜的人工选择中得出的结论。我可以把给阿萨·格雷的信抄一份给华莱士，证明我没有抄袭他的理论。但我还是不确定，现在发表会不会让人觉得我是个卑鄙小人……

真不该拿这种琐事来烦您，但也足可见您的意见对我多么重要。[125]

达尔文的话没有半点虚言。很多人未必会这么纠结。毕竟，像他经常在信中所说，这些手稿是他二十多年试验、阅读、比较、验证的结晶，拿来发表无可厚非。当然，大多数同行都会选择早点发表，免得出现像他这样良心不安的情况。科学的圈子虽然不大，嫉妒和不道德的行为却不少见。理查德·欧文就在《爱丁堡评论》上匿名发表评论，夸赞自己的作品比别人的好。1860年4月，他又匿名发表文章，批判《物种起源》，但拒不承认是他写的。[126]华莱士在一定程度上也是个未知数。虽然他和达尔文通信多年，都很热情，但彼此并不了解。如果达尔文现在发表，他会不会生气？他会不会是个好斗之人，指责达尔文学术不端，剽窃他的成果？在达尔文最熟悉的人里，赫胥黎也很诚实，但可能不会这么谦让；胡克也是，如果他确定是自己先发现的，就会毫不犹豫地公之于众，而且理直气壮，绝不在乎别人的看法。但这些人一直活跃在竞争极为激烈的伦敦科学界，也有捍卫自己地位的能力，肯定不会像达尔文这样拖这么久才发表，自然也就不会遇到达尔文这样的问题。

达尔文习惯于把所有可能出现的反驳意见都考虑到了，再发表自己的观点。而且，他身体不好，妻子又很虔诚，担心这个理论会冲击宗教信仰。这都影响了达尔文的工作进展。他不想让妻子难过，也能想到很多读者不敢像他这样坦然接受不可知论。他在《自传》中说，他年轻时就不相信宗教奇迹，也不相信基督教教义是“神的启示”。他失去信仰的过程“非常缓慢”，因此并不痛苦：

从那时起，我就没再怀疑自己的结论。我实在无法理解，怎么会有人希望基督教说的都是真的？如果那样，《圣经》那种直白的语言似乎在说，不信教的人，包括我父亲、我哥哥和几乎我所有的好友，都会受到永世惩罚。

这可真是个该死的教义……

以前，培利[1]说自然界是有设计的，我觉得很有道理。但自从发现了自然选择法则，培利的说法就无法自圆其说了。比如，我们不能说，既然门的合页是人类设计的，双壳类动物壳上的铰合部就一定是更高智力设计的。说生物变异、自然选择都是设计出来的，就好比说

1 威廉·培利（William Paley，1743—1805），英国神学家，著有《自然神学》。

风向也是设计出来的。[127]

这番话说得清晰有力，但他在《物种起源》中却说得很含蓄，让读者自己去得出类似的结论。1887 年，达尔文去世五年后，他儿子弗朗西斯准备出版《达尔文生平及书信集》，打算收录这部《自传》，但埃玛认为上面这段话写得太“粗糙”，弗朗西斯只好删掉。[128]

华莱士从马来群岛给达尔文写信，有一封谈到了人在进化论中的位置。这是个棘手的话题。1857 年 12 月 22 日，达尔文回信说，“你问我会不会讨论‘人’”，答案是“我可能不会碰这个话题，现在偏见太多了。当然，我完全同意，这是博物学家面对的最重要、也是最有趣的问题”。[129] 他后来在《自传》中谈了对人类进化的看法，也谈到为什么要在《物种起源》出版十二年后出版《人类的由来》：

1837 年或 1838 年，我开始相信物种是变异的产物，也就不得不相信人类也遵循同样的法则。我开始收集相关资料，但只是为了满足好奇心，在很长一段时间里，并没有想到要出版。《物种起源》没有讨论任何特定物种的起源，为了避免胸襟磊落之士说我不敢亮出自己的观点，我最好还是多说一句：现在这本书“有助于理解人类的起源和历史”。[130]

可见，达尔文既不想在《物种起源》中公开讨论人类，惹怒宗教信徒，也不想假装相信人类不受进化论影响。他妻子和很多人仍然相信，神能创造奇迹，人死后有灵魂、天堂和地狱，所有物种都是上帝的杰作，永远不会变化。达尔文并不急于惹他们伤心难过。他不好与人争论，却仍被推到了风口浪尖之上，美誉和骂名纷沓而至，因为《物种起源》虽然没有谈人类，但也能得出与宗教信仰相悖的结论。他不想这样，但又确实有话要说，也想博得喝彩，哪怕中间会夹杂一些批评。否则，殚精竭虑地从事研究又有什么意义？虽然他在这个领域奋斗了很长时间，但没听赖尔的话早点发表成果，现在眼看要被别人捷足先登了，只好向赖尔、胡克和赫胥黎寻求安慰和支持。6 月 25 日，他给赖尔写信，写好后又附了一笔，说赖尔就是他的“大法官”。[131]

6 月 29 日星期二，达尔文收到了胡克和赖尔的信。他给胡克回信表示感谢：“您和赖尔对我太好了，比我想象得还要好。”他接着说，很容易就可以抄一份 1857 年 9 月给阿萨·格雷的信，那封信就是他的理论摘要，只是“太短了”。[132] 赖尔和胡克的方案是在即将召开的林奈学会会议上，同时宣读华莱士和达尔文的研究发现，也即华莱士的论文和达尔文给朋友们看过的部分手稿摘要，其中包括给格雷的那封信。这样就可以证明，两人是各自独立地得出了自然选择理论，但最先写出来的是达尔文。

巧的是，林奈学会原定在 6 月 17 日（达尔文收到华莱士论文的前一天）召开夏季会议，但由于学会前主席罗伯特·布朗去世，推迟到了 7 月 1 日星期四。这就意味着达尔文和华莱士不必等到 9 月份再公布他们的发现。林奈学会每年 8 月会出版一年一期的会议公报。最重要的是，这种安排既能让达尔文心安理得，又能让千里之外的华莱士受到公正的对待。华莱士要再过十周才能收到下一封信，再过将近四年才能从马来群岛回来。1862 年 3 月 31 日，华莱士住到了福克斯通的帕威林酒店，给动物学会秘书菲利普·斯克莱特写信，说他已回到国内，带回了三千份鸟类毛皮，两万只甲虫和蝴蝶，还有两只珍稀的极乐鸟，这是第一次有人将活物标本带回欧洲，他准备献给动物学会。[133]

赖尔和胡克没有浪费时间。6 月 30 日，他们给林奈学会的秘书写了一封信，可谓字斟句酌：

随信奉上几篇论文……写的是同一话题，即，影响变种、亚种和物种形成的法则，是查尔斯·达尔文和艾尔弗雷德·华莱士这两位博物学家长期研究的成果。

两位绅士在互不知情的情况下，独立地提出了一模一样的天才理论，阐释了地球上的变种及具体形式的形成与存续。两人都有资格成为这个理论的创始人，却都没有公开发表。我们在很多年前就曾多次建议达尔文先生发表他的成果。现在，两人都毫无保留地把他们的论文交给了我们。我们认为，摘选其中一部分，提交给林奈学会，将有助于科学事业的发展。[134]

三篇论文按写作时间排序，最早的是达尔文的《物种理论概要》，1839 年写作，1844 年誊抄，曾给胡克看过。其次是达尔文 1857 年 9 月致哈佛大学教授格雷的信件摘录，胡克和赖尔认为它可以证明达尔文的观点“从 1839 年到 1857 年一直未变”。最后是华莱士的论文《论变种无限地离开其原始模式的倾向》，1858 年 2 月写于德那第岛，“寄好友及通信人达尔文先生雅正，如果达尔文先生觉得此文有新意、有意义，可转交查尔斯·赖尔爵士”。[135] 这就解决了达尔文的难题，既能证明他和华莱士都没有“借鉴”对方的理论，又能证明他比华莱士先得出了结论。达尔文很感激朋友们的鼎力相助，但仍有些过意不去，不知道自己是不是为难他们了。6 月 29 日，他给胡克写信说：“千万别为这件事浪费太多时间，我现在竟然还在计较是谁最先提出的这个理论，实在是太丢人了。”[136] 一切准备就绪，就等 7 月 1 日揭开面纱了。林奈学会的会员会怎样看待这三篇短小却开天辟地的论文？公众又会怎么看？

虽然达尔文很关心他和华莱士的论文会掀起怎样的波澜（他觉得自己可能关心得过头了），却也不得不分心应对家中的悲剧。6 月 29 日给胡克的信除了表示感谢，还有一个噩耗：

您和夫人听到我们小家伙昨晚去世的消息，肯定会深感痛心。我真希望他没遭那么多罪。突然就不行了。猩红热。看他长眠后，脸上又浮现出甜蜜的表情，也算是我们莫大的福分了。感谢上帝，小家伙再也不用在世上受苦了。[137]

Chapter 05

第五章

1858年7月

达尔文的悲伤

“1858 年肯特郡达温教区”的葬礼登记簿上，记录着该村从 6 月 7 日到 7 月 22 日有三名成年人过世，四个孩子夭折，分别是十三岁的埃米·帕克，八岁的阿瑟·珀西瓦尔，两岁的乔治·埃利奥特和十八个月大的查尔斯·韦林·达尔文。[1] 7 月 1 日星期二，达尔文的幼子在圣玛丽教堂下葬，他和妻子希望孩子们尽快出门。他在 7 月初的信里提到，除了埃蒂身体虚弱，其他孩子都去了他们姨妈莎拉·伊丽莎白·韦奇伍德家，位于肯特郡与苏塞克斯郡交界处的哈特菲尔德。达尔文夫妇又在家里多待了几天，等埃蒂身体康复，也等有热病症状的护工和女教师病情好转。7 月 6 日星期二，危机解除。他对福克斯说：“我们逐渐不那么害怕了，也不那么慌张了，但我已经累坏了，可怜的夫人也累得够呛。”[2] 三天后，他和妻子带着埃蒂去了哈特菲尔德。7 月 16 日，全家前往怀特岛度假，8 月 13 日返回达温。[3]

查尔斯·韦林是达尔文的第十个孩子，也是最小的一个。达尔文在葬礼的次日写了一篇悼文：

可怜的小家伙生于1856年12月6日，卒于1858年6月28日，只有18个月大。他个头偏矮，走路说话有些迟缓，但很聪明，善于观察……他没生过病，也比其他孩子哭得少。他性情温和，心态乐观，但情绪不高，不怎么爱笑。兴奋的时候，经常一脸怪相，身子发颤……他跟人特别亲，尤其喜欢帕斯洛……可怜的宝贝一生短暂，但过得平和、纯真、快乐。我觉得，我也相信，他最后也没有遭太多罪，但最后三十六小时确实痛苦不堪。长眠之后，他脸上又恢复了往日的祥和。[4]

有专家认为，查尔斯·韦林得的是唐氏综合征[1]。约翰·兰登·唐在1866年发现了这种病。唐是一家精神病院的负责人，达尔文晚年曾与他通信讨论面部特征。[5] 埃蒂后来回忆说，她的小弟“一直没有学会走路和说话”，一生下来就有“智力缺陷”。[6]

7月1日，高温短暂回落。家里出了这件事，达尔文肯定无法到皮卡迪利的伯林顿府参加当晚林奈学会的会议。会上将宣读他和华莱士的论文。事实上，即便那天家里没事，达尔文也可能不会去。他上次去伦敦还是5月20日，到圣詹姆斯街的茅屋酒家参加皇家学会哲学俱乐部的宴会，和胡克聊了一会儿。6月最热的那九天，亨利·缪克斯爵士的精神病案也是在茅屋酒家审理的。随后几个月，达尔文没有再去伦敦，也没再见到胡克、赖尔和赫胥黎三位好友。[7] 胡克和赖尔将达尔文与华莱士的成果介绍给了伦敦科学界。达尔文写信致谢，同时也表达了歉意，由于他太想被看作自然选择理论的原创人，给他们增添了麻烦。胡克把7月1日开会的情况告诉了达尔文，并提议代达尔文给华莱士写信。达尔文7月5日回信说：“我当然愿意，那会极大地减轻我的负担。”7月13日，达尔文又从哈特菲尔德给胡克写信，

1 即先天愚型，一种先天性疾病，智能发育迟缓，寿命较正常人短，可通过对胎儿做羊膜穿刺术来测定。

坦言自己过于自信，缺乏自知之明，已经受到了惩罚：“我一直觉得有可能被别人抢先，但总以为我心胸够大，不会在乎，可我错了。”[8]

达尔文在家中操心家人健康，朋友们则在林奈学会替他争取权益。由于罗伯特·布朗去世，这次会议延期举行。布朗是苏格兰植物学家，1801 年至 1805 年赴澳大利亚考察并收集植物，1849 年至 1853 年担任林奈学会主席。胡克和达尔文都觉得布朗因循守旧，拖了学会的后腿。达尔文还记得，年轻时经常拜访布朗，希望布朗能够出版更多的著作，不要对同行那么小气：“我觉得他最了不起的地方是观察格外细致，而且十分精确。他从未跟我谈过任何重要的生物学理论。他知识非常渊博，但总害怕出错，导致他的很大一部分知识都随着他的去世消失不见了。”达尔文还发现布朗嫉妒心很重，不够坦诚，不愿出借自己的植物标本。[9]

不论达尔文和胡克怎么看待布朗，布朗的辞世却如胡克五十年后在“达尔文－华莱士纪念会”上所说，是“物种起源理论至少提前四个月面世的直接原因”。[10]虽然胡克说的是达尔文和华莱士的论文，而不是《物种起源》，但也不无道理，因为从 6 月 18 日达尔文收到华莱士的论文，到 7 月 1 日会上宣读两人的论文，这期间的一系列事件改变了达尔文原定的写作计划，不仅使《物种起源》提前多年出版，还使该书吸引了更多的普通读者。当时，达尔文和华莱士都不在伦敦，论文由林奈学会秘书约翰·约瑟夫·贝内特代为宣读，胡克和赖尔在宣读前“说了几句，强调了这个话题的重要性”。[11]在场的有学会主席、动物学家托马斯·贝尔，还有顶替布朗出任学会委员会委员的植物学家乔治·本瑟姆，以及其他大约二十五位会员，包括著名生物学家、伦敦大学学院教授 W.B. 卡彭特。[12]1859 年《物种起源》出版时，卡彭特还写信鼓励达尔文。达尔文对胡克说，卡彭特“有可能皈依”。接受自然选择理论的科学家不多，卡彭特就是一位。[13]会议先是宣读了上次会议的记录，接着感谢了那些题献给学会的著作和论文，然后进入正题，由贝内特宣读赖尔和胡克转交的三篇论文，又宣读了其他五篇论文，会议结束。[14]

胡克和赖尔商定，先读达尔文的两篇，因为它们比华莱士那篇更早。最先读的是《物种理论概要》，1839 年写作，“1844 年誊抄”给胡克。接着是达尔文 1857 年 9 月 5 日给阿萨·格雷的信，由胡克夫人弗朗西丝代为誊抄。1858 年 7 月 13 日，达尔文不好意思地对胡克说：“我自己的字太丑了。”[15]这份抄件概括了达尔文的观点，只做了几处文体上的改动：

我认为自然界中有一些微小的变异……可以证明，生存条件的变化是后代与亲代不完全相像的主要原因。地质学可以告诉我们，自然界曾经发生过哪些变化，现在正在发生着什么变化。我们几乎有无限的时间，只有有经验的地质学家能够理解，至少有同一种甲壳类动物活过了整个冰川期，繁衍了百万千万代。

我认为有一种稳定的力量主导着自然选择（这是我著作的书名），只选择对每个物种有利的变异……切勿忘记，每种生物的繁殖，都会受到抑制，要么在其生命的某个时期，要么在某个繁殖周期较短的世代。每年都繁殖的生物，只能有一小部分活下来并繁殖后代。谁会生存，谁会消亡，通常取决于非常细微的差异……［生物］似乎总像树木一样，树干长出大枝，大枝再长出小枝，茂盛的枝条摧毁柔弱的枝条，那些枯萎并脱落的枝条代表着灭绝了的属和科。

达尔文在 1857 年 9 月这封信的末尾说：“这份摘录还有很多瑕疵，但篇幅有限，没法写得更好了。您想象力丰富，肯定能补上大批空白。”最后还加了一句：“如果不深思，可能会觉得这是一派胡言；但也许深思之后，更会觉得这是一派胡言。”胡克在 1858 年 7 月 1 日宣读的版本中删掉了这句话。[16]

短短三页，总结了达尔文的核心思想。数以百万计的世代，微小差异决定物种存亡，尤其是用树的大枝和小枝比喻生物进化，几乎原封不动地搬到了《物种起源》中，令很多人感到震惊，他们以为地球上的世代是以千年而非百万年来记的，也不相信上帝创造的物种竟然也会大量消亡。

最后读的是华莱士的《论变种无限地离开其原始模式的倾向》，1858 年 2 月写于马来群岛的德那第岛，只有八页，但也是三篇里面最长的了。华莱士在将近五十年后写的自传中说，当时他“正遭受热病的猛烈攻击，这种病间歇发作”，“每天一会儿害冷，一会儿害热，好几个钟头躺着不动，什么也干不了，只好琢磨一些当时特别感兴趣的话题”。[17] 托马斯·马尔萨斯的《人口论》就这样进入了华莱士的大脑。该书在 1798 年匿名出版，1803 年又出了增订版。书中指出，人口按“几何级数”增长，每二十五年翻一番，生活资料却按“算术级数”增长，只有靠战争、饥馑、疾病、晚婚、卖淫等手段加以“限制”，才能保持人口和生活资料的平衡。该书第二版认为，晚婚是一种积极手段，但必须辅以婚前婚后的“道德约束”。[18] 马尔萨斯对人类状况的分析和他提出的改进方案，都还存有争议，但自然界中的限制与平衡这个想法触动了华莱士，几年前也影响过达尔文。达尔文在《自传》中说，1838 年 10 月，他读马尔萨斯，原本为了消遣，却对“生存斗争”产生了兴趣，“有利的变种生存，不利的变种消亡”，“我终于找到了我要研究的理论”。[19]

华莱士也觉得自己经历了一个“我发现了”[1] 的时刻。他问道：“为什么有的物种会灭绝，有的会存活？”他在自传中给出了答案：

很明显，基本上就是适者生存……我突然想到，这个自动的过程必然会改善物种，因为每一代中的弱者必然被消灭，强者则生存下来，也就是说，适者生存……我越想越觉得，终于找到了能够解释物

1 原文为“Eureka”，相传为阿基米德根据比重原理测出金子纯度时说的话，常用作因重大发现而发出的惊叹语。

种起源的自然法则，人们已经找了它很久……我焦急地等着热病发作完，好马上记下自己的想法，写成一篇论文。那天晚上，我反复思考这个问题，随后两晚又认真地写了出来，以便赶上一两天后的邮班，寄给达尔文。[20]

达尔文第一个读到，然后是赖尔和胡克，最后是7月1日林奈学会的三十多位绅士。文中有很多表述令达尔文震惊不已，和他所写所想的一模一样。例如，“野生动物的一生就是一场生存斗争”；“如果没有限制，繁殖力最弱的动物也会迅速增多”，当然，很明显，“除了在局限的区域内，永久增多几乎是不可能的”；虽然“极少数鸟类每年只生育两个后代，但很多都生六个、八个或十个”，只要“粗略计算”，就会知道，如果没有限制，“十五年后，每一对鸟都能把家族扩张到近一千万”！[21]《物种起源》第三章题为“生存斗争”，以大象这个繁殖最慢的物种为例谈了这个问题：如果没有限制，五百年后，“一对大象就能繁衍出一千五百万头后代”。[22]华莱士接着谈了变种和斗争。差异可能会导致个体的生存或消亡：

即便是颜色变化，也会影响生存安全，会让它们更醒目或更不醒目；毛发的增减，也可能会改变它们的习性……而另一方面，任何物种，如果其变种的生存能力略有增加，一段时间以后，该变种的数量必然会增加……我们想说的是，某些变种会倾向于比其原始物种存活得更长久，这种趋势也肯定会显现出来。[23]

胡克后来回忆说，伯林顿府的听众对这三篇论文很感兴趣，但“这个话题太新，也太危险，旧派人士猝不及防，没敢应战”。[24]他向达尔文和华莱士汇报时，说得比较乐观，但达尔文后来在《自传》中风趣地说：“我们联手推出的成果，几乎没有引起关注，我只记得都柏林的霍顿教授发表了一篇文章……说这些论文中的新观点都是错误的，而正确的又都是老观点”。[25]霍顿是生物学家，也是爱尔兰教会的牧师，相信《圣经》经文都是真实的，与达尔文势同水火。[26]报界当时显然没有关注林奈学会的这次会议。1858 年 9 月，英国科学促进会在利兹开会，达尔文和华莱士的论文此时已在林奈学会会报上刊出，但也只有促进会主席理查德 · 欧文在演说中提了一句，既没有表示欢迎，也没有表示反对。不过，他倒是在 1860 年 4 月写了一篇匿名文章，严厉批评了《物种起源》。

1858 年 10 月，华莱士已经收到了达尔文和胡克的信（现已失存）。10 月 6 日，他给母亲写信说，“两位杰出的英国博物学家”给他来了信，他很高兴。同一天，他也给胡克写信，感谢胡克与赖尔鼎力相助：“达尔文先生太无私了，如果他只公布我的论文，却不公布他此前就同一话题写的可能更为全面的观点，我肯定会感到痛苦和遗憾。再次感谢您想到这个办法，虽然对我们俩都很公平，但更偏向我一些。”[27]

华莱士回国后也爽快地承认，达尔文发现得更早，研究得也更全面，理应享有优先权。这是达尔文和朋友们没有想到的。早在 1858 年 1 月，华莱士就给他过去的旅伴亨利 · 贝茨写信说，达尔文正“准备出版论物种和变种的大作，已积累了二十年的资料”，“有了他的大作，我也许就不用再费力写我理论的第二部分了 [第一部分已在沙捞越完成，发表在 1855 年 9 月的《博物学年鉴杂志》上]”。[28] 华莱士只肯承认一份功劳，那就是他在自传中所说的：“我后来才知道，我寄给达尔文的那篇论文，竟然在冥冥之中逼着他集中精力，写出了《物种起源》，1859 年 11 月出版。他说那不过是他想写的一部大部头著作的‘摘要’，但实际上已经是一部厚重严谨的著作了。这让我有些得意。”[29]

赫胥黎也很满意。1858 年 9 月，他兴奋地对胡克说：“华莱士这一刺激，达尔文好像也认真了起来，终于有希望看到他完整的观点了，期待它能带来天翻地覆的变化。”[30] 1887 年，弗朗西斯 · 达尔文在编写父亲的生平时，请赫胥黎回顾了《物种起源》引起的反响。赫胥黎认为，达尔文实至名归，但华莱士也功不可没："变异、生存斗争、适应环境，都已经是众所周知的现象了，但直到达尔文和华莱士驱散了黑暗，《物种起源》的灯塔开始指引黑夜中的路人，人们才发现，这里面竟然隐藏着一条通往物种问题核心的道路。"[31]

虽然观点已经发表，但达尔文还是一如既往，并没有打算早点出版他的大作。家里麻烦不断，身体也没有好转，再加上写作一向很慢，达尔文外出避暑时还以为最多就是写一篇长点的《物种理论摘要》。[32]几个月后，临到出版，他才接受朋友的建议，删掉了标题中的"摘要""论文"等谦词。[33]很久之后，他回忆说，《物种起源》写成那样，是拜华莱士所赐："这本书能畅销，一个原因就是篇幅适中，这还得感谢华莱士把他那篇论文寄给我看。要是还按 1856 年动笔时的想法去写，篇幅得多出四五倍，没几个人有耐心读完。"[34]

在此期间，达尔文最关心的还是自己和家人的健康。1858 年 10 月，他又到莱恩的慕尔公园接受水疗，也算给这位年轻的医生打气。他喜欢莱恩，同情他的遭遇，夏天那场官司还没有尘埃落定。[35]

"疯癫的"妻子与复仇的丈夫

6 月 21 日，"鲁滨逊诉鲁滨逊和莱恩案"暂停审理。7 月 3 日星期六，又在威斯敏斯特厅离婚法院复庭。《泰晤士报》在 7 月 5 日提醒读者说，上次庭审，"由于证据不足，律师曾建议撤销对莱恩的指控，让他作为鲁滨逊夫人的证人出庭作证，但法官们合议后，只有怀特曼法官表示同意，王座法庭庭长、克雷斯韦尔爵士、坎贝尔勋爵、首席法官和威廉斯法官均表示反对"。[36]

这次庭审，王座法庭庭长亚历山大·科伯恩爵士表示，他已经改变主意，认为怀特曼先生的疑虑有道理，不撤销对莱恩的指控可能有失公正。他说，现在又出现了新情况，"立法机关正在商议出台一个法案，下院已经通过”。这个法案将对《离婚法》做出修正：

增加一个条款来解决现有问题。像本案这种情况，法庭就可以……允许有通奸嫌疑的被告出庭作证……目前来看，该条款很有可能通过并成为法律，届时法庭就有权驳回对莱恩医生的指控，允许他在本案中出庭作证……因此，法庭认为，目前最好还是暂停审理。[37]

所有与此案相关的人，都要再等几个月才能知道结果。虽然科伯恩比较明显地暗示莱恩有望洗脱罪名，但目前仍可能影响他的婚姻和业务。达尔文起初也有些担心，但 7 月 21 日从怀特岛写信时，已经松了一口气，说莱恩的业务似乎没有受到影响：“很高兴，莱恩医生的水疗院都住满了。”[38] 亨利·鲁滨逊则让律师在 7 月 7 日给《泰晤士报》写信，指责该报偏袒莱恩：

本案证据尚未全部提交，贵报就已先行作出了判决［指 7 月 5 日的文章］。我们迫切希望，在莱恩尚未接受询问、原告有权要求提供的证据尚未提供之前，公众不要妄下结论。等这些都经过庭审，公众自然能够判断莱恩医生是否无辜，鲁滨逊夫人是否精神不正常，而不是由贵报来判决。我们向贵报提出这个请求，是希望可怜的原告能得到公正的对待。

您忠实的仆人：原告代理律师[39]

《泰晤士报》6 月的很多报道明显偏袒莱恩。8 月初，议会通过了《离婚法》修正案，但 11 月鲁滨逊案才会再次审理，届时莱恩将出庭作证，而最终判决还要等到 1859 年 3 月。

亨利·鲁滨逊当然希望证明他妻子精神没问题，那样法庭就可以采信她日记中记述的通奸情节，给她和莱恩定罪。相反，布尔沃·利顿 6 月 8 日在赫特福德竞选时，遭到妻子羞辱，正一心要证明他妻子精神不正常。他刚被任命为殖民大臣，正处理加拿大事务。7 月 8 日星期四，他提交的《新喀里多尼亚管理法案》（由于法国反对[1]，维多利亚女王建议将"新喀里多尼亚"改为"不列颠哥伦比亚"，法案后来改称《不列颠哥伦比亚管理法案》[40]）还在下院二读，他就已经把罗西娜关进了精神病院。不用说，她是不会善罢甘休的。7 月的前两周，整件事情就被曝光了。

赫特福德偷袭得手后，罗西娜回到汤顿，见到了她丈夫从伦敦派来的医生，其中一位是弗雷德里克·黑尔·汤姆森。6 月 12 日，她给汤姆森写信，开出了条件。想让她闭嘴，就要在她而不是布尔沃的有生之年，把她的赡养费从每年四百镑提高到五百镑，把她欠的两千五百镑债务还清，并让她丈夫保证不再"直接或间接地骚扰和污蔑我，让我完全自由地选择去什么地方、在哪里生活，并且是以我乐意的方式生活"。[41] 如果布尔沃肯听迪斯累里的话，解决钱的问题，或许能结束这场争吵。当然，以罗西娜的暴脾气和冲动劲，谁也无法保证她一定会偃旗息鼓。见汤姆森没有回复，她又在 6 月 15 日去信，扬言要上伦敦，去殖民部堵布尔沃。[42] 她可能还写过一封信，但都没收到回复。6 月 20 日，她再次给汤姆森写信："你那个无耻的老板，德比勋爵的走狗，原本是所多玛和巴比伦的渣滓，竟然摇身一变，成了殖民大臣。他必须付出代价。"也就是说，"就算英国的出版界——这个世界上最腐败堕落的媒体——全都被封口或收买"，她丈夫的行径也会"尽人皆知，臭名远扬"。[43]

三天后，她被骗到了伦敦，可能以为是去谈赡养费。她住到了克拉吉斯街的一家旅馆，就在皮卡迪利大街附近。结果，她被人从这里带到了伦敦以西的布伦特福德。那里有一座 18 世纪的建筑——威客楼，被罗伯特·加德纳·希尔改造成了精神病院。这位外科医生和约

1 法国已经有殖民地叫"新喀里多尼亚"（New Caledonia），是西南太平洋的一个群岛，1853 年沦为法国殖民地。

翰·康诺利医生都比较早地提出对精神病人采取非约束性控制。[44]希尔和家人就住在附近的因弗内斯小舍。他在广告中说："任何患有轻度精神病的女士，均可住在加德纳·希尔先生的私人住宅中。"[45]罗西娜自然也住到了希尔的私宅中。据她描述，她被希尔"绑架"了，当时还有一个叫乔治·罗斯的药师，一个男助手，两个精神病院的护士，其中一个是"身高六英尺的佛兰德斯女人"，布尔沃就在一边看着。[46]她朋友丽贝卡·赖夫斯叫来了两个警察，但被汤姆森和罗斯开具的精神病证明挡了回去。有了这张证明，他们就有权将罗西娜强行关进精神病院。关于她被关进精神病院的细节，主要来自她那本严重不实的自传《被毁掉的一生》，书中攻击的很多人在该书出版时都已去世，但我们还能找到其他证据。[47]6 月 29 日星期二，罗西娜从因弗内斯小舍给丽贝卡·赖夫斯写信，说罗斯和汤姆森签署了她患有精神病的证明。7 月 4 日星期日，她说前一天精神病管理委员会派人来探视，其中一位是约翰·康诺利。7 月 5 日，她大骂布尔沃的朋友约翰·福斯特，把这位老仇人说成"流氓成性的恶棍，专为撒谎大王爵士干脏活，干的时间最长，最不要脸，也最卖力"。她还提醒丽贝卡，福斯特"是可笑的精神病管理委员会的秘书"。[48]

前段时间，报界都在报道赫特福德闹剧，经布尔沃斡旋，已经基本平息。现在，报界又发现了这个新丑闻。萨默塞特的地方报纸最先发声，报道了丽贝卡·赖夫斯等人声援罗西娜的活动。后来，全国发行的报纸也纷纷跟进。很多报纸在讲罗西娜"遭囚禁"时，都是从赫特福德的竞选闹剧讲起。当时还出了一本一便士的小册子，题为《真实再现：自由与法律惨遭践踏——利顿·布尔沃夫人被强行带走，关进疯人院黑牢！附后续解救行动》。封面插图为《利顿夫人在疯人院地牢中第一次见律师》，画面阴森恐怖，一个女子穿着睡衣坐在诊台上，惊恐万分，身后的壁龛中放着一具骷髅，一位绅士前来帮她，见到这一幕显得十分震惊。[49]7 月 6 日星期二，汤顿举行了一次声援罗西娜的集会。7月中旬，全国发行的《每日电讯报》成了声援罗西娜的报界头羊。[50]该报的支持非常关键。它于1855年创刊，由约瑟夫·利维主编，一便士一份。而它的竞争对手定价都比较高，《泰晤士报》七便士，《每日新闻》和《邮政晨报》五便士。《每日电讯报》支持自由进步事业，反对死刑，主张改革议会上院，到1856年时，它的销量已经超过了其他竞争对手。[51]

仅7月13日这天，就有很多日报转载了《萨默塞特郡报》的报道，包括《纪事晨报》、《伯明翰每日邮报》、《利物浦信使报》和《利兹信使报》，提到了囚禁、竞选演说、一便士小册子、汤顿抗议集会、罗西娜的赡养费等。各方都在指责布尔沃无情无义。迪斯累里也大为光火，因为罗西娜说他跟布尔沃的关系不仅亲密，而且暧昧。他也指责布尔沃吝啬愚蠢。7月15日星期二，又有一大批报道铺天盖地而来。领头的《纪事晨报》刊登了一篇引人注目的文章，题为《重大行动——寻求正义：布尔沃·利顿夫人被关入精神病院》。

《每日电讯报》7月12日就加入了战斗，支持罗西娜，刊登了系列文章和读者来信。简·卡莱尔看了《每日电讯报》，也听了约翰·福斯特夫妇的描述，告诉了正在苏格兰避暑的托马斯·卡莱尔。福斯特是布尔沃的代理人和参谋，也是精神病管理委员会的秘书，掌握的内幕不少。卡莱尔夫妇跟利顿夫妇很熟，但跟罗西娜更亲，经常站在罗西娜这边。7月12日，简·卡莱尔给她丈夫写信，谈了竞选演说那天的事，补充了一些生动的细节：

布夫人曾经发誓，"'撒谎大王懦夫爵士'的事业每前进一步，她都要反戈一击"。她还真是说到做到，在他竞选的头天晚上，带着女房东悄悄去了当地，隐姓埋名，没有暴露。第二天早晨，全城震惊，大街小巷贴满了攻击布尔沃的海报。

但布尔沃不在，他是竞选当天才到的。他儿子罗伯特·利顿也不知道谁干的，只能雇人满大街撕海报。[52]

竞选演讲开始后，布尔沃和罗伯特站在台上。罗伯特听到下面一阵骚动，看到“一个身材格外魁梧的女子，一身白衣，打着白伞，正对着身边的群众说话”。简·卡莱尔说，罗伯特第一眼没有认出母亲，但“终于，一个念头‘像子弹’一样击中了他——‘是母亲’！（这是他跟福斯特夫人说的）”。罗伯特告诉他父亲，利顿夫人来了。可布尔沃·利顿是出了名的耳背（这也影响了他在议会中发言），竟然没听清楚。最后，罗伯特在他耳边大喊：“您夫人来了！”接着，简又讲了伊莱扎·福斯特跟她描述的情形：

闻听此言，撒谎大王爵士“一个踉跄，脸色苍白，怒视了妻子一眼，急慌慌地向讲台台阶冲去”！快到地面的时候，不知道谁这么有先见之明，马车和仆人已经到位！他“跳上车，仰靠在座椅上，仿佛昏了过去”，朝内布沃斯大院［他在赫特福德郡的乡宅］疾驰而去，让朋友替他接着演说！你不觉得这位夫人已经大获全胜了吗？

随后，简又谈了近期发生的事：“布尔沃假装说要‘友好地解决’问题，增加她的赡养费，把她骗到了伦敦，但没有交给律师，而是交给了精神病医生！”[53]

卡莱尔也被这个惊心动魄的故事感染了，7 月 14 日回信说，汤姆森医生是个“卑鄙的势利小人”，罗西娜“没比我疯多少”，当然，确实“有些鲁莽，误听误信，负担又重，难以自拔”。他对布尔沃的“糟糕应对”表示不满：“首先，我觉得，如果真有爱心，只要条件允许，就绝不会、也不应该让曾经的另一半过穷日子。”[54] 他很有远见，说坚信罗西娜一定能离开精神病院，他和简最好“不要议论这件事”。

果然，7 月 15 日，《每日电讯报》报道说，“爱德华·布尔沃·利顿爵士掩盖了他妻子被强行送进布伦特福德疯人院的丑闻”，但“也被迫做了让步”：

我们很高兴这场不光彩的家庭战争最终画上了句号，利顿夫人不再被指控患有精神病，有资格和她丈夫平等协商……舆论迫使德比勋爵的这位得力助手投降了。至于布尔沃·利顿爵士是不是受了内阁的影响，发现有必要挽救政府和他自己的声誉，并不重要。但我们不能忘了，他雇佣律师、护士和警察抓了他妻子，强行送到精神病院，还开具了精神病医学证明，而且，正是由于全国上下群情鼎沸，她才得以逃脱虎口，过上了独立自主的生活。[55]

罗西娜的朋友要求精神病管理委员会调查此事。布尔沃打了退堂鼓，答应了罗西娜的经济要求，安排她7月17日出院，和儿子罗伯特出国避暑。《泰晤士报》和布尔沃关系不错，没有报道这件丑闻，只是在7月14日发了一则短讯，说它“不得不说”，“关于那位女士的一切事务”正“通过家庭安排，得到了友好的解决，当事各方均感满意”。[56]这则短讯很有可能就是布尔沃写的。由于媒体大都支持罗西娜，声讨布尔沃，布尔沃的阵营也有些担忧，便让罗伯特·利顿在7月17日给《泰晤士报》写信，指责《每日电讯报》等报刊“夸大、歪曲了”事实。

罗伯特无法否认希尔的精神病院强制收治罗西娜的事实，但也尽量替父亲开脱：

我现在是遵父命行事。他嘱咐我全力照顾母亲，听取沙夫茨伯里勋爵［精神病管理委员会主席］的建议，做出对利顿夫人最有益和最亲善的安排。

母亲现在和我在一起，完全自由。她想短期外出旅行，由我和她自己选定的一位女伴陪同。

家父起初迫于无奈，授权采取了一些措施，引起了很多误会，但他自始至终都想请教经验最丰富、水平最高的医生，不让母亲多受哪怕一刻的限制。

随信附上福布斯·温斯洛医生和康诺利医生的证明。[57]

两位医生的信也一并见报。罗伯特解释说，康诺利是他父亲请的，福布斯·温斯洛是他母亲的法律顾问请的。温斯洛是精神病专家，在不久前的鲁滨逊案中，法庭曾请他去谈子宫疾病与精神妄想之间的关系。[58]罗伯特曾请朋友爱德温·詹姆斯“委托温斯洛前去了解情况”。温斯洛7月16日给詹姆斯回信说，当天已为利顿夫人做了检查，她“无须继续待在精神病院”，但他也看了当初安排她入院的医学证明，希望能公正地看待她丈夫的行为，不认为布尔沃前几周采取的措施“无情无义或毫无道理”。康诺利的信是写给布尔沃的。显然，康诺利很尴尬，也很矛盾，因为就是他在7月3日到精神病院探视罗西娜，认为她精神不正常。他强调说，当时“到希尔先生和夫人的私宅中”探视罗西娜，对她的精神状况进行“诊断”，也是职责所在，现在“很高兴听到她在儿子和女伴的陪伴下离开希尔家”。这些措辞，尤其是强调罗西娜没有被关在威克楼，而是待在希尔家，明显是跟布尔沃及其参谋们一同推敲出来的。

马克思也对罗西娜事件发表了看法。他给《纽约每日论坛报》写了一篇文章，题为《布尔沃·利顿夫人遭囚禁》，认为罗伯特的信闪烁其词，尤其是“煞费苦心地写出来的那一段”，想方设法要证明布尔沃“觉得有必要听从权威的医学建议，既然已经精神正常，也就无须继续住在精神病院”。马克思善于从个案联想到普遍问题：“会不会有无耻之人，打着《精神病人法》的幌子，以诱人的价格，收买两个贪得无厌的医师，从而拿到逮捕令[1]？”他说，最近已经有人在下院提出这些问题（涉及另一个案子），下次议会开会时，有望成立一个委员会，调查《精神病人法》的实施情况。[59]

这时，罗西娜已经和罗伯特、丽贝卡到法国南部度假，但很快就同两人闹翻了。8月，她在波尔多给埃德温·詹姆斯写信，感谢他主动提出做她的受托人，处理她今后的生活事宜，“我完全信任

1 逮捕令（*lettres de cachet*）尤指法国大革命前国王下令监禁或放逐某人的封印密信。

您”。[60] 10 月，她看到了罗伯特给《泰晤士报》的信，也看到了信后附的温斯洛和康诺利的信，发现埃德温·詹姆斯就是她丈夫雇用的，便开始称詹姆斯为“老贝利的靡菲斯特”[1]。她怀疑“毒如蛇蝎”的丽贝卡也参与了这场阴谋。可怜的罗伯特，8 月还是她的“白马王子”，现在已经成了他父亲的走狗，她的头号仇敌。[61] 10 月 25 日，她给精神病管理委员会主席沙夫茨伯里伯爵写信，说他勾结罗伯特和自称是她朋友的丽贝卡，故意把她弄出英国。她现在发现，这趟法国之行就是一个阴谋，丽贝卡“又是逼迫，又是哄骗”，把她骗了出来。[62] 她现在明白了，罗伯特从一开始就跟他父亲一伙，她“再也不想见到他”。

11 月，她已经回到汤顿，罗伯特则去海牙英国大使馆当随员。罗西娜后来又出了几本书，逐渐淡出了公众视野，1882 年背着债务孤独离世。1880 年，她出版了那本不太可信的自传《被毁掉的一生》，回忆了 1858 年夏天的遭遇。关于在希尔家的那段日子，她的说法也自相矛盾，一方面抱怨自己被限制了自由，另一方面又说她和希尔的女儿一起散步乘车，非常快乐，两人还成了朋友。她记得那年夏天酷热难耐，她被迫在希尔家喝“温吞的阴沟水”，难以下咽；也记得 7 月 17 日星期六那天，她离开因弗内斯小舍，天气“格外炎热”。[63] 据《泰晤士报》报道，那天英国南部背阴处最高温度为 82 华氏度，28 摄氏度。[64]

希尔医生记录了罗西娜在那三周里的行为举止：和她丈夫一样喜欢涂脂抹粉；指责她丈夫没有尽到责任，害死了女儿埃米莉；不停地说她丈夫跟迪斯累里鸡奸，并大声冲窗外喊叫；说福斯特“这辈子没有一天不是酩酊大醉”。希尔认为这些都是妄想。[65] 有段时间，报纸

1 老贝利（Old Bailey）是英国伦敦中央刑事法院的俗称；靡菲斯特是欧洲中世纪关于浮士德的传说中的主要恶魔。

报道精神病管理委员好几次关错了人，其中也提到了希尔。7 月 23 日星期五，希尔在都柏林的《自由人杂志及商业日报》上刊登了一封抗议信：

报界在报道爱德华爵士和利顿夫人的事情时，很多说法都对我不公，但当时利顿夫人还在接受我的治疗，我觉得自己无权回应。上周六，利顿夫人已经离开我家，和她儿子去了法国，我觉得是时候来证明我的清白了。我坚决反对说利顿夫人“被残忍地剥夺自由，送到布伦特福德一家臭名昭著的疯人院，经营者叫希尔”……我否认利顿夫人“是被警察强行带走的”，没有任何警察碰过她……否认利顿夫人被“关进疯人院”，“丢进精神病巴士底狱的深渊”，“与精神极度失常的病人关在一起”，门窗都被锁了起来。只要利顿夫人愿意，她随时可以外出，没有门锁。我家里也没有其他病人，我夫人和长女陪着利顿夫人……现在，谁要再说我这所精神病院不人道，不清白，我就跟他决战到底。[66]

希尔很可能找过《泰晤士报》或其他伦敦报刊，都柏林的报纸显然不是发表这封抗议信的首选。

希尔也在精神病管理委员会吃了苦头。1859 年 3 月，委员会宣布因弗内斯小舍“不适合”某位伯基特夫人居住。希尔对福斯特和沙夫茨伯里非常不满。他说自己业务受损，就是因为利顿事件闹得满城风雨，对他很不公平。他还暗示，福斯特和沙夫茨伯里都参与了把罗西娜关进精神病院的计划。这倒不是乱说。沙夫茨伯里曾在 1858 年 7 月 29 日给布尔沃写信说：“我确信，你让利顿夫人接受看护和治疗的做法是对的，也是必要的。”[67] 福斯特担心希尔会诉诸法律，追究关押罗西娜的责任，1859 年 3 月 14 日对布尔沃说，如果这件事真相大白，“将会是一大丑闻，政府会公开调查与精神病相关的法律及其实施情况”。[68] 沙夫茨伯里和布尔沃均否认有过阴谋。希尔的业务从此一蹶不振。

萨克雷、《弗雷泽杂志》和《笨拙周报》早就嘲讽过布尔沃，笑他虚荣势利，但在1858年7月，布尔沃却躲过了报界的炮火。一方面，报界虽然支持罗西娜应该享有申诉权，但也清楚，她一贯肆无忌惮，毫无节制。有人批评这对夫妻都爱美化自己，简直到了如痴如狂的地步。7月17日，埃德蒙·耶茨在《时代画报》上不怀好意地说，听说"布尔沃夫人的问题就要得到'友好的解决'，为大家着想，还应该再加上一个条件——严禁她再动笔墨"。[69]

虽然《每日电讯报》一再提醒读者，布尔沃在德比政府任职，但大多数报刊都只是谴责布尔沃虐待妻子，并没有因此批评政府。德比内阁现在深得人心，已经开始处理泰晤士河污染问题，也纠正了印度问题上的错误。迪斯累里精力旺盛，意志坚定，正全力推动议会在闭幕前完成各项立法任务。布尔沃也用行动证明，他虽然不是个优秀的演说家，却是个心思缜密的官员，在澳大利亚和加拿大殖民地问题上决策英明，希望殖民地能早日实现自治。1858年12月，他在议会表示支持"稳步渐进的独立，那将是母国给殖民地的最后也是最大的恩惠"。1860年，他又预言，"这些新殖民地"终有一天"会成为强大的国家"，在英国需要帮助的时候，组建舰队和大军前来支援，一旦"这些自由联邦的母国"有难，"就会有如蝗的船只漂洋过海"，飞驰来援。[70]

不过，布尔沃并没有在这个位子上待很久。1858年12月，他就已经开始抱怨自己身心俱疲，恳请德比同意他辞职。他让迪斯累里代他求情，还给迪斯累里寄去了医生的证明，但遭到了粗暴的拒绝。一个重要的原因是迪斯累里和德比的改革方案遭到了同僚的强力阻挠，担心内阁可能倒台。迪斯累里在回绝布尔沃时，也说了几句奉承话：

我不在乎什么里德医生，也不在乎任何医生。你给我看的这种医生来信，我这辈子都收了五十封了，我都给退回去了。要是听他们的话，就不可能待在这儿，当着财政大臣，还生龙活虎……

我希望你能重新考虑你的决定。你已经把殖民部治理得井井有条，大家有目共睹。当此危难时刻，你更不应该放弃政治生涯，否则会追悔莫及。

我还没说，在当前的形势下，内阁大臣辞职会造成什么影响呢。[71]

布尔沃反驳说，自己耳背，脉搏微弱，可能会得痨病，甚至会得“器质性心脏病”，“突然瘫痪”。[72]迪斯累里不断劝他，终于在 1859 年元旦这天告诉德比，他已经说服布尔沃留了下来，以免内阁出现危机，但也说了一句无情的话：“他预计自己会在复活节前死掉，但我向他保证，果真那样，我会让他享受国葬。”[73]1859 年春，德比政府想力排众议，提交一个改革法案，布尔沃也全力以赴。3 月 22 日，迪斯累里向女王汇报说，他那位烦人的朋友虽然有种种缺陷，却刚“在议会做了一次精彩的发言”——“利顿耳朵聋，爱幻想，很难控制嗓门，有时也因此感到痛苦，常被那些鼠辈嘲笑，但他偶尔也能超常发挥，令听众心醉神迷。他对英国宪法的描述，对民主的剖析，和伯克[1]一样博大精深，但比伯克更加气势磅礴”。[74]

迪斯累里在这里不吝赞词，却始终不理会布尔沃的疑心病。布尔沃终于生气了，4 月 4 日辞去了内阁职务。5 月，布尔沃又在赫特福德竞选议员，这次罗西娜没来搅局。[75]不管怎样，德比政府还是在改革法案上起了内讧，1859 年 6 月底倒台。这届短命政府取得的最大成就，就是费尽口舌通过了泰晤士河净化法案。仔细看看迪斯累里的应对策略，再看看媒体的追踪报道，就能体会到他处理这件事的高明手段。这是他政治生涯中的一个精彩瞬间，却被很多史学家忽略或低估了，实在令人费解。[76]

1　埃德蒙·伯克（Edmund Burke，1729—1797），英国辉格党政治家、下院议员。

迪斯累里驯服泰晤士河

自从议会成立专门委员会调查泰晤士河状况并提供治理方案，以《泰晤士报》为首的报刊便紧盯着委员会的一举一动。委员会很有分量，有不少大人物，如本杰明·霍尔爵士、伦敦高级市政官威廉·丘比特[1]（经营着著名的丘比特建筑公司）、教区委员会代表、约翰·罗素勋爵和帕默斯顿勋爵，但也备受质疑，因为霍尔等人已经在伦敦排污问题上相互推诿多年。现在，有了6月30日议员们从议会掩鼻而逃的经历，再加上迪斯累里大力推动，委员会也认真起来。7月1日星期四，《泰晤士报》报道了前一天委员会开会的情况。

议会的供热工程师戈兹沃西·格尼到会作证，建议在河中修建"两条沟渠，宽30码，深3码"，"坡度1/12"，可以"带走河岸上的淤泥"，在泰晤士河内部"解决这个麻烦"。土木工程师乔治·比德认为这个方案行不通，修建两条沟渠会影响航运，1/12的坡度也无法阻止污泥在河道中淤积。他说："我同意巴泽尔杰特先生的观点，废水排入河中才是问题的根源所在。"另一位专家詹姆斯·劳斯也认为格尼的方案不可取，"只要有大量废水注入泰晤士河，格尼先生的方案就解决不了问题，热天就会散发大量的有毒气体"，但按巴泽尔杰特的方案，把废水排到巴金克里克，涨潮时又会流回伦敦。委员们大多认为，在河中投放石灰，只能短期除臭，而且费用太高。[77]随后一周左右，委员会多次开会，咨询了更多专家，分歧也越来越大。

7月1日，《泰晤士报》的社论已经有些不耐烦：

负责这个问题的委员会一个接一个，一拨接一拨，采集的信息足够建造一百种下水道了……可他们还是什么都没做，不过就是往河

1　威廉·丘比特（William Cubitt，1791—1863），英国保守党政治家、下院议员、土木工程师。

里抛几船石灰，指望用这个来净化兰贝斯和米尔班克的河岸，要不就是在几个排污口摆摆样子。这么干，到明年这时候，也不会有什么变化。我们要找出问题的根本所在，一天都不要再浪费。

社论接着笔锋一转，由沮丧不满转向了民族自豪感，鼓励工程师和政治家向 1851 年世界博览会的场馆设计师学习。水晶宫是一座巨型玻璃建筑，用“砖和砂浆砌成，是一项了不起的建筑成就”，三年后拆解重建，从海德公园运到锡德纳姆，整个过程“造价低廉，快捷准时”，而且非常坚固，关键就在于使用了“钢铁构件”。那么，“我们为什么不能沿河铺设铁质地下管道，将有毒的废水排到远方呢”？[78]

各报都在呼吁尽快作出决定并付诸实施，对同样生活在恶臭中的政治家也毫不留情。不过，第二天的《泰晤士报》倒是刊登了“一位下院议员”的诉苦信。信中说，他已经“全力以赴，而且闷得半死”，恳请大家体谅他和同事们的苦衷：

整个 6 月，泰晤士河糟糕透顶，乌黑的河水就在我们窗下翻腾，很多议员平均每天要在议会待十二到十五个钟头……就拿我所在的委员会来说，当委员自然光荣，但肯定不幸福。

他说，天气一天比一天热，在会议室一待就是“六个钟头，简直要命”。开窗，恶臭就把人“熏个半死”；不开窗，屋里“就和烤箱一样”，把人“闷个半死”，所有人“都盼着能吸一口干净空气”。有一次，委员会不敢开窗，试着开了下门，但“没有用！臭气照样冲了进来”。

先生，这种状况还要持续多久？难道非要等五六位上院议员，包括一两位主教，被这从未消停的毒气熏死？……再不净化泰晤士河，议会还能在伦敦开会吗？……除非下次开会前能够找到解决办法并付诸实施，否则，议员们是不会同意再次冒着生命危险，到这个越来越臭的化粪池边整日整夜地开会。议会两院都不得不搬到有益健康的地方，如爱丁堡、牛津或都柏林。[79]

同一天，还有一位下院议员匿名给《泰晤士报》写信，少了些抱怨，提出了方案。他说，方案应该“包含三个目标”：首先是“净化泰晤士河”，其次是“在流经伦敦的河段修筑堤岸”，最后是“利用废水生产肥料，现在不仅浪费，还污染了环境”。[80]前两个目标很快就将由巴泽尔杰特来实现。

7月3日星期天，《伦敦新闻画报》兴奋地说，终于采取了“有力的措施”，在泰晤士河各排污口投放了二百多吨石灰；更重要的是，比德、霍克斯利和巴泽尔杰特的筑堤方案似乎已经被采纳。[81]当天的《笨拙周报》刊登了整版漫画《泰晤士河老爹带着他的孩子来到美丽的伦敦城（为新议会大厦设计的湿壁画）》，几个孩子分别是白喉、瘰疬和霍乱。[82]为了加深印象，该报当天还刊登了一首小诗，模仿丁尼生的《冲激，冲激，冲激》（“Break，Break，Break”），题目是《致泰晤士河（仿丁尼生）》，开头写道：

> 烘烤，烘烤，烘烤[1]，
> 泰晤士河一路向大海奔跑！
> 愿你的恶臭能够毒死
> 一位议员或一位主教。[83]

《年代》也不甘落后，在7月4日星期六要求尽快采取措施。至于谁来承担费用，该报认为全国人民都应有份，不能再让“世界首都蒙羞”。既然人人都知道必须将废水从伦敦引到肯特和埃塞克斯，为什么还要浪费时间，没完没了地开会？市民不要太相信市政工程委员会，要和报纸齐心协力，把它盯紧了，别让它再像以前那样磨磨蹭蹭。这篇文章也和其他评论一样，误认为传染病是通过空气传播的。该报报道说，兰贝斯有位“可怜的牧师”，那一周失去了妻子和四个

1 原文为“Bake”，与“break”读音相近。

孩子，就是因为“泰晤士河的臭气有毒”。[84]

7月初，气温短暂回落，但很快又升到80华氏度（27摄氏度），并持续升高。负责泰晤士河问题的专门委员会又多次开会，饱受指摘的市政工程委员会也在约翰·思韦茨的主持下开会讨论。7月8日，巴泽尔杰特向市政工程委员会汇报说，他已采取临时除臭措施，向污水中投放石灰，每天费用为一百八十镑，只要气温持续升高，就一直采用这个办法。[85]《泰晤士报》报道说，7月12日星期一，泰晤士河委员会开会，很多委员到场，“会议室热得难受”。委员会已基本同意巴泽尔杰特等人的方案，用拦截式下水道将废水引到远离伦敦的地方，并确保不会在涨潮时倒流回来。废水用作肥料的想法被否决了。托马斯·霍克斯利认为，污水除臭后无法再用作肥料，没有经济利益可图。[86]

泰晤士河委员会要在7月19日汇报审议情况。迪斯累里7月8日对女王说:“《泰晤士河净化法案》已起草完毕，有望在一周内提交。”[87]7月15日星期四，他如期提交了这份议案，即1855年《伦敦地方管理法》的修正案。他的策略是提交一份原则性的议案，以免下院揪住细节不放，把议案拖入泥潭。他用华丽的辞藻打断了下院的议程，提出了他的议案：

先生，请允许我提议，暂停今日议程，讨论一项净化泰晤士河的议案。总的来说，河水状况不断恶化，就像一场突如其来的灾难，袭击了伦敦居民。但我相信，早就有个别细心观察的人士，预见到了这场灾难……先生，实际情况比他们预见的还要严重。长久以来，这条大河一直带给英国人自豪与欢乐，一直与我们最辉煌的商业成就和最美丽的诗篇联系在一起，现在却成了一潭死水，阴森恐怖，难以形容，无法忍受。公共健康正受到威胁……人们都在担心瘟疫会降临这座伟大的城市。鉴于河水现状已严重妨碍并危及公共卫生，我请求提交一份议案，解决这个问题。我相信它一定能够成功，也相信我不过是说出了大家共同的心声。[88]

迪斯累里说的“个别细心观察的人士”不仅指报刊，还包括巴泽尔杰特等专家以及电磁学鼻祖迈克尔·法拉第。法拉第曾在 1855 年 7 月 9 日给《泰晤士报》写信，谈了那年夏天的高温对泰晤士河的影响。他说，那天下午一点半到两点，正是低潮时段，他“从伦敦桥坐汽船到亨格福德桥”，河水臭味刺鼻，呈现出“一片浑浊的褐色”；不能再任由它“沦落为发酵的污水沟”，“如果还不重视起来，我们就会受到惩罚；如果我们在不久的将来，某个炎热的季节，看到这种疏忽酿成了恶果，也没什么好奇怪的”。[89]《笨拙周报》还根据法拉第的这封信，画了一幅漫画：法拉第坐在船上，一只手捂着鼻子，另一只手把名片递给脏兮兮的泰晤士河老爹。

19 世纪 40 年代，伦敦已经有二十万个化粪池，有的甚至都已经满溢，不能再继续使用。埃德温·查德威克认为，应该将废水倒入下水道，再排入泰晤士河。这实际上是个错误的做法，加重了泰晤士河的污染。[90]从 1850 年到 1856 年，伦敦的用水量翻了一番。1858 年，伦敦人口已经接近二百五十万。[91]《人民报》在 1858 年 7 月 10 日指出，巴黎当局也同样面临排污问题，最初是将污物倒入化粪池，再装车运走，现在想改变这种做法，但又不想像伦敦这样，先污染下水道，再污染泰晤士河。[92]

迪斯累里接着问：“这件事属于地方还是全国？”也就是说，谁来承担费用？答案是伦敦人。伦敦市政工程委员会自 1856 年初开始运转，虽然政绩平平，但毕竟一直研究这个问题，可以负责工程实施。工程造价预计三百万英镑，可以通过征收一项为期四十年的特别税来筹集，税率不超过每英镑三便士，本金和利息均由政府提供担保。“在工程建设方面”，市政工程委员会“拥有绝对的自由”。[93]迪斯累里话音刚落，就有议员指责他违反了“议会规则”，帕默斯顿出面替他解了围。有人想讨论细节，这是迪斯累里不想看到的，但他很精明，没有立即阻止，而是让他们畅所欲言。有人以出租马车税和煤炭税为例，说民众很反感特别税。有位约翰·洛克说，“财政大臣提交的这个议案含混不清，很像《哈姆雷特》这部戏，主角没有出场”，议会“完全不知道是不是已经有了具体方案”。伦敦市政工程委员会现在是什么情况？有没有能力像迪斯累里说的那样，独立承担这项任务？最后，“这个议案说得这么花哨，但到底是什么意思，谁也没听懂。陛下的政府没有解释具体怎么做。他们说了半天，就一句话：‘我们完全相信一个至今一事无成的机构。’”[94]

这个问题说到了点子上，迪斯累里没有回应。接着，泰晤士河委员会也有几位委员对市政工程委员会的能力表示了怀疑。迪斯累里虽然没有明说，但估计也有些猝不及防。委员会主席肯德尔说，委员们“收到了英格兰、爱尔兰和苏格兰的工程师和化学家们提供的大量建议”，还没有完全消化。本杰明·霍尔爵士及时赶回来为自己辩解。有人批评他在 1856 年反对巴泽尔杰特的方案，拖延了关于谁来承担费用的讨论。[95]霍尔说，拦截式下水道这个想法不错，但还不足以解决全部问题，应该由全国民众出资，修筑泰晤士河大堤。[96]约翰·曼纳斯勋爵是迪斯累里的好友，也是“青年英格兰”运动的成员，他支持迪斯累里，认为议会应该先就基本原则达成一致，再讨论具体方案。他表示支持这份议案，并向同僚保证，该议案“严谨合理”。委员会的其他成员还提到了石灰除臭的效用和费用。赛克斯上校说，“议会内外给泰晤士河开方子的医生太多了”，他“觉得没有必要再锦上添花，贡献他的秘方”，他支持这个议案，同意巴泽尔杰特将下水道与泰晤士河大堤合为一体。他还提醒说，二十多年前，历史画画家约翰·马丁[1]就提出过这种方案，可惜没有引起关注。[97]

1 约翰·马丁（John Martin，1789—1854），英国画家，曾提出过改进泰晤士河堤岸和伦敦下水道的建议。

迪斯累里等他们把话说完，才以欢快、奉承的语气做了总结。“一般说来，政府的提案能有这样的待遇，伦敦市民应该感到幸运”。（他怎么知道伦敦人是怎么想的？给报刊写信的人，大都批评议会在这件事上不作为，但那些没写信的人呢？）他还冒险为口碑极差的市政工程委员会辩解：“这个议案的一个结果，就是使该委员会成为一个真正办实事的机构……我完全相信，这座伟大的城市人口众多，思想开明，他们推选到委员会的英国人必然能够胜任本职工作，一举一动也必将得到广大市民的信任和尊重。”他说，不必担心钱的问题，因为政府会为这笔经费提供担保，完工时肯定“不欠一分钱”。预算是由“最权威的人士［没说是谁］”制定的，将“充分证明，审慎而又精明地利用复利，会产生何等魔力”。[98] 换言之，按这位财政大臣的说法，在这个古往今来最美好的世界中，一切都将圆满成功。虽然他本人一生都没做到“不欠一分钱”，也不懂什么是“复利”，但信任就是一切。迪斯累里获准提交议案并通过了一读。

经过几番辩论和宣读，尘埃终于落定。月底，议案通过，两院都没做太多修改。《伦敦新闻画报》在7月24日星期六表示了祝贺，说议会已经通过了泰晤士河净化法案，将由市政工程委员会负责实施，但委员会口碑很差，是由教区委员会推选出来的，而教区委员会又代表着狭隘的地方利益。[99] 该报虽然有些疑虑，但仍认为迪斯累里手段高明：

迪斯累里先生刚提这个议案的时候，似乎希望不大，因为他说得云山雾罩，每句话的开头简直就是无韵诗，不太像法案的风格，更何况还要交给思韦茨先生和他那个唯教区委员会马首是瞻的市政工程委员会，那可是三百万英镑啊。[100]

该报说，随着议案进入二读和三读，这些疑虑都消失了，因为人们似乎预感到，这将是一个烂摊子，就让市政工程委员会去收拾吧，如果收拾不好，还可以问它的责。

迪斯累里取得了胜利。舆论认为他提交的泰晤士河法案是这次议会出台的最好的法律。不过，随后几周，报刊仍未放过泰晤士河委员会。7 月 17 日，《笨拙周报》故意开列了一份“专项调查委员会”名单，有化学家坩埚先生，“廉价燃气公司工程师”计量表先生，糨糊脑袋先生，呆头呆脑勋爵，吹管教授，万事通先生，污水坑先生，等等。[101] 但最重要的是终于行动起来了。

说来有些讽刺，迪斯累里掌管全国财政，个人财务却一塌糊涂。同样，马克思对迪斯累里的评价可谓入木三分，对资本主义经济的剖析更是一针见血，但日子也过得捉襟见肘。7 月 15 日，就在迪斯累里向议会提交泰晤士河法案的这天，马克思也在伦敦给恩格斯写了一封求助信。这不是第一次，却是处境最艰难的一次。马克思正在大英博物馆阅览室研究资本问题，还不时地给德国和美国的报刊撰写文章。恩格斯经常从曼彻斯特寄五镑给马克思，帮他维持家庭开支。1858 年 3 月 29 日，马克思收到了恩格斯寄来的五镑，回信说，他打算以分期连载的方式出版《政治经济学批判》。他还调侃说，最近病了，正在吃药治疗肝病，但老是反复，“因为晚上工作的时间太长，白天家里又经济紧张，麻烦不断”。[102]

7 月 15 日，马克思的经济状况跌到了谷底。他给恩格斯写了一封长信，讲了自己的经济困难，但又不忍心再给恩格斯增加负担。他说，虽然给报纸写文章收入不高，但现在连这个也做不了了，每天都在忙着“到处借钱，却又总是空手而归”。他夫人燕妮病了，“精神不佳”，医生建议到海边疗养，但又没钱。他已经跟朋友、互助会和报社借了钱，但现在“连最紧迫的日常开支，都拿不出一分钱了”。他附了一份近期的开支清单，包括税费、燃气、面包、肉、乳酪、煤炭以及三个女儿的学费和服装费。他说，从 6 月 17 日起，“家里就一个子儿也不剩了”，清单上欠的钱将近 112 英镑。他绝望地调侃说，实在不行，他就从伦敦北部搬到东区白教堂附近，跟劳工住到一起，但又不忍心让妻子和“正在成长的女儿们”遭罪。他对恩格斯说：“我现在该说的都说了，因为我必须找人说说。”他问恩格斯“怎么办”。“最近两个月，我深陷泥潭之中。就算是最可恨的敌人，我也不希望他们掉进来。这段期间，令人恼火的琐事数不胜数，毁掉了我的智力，让我无法工作”。[103]

恩格斯第二天就回了信，寄来三十英镑，并建议马克思再找伦敦的朋友和人民互助保险会借钱，后者是1853年成立的社会主义组织。[104]这段时间，马克思一直在关注英国和欧洲大陆的政治形势，试图从历史中寻找原因，写了很多精彩的政治和经济评论。他也评论热点话题，就在给恩格斯写信的第二周，他便谈到了罗西娜被关进精神病院的事。虽然贫病交困，马克思仍在1858年撰写了一系列报刊文章，包含了大量的历史资料和数据分析，这都需要在大英博物馆查阅大量的议会报告（蓝皮书）和学术著作。

相比于《泰晤士报》等报刊的每日时评，马克思的文章虽然短小，却更像《爱丁堡评论》《季刊评论》《威斯敏斯特评论》等重要季刊上的长篇学术文章[1]。拿破仑三世遇刺事件发生后，帕默斯顿似乎听任法国干涉英国司法，导致内阁倒台。马克思在2月写文章讽刺了这位“帕姆先生”。4月，他写文章分析了迪斯累里的预算，表示了支持。5月，他又写文章分析坎宁就奥德问题发表的声明。8月，他还利用翔实的资料，写文章讨论“英国精神病患者人数增多”。[105]如果身体健康，经济宽裕，马克思肯定会集中精力去写《资本论》。他很少抛头露面，也不与伦敦上流社会和文学界交往，文章又都发表在国外报刊或名气不大的英国报刊上（如一直经费紧张的《人民报》），当时的英国人并不太了解他的著述。但他一直关注狄更斯和迪斯累里，喜

1　马克思为报纸撰写的时评虽然只有几千字，但经常像学术论文一样引经据典，需要查阅大量文献资料。

欢狄更斯的小说，1859 年之后也开始关注达尔文，但这三人对他的著作却了解不多。

罗斯柴尔德进议会下院

1858 年 7 月，迪斯累里正加速推进各项立法。月初，德比勋爵因痛风无法工作，迪斯累里实际上挑起了两个人的担子。虽然《年代》在 7 月 4 日星期日报道说，德比勋爵已经康复并回到上院，但那天维多利亚女王请德比到白金汉宫就餐，仍觉得他“气色很不好”。[106] 7 月中旬，德比恢复了健康，前往怀特岛的奥斯本宫，觐见女王和艾伯特亲王，“虽然仍未走出痛风的阴影”，但已经“精力旺盛”，讲起了笑话。[107] 多项议案已经到了三读和最后的修改阶段，其中包括《印度法案》。斯坦利勋爵为这个法案做出了很大的贡献。6 月 17 日，德比因痛风无法出席会议，迪斯累里安慰说，斯坦利那天在下院“深受好评”，就连反对党的约翰·罗素勋爵都赞不绝口，称斯坦利“公正坦诚，全身心地投入到了这个至关重要的问题上面”。[108] 正如迪斯累里对女王所说，多亏他和斯坦利齐心协力，《印度法案》才能于 7 月 8 日“在大家的尊重和各方的祝贺声中”通过。[109]

《医疗法案》没能大获全胜。考珀勋爵全力推进医疗改革，希望彻底铲除既得利益，但德比和迪斯累里专注于《印度法案》和《泰晤士河净化法案》，没能出面声援。7 月 9 日，《医疗法案》在下院通过三读，上院也很快通过。法案初稿由约翰·西蒙起草，改革力度很大，得到了大学和全科医生的支持，但由于两所皇家医师学院动用保守政治力量加以阻挠，最终稿还是大大缩水。不过，改革还是迈出了第一步，建立了医师注册制度，驱逐了不合格的医师。[110]

《宣誓法案》也和《医疗法案》一样，奋斗多年，屡屡受挫。这个法案旨在让犹太人不必“以基督徒的名义”宣誓，便可拥有议员席位，尤其是让莱昂内尔·德·罗斯柴尔德进入议会下院。议会多次展开讨论，迪斯累里和约翰·罗素勋爵都表示支持（罗素和罗斯柴尔德均被选为伦敦城议员），德比也认为该法案很有必要，也很公正。上院否决了下院递交的所有版本，下院也不乏顽固的反对者，最有名的当属查尔斯·纽迪盖特·纽德盖特。他是沃里克郡阿伯里府的主人，替他打理这份产业的是罗伯特·埃文斯，也就是《教区生活场景》的作者玛丽安·埃文斯的父亲。纽德盖特是墨守成规的保守党人，拥护英国圣公会，反对罗马天主教和犹太教。他带头反对《宣誓法案》，并给报刊写信说，犹太人曾在西班牙宗教法庭[1]“任职”。《圣詹姆斯纪事报》支持纽德盖特，认为“犹太人对基督教的仇恨”并未消失。5月20日，议会还在讨论《宣誓法案》，该报就指名道姓地攻击了罗斯柴尔德：

> 19世纪的罗斯柴尔德男爵，口口声声要求宗教自由，千方百计想进英国议会，和15世纪至16世纪的“犹太绅士”耍的花招一模一样，他们那时候可是“西班牙宗教法庭的爪牙”。两者目标一致，后果相同，就是要给基督教以“沉重的打击和强有力的阻挠”。[111]

大多数报刊虽然也经常嘲讽犹太人，但都支持这个法案，认为一个人多次当选议员，却进不了议会，有失公平。7月1日，上院最终同意，下院可以通过法案，允许犹太人进入下院，但不能进入上院。报界分析了这个妥协方案给各方带来的尴尬。《年代》在7月11日星期日开玩笑说：“将来兴许还会出一位犹太裔大法官。”这显然是在讽刺现任大法官切姆斯福德勋爵，他和弗雷德里克·塞西杰爵士一样，坚决反对犹太人进入下院。[112]《笨拙周报》也在周末刊登了小诗《摩西的胜利》，嘲讽上院议员，并提醒他们，罗斯柴尔德的爵位并非英国所封，更不用说他还腰缠万贯：

1　西班牙宗教法庭是1480年至1834年的天主教法庭，常用残暴手段迫害异端。

下院肯定不会反对
摩西担任议员，
他也一定会努力证明
他有头脑、手段、资源和技术……

上院的老爷们，可要给摩西勋爵腾地方了，
他的马车上镶着家族饰章，盾牌上也画着纹章，
他的血统比诺曼人还高贵，
他的生意还可以由儿子继承。[113]

两周后，《笨拙周报》又报道说，上院仍在负隅顽抗，给下院出难题。7 月 24 日，该报援引沃尔特·司各特的小说《艾凡赫》，庆祝“约克的艾萨克最终战胜了德别夫城堡的骑士和其他所有封建贵族”[1]。[114]《伦敦新闻画报》调侃说，上院肯定害怕犹太人成群结队地涌入议会，没错，犹太议员的人数很快就要翻倍，现在已经有了罗斯柴尔德，不久还会有戴维·萨洛蒙斯。[115]（在 1859 年夏天的大选中，萨洛蒙斯再度当选格林尼治议员，罗斯柴尔德的弟弟迈耶也当选海斯的自由党议员，下院的犹太议员增至三人。）虽然这个妥协法案明显势不可当，但反对势力还是不肯就范，包括上院的大多数主教。直到 7 月 21 日，法案才最终得以通过，并于 8 月 2 日和其他法案一起得到了女王的御准。[116] 7 月 26 日星期一，约翰·罗素勋爵和自由党银行家约翰·埃布尔·史密斯带罗斯柴尔德来到下院，又被迫进行了最后一次表决。69 票对 37 票（反对者包括纽德盖特和内政大臣斯宾塞·沃波尔），罗斯柴尔德得到了下院席位。[117]

虽然媒体上的反犹言论和漫画经常攻击迪斯累里，但这次讨论

1 沃尔特·司各特（Walter Scott，1771—1832），苏格兰小说家、诗人。艾萨克是《艾凡赫》中的犹太人，被骑士劫持到了德别夫城堡。

《宣誓法案》却几乎没有提他，可能与他在这件事上一直保持低调有关。故意找碴儿的《雷诺兹报》是个例外。8 月 1 日星期日，该报在《一周闲谈》专栏中指出，迪斯累里才是这个“犹太法案”的功臣或罪魁：

那枚犹太蛋，很多人都认为已经变质了，但最终还是孵化了。约翰·罗素勋爵开始咯咯哒地叫唤，当然，他也想像公鸡那样打个鸣。要不是现场还有一只鸟，把他给镇住了，他肯定会像一只老态龙钟的政治阉鸡，把细细的嗓门抬到最高，叫上一声。那只鸟有东方血统，喙更尖锐，爪子更锋利，羽毛也更鲜艳。贝德福德的这只矮脚鸡，就是在羽翼最丰满的时候，也难望人家项背。那只鸟，不仅是个称王称霸的主，还是约翰牛先生晒谷场里最漂亮、最丰盛的那堆粪的主人。不用说，那就是迪斯累里先生……毋庸置疑，罗斯柴尔德男爵能够抖抖刚长出来的议员翅膀，完全是仰仗了迪斯累里先生娴熟的孵蛋技术……毫无疑问，如果德比和迪斯累里站到了对立面，这个法案就绝不可能通过。[118]

罗素个头不高，敌对报纸经常拿这个来开玩笑。12 月，童话剧《的笃叩门》[1]送上了迟来的赞扬。该剧在白教堂附近的埃芬厄姆厅上演，说多亏了“小个子约翰·罗素勋爵”，“那个备受歧视的种族”才有机会“向老英格兰证明，/ 他们配得上这个位子”，因为“他们总能伸出援手——且不说繁荣富强，/ 要不是犹太人出钱，/ 很多君主连王冠都保不住”。[119] 7 月 24 日星期六，《伦敦新闻画报》说，有些议员“累得都快虚脱了”，还在负隅顽抗，纽德盖特先生“叫得最欢”，但也被教训了一顿，终于知道，“保守党政府也会玩激进政策”。[120]罗斯柴尔德十一年前就当选过议员，现在终于拥有了议员席位。

1 “的笃叩门”是儿童在万圣节前夕与人开玩笑的一种游戏，在门或窗上装一个纽扣类东西，用一根长线拉到远处，拉动时发出叩击声。

除了《雷诺兹报》和《伦敦新闻画报》，其他报刊也注意到，德比和迪斯累里带领保守党政府进行了一系列改革。19 世纪后期，一位研究德比家族的历史学家发现，德比除了“口才出众，讽刺尖锐，举止高傲，还主张稳步渐进的改革”。[121] 1858 年 2 月底，德比刚上台，就在上院说要“不断进步，改革旧制度，使我们的制度适应不断变化的目标”，要采取“明智而审慎的改革，适应社会需求”。[122] 1858 年 6 月，议会还悄无声息地通过了《财产资格法案》，8 月 28 日得到了御准。它和《宣誓法案》一样，放宽了不合理的限制条件。原来的法律要求，如果竞选议员，就需要证明自己拥有一定数额的财产或地产。很多议员都曾弄虚作假。《泰晤士报》在 6 月 7 日说：“一个总被钻空子的法律，不值得保留。”[123] 该报欢迎废除旧法，并在 6 月 11 日高声问道：“看到犹太人有资格当议员了，旧的《财产资格法》废除了，保守党的黄金时代拉开帷幕了，您还敢相信自己的直觉吗？……下一步会是什么呢？”[124]

Chapter 06
第六章

1858年7月至8月

加里克俱乐部的争吵

约瑟夫·欧文在19世纪70年代编纂《当代年鉴》时，记录了1858年所有的重大事件。1月，“大东方号”下水，奥尔西尼密谋行刺拿破仑三世；2月，政府更迭；5月，埃伦伯勒处置印度问题引发危机，德比马赛，迪斯累里在斯劳对选民演说；6月，圣巴拿巴教堂丑闻；7月，通过了《泰晤士河净化法案》等多项立法。欧文还注意到，在那个炎热的夏天，文学界也出了两件大事。不是狄更斯出了新小说，他在1858年颗粒无收；不是萨克雷写了新作品，他的《弗吉尼亚人》还在连载，写得很吃力；也不是乔治·艾略特推出了《亚当·比德》，这部小说令人拍案叫绝，虽然在1858年已经动笔，但要到1859年初才会出版。欧文记录的这两件事原本都是私事，但公开之后，却闹得沸沸扬扬，折腾了好几个月，当事人都很难堪。一件是狄更斯与妻子分居，发表了分居声明；另一件是年轻的埃德蒙·耶茨写文章骂萨克雷，激化了加里克俱乐部的矛盾。第二件事的核心事件发生在7月10日，加里克俱乐部那天开会商议如何处置耶茨。本来是一桩小事，却在这个夏天闹得不可开交，正如《当代年鉴》所说，主要结果就是“萨克雷先生跟狄更斯先生的关系疏远了”。[1]

两人原本就算不上亲密。萨克雷嫉妒狄更斯功成名就，狄更斯讨厌萨克雷傲慢势利。1847年1月，《名利场》开始连载，萨克雷很清楚，狄更斯才是小说界的龙头老大。据说，那年3月，他拿着狄更斯最新一期的《董贝父子》（写小保罗病逝的那期），去找自己的出版商布拉德伯里和埃文斯，一进门就把小说摔到桌上，大叫道：“谁能比得了这个，根本不可能！读读小保罗死的那章，无法超越，简直绝了！”[2]当时，《名利场》刚开始连载，他还不知道读者的反应。到1848年1月连载快结束的时候，读者和评论家们都给了好评。萨克雷给母亲写信说：“我现在也成了了不起的人物，几乎就要坐上小说界的头把交椅了；真的，只要人们意识到这一点，我再跟狄更斯一决雌雄，就大功告成了。”[3]

两人后来都以分期连载的形式发表小说，还经常同步发表。1849年至1850年，《大卫·科波菲尔》与《彭登尼斯》并驱争先，都有大量的自传成分，也都由布拉德伯里和埃文斯出版。在读者和大多数评论家眼中，狄更斯要略胜一筹，但两人都有自己的崇拜者，文学界也普遍认识到，已经形成了明显的两派。狄更斯这边除了全国读者，还有萨拉、耶茨等伦敦文艺青年。萨克雷那边也有不少读者喜欢看他讽刺虚荣和虚伪，他的写作风格与上世纪的亨利·菲尔丁[1]一脉相承；当然，还有萨克雷在《笨拙周报》的同事，如约翰·利奇和亨利·西尔弗，都是公学和大学出身。《笨拙周报》的出版人也是威廉·布拉德伯里和弗雷德里克·埃文斯，两人每周都会

1 亨利·菲尔丁（Henry Fielding，1707—1754），英国小说家，著有《汤姆·琼斯》《约瑟夫·安德鲁斯》等。

宴请报社同人。西尔弗在日记中说，他们经常在聚餐时嘲笑狄更斯没有品位，不够“档次”。[4] 评论家戴维·马森在《英国小说家及其风格》(1859)中谈到了当时文坛的龙虎之斗，说“只要谈文学，争论最多的就是狄更斯与萨克雷孰长孰短”。[5] 萨克雷成名比狄更斯晚了十年，更想一较高下。狄更斯早已功成名就，并不担心自己的霸主地位，但也在1858年夏天感到了危机。当时，他的婚姻问题已经引起了不少风言风语。他担心读者轻信传言，便在《家常话》上发表了一份声明，为自己辩解。由此不难理解，这份声明的思路就是如何说服读者。

1858年5月下旬，狄更斯请萨克雷帮忙澄清那些传言，萨克雷表示愿意帮忙。萨克雷曾对朋友说，那些传言“有损一位女士的声誉，她的名字已经开始和狄更斯的名字相提并论了”。[6] 但狄更斯很快就听说，萨克雷也在加里克俱乐部传他的绯闻。这年晚些时候，萨克雷21岁的女儿安妮也在信中证实了这一点。她说：“父亲在加里克俱乐部的吸烟室里，讲了狄更斯先生的事。”[7] 就在狄更斯发表分居声明的那天，耶茨也大脑短路，在《街谈巷议》上发表了那篇引发加里克俱乐部事件的文章。当时，狄更斯已经自顾不暇，本不该插手，可还是头脑发热，再加上恼恨萨克雷背后说他坏话，嫌萨克雷老拿“绅士”身份压他，便站到了耶茨这边。

6月13日，萨克雷给耶茨写信，态度傲慢。15日，耶茨回信，拒不让步。萨克雷大怒，把耶茨的信交给了加里克俱乐部委员会，并夸张地说，耶茨那种文章是“绅士们绝对无法容忍的”。[8] 萨克雷把自己的做法告诉了耶茨，耶茨便在6月19日给委员会写信，希望“委员们先不要下结论，等我和朋友商议之后，再告知事情经过”。[9] 委员会秘书亚历山大·多兰立即回复说，下周六，也即6月26日，委员会将专门开会“讨论萨克雷先生的投诉”。[10] 耶茨要咨询的朋友就是狄更斯。狄更斯也给萨克雷去信，说这是萨克雷和耶茨两个人的事，不应该牵扯别人。[11]他们都没能控制住自己的火气。6 月中旬的酷热也许起了推波助澜的作用，也许只是充当了一个合适的背景。

耶茨给委员会写信，说他那篇文章或许“不够得体”，但绝不像萨克雷所说，违反了俱乐部不成文的规定，因为文章“既没有提加里克俱乐部，也没有提俱乐部里的谈话，更没有辜负俱乐部对我或任何人的信任”。这三个否定句层层递进，很可能出自狄更斯之手。如果耶茨就此打住，或许真能说服委员会。可他又说，委员会不该插手，据他所知，过去也有会员发表文章（指萨克雷），用“过激的言论评论”其他会员，他没必要向萨克雷道歉。[12]这反倒让委员会坚定地站到了萨克雷这边。6 月 26 日，委员会秘书告诉耶茨，委员会认为应该考虑萨克雷的投诉，“耶茨先生要么向萨克雷先生郑重道歉，要么退出俱乐部”。如果耶茨拒不道歉，俱乐部将于 7 月 10 日召开全体大会，再次讨论这个问题。[13]

委员会态度强硬，也是有原因的。当时，各种小报日渐增多，它们的《一周闲谈》《俱乐部闲人》《剧院闲人》等栏目，有时也会炒作俱乐部内部的谈话。3 月，《文学报》就登过一篇这样的文章，委员会还专门讨论此事，认为这种文章会“引起俱乐部会员的不满”，有违“绅士交往准则”。[14]萨克雷可能知道委员会支持他，便在 7 月 1 日《弗吉尼亚人》的第九期上讽刺了耶茨，说有个“年轻的文丐，给三家一便士一份报纸撰稿，讲他在‘俱乐部’遇到的绅士，还透露绅士们的谈话”。[15]耶茨读后，当天就给加里克俱乐部写信，表示不会退出俱乐部，也不会向萨克雷道歉。[16]

《笨拙周报》也帮萨克雷说话。萨克雷经常参加该报每周一次的工作聚餐。据亨利·西尔弗说，席间谈的都是淫秽段子和势利之论，萨克雷和利奇会讲他们当年在查特豪斯公学的风流韵事和黄色笑话。[17]7 月 3 日星期六，该报刊登了珀西瓦尔·利的文章，戏仿耶茨在《街谈巷议》上的文章，奚落耶茨爱谈别人的相貌和稿酬：“通俗小说家詹金森先生，身高约五英尺十英寸或十一英寸，粗硕健壮，红发碧眼，一只眼戴着眼镜，每月从出版商手里拿一千英镑。”[18]

廉价报刊也开始炒作这场争执。7 月 3 日星期六，《批评家》把加里克俱乐部事件与狄更斯的分居声明联系起来，说狄更斯和萨克雷都太自以为是，总觉得公众都会关心他们的私事。当然，这些报刊之所以有这样的报道，恰恰说明它们知道公众的确关心。《批评家》说，“你们文学界的人，总是高高在上”，“以为人们的头等大事就是盯着你们看”，狄更斯就刚刚耍了手段，让“全国的老太太都在打听《匹克威克外传》的作者干了什么坏事”。[19]

临到 7 月 10 日俱乐部开会的时候，狄更斯建议耶茨不要参加，他觉得萨克雷也不会参加。[20] 7 月 7 日，他给《泰晤士报》驻印度记者威廉·霍华德·罗素写信，讲了最近发生的事，谈到了大西洋电报电缆、他的朗读会和加里克俱乐部：

加里克俱乐部现在已经乱作一团。埃德蒙·耶茨在一份叫《街谈巷议》的报纸上写了一篇文章，谈到了萨克雷。萨克雷便向俱乐部委员会投诉（我觉得这么做很不理智），引起了争执。不用说，耶茨的文章不够得体，最好别再提它，但我也认为，不论从人间、天堂还是地狱的角度说，它都跟委员会没有任何关系。可委员会不这么看，非要耶茨出面道歉，否则就要他退出俱乐部。耶茨不肯道歉（萨克雷给他写过一封信，让他更不可能道歉了），也不愿退出。委员会便决定召开全体大会，现在还没有结果。萨克雷又在《弗吉尼亚人》中说耶茨是“年轻的文丐”。可见，文人之间发表文字相互攻击，实在可怕。现在是一片混乱，纠缠不清，麻烦不断，已经众议喧腾。[21]

狄更斯说得好像自己在看热闹，并不在乎，但他也没劝耶茨让步。7 月 8 日，两人一起吃饭，耶茨当天便给委员会去信，重申不会向萨克雷道歉。[22]

7 月 10 日星期六，俱乐部召开大会，共有一百二十七名会员参加，包括狄更斯、威尔基·科林斯和福斯特。会上分别宣读了耶茨和萨克雷的信。萨克雷在信中说，“前几周，我们这个小俱乐部乱作一团”，他要负一定的责任，但仍认为耶茨的行为对“我们这个团体乃至任何一个团体”都是有害的。[23]萨克雷也和耶茨一样，试探过朋友们的反应。爱丁堡出版商布莱克伍德当时正要在月刊《布莱克伍德杂志》上刊登布尔沃·利顿的新小说《他该怎么办？》，劝萨克雷息事宁人。[24]但萨克雷拒不让步。

其实，萨克雷也经常和朋友熟人闹矛盾，但最后大都半是忏悔、半是自负地冰释前嫌。他年轻时曾写文章骂布尔沃·利顿，但 1853 年 6 月又写信道歉。1847 年，他也和福斯特闹过矛盾。他听说福斯特说他“很不诚实”，便拒绝跟福斯特握手。狄更斯出面调解，萨克雷同意和好，说“福斯特不该说那种话，而他也不该太当真”。[25]但在耶茨这件事上，萨克雷却没能一笑泯恩仇。《笨拙周报》的两位朋友后来对他说，他其实可以对这个年轻作家手下留情。雪利·布鲁克斯认为，萨克雷应该给耶茨写个便条，就说：“亲爱的耶茨，你下次想要一几尼[1]的时候，可以给我写信，但不要写我。——你的……等等。”[26]西尔弗在日记中说，1863 年 8 月，他们在《笨拙周报》共进晚餐，霍勒斯·梅休喝了不少酒，鼓足勇气对萨克雷说：“你本该大人不计小人过。”萨克雷“勃然大怒，拂袖而去”。[27]

俱乐部召开了大会。虽然狄更斯、科林斯和福斯特都替耶茨说话，但耶茨还是以 46 票对 70 票败北。[28]当时，狄更斯正与儿子查利商量如何安置凯瑟琳，讨论她将来和孩子们见面的事宜。7 月 12 日星期一，他给加里克俱乐部委员会写信，表示不再担任委员（仍为俱乐部会员），因为“上周六开会时”，他与大多数人有“原则上的”

1 几尼（guinea）是 1663 年英国发行的一种金币，等于 21 先令。

分歧。[29] 耶茨没有道歉。7 月 20 日星期二，俱乐部将他除名。[30] 萨克雷虽然获胜，但身体不适，心神不宁，6 月下旬的日记中写着早晨会“痉挛”，“出冷汗”。7 月 10 日他没有参加大会，7 月 12 日前往德国和瑞士旅行，8 月 17 日返回家中，仍经常发病。[31] 他在瑞士卢塞恩的时候，俱乐部的朋友弗兰克·弗拉德盖特告诉他：“你和那位前会员的事早就了了，现在成了他和俱乐部的事，也已经解决。”弗拉德盖特还讲了一个讥讽耶茨的笑话：“有一天，有人给我写信说，‘耶茨的举止很不自在’[1]。说得可真妙。”[32]

故事本可就此打住。当然，耶茨会很难过。他年纪轻轻，就成了一家大俱乐部的会员，本来是很有面子的事，可现在什么都没有了。狄更斯也是一肚子火，萨克雷桀骜不驯，俱乐部又偏袒萨克雷，7 月 20 日开除耶茨的会议纪要上还写着“耶茨找人出主意，可惜找错了人”。[33] 狄更斯没有选择息事宁人，反倒火上浇油。7 月 23 日，他给一位支持耶茨的会员写信，感谢他开会时“大力帮助”，并保证自己将“一如既往，坚定不移地支持”耶茨。他认为委员会“完全失去了理智”，开除耶茨的做法很可能不合法，他已建议耶茨“咨询权威的法律人士，弄清楚这个问题的法律性质”，耶茨“已着手去做”。[34] 耶茨在 1859 年 3 月写了一本私下传阅的小册子，为自己辩解，取名为《萨克雷先生、耶茨先生和加里克俱乐部：通信与事实》。里面提到，有位法律专家告诉他，委员会无权取消他的会员资格，他应该重新入会。委员会秘书亚历山大·多兰拒绝了他的要求，他便准备起诉多兰。[35]

7 月 28 日至 8 月 1 日，狄更斯住到了肯特郡的盖茨山庄，准备全国巡回朗读，计划 8 月 2 日从布里斯托尔出发，为期三个半月。[36] 他没再操心耶茨的事，只是在 8 月 21 日到利物浦后，给耶茨写信说，

1　原文为“un Y’s”，暗指“unease”（不自在），与耶茨（Yates）的名字谐音。

他的律师弗雷德里克·乌弗里认为，最好等司法长假结束后，再起诉加里克俱乐部的秘书。[37]在此期间，廉价报纸已经议论纷纷。讲过狄更斯闲话的《雷诺兹报》现在又把矛头对准了加里克俱乐部，批评萨克雷虚荣势利。8 月 1 日星期日，该报刊登了《加里克俱乐部——萨克雷与耶茨——茶壶里的风暴》，说俱乐部成员鱼龙混杂，有幽默作家、辉格党记者、“四流艺术家”、“狡猾的律师”、“过气的花花公子”、“坏透了的”下院议员、“无耻的演员”和“一小撮五花八门的无名鼠辈，死皮赖脸，趋炎附势，沽名钓誉”。这篇文章也引用了耶茨文章中批评萨克雷的话，并表示赞同，说这尊“加里克大神”既敏感又虚伪，“在当代作家里面，就数他最爱在文章和漫画中讽刺朋友和熟人”，俱乐部委员会“奴性十足”，其章程荒诞势利。[38]

萨拉在《嘉宾》上开设了专栏《夜以继昼》，谈到了好友耶茨被俱乐部开除的事，为耶茨打抱不平。《夜以继昼》以小时为单位描写伦敦，在耶茨被开除后的几周里，每到下午五点，萨拉就会写“那个时髦的俱乐部”。萨拉说，一个人“如果愿意，当然可以把俱乐部当成家”，但他是不会泄露秘密的：“在此之前，有些俱乐部会员，就因为写了另一位会员的胡须、外套的款式、吃芦笋的样子，被俱乐部开除了。我可不想因为这种事被除名……那个俱乐部的委员会十分傲慢，不小心说几句闲话，都有可能被它除名；不小心做件小事，哪怕没有恶意，也会遭到打击报复。”[39]

加里克俱乐部事件原本是茶壶里的风暴，掀不起什么波浪，但因为牵涉到萨克雷，又间接牵涉到狄更斯，报界便格外关注，就连远在都灵的约翰·罗斯金都知道了。[40]萨克雷有些敏感，也有些不在乎；觉得好笑，也有些不好意思。8 月 25 日，他已经从瑞士回到国内，给美国朋友写信说：“有个年轻人在报纸上造我的谣。我们认识，又在同一个小俱乐部，我没法装作不知道，就和他吵了起来，出去躲了一阵子清闲。”他接着又调侃了耶茨的狼狈样，谈到了写《弗吉尼亚人》的艰辛：“听说那些小报还在骂我。我不在乎，反正我从来不读。人们既然不在乎这件事，也不在乎《弗吉尼亚人》，那我也没必要在乎。”[41]

《雷诺兹报》并没有放过萨克雷，8 月又有两次谈到了加里克俱乐部事件。8 月 22 日甚至直接开骂：“我们不相信这尊面无血色、鼻梁塌陷的加里克大神能有什么法力”，这家伙只会“拍富人和名流的马屁”，“像魔鬼一样造谣生事”；“我们下周还要谈这个话题，司法程序已经启动，俱乐部现在很尴尬”，也找了律师，但“耶茨先生的律师可是林肯律师学院[1]的法勒们”。[42]法勒、乌弗里和法勒也是狄更斯的律师。该报当天还刊登了这些律师在 8 月 3 日致俱乐部秘书的信，称委员会对耶茨的处置“超出了俱乐部的权限”，要求俱乐部“撤销开除耶茨”的决议，否则会被告上法庭。该报也登了多兰 8 月 7 日的回信，信中说来信已悉，并已交律师处理。[43]这些信息很可能都是耶茨提供的。8 月 29 日，《雷诺兹报》又谈到了这个话题，认为俱乐部没有什么可辩解的，律师肯定会建议它恢复耶茨的会员资格，因为耶茨没有破坏任何规矩。该报还提到了萨克雷的“马屁精们”，最后引用狄更斯的话（狄更斯可能并不喜欢被他的老仇家捧得这么高）说，关于这件事，“在俱乐部外面，只有一种观点”，而这种观点“并没有站在势利小人那边”。[44]

这场闹剧逐渐消停，但并没有真正结束。年底前，狄更斯又怂恿耶茨聘请了风头正劲的律师埃德温·詹姆斯，去告加里克俱乐部。狄更斯也和萨克雷彻底闹翻。这年夏天，两人都没有长住伦敦。8 月，狄更斯对耶茨说，有一天，他和萨克雷在“改革俱乐部的楼梯上”撞见了。当时两人还只是关系有些紧张。狄更斯说，“我们聊了几句，

1　林肯律师学院（Lincoln’s Inn）是英国伦敦四个培养律师的组织之一。

假装什么事都没发生”，萨克雷身边的弗拉德盖特却大惊失色，“眉毛拧到了头顶，身体极度扭曲”。[45]

狄更斯在旅途

1858年7月7日，狄更斯给洛桑的老友威廉·德·赛尔雅写信，谈了自己的近况和近期的一些公共事件。他当时住在罗切斯特附近的盖茨山庄，向老朋友描述了这份“肯特郡的小产业”：

一座暗红色的砖楼，我觉得是乔治一世时代的。我已经做了不少改动，也做了些装修，现在有些不规则，却很舒适，虽然跟各种建筑理念完全不合，但有志之士恐怕都会喜欢。它就坐落在盖茨山顶。抢劫事件［见莎士比亚《亨利四世》上篇］就发生在门口，财主遭了抢，福斯塔夫逃走了。[1]我现在给你写信的这个房间，就是当时的事发现场。[46]

虽然他知道，“永远不可能指望外人理解我的家事”，但他“不会抱怨”。“虽然身受重伤，但已包扎完毕，等待愈合”。“孩子们都很快乐”，玛米和凯蒂“从来没有这么快乐过”。她俩帮狄更斯打理盖茨山庄，乔治娜也在帮忙，“和她的另一个姐姐[2]一样”。至于其他新闻，“你可能已经从报上读到了。泰晤士河流经伦敦的这一段非常糟糕。我要是坐火车”回盖茨山庄，“就先要过滑铁卢桥或伦敦桥。真的，这么一小会儿，就被熏得头昏脑涨，胃里难受”。他说，没人知道该怎么办，“人人都有方案，但所有人都觉得别人的方案行不通”。他还说，大西洋海底电缆又断了，“很多人都感到遗憾，但没有多少人感到吃惊”。[47]

1　在莎士比亚的《亨利四世》上篇中，福斯塔夫在盖茨山拦路抢劫。

2　指玛丽·司格特·霍加斯（Mary Scott Hogarth，1819—1837），狄更斯的妻妹，曾与狄更斯一家一起生活。

这时，狄更斯一面想着给耶茨出主意，一面忙着安置妻子。6 月 4 日，他让凯瑟琳在分居协议上签了字，赡养费还算慷慨，一年六百英镑，按季支付。凯瑟琳“可以在任何时间，任何地点，跟任何一个孩子或所有孩子见面，没有限制”。[48] 他劝两位朋友担任凯瑟琳的受托人，一位是《笨拙周报》的主编马克·莱蒙，一位是该报的出版人弗雷德里克·埃文斯（也是狄更斯的出版商），两人当然都不愿意。

女儿玛米和凯蒂帮狄更斯管家，大儿子查利随母亲搬到了摄政公园。其他孩子都是男孩，跟狄更斯住在塔维斯托克寓所和盖茨山庄，但大多数时间都在国外或学校。狄更斯写信时不断强调，孩子们的“阵营”没有分裂，没有出现有的跟父亲、有的随母亲的情况。他曾向小说家凯瑟琳·戈尔说起他和凯瑟琳的关系：“我们之间没有怒气，也没有怨恨。”[49] 他对《笨拙周报》的画家约翰·利奇说：“查利和他母亲住在一起，照顾她。这不是他的主意，是我的主意。”但事实上，查利已经成年，可以自主选择随父或随母生活，他选择了母亲。[50] 5 月 10 日，查利得知父母即将分居，也知道父亲非常敏感，便给父亲写信说，“完全不敢相信这件事”，“我和母亲一起住，并不是因为我更爱母亲”，“上帝知道我是多么爱您。将来离开您和妹妹们的那天，肯定是我最难过的一天。我这么做，是希望尽到自己的责任，也希望您也这么认为”。[51] 签分居协议的这段时间，狄更斯对凯瑟琳还算客气。6 月 4 日，他给凯瑟琳写信说，希望“我们之间的所有怨恨都一笔勾销”，但他不会原谅她妹妹海伦和她母亲，“有些人，她们活着的时候，我不会原谅，死了我也不会饶恕”。[52]

7 月初，狄更斯的心肠硬了起来。加里克俱乐部的矛盾让他恼火，分居声明又招来了报界的质疑，他还怀疑霍加斯家在散布他和埃伦·特南的关系，莱蒙和埃文斯又不愿插手他的婚姻问题。这让他一肚子火气，捎带着对凯瑟琳也刻薄起来。7 月 12 日前后，他给查利写信，要求修改凯瑟琳与孩子见面的条款，并让查利转告她。她还可以和孩子见面，但有了限制："严禁孩子们同他们的外祖母或海伦·霍加斯说话。如果这两人有任何一个在场，孩子们就必须马上离开你母亲的住处，回到我身边……严禁孩子们与［莱蒙］见面或说话，同样，也绝不允许他们去埃文斯先生家。"[53]当时，最小的孩子爱德华才六岁，这些过激的话的确有些残忍。查利此时已经和埃文斯的女儿订了婚，虽然已经成年，不必听狄更斯摆布，但肯定也会左右为难。7月13日，查利转告了母亲，说他不愿当传声筒，但狄更斯作为父亲，"绝对有权禁止孩子同任何令他反感的人接触"。[54]几天后，凯瑟琳就和查利搬到了格洛斯特新月街。几周前，她就离开了塔维斯托克寓所，和母亲、妹妹在布莱顿待了两周，又在莱蒙家住了几天。[55]

狄更斯恨上了马克·莱蒙。除了1867年在一位朋友的葬礼上见过莱蒙，就一直没再跟他见面，也没再和他说话。[56]狄更斯对弗雷德里克·埃文斯的怨气更大。埃文斯不仅是老朋友，还是他的出版商，而且是查利的未婚妻贝西的父亲。7月22日，他在盖茨山庄给埃文斯写了封冷冰冰的信：

亲爱的先生：

我已严告孩子们，他们父亲的名字就是他们最宝贵的财富。在这个名字蒙受了最大的冤屈，最需要帮助的时候，有些人却背叛了它。如果孩子们或他们的父亲还不跟这种人断绝一切关系，这个名字就太不值钱了。您很清楚，我为什么不得不把您归到这种人里（当然，我很痛心，也很失望）。我没什么好说的了。[57]

狄更斯可能怀疑埃文斯曾经替凯瑟琳鸣不平，或散布过对他不利的传言，此后不再和埃文斯说话，1861年11月也没有参加查利和贝西的婚礼。没过多久，狄更斯就与布拉德伯里和埃文斯终止了合作，换了另一家出版商。7月22日星期四，狄更斯最后一次在圣马丁堂朗读。一周后，他和经理阿瑟·史密斯前往布里斯托尔，开启了英格兰、爱尔兰和苏格兰的巡回朗读之旅。他带了一名男仆，一名负责布置舞台的灯光师和一名助理。[58]他在伦敦的朗读很受欢迎，现在也期待能在其他地方大获成功。

狄更斯离开伦敦时，埃伦也走了。7 月到 8 月，有六周是夏季演出季，埃伦去了曼彻斯特，加入了喜剧演员约翰·巴克斯通的秣市剧团，在巴克斯通主演的喜剧和滑稽剧中扮演小角色，8 月底随剧团返回伦敦。狄更斯为她找了一处寓所，位于牛津街北侧的伯纳斯街。埃伦与她姐姐玛丽亚同住，玛丽亚是斯特兰德剧院的演员。狄更斯还资助埃伦的另一个姐姐范妮同她母亲去佛罗伦萨学习演唱。[59]他小心翼翼，不想让人知道他在跟特南家交往，只告诉了福斯特和 W.H. 威尔斯。威尔斯先后在狄更斯创办的《家常话》和《一年到头》担任编辑。狄更斯很信任威尔斯，经常在给威尔斯的工作信中附上"转交我爱人"的信。他还在库茨的银行中，用"埃·特"的名字给埃伦开了账户。在给埃伦和她家人寻找住处时，他也用过假名。[60]

埃伦的演艺生涯开始于 1857 年，但还没到 1859 年底就结束了，当时她才 20 岁。1858 年 12 月，《雅典娜神殿》刊登了秣市剧院的演员名单，其中就有埃伦，为"上流社会的观众"表演了贝尔·伯纳德创作的"对话剧"《时潮》。[61]后来，她又演了几场，便从公众视野中消失了。她只演过一个有点分量的角色——《世界与舞台》中的卡斯尔克莱格夫人。该剧于 1859 年 3 月 12 日上演，是为当红女星埃米·塞奇威克量身定做的。埃伦饰演贵妇露西，跟一个浪荡子写信调情，结果事情败露，她妹妹（塞奇威克饰）为了救她，牺牲了自己的声誉。4 月 25 日，该剧再次上演，埃伦丢掉了这个角色。《泰晤士报》认为，"埃·特南小姐精彩地演绎了"这个人物的"软弱和冲动"；《年代》却认为，她虽然已经竭尽全力，但"确实驾驭不了"这个角色。[62]1859 年春天和夏天，埃伦断断续续地演过女仆和家庭女教师，最后一次亮相似乎是在滑稽戏《眼不见，心不烦》中，饰演一个小角色。从 8 月 4 日起，埃伦出场了几次，11 日便被玛丽亚取代了。[63]

埃伦告别舞台，可能是因为没有演出什么名堂，也可能是因为狄更斯不想让她抛头露面，也可能两个原因都有。

狄更斯带着精力旺盛的阿瑟·史密斯及一干助手，踏上了全国朗读之旅。1858 年 8 月 2 日那周，他在英格兰西南部朗读，从布里斯托尔附近的克利夫顿开始，接着到埃克塞特、普利茅斯读了几晚，最后回到克里夫顿。第二周去了英格兰中部和东北部，在利物浦读了三个晚上，8 月 21 日星期六下午又在利物浦读了一场，当晚便冒着暴风雨，从利物浦走海路赶往都柏林，在那里读了五场。8 月 25 日星期三又连读两场，然后前往贝尔法斯特、科克和利默里克。9 月，他来到英格兰北部的曼彻斯特、利兹、设菲尔德和约克，然后又到爱丁堡读了五场。10 月，他又去了敦提、阿伯丁、佩思和格拉斯哥 (在该市读了四场)，然后返回英格兰，在利物浦和曼彻斯特读了几场，接着又去伯明翰、牛津、南安普敦和朴次茅斯等地，11 月 11 日和 13 日在布莱顿结束了这次巡回朗读。[64] 所到之处，地方报刊一片好评，他自己也会在信中描绘朗读会的盛况。

他定期给盖茨山庄的乔治娜·霍加斯和玛米·狄更斯写信，讲述自己的旅行。这次全国朗读沿用了伦敦的底本，又新加了几篇。《小董贝的故事》最感人，《圣诞颂歌》、《炉边蟋蟀》和《教堂钟声》等圣诞故事也很受欢迎。他也采用了在《家常话》上发表的故事，包括《人在囧途》和《冬青旅馆的布茨先生》，还用伦敦腔学布茨说话。他还把《马丁·瞿述伟》中的“甘普太太”摘了出来，专门讲这个相貌丑陋、好酒贪杯的接生婆。布拉德伯里和埃文斯把这些故事底本分别印成单册，卖给现场的观众。[65] 演出非常专业，狄更斯也认真地记录观众人数、喝彩次数、鼓掌次数和收入情况。8 月 5 日，他对乔治娜·霍加斯说，埃克塞特的观众是“办朗读会以来最棒的”，“演出结束后，他们表现出来的那种崇拜之情，我还是第一次见到”。[66] 经历了分居声明的风波，还能深受读者爱戴，狄更斯当然很欣慰。8 月 7

日，《钱伯斯氏埃克塞特杂志》刊登了一则短讯，表达了对狄更斯的支持和敬意，但也谈到了他的婚姻问题："我们遗憾地听说，关于他那件家事，卑鄙恶毒的谣言还在传播……他完全可以鄙视那些咬他脚后跟的爬虫。所有人都不得不承认，他就是当代最伟大的作家。"[67]

8 月 7 日，他对玛米讲了头天晚上的朗读会，兴奋地描述了经理的疯狂和激情："昨晚，在克利夫顿，一股五百先令的洪流冲走了阿瑟，把他撞到墙上，又漫过他的身体，冲到了座椅上，划伤了他，弄坏了他最好的燕尾服，可他还是兴奋不已。"[68]

8 月 11 日，他从伍斯特的天鹅宾馆给"亲爱的埃德蒙"写信，要耶茨 8 月 17 日到《家常话》报社见面。他打算到那时在伦敦稍作停留，与威尔斯商量刊物事宜。他还刻薄地说，海伦·霍加斯"真是一条小毒蛇，[乔治·霍加斯]真诚善良，竟然生了这么个女儿"。[69]当晚，他还给威尔基·科林斯写信，语气像一位花花公子。科林斯肯定和他开过玩笑，说他这下可以在全国各地的旅馆中风流快活了。狄更斯以牙还牙，用了两个典故，一个是臭名昭著的花心男子，一个是《一千零一夜》中的两个风流人物：

> 你说的那种偷偷摸摸的事，像唐·乔瓦尼[1]那样，倒挺适合你这种精力旺盛的家伙，或陪你漫游大陆的人，或与你在伦敦鬼混的"哈里发"哈伦·赖世德[2][指哈伦和他的宰相]。但每晚都得拼命朗读的隐士，却像狄安娜[3]一样纯洁（我觉得她是纯洁的，但写下她的名字后，我又不那么自信了）。[70]

狄更斯也曾与科林斯"漫游大陆"。1856 年春，两人去了巴黎，写信时隐约提到过科林斯的情妇卡罗琳·格雷夫斯。[71]1858 年 8 月，

1 唐·乔瓦尼（Don Giovanni）是莫扎特歌剧中一位不知羞耻、放荡成性的男子，也译作唐璜。

2 哈伦·赖世德（Haroon Alraschid，763—809），阿拉伯帝国阿拔斯王朝的第五代哈里发，以拥有大量财富和骄奢淫逸闻名。

3 狄安娜（Diana）为罗马神话中的月亮和狩猎女神。

他在伍斯特歇脚，给科林斯写信说，他用灯光、镜子和道具给观众制造了一场视觉盛宴，他们目瞪口呆，“我觉得他们事先可能不知道是怎么回事，还以为会有个人坐在角落里，像悠扬的风笛那样消磨时光”。[72]

刚开始那几周，狄更斯虽然说每晚朗读时都“酷热难当”，但还没有感到疲惫。[73]在伦敦和盖茨山庄休息两天后，他感冒了，喉咙和胸口敷了芥子膏。[74]8月18日星期三，他已经到了利物浦，说“那是我办朗读会以来最大的场地，能容纳两千三百人，可以挣二百多英镑”。朗读会非常成功，他的团队也兴奋不已。8月20日，他向乔治娜描述了团队成员的滑稽动作：“你肯定想象不到阿瑟今晚的样子，他和约翰、贝里、博伊塞特都抱着钱发起疯来。还有好几百人想进场，都被他们拦了回去。他们把书都卖光了，在我屋里滚来滚去，膝盖都不听使唤了［原文如此］，活像一出童话剧。”[75]

经过一段“异常凶险的旅程”，8月22日星期日，狄更斯来到了都柏林。他对安杰拉·伯德特－库茨小姐说，朗读会非常成功，收入也很可观。他回答了她的疑问，说他会把自己分居的事“坦诚相告”。库茨同情凯瑟琳。狄更斯认为有必要纠正库茨的看法，尤其是关于凯瑟琳与孩子的关系。他又像5月9日给库茨的信那样，说了一些刻薄不实的话：

> 她不在乎孩子，从来没有在乎过。孩子们也不在乎她，从来没有在乎过。在您客厅里那是演戏，孩子们演得越少，对他们越好，因为他们知道，那不是真的……至于狄更斯夫人在说到我和我的事时，显得很“真诚”，哦，亲爱的库茨小姐，我难道还不知道，那个无能之人，非但从来没有维护我的名声，还跟穷凶极恶之徒联手，败坏我的名声，而我还在给她们赚钱！我不想再和她沟通。我想原谅她，忘掉她。[76]

“原谅她”说得那么温柔，“忘掉她”又说得那么绝情，足可见狄更斯言辞之烈。当初他不让孩子跟霍加斯家、莱蒙家和埃文斯家交往，考虑的也是自己的名声和面子。

再过几天，狄更斯还会听到一些坏消息，有些涉及他和凯瑟琳的关系，有些涉及他的名声。不过，目前在爱尔兰的朗读非常成功，之前的不快一扫而光。当然，他也抱怨说，科克有个评论家说他“只有46岁，看上去却像个老头”。那年6月中旬，天气炎热，狄更斯更是度日如年，曾让赫伯特·沃特金斯给他拍过一张照片，的确显得比较苍老。[77]不过，狄更斯很满意观众的反应。[78]都柏林有很多人都想听他朗读，“有些女士，下巴就贴着舞台边沿，站着听了一晚；还有些女士，一整晚都是坐在台阶上听的。你是没见过那种场面”。[79]

8月29日，狄更斯从都柏林的莫里森宾馆给妻妹乔治娜写信，提到了两件麻烦事。他说可能会在9月5日星期日返回盖茨山庄，刚收到“福斯特的信，涉及个人问题”，也即和凯瑟琳分居的事，福斯特“很警觉，很真诚，也想得很周到”。另一件麻烦事跟他那位游手好闲的弟弟弗雷德里克有关。弗雷德挥霍成性，和他父亲一样，经常打着狄更斯的旗号到处借钱，狄更斯很早就跟他断绝了来往。当年，《匹克威克外传》刚获成功，他父亲约翰就打着他的旗号四处举债。1848年12月，弗雷德结婚，狄更斯没有参加。1851年，狄更斯抱怨说，弗雷德“刚才又来刺激我的心脏”，但还是经常替弗雷德还债。1856年，他拒绝再替弗雷德还债。[80]弗雷德还跟威尔斯、亨利·奥斯汀等人借钱，令狄更斯十分不满。奥斯汀是卫生工程师，娶了狄更斯的妹妹利蒂希亚。1857年2月，狄更斯对弗雷德说：“你要借三十英镑，我不能借给你，因为我信不过你。你在威尔斯和奥斯汀那儿毫无诚信，再说‘借’字就太可笑了。”[81]2月7日是狄更斯生日，弗雷德回了信，虽然也做了自我批评，但还是说他哥哥“心肠太硬”：

坐在那儿批评别人，当然很容易，还有什么更容易的事吗？人们读你的书，还以为你是世上最宽厚大度的人。可要是让他们也受你监管，就凭你对亲人的态度，我得说，上帝保佑他们！二十多年来，整个世界都拜倒在你的脚下。蒙此厚遇，你怎么也得对别人的缺点更包容些，而不是像现在这样高高在上，总觉得人性是完美的，或者说应该是完美的，一旦犯错，你就要跳出来大加讨伐！

祝生日快乐。

你亲爱的弗雷德里克·狄更斯[82]

弗雷德这么说也有道理，但狄更斯并不觉得自己做得不对，他可是历尽千辛万苦，才有了今天的成就。他12岁时，父亲还不起债，他只好辍学回家，到工厂里给瓶子贴商标。后来，他把这段惨痛的经历写进了大卫·科波菲尔的童年。狄更斯当时深以为耻，对父母恨之入骨，但除了凯瑟琳和福斯特，他没法对任何人讲。他不明白，既然他能从阴沟里爬出来，别人为什么不能？

1858年8月，他对乔治娜说，弗雷德到了都柏林："想想吧，上周四，还有几分钟就吃晚饭了，弗雷德里克突然出现在我屋里。我开始对他很不客气，后来又心软了。"[83]弗雷德遇到了麻烦，也有可能影响狄更斯的声誉。这次倒不是因为欠债，而是他妻子安娜要和他离婚。安娜指责弗雷德抛弃了她，1857年4月弗雷德还在多金的红狮宾馆与人通奸。[84]弗雷德到都柏林找狄更斯帮忙。狄更斯"再三叮嘱"，要他给妻子赡养费，但"我觉得他根本没听进去，走的时候还说我什么忙都不肯帮。我觉得他根本没把我的话放心上"。[85]狄更斯不幸言中了。弗雷德虽然也跟安娜的亲戚商量过赡养费问题，想私下解决，不要闹上法庭，但他口是心非，很可能是拿不出这笔钱。[86]1859年的头几个月，他被告上了法庭，引起了报界的关注。

这时，还发生了一件更令狄更斯头疼的事。5月，加里克俱乐部、埃普瑟姆赛马场和廉价报刊都在传狄更斯的绯闻，狄更斯非常生气，开始疑神疑鬼，在5月25日给阿瑟·史密斯写了一封信，谈了自己婚姻问题的"真相"，"允许"史密斯拿给"任何想还我公道的人，或因不明真相而冤枉了我的人”看。[87]不知怎么回事，《纽约每日论坛报》知道了这封信，并在8月16日登了出来。狄更斯没有责怪史密斯，但也非常尴尬。他原本打算用精彩的朗读征服英国观众，让大家忘掉他分居的事，但这封信又把他的烦心事重新拉回到了新闻头条。他称这封信为“被泄露的信”。[88]

英国报刊很快就转载了这封信，显然没给狄更斯脸上增光。这封信和他5月9日给库茨的信一样，也说夫妻二人琴瑟失调“已有多年”，“从来没有一对夫妻，双方都没有不良习气，却无法相互理解，没有共同语言”。他还暗示说，在他家工作多年的女仆安妮·科尼科厄斯可以作证。（安妮当然知道狄更斯跟妻子日渐疏远。1857年10月，狄更斯刚与埃伦在唐克斯特度过了美好的时光，便从盖茨山庄给安妮写信，嘱咐她把他更衣室与凯瑟琳卧室之间那扇门锁起来，务必小心行事，“我不想招来议论”。[89]）那封“被泄露的信”夸乔治娜·霍加斯对孩子们尽心尽责，把家务管理得井井有条。狄更斯甚至暗示凯瑟琳有精神病：“好几年来，狄更斯夫人不断对我说，她想搬出去住。她在家里越来越别扭，精神有些紊乱，有时也很痛苦。而且，她觉得，做我妻子，就得过一种不自在的生活，还不如搬出去住。”[90]

这些说法显得心胸有些狭窄，但有一点可能是真的。狄更斯能言快语，凯瑟琳跟不上节奏，可能会在众人面前感到不自在。1851年，年轻的亨利·莫利来到伦敦，帮狄更斯编辑《家常话》。他不了解狄更斯夫妇的情况，曾这样跟未婚妻描述在塔维斯托克寓所度过的一晚：

文学圈的人不娶有学问的女人。狄更斯的选择就很舒服。他夫人有些胖，长了一张很圆、很好看、也很可爱的脸，脸颊两旁留着卷发。用不了五分钟，就能看出她很爱丈夫和孩子。只要不爱挖苦人，像她一样温和，她都会热情相待。[91]

如果说狄更斯的不幸是娶了一个寻常的妻子，凯瑟琳的不幸则是嫁给了一个精力旺盛、性情急躁、“爱挖苦人”的丈夫。

狄更斯给史密斯的信也暴露了他在钱财方面的小心思，他想让人觉得他很慷慨（萨克雷等人可能会说这么做很庸俗）。狄更斯说，“赡养费很优厚，仿佛狄更斯夫人是个贵妇，而我是个富翁”。他还提到了埃伦，攻击了他岳母和妻妹海伦（《家常话》上的分居声明只是暗示过）：

有两个恶人，忘恩负义，不仅说我坏话，还把我分居的事跟一位年轻女士扯到了一起（已经有人告诉了我）。我很喜欢这位女士，也很尊重她，在这里提她的名字简直就是亵渎。我以良心和名誉担保，这位女士是世界上最高尚纯洁的人。我知道，她和我亲爱的女儿一样清白、纯洁、善良。[92]

《纽约每日论坛报》自然知道美国读者也很关心这位英国小说大师，不仅刊登了狄更斯给史密斯的信，还刊登了5月29日他让霍加斯夫人和海伦签署的声明。这份声明“郑重”宣布，“我们现在不相信”关于狄更斯分居的某些传言，“我们知道狄更斯夫人也不相信这些传言，我们保证会在所有场合反对这些传言”。[93]这显然是狄更斯代写的。该报似乎并不在乎这份声明，继续说，关于这件事，的确有很多版本，狄更斯在《家常话》上否认后，就该收手，让传言自生自灭；结果，人们现在都本能地站到了妻子这边，“除非她也像布尔沃夫人那样，表现得像个粗野的泼妇或悍妇”；可如果妻子“一直默不作声，丈夫却咄咄逼人，接二连三地发表声明，必然会一小时接一小时地失去民心。如果狄先生再来一封画蛇添足的信，就彻底完了”。[94]

8月30日星期一，伦敦的《晨星报》转载了狄更斯给史密斯的信，《纪事晨报》和《信使晨报》也于次日跟进，但都没有发表评论，对狄更斯来说也算幸运。《泰晤士报》没有理会，《每日电讯报》虽然没有刊登，但说其他报纸都刊登了，暗示狄更斯是有意要让大家看到这封信。[95]狄更斯也有些担心，让他的律师弗雷德里克·乌弗里告诉凯瑟琳的律师，这封信见报与他无关，他也很“震惊、恼火”。[96]但事实上，他当初的确已经“授权”史密斯可以拿给别人看。不过，狄更斯在给科林斯写信时，却选择了遗忘，义愤填膺地说：“这封信是在美国泄露出来的，后来又传到了国内。明眼人都能看得出来，这是一封私信。可有些英国报刊就是不负责任，登了出来，让我很恼火。但像我这种公众人物，这种苦头和麻烦也是免不了的。”[97]

虽然这件事是狄更斯一手造成的，但他并没有受到惩罚，不过是多了些关注而已。1856 年，伊丽莎白·巴雷特·勃朗宁[1]曾在巴黎的社交场合见过狄更斯。1858 年 7 月 11 日，她在佛罗伦萨的家中批评了狄更斯的分居声明：

狄更斯和他夫人到底怎么了？一起生活了二十三年，才说性情不合？这算什么借口！我觉得还不如说用情不专呢。想想自己家庭和睦，幸福快乐，我宁肯每天被丈夫暴打一顿，也不愿搬出家门，失去孩子。真的。狄更斯两口子还有几个孩子年龄不大，比佩尼尼［她儿子］还小！可怜的女人！她肯定难过得要死——肯定的。[98]

现在，这封“被泄露的信”也让她感到愤怒。她也认为是狄更斯自己想公开这封“可怕的信”，拿才华当“棍棒”来对付妻子，“利用人们对他的崇拜，煽动舆论来反对她。我得说这很可怕”。[99]

凯瑟琳的姑母海伦·汤姆森在看到这封信后，也做了回应。8 月 30 日，她给朋友写信说，狄更斯的做法令她气愤，狄更斯和他朋友布尔沃是一丘之貉，都想证明妻子精神不正常。她说，狄更斯“的确想让凯瑟琳的医生出具这样一份报告，但医生严词拒绝了，说狄更斯夫人的精神没有任何问题”。凯瑟琳受到这种对

1 伊丽莎白·巴雷特·勃朗宁（Elizabeth Barrett Browning，1806—1861），英国女诗人，罗伯特·勃朗宁之妻，婚后移居意大利。

待，情绪低落很正常。海伦·汤姆森还确信，“只要家里还能待”，她侄女就“不想搬出去，也不想离开孩子”，“她父亲认为，只要还没到忍无可忍的地步，就不去干涉。后来，为了不上法庭，达成了妥协”。她说，狄更斯还提出过一个“荒谬的建议”，让凯瑟琳要么出国，要么“待在他宅子里，但平常只能待在她自己的房间里，来客人时再出来扮演女主人”。[100]

我们无法判断这些说法的真实性，但狄更斯的确不止一次提到凯瑟琳的精神状况，也的确担心霍加斯家会将他告上法庭。

海伦·汤姆森还说，乔治娜“有点古怪，被她姐夫的花言巧语蒙蔽了，不惜违背父母意愿，与他和他女儿待在一起，对她姐姐很不利”。狄更斯“夸赞乔治娜，就是为了贬低妻子。这么做相当无情，也很不公正”。海伦说，不要忘了，凯瑟琳生了十个孩子，生产后恢复很慢，“需要妹妹帮忙照看孩子，这很正常”，但凯瑟琳仍然是个慈祥的母亲、能干的主妇。狄更斯在那份“愚蠢自私的声明中，冲一个年轻女演员表白柏拉图式的爱情，很不得体，也太放肆”，谁会在乎他的私生活？海伦说，库茨小姐是忠实的朋友，邀请凯瑟琳在事情没有解决前到她那里去住。凯瑟琳曾在信中说自己舍不得孩子，孩子们也不愿离开她。11岁的西德尼担心母亲“不和他们在一起，会感到寂寞无聊”；查利则对母亲“亲切温柔”。凯瑟琳还说：“我相信，在上帝的帮助下，我也能屈服于他的意志，过一种不快乐但也过得去的生活，只是处境会很惨。”最后，海伦指出，虽然公众把狄更斯“奉若神明”，但他的“柔情和慈悲”都只是“童话故事”。她幸灾乐祸地说，他已经是“狄更斯兄弟中第三个抛弃妻子的了”。[101]头两个是弗雷德里克和奥古斯塔斯，后者跟狄更斯感情更为亲密，但不久前也丢下妻子，跟一个女人移民去了美国。[102]

报界这次重提狄更斯的婚姻问题，大多是负面报道，但他还是逃过了一劫，继续在国内朗读，与观众增进感情，挣他们的钱。据他估计，除去所有费用和支出，每月能挣一千多英镑（约合今天十万英镑）。他很感激阿瑟·史密斯“热情高涨”，“能与观众友好相处，让他们放松”。[103] 11 月中旬，朗读结束，狄更斯回到了伦敦，与布拉德伯里和埃文斯终止了合作，支持耶茨反击加里克俱乐部。

斯揣沃先生的事迹

1858 年狄更斯一直身心不宁，直到 1859 年初，才开始动笔写《双城记》。斯揣沃（Stryver）虽然是小说中的次要人物，但狄更斯在他身上花了不少笔墨。西德尼·卡屯是个律师，“一个懒散的家伙，最没出息”，整日酗酒，悲观堕落，但跟夏尔·达奈长得很像，替后者上了断头台，由“反英雄”变成了英雄。卡屯为斯揣沃效力，是这头“狮子”的“爪牙”。两人一起在律所办案，整晚痛饮，卡屯负责整理卷宗，斯揣沃负责出庭辩护，出尽了风头。法庭上每天都能看到斯揣沃先生“红润的脸庞”，“从一头假发中喷薄而出，就像一株硕大无朋的向日葵，挤开满园群芳，迎接太阳”。斯揣沃“能言善辩，肆无忌惮，机敏灵活，胆识过人”，却不擅长“从大堆供述中提取精要”，便把任务交给了卡屯，他自己则利用“毫无柔软气息的”“大块头、红脸庞和大嗓门”，“从精神和肉体上硬挤进人群和谈话之中”。他善于在法庭上操纵陪审团，把委托人的案子裁剪得“像一套小巧紧凑的衣服”，正合陪审团的身。[104]

斯揣沃的原型是业务繁忙的埃德温·詹姆斯，狄更斯在 1858 年底见过他。当时，詹姆斯正受耶茨委托，准备起诉加里克俱乐部。詹姆斯名头很响，以代理媒体热议的案件闻名。1858 年 6 月，缪克斯的姐妹与他夫人对簿公堂，争论他在立遗嘱时精神是否正常。詹姆斯是缪克斯夫人的代理人，逗得法庭哄堂大笑。7 月和 8 月，他也参与了利顿事件，但作为布尔沃·利顿的代理人，他却好像很关心罗西娜的利益。据《纪事周报》报道，6 月 21 日星期一，威斯敏斯特厅财政大臣法院“座无虚席，等待一桩诽谤案的判决”。“原告高夫先生是个讲师，好酒贪杯。被告利斯医生支持《缅因州禁酒法》，曾攻击原告吸毒成瘾，酗酒成性，经常吸食毒品和鸦片。原告向被告索要诽谤损害赔偿金”。[105] 詹姆斯说服了陪审团，帮原告打赢了官司，被告向原告支付五几尼“作为赔偿”。[106]

四天后，詹姆斯又回到威斯敏斯特厅，在财政诉讼署代理一桩所有权案件。原告是托特纳姆地方卫生局职员，起诉被告盗用他设计的“供水及高效排污系统”方案和图纸。狄更斯的妹夫亨利·奥斯汀代表卫生局出庭，声称有权使用该方案。詹姆斯是原告律师，但这次没能打赢。法官“明确指出，不该提起这场诉讼”，詹姆斯立即代原告接受判决，撤诉，向被告支付一百英镑。[107]

7 月 23 日，詹姆斯已经到了约克。精神病管理委员会在经历了利顿事件后，到约克调查玛丽·简·特纳的案子。1857 年圣诞节前夜，玛丽被丈夫查尔斯关进了精神病院。当时两人已经结婚十四年，既不幸福，也不平静。玛丽怀疑丈夫在外寻花问柳，心生妒意，1850 年用拨火棒打了他。她还声称丈夫想毒死她。乍看之下，她似乎不容易胜诉。不过，她的律师是埃德温·詹姆斯。他知道，陪审团都了解近期的投毒案，尤其是 1856 年的威廉·帕尔默案。他也强调，女性容易受到丈夫虐待。他问陪审团，女人有嫉妒心，就一定有精神问题吗？就一定要关到可怕的机构中待好几个月吗？如果陪审团中的“父亲、丈夫和兄弟”能够支持玛丽，就可以“心安理得地回家去，高枕无忧地睡上一觉了”。[108] 詹姆斯帮玛丽打赢了官司。

报刊都在报道玛丽·简·特纳的案子，也在评论精神病管理委员会，不久前的利顿事件已经把它推到了风口浪尖之上。7 月 27 日，《纪事晨报》抱怨说，委员们个个沾沾自喜，年度报告里说的都是全国精神病院形势“一片大好”。委员会也感到了危机，起诉了关禁玛丽·简·特纳的精神病院。[109] 还有一桩有名的精神病案，1858 年 8 月 23 日至 27 日，从周一到周五，在斯特兰德大街的圣克雷芒旅馆审理。劳伦斯·拉克的妻子说他有精神病，埃德温·詹姆斯帮拉克打赢了官司，陪审团认为拉克精神正常。此前，精神病院的经营者阿瑟·史迪威收买了约翰·康诺利医生，让他开具了拉克患有精神病的证明。次年，拉克又把这两人告上了法庭。[110]

1858 年夏天，詹姆斯成了家喻户晓的人物。4 月，他代理了一生中最重要也最有名的案子——西蒙·贝尔纳案。西蒙·贝尔纳医生被控参与刺杀拿破仑三世。这次刺杀行动的主谋是菲利斯·奥尔西尼，他和同伙使用了伯明翰生产的炸弹，并得到了贝尔纳的帮助。贝尔纳是法国共和主义者，早年逃到伦敦后，以行医为业。[111] 刺杀行动发生在 1858 年 1 月 14 日，法国皇帝和皇后这天要到巴黎的歌剧院看演出。迪斯累里此时还在反对党，第二天对莎拉·布里奇斯·威廉斯说，拿破仑三世“侥幸逃过一劫”，那个“可怕的机器”制造了三次爆炸，死了八人，伤了一百多人。[112] 1 月 15 日，著名剧作家爱德华·布兰查德在日记中写道，那晚收工后，去位于克拉肯维尔的俱乐部，“大家都在谈皇帝昨天躲过暗杀的事”。[113]

对迪斯累里和他的保守党同僚来说，这次行刺事件给他们带来了转机。事件发生后，首相帕默斯顿向议会提交了《密谋谋杀法案》。自由党政治家和公众都表示反对，认为法国在干涉英国内政。2 月 19 日，议会投票否决了这个法案。三天后，帕默斯顿辞职，德比和迪斯累里上台。[114] 看到帕默斯顿因讨好法国人下台，狄更斯也很高兴。2 月 20 日，他对法国朋友弗朗索瓦·雷尼耶说：“今天早晨，这边欢声一片，因为内阁提交的议案昨晚被否决了，向你们的皇帝和军队献媚的行动宣告失败。我很高兴看到他们铩羽而归。”[115] 虽然女王不喜欢政府换来换去，但也不反感民众的反应：“皇帝在法国的所作所为，很不明智。他对英国出言不逊，导致英国民众群情激奋，决心抵抗外来威胁。”[116]

此时，西蒙·贝尔纳已在伦敦被捕，被控参与谋杀法国皇帝的卫兵。意大利刺客则在法国受审。3 月 13 日，奥尔西尼和朱塞佩·皮耶里被处决。贝尔纳的命运却不一样。4 月 12 日星期一，他的案子在老贝利开庭审理。由于涉及在国外参与谋杀，英国还专门成立了特别委员会。[117]委员会由王座法庭庭长坎贝尔勋爵主持，包括一系列头面人物，有伦敦市长、首席法官、伦敦城刑事法院法官、戴维·萨洛蒙斯等伦敦高级市政官员。有份支持贝尔纳的报道说，法国大使馆的戈蒂埃先生也在场。[118]检察总长菲茨罗伊·凯利爵士负责起诉，埃德温·詹姆斯则是被告辩护团队中的资深成员。（这年年底，凯利和詹姆斯还可能会因为加里克俱乐部事件对簿公堂。）星期日的《雷诺兹报》说，法庭上坐满了观众和律师。[119]

4 月 16 日星期五是开庭第五天，詹姆斯为被告辩护，表现得如鱼得水。他借助公众反对法国威胁和干涉的呼声，建议陪审团不予起诉，因为该案本质上就是应外国暴君之请而提出的政治指控。他说，长久以来，英国一直拥有“自由的海岸”，“向外国避难者开放”，英国法律也鼓励“保护弱者不受强者欺凌”。他说，这项指控错误百出，很多证词含混不清，自相矛盾，包括从伯明翰工厂订购的炸弹的尺寸、贝尔纳在事件前一年收到的一封信的重要性等。他说，他的委托人的确帮助过刺客，但以为他们是要“让意大利重获自由”，而不是行刺法国皇帝；陪审团在把贝尔纳“送上英国绞架之前”，必须确定他的确“知道或煽动”了对法国皇帝的暗杀行动。詹姆斯的结语说得慷慨激昂：

先生们，我说完了。为了被告席上这位不幸的绅士，我已经竭尽全力，尽到了我的责任。我相信，英国所有的律师都会凭着良心，勇敢地去尽这份责任。希望你们也能勇敢坚定地、凭着良心去尽自己的责任……告诉检察官，陪审团是英国自由的圣殿……告诉他，英国陪审团的裁定，是根据永恒的正义原则做出的。告诉他，你们有了这副铠甲，就不会惧怕任何军队和侵略者。告诉他，就算六十万法国大兵端着明晃晃的刺刀站在你们面前，就算法国大炮在你们耳畔轰鸣，你们也只会根据情感和良心做出裁定，不管它会取悦还是得罪外国暴君。[120]

4 月 17 日星期六是庭审最后一天，也是“老贝利有史以来到庭人数最多的一次”。法官坎贝尔勋爵概括了证据，希望陪审团做出有罪裁定。[121] 被告贝尔纳对陪审团说，法官概括证据时有很多谬误，“我没有雇佣刺客”，巴黎那些刺客都是自愿帮助奥尔西尼；他和朋友也“只是想推翻所有地方的专制和暴政。我是参与了这种密谋，还会到所有地方参与这种密谋，因为这是我的责任，也是所有人的神圣责任，但我永远永远不会谋杀他人”！[122]

陪审团被感动了。虽然证据和法官的概括都指证有罪，但陪审团还是宣布被告无罪。詹姆斯·戈登·阿伦是内殿律师学院[1]的律师，庭审后马上打印了詹姆斯的辩词，说“这位学识渊博的律师讲得荡气回肠，听众也听得心潮澎湃”，“讲完后现场爆发出了雷鸣般的掌声，经久不息”。[123] 现场的男士，包括很多律师，都把帽子抛向空中，女士们则挥舞手绢和女帽，庭外的群众也高声欢呼。[124] 由于还有其他指控，贝尔纳没有被当庭释放，但检察总长表示不准备再起诉。贝尔纳被送回到新门监狱。4 月 20 日星期二，埃德温·詹姆斯申请了人身保护令。当天下午，两位朋友到了威斯敏斯特厅，分别为贝尔纳交了五百英镑保释金，贝尔纳在一片欢呼声中获释，此后没有再被起诉。[125]

J. 尤因·里奇在两年后出版的《伦敦概况》中描述了裁定做出后的场景。他说，那天，报童一边在报社等着领报，一边聊庭审结果：

1　内殿律师学院（Inner Temple）是英国伦敦四个培养律师的组织之一。

他们很佩服埃德温·詹姆斯的庭辩。我身边的一个小崇拜者对另一个说："都是詹姆斯这家伙弄的，是不是让皇帝很不爽？"

"没错，"一个更悲观也更世故的孩子说，"是，他是很厉害，但要是那边给钱，他肯定会替那边说话。"[126]

詹姆斯当然会。但不管怎样，他已经出了名。虽然恩格斯对马克思说，詹姆斯的庭辩"苍白无力"，"逻辑混乱"，但很多人还是佩服詹姆斯华丽的辞藻和调动陪审团爱国情绪的能力。[127]大多数报刊认为不该提起这次公诉。《泰晤士报》骄傲地警告外国政府，千万不要要求在英国审理这种案件，因为"我们的刑事审判要求证据确凿"，那可是很难办到的。[128]所有报刊都提到，议会否决了帕默斯顿的《密谋谋杀法案》，导致他的内阁倒台；对贝尔纳的指控永远不可能得到英国陪审团的支持。《人民报》说，那个星期六下午，陪审团只商议了一小时二十分钟，就作出了裁定。[129]《雷诺兹报》说，4 月 20 日星期二，威斯敏斯特厅外面的出租马车抢着要送贝尔纳回家。[130]那天晚上，贝尔纳在莱斯特广场的怀尔德阅览室发言，感谢英国陪审团为他伸张正义。观众为他鼓掌，并为埃德温·詹姆斯三次举杯，又为陪审团三次举杯。[131]由流亡者和英国自由主义者组成的"意大利之友"，也经常在这个阅览室开会，还有一个法国俱乐部也在那里开会。

贝尔纳的大名只是昙花一现。1862 年，他已经开始出现幻觉，住进了伦敦的一家精神病院，11 月去世。[132]詹姆斯在老贝利展示辩才后，成了红极一时的人物。1858 年夏天，很多人请他代理案件，大都是些棘手的、轰动的、有争议的案子。狄更斯的律师法勒和乌弗里在接手了耶茨起诉加里克俱乐部的案子后，也请詹姆斯做出庭律师。耶茨在回忆录中说，詹姆斯"刚帮贝尔纳医生无罪获释，风头正劲"。他说，詹姆斯是个"红脸的胖子，那张大脸棱角分明"，在内殿律师学院有律所，在蓓尔美尔街有办公室：

他业务很忙，收费很高。我找过他几次，但每次很难让他只谈我的案子。他很能说，但总是跑题。有一次，我叫狄更斯陪我去见他，狄更斯还没见过他。他表现得很热情，狄更斯则静静地观察。四个月后，《双城记》头几期问世，有不少篇幅写斯揣沃先生。我读后对狄更斯说："斯揣沃写得很像。"他笑道："我也觉得还行，毕竟他只当了一回模特。"[133]

詹姆斯收入不低，1861年就已经挣到了七千英镑一年，既是开业律师，又是马里勒本的自由党议员。但狄更斯觉得此人不可靠。1861年，狄更斯的预感得到了证实。詹姆斯的债务达到了十万英镑，不得不辞去下院议员，退出改革俱乐部。与此同时，他也受到了内殿律师学院主管委员的斥责，因为他跟被告借了钱，却在同一案件中担任原告的律师。那年夏天，他的律师资格被取消。[134]耶茨后来说，詹姆斯不久便去了美国，在那儿发誓说自己没有被除名，希望能在纽约做律师，但也"没干出什么名堂"，"六年后回到伦敦，自称'法学家'，为一些'不敢见光'的案子提供建议。有人见他经常穿着破旧的无袖披风，出没在伦敦西区"。[135]

迪斯累里的银鱼宴

7月20日，加里克俱乐部决定开除耶茨，耶茨便和狄更斯商量起诉俱乐部。此时，报界的主要话题还是大恶臭。7月18日星期日，《年代》回顾了一周的新闻，也和其他报纸一样，为议会决定治理泰晤士河喝彩。文章的标题是《泰晤士河的好消息》，用医生看病打比方，为最终确定的方案叫好：

伦敦市政工程委员会的医生给泰晤士河开了一剂石灰，至于疗效如何，能在多大程度上缓解鼻子的痛苦，我们不知道，也不必调查，因为伦敦和她亲爱的病人有福了——治疗方案已经改变……医生也要更换……政府先前充当医生，已经干够了，决定放手（而不是到泰晤士河解手），把泰晤士河的身心问题全部交给伦敦市政工程委员会。委员会权力很大，清理国王奥吉厄斯的牛舍[1]都绰绰有余，泰晤士河自然不在话下。简单地说，市政工程委员会将全权负责伦敦市区、郊区和伦敦城的排污问题，将废水引向远处，远离居民的嗅觉神经，让最灵敏的鼻子都找不着……给了委员会五年半的时间，国库每年拨款六十万英镑。为筹集这笔款项，将对所有可征税财产征税，为期四十年，税率为每英镑三便士。有点像做生意……政府已经又快又好地尽到了公共责任，现在就等市政工程委员会也能又快又好地尽到它的责任了。[136]

这个总结很简洁，代表了报界的普遍态度。虽然人们仍怀疑市政工程委员会能否团结起来，按时完成任务，但也基本同意，既然已经决定了，就应该全力支持，认真监督执行部门。7 月 21 日星期三，《泰晤士报》说，“这个部门”可能口碑不好，但应该让思韦茨先生和他的同事们先干起来。该报已经不止一次抱怨说，它已经呼吁了十来年，警告人们小心这场灾难，认为这次也应该感谢 6 月的炎热天气：“6 月的恶臭成了压在重担上的最后一盎司，或者说，更像一道突然迸射出的闪电，让我们一下看到了情况的危急。最热的那两周对伦敦卫生管理的作用，就像印度兵变对印度治理的作用，让我们更清楚也更明白地看到，我们正坐在怎样的一座火山之上。”[137]

议会还在赶着清扫战场，争取在闭幕前完成各项立法任务，报刊已经开始评价德比内阁的成就了。为了庆祝议会会议闭幕，内阁有个仪式。阁员们会从威斯敏斯特上船，沿泰晤士河东下，到格林尼治参加一年一度的银鱼宴。1858 年这次宴会在 7 月 24 日星期六举办，议

1　希腊神话中，国王奥吉厄斯（Augeas）在牛舍中养了三千头牛，三十年未打扫，大力神赫拉克勒斯引河水，一日内洗清。

会一直忙到那天才正式收工。那天的《伦敦新闻画报》说，两院正在“清扫立法工作的碎屑”，“各调查委员会都已结束工作，泰晤士河委员会也提交了报告，沿河一侧的走廊非常安静”。上院虽然还在忙碌，但它们的会议室对着议会大厦内部的老大厦庭院，而不是泰晤士河这个“庞大的首都下水道”。[138]

报界在关注泰晤士河法案的同时，也在称赞《印度法案》。在迪斯累里的帮助下，斯坦利勋爵说服议会通过了这项法案。由于东印度公司管理不善，英国政府将直接管理印度。坎特伯雷大主教约翰·萨姆纳和上院的主教们趁机提议，希望在印度推行基督教。斯坦利勋爵坚决反对。7 月 23 日星期五，《印度管理法案》在议会三读。萨姆纳说，他并不“想让政府摧毁那个不得不面对的邪教”，也不想强迫或收买印度人，让他们改信基督教，但他确实想建立一种制度，让印度学校读《圣经》，让印度人放弃“他们的崇拜仪式和节日”。《泰晤士报》说，德比平静而又威严地回答道：

大人们，听了大主教大人这席话，请允许我说，我认为，印度所有的宗教信徒都应受到保护，绝不允许妨碍基督教传教士在印度活动；但另一方面，我也确信，政府应为所有教派和信仰提供一视同仁、不偏不倚的保护，除此之外，不应过度干涉。这不仅有益于英国的利益、和平和安康，也有利于英国行使治理印度的权力。[139]

德比在上院叱咤风云，斯坦利和迪斯累里也在下院风生水起。《本特利杂志》在 8 月总结说，《印度法案》很棘手，虽然大都认为东印度公司管理不善，必须收回它的权力，但仍有很多不同意见。迪斯累里把这个法案从党派问题提升到了国家高度，斯坦利则让法案“更符合常理”。[140] 女王也很关注这个法案，8 月 15 日鼓励德比起草一份印度公告，要体现宽容与平等。[141] 坎宁子爵稍后出任印度总督，女王给他写信说，“这个幅员辽阔的帝国”是王冠上的“一颗熠熠生辉的宝石”，“希望能看到它幸福、满意、和平”，并为公告中提到印度宗教信仰自由而深感欣慰。[142]

这段时间，报界既对大西洋电缆的连接失败表示惋惜，也为 8 月的短暂接通感到欣喜。[143] 8 月 21 日，《笨拙周报》提醒读者说，可怜的“大东方号”或“利维坦”还停在德特福德，除了供人参观，什么也干不了。该报建议，既然这个庞然大物“舱室很多，不如把伦敦的废水全都倒进去，装满了就运到海中排掉，那里不会有人嫌它臭”。该船“财务窘迫”，让它运一次也花不了多少钱。布鲁内尔的巨轮“将成为一个一流的移动下水道”。[144]

报界也对《离婚法》的实施提出了表扬。该法还根据爱德华·莱恩的特殊情况做了修正。1858 年 3 月创刊的《英国妇女杂志》也表示满意，说“负屈衔冤的丈夫和妻子们”终于可以脱离苦海了。[145]《年代》提醒说，去年讨论《离婚法》的时候，有很多人表示反对，认为离婚会导致社会崩塌，但现在看来，只有那些实在过不下去的人才会选择离婚，申请离婚的人并不多，婚姻纽带也没有松动，该法非常有效。[146] 由于很多案件涉及当事人的精神状况，精神病院也成了热门话题。7 月 27 日，《纪事晨报》报道了玛丽·简·特纳的案子，说该案在约克城堡开庭，埃德温·詹姆斯担任玛丽的律师。该报当天发表社论，批评精神病管理委员会的年度报告尽是“骗人的陈词滥调”和“好听的归纳概括”，掩盖了“很多冤屈，如果说出来，肯定会让公众愤怒不已”。[147]

德比的少数党政府刚上台几个月，就取得了如此辉煌的成就，也令报界感到惊讶。8 月 1 日，《年代》刊登文章《议会闭幕》，认为德比政府已经“逐步赢得了国民的信任”；自由党领袖没能办成的“犹太法案”，保守党政府办成了；这次议会会议历时不长，却非常成功，《泰晤士河净化法案》和《印度法案》就是两大成就。[148] 次日的《泰晤士报》专门评论了迪斯累里，既有褒扬，也有批评，说他“展现了干劲、决心和雄辩，但这位谋略家居然没有表露出任何政治偏见，也令内阁受到了怀疑”。[149]

这说明人们普遍认为，虽然迪斯累里是个雄心勃勃的政治家，但对党派或国家不够忠诚。迪斯累里自然是雄心勃勃，也的确不择手段，但他通过这次会议向人们证明，他也能为党派和国家尽心尽力。《泰晤士报》说，罗斯柴尔德终于迎来了正义，印度问题得到了解决，积压多年的泰晤士河污染问题也有了眉目，这都与迪斯累里的努力分不开。该报认为，下次议会开会，很可能会讨论政治改革；当然，德比政府也随时可能遭到意外打击，像六个月前的帕默斯顿政府一样倒台。该报总结说，如果那样，德比勋爵至少可以说，“尽管在议会下院不占多数，非常不利”，但他还是组建了内阁，“短短几个月，就取得了不错的声望和成就”。[150]

银鱼宴在 7 月 24 日星期六晚上举行。当天，迪斯累里给伦敦德里夫人写信说，他和同僚们“为了结束会议，从早晨忙到中午，又从中午忙到晚上”，他上午在下院开会，下午三点还要到内阁开会，下午六点才能动身去格林尼治，参加“那场银鱼宴——政治狂欢节”，他已经“累坏了，手都握不住笔了”。[151] 两天后，他又对莎拉·布里奇斯·威廉斯说，那顿晚宴吃得“津津有味”，和往常一样，说了“一堆废话”，毕竟“已经大获全胜”。[152] 几天后，《笨拙周报》刊登了一首诗，描绘这次宴会，标题是《泰晤士河老爹在内阁赴银鱼宴的途中现身并发言》。诗中提到了好几位内阁大臣以及与他们相关的主张和法案——斯坦利与印度相连，布尔沃·利顿与“快乐”相连（他近来麻烦不断，这显然是个讽刺），迪斯累里则什么都沾边：

蔚蓝的天空，明媚的阳光，
汽船快乐地驶向前方。
一船人心情舒畅，
宛如学童出了学堂。
青春（斯坦利）站在船头，

快乐（布尔沃）立于舵旁，
汽船行驶在高高的浪上，
差点翻入泥汤。
他们经过了臭不可闻的沃平河岸，
去享受一年一度的银鱼盛宴……
汽船载着内阁大臣奔向远方，
（很少有人能想到）
他们在议会克服了种种恐慌，
正无忧无虑，得意扬扬。

政府大员沿河而下，谈天说地，提到了纽德盖特反对罗斯柴尔德进议会，说到了“帕姆”的自由党“被拒之门外”，还谈到了声名狼藉的伦敦市政工程委员会。他们在欢声笑语中驶向格林尼治，已经看到那座著名的疗养院[1]。突然，一个魅影出现在他们面前：

大臣们一路谈笑风生，又是奚落又是嘲弄，
消磨这段旅途时光，
直到斯坦利的神色不再凝重，
爱挖苦人的迪奇[2]也露出了笑容。

现在已经过了道格斯岛，
“特拉法尔加号”已经映入眼帘，
空中突然飘过一片云彩，
遮住了格林尼治疗养院。
（“特拉法尔加号”是皇家海军军舰，1841年在伍利奇船厂下水。）
云中透出一缕清香，

1 指格林尼治疗养院（Greenwich Hospital），当时是英国海军老兵和伤兵的疗养院，19世纪后期改建为皇家海军学院。

2 “迪奇”指迪斯累里。

可以闻到，但绝不值得歌唱；
所有人都掏出手帕，
谁都不想让鼻子遭殃。
云彩慢慢有了形状，
香气汇集到一个点上，
降落到甲板上，挡在他们面前，看哪！
一个可怕的影子出现了！

一件沾满烂泥和黏液的长袍，
包裹着暗绿色的四肢，
露出一道道白色石灰——
那是市政工程委员会干的好事。
他的嘴就像一个臭气熏天的深渊，
喷射着恶臭和硫黄般的火焰。
到底是看到的，还是闻到的？
在场的人都知道，这就是泰晤士河老爹。

他站在那里，苍白无力，
气喘吁吁。
他说，“我要向来宾致敬：
两院议员，一向可好？
你们要懂得知恩图报，
本该叫我一同赴宴逍遥。
在你们今年的朋友里面，
泰晤士来得很早，出力也不少。

是谁……把那些难缠的议员赶走？

是谁加快了《印度法案》的进展？
是谁迅速满足了犹太人的要求？
……除了泰晤士河老爹，还能有谁？

我趴在你们大厦的墙后，
冲着百叶窗吹气；
我又是爬烟囱，
又是钻风井；
多亏了我，这次会议才能圆满结束，
你们的敌人才会落荒而逃。
他们怕的是我：我帮你们取得了胜利——
却没有收到请柬！

这倒不算什么——我不在乎银鱼，
也不稀罕摩泽尔白葡萄酒——
可你们不该缚住我的手脚，
把我交还给思韦茨和那些公司！
就是伦敦市政工程委员会，
把毒药注入了我的静脉，
控制了我的血液流动，
让我不得不喝他们的废水！

就是你们把我交给了他们，
让他们掌管河岸和河床。
可我还全心全意为你们服务，
用臭气和热浪把你们的敌人驱逐！
你们的方案就是让我变成长长的下水道，

让热病在那里快活逍遥。

伦敦已经受够了他们的空话，

今后还要忍受他们的烂活！”[153]

8 月 2 日宣读了女王敕语，所有议案都得到了御准，议会将休会至 10 月 19 日。迪斯累里得意扬扬地对布里奇斯・威廉斯夫人说，虽然上个月“忙得晕头转向”，但毕竟还是取得了辉煌的成就，“会议开始时险情不断，最后却破天荒地通过了这么多好法案”。[154]他要到白金汉郡的休恩登庄园休假，享用女王 8 月 4 日送给他的“肥羊”。[155]他没打算休息太长时间，还要费心准备“下一场战役”，一场并不轻松的战役。[156]他没说错，他和德比打算在议会下次开会时提交一份改革法案，但最终没有能够成功。1859 年 6 月，他们短暂的执政经历宣告结束。不过，在此之前，迪斯累里已经利用短短五个月的时间，推动议会通过了多项重要立法，让怀疑他的媒体和公众看到了他的能力和智慧。

Chapter 07
第七章
酷暑的影响

加里克俱乐部事件余波

加里克俱乐部事件本来是件小事，但萨克雷和耶茨都不肯罢手。1858 年 8 月 25 日，萨克雷给美国朋友巴克斯特家写信，说自己并不介意，但其实已经在下一期的《弗吉尼亚人》中讽刺了耶茨及其报界好友，8 月 5 日寄给了布拉德伯里和埃文斯，准备 9 月 1 日出版。[1]小说的叙述者傲慢地说，“有些界限必须划清”，“汤姆·贾蓓奇是《肯奈尔杂志》的资深撰稿人”，像他这种年轻人，“也想加入俱乐部，成为文学界同人，拍着我的背，叫我老兄，称呼我教名，我可不怎么开心”。[2]

11 月 6 日，萨拉又在《夜以继昼》专栏发表文章，凌晨一点写的是考文特花园的埃文斯晚餐厅。萨克雷经常光顾这家餐厅，并在《纽克姆一家》中把它描绘成一个“安乐窝”。萨拉说：“城里的很多名嘴和报界人士都会出入游乐场所，如果想一睹他们的风采，就要在凌晨一点左右，去埃文斯晚餐厅。这时候，名流们就会走出俱乐部的吸烟室——当然都是些派系俱乐部，来到这个中立之地，相互调侃。”[3]

萨拉上次说，那些俱乐部会因为一点点小错就把人开除；这次又故意说，自己担心会惹恼萨克雷："我很想向大家描绘凌晨一点时分这些名嘴的坐相、吃相和吞云吐雾的模样，可我不敢……小说家波吕斐摩斯[1]先生经常蹲在大理石桌后面，戴着眼镜，盯着人看。"[4]

11 月 7 日，萨拉写信问耶茨："你觉得用波吕斐摩斯先生称呼萨克雷怎么样？"当然很妙，因为萨拉知道，萨克雷在 1850 年出过一本圣诞故事书《莱茵河上的齐克贝里家》，也用了荷马《奥德赛》中这个独眼巨人的典故。[5] 萨拉在 60 多岁时写过一本回忆录《我见过的事和我认识的人》，说萨克雷是个"天才，和蔼可亲，但过于敏感"，在耶茨这件事上"动用了他巨大的能量，打击了一个比他年轻很多的作家"。[6]

1858 年秋，报界开始说耶茨要将加里克俱乐部告上法庭。《邮政晨报》在 11 月 17 日回顾了事件的经过：耶茨在《街谈巷议》上发文章攻击萨克雷，萨克雷给耶茨写信，耶茨回信，两人又向加里克俱乐部委员会投诉，委员会要求耶茨向萨克雷道歉。现在，委员会拒绝恢复耶茨的会员身份，耶茨"准备提起侵权诉讼"。"俱乐部是否有权开除耶茨，这是一个重要的问题，涉及所有会员的权利"。"双方都会有很多法律精英助阵"，检察总长菲茨罗伊·凯利将替俱乐部申辩，"王室法律顾问埃德温·詹姆斯先生则代表原告出战"。[7]

夏季朗读结束后，狄更斯也加入了战事。11 月 13 日星期六，他在布莱顿做了最后一次朗读。一周后，他拜访了詹姆斯，给萨克雷写信，希望说和此事：

我发现埃德温·詹姆斯先生……明显认为，加里克俱乐部的做法不合法。我不想重复他的观点，免得让这封信显得太复杂、太正

1 波吕斐摩斯（Polyphemus）是希腊神话中的独眼巨人，奥德修斯将其灌醉后，弄瞎了他的独眼。

式，但他让我看了他的意见，现在就在我手边，我不想让你蒙在鼓里……

可否由我代表耶茨先生，跟您选定的代理人协商解决这件令人深感遗憾的事，既能让各方满意，又不必闹得沸沸扬扬？[8]

这封信语气生硬，表述冗赘，声称耶茨的律师看得最透彻，并用“深感遗憾”这种带有指责意味的词来描述这场争吵，自然很难平息萨克雷的怒气，萨克雷对任何指责都很敏感。狄更斯不想打官司，但他这么说，肯定会适得其反。他对萨克雷说，耶茨一开始就征求过他的意见。萨克雷早就知道这一点了。狄更斯还转弯抹角地说，这场争吵发生的时候，他也遇到了婚姻问题：最近“我遇到一些麻烦（您应该知道），耶茨为我两肋插刀，让我没齿难忘。现在他有麻烦，自然也想到了我”。“我跟他说，他不必为那篇文章辩解，但他说的也对，您给他的那封信措辞太强烈，他很难心平气和地弥补自己的过失”。狄更斯说，萨克雷向俱乐部委员会投诉时，他“表示了反对，为此很过意不去”，但他“很清楚，这件事跟委员会没有任何关系”。[9]狄更斯在信末重申，他愿意尽力调解。他这么说话，还以为萨克雷会听，真不知道他是怎么想的。

两天后，萨克雷回了信，虽然语气很客气，但表示不会害怕任何威胁。他有些不够坦诚地说：“看到您的信，我才知道，和耶茨吵架后，是您在帮他出主意，我很难过。”他坚持认为，这事应该由俱乐部委员会处理，不相信埃德温·詹姆斯能战胜俱乐部。他又像往常一样，搬出了不成文的“绅士”准则，说他不相信“任何律师能把俱乐部吓得魂飞胆破，以至于忘记绅士的正义感和荣誉感”。信末的签名是“您的……等等[1]，W. M. 萨克雷”。[10]耶茨后来说，狄更斯把信拿

1 原文为“Yours，&c.”，字面意义为“您的……等等”，多见于商务信件，最初或许是打字员为了节约时间和空间，简化为这种形式，表示此信落款人前面的谦词是常用表述，如“您忠实的仆人”等。萨克雷这么写，或许是不想谦卑地落款，或许是故意要摆出一副公事公办的样子。

给约翰·福斯特看，福斯特叫道："他竟然说'您的……等等'，实在可恶！"[11]

狄更斯没有回信，而是把他和萨克雷的这次通信寄给了耶茨，允许他拿去发表。[12]萨克雷很恼火，12月2日给约翰·布莱克伍德写信说："埃德温·詹姆斯说，耶茨那封信每个字都是狄更斯写的……这还是正人君子吗？"[13]12月5日，耶茨起诉俱乐部。周末的廉价报刊上也出现了攻击萨克雷的文章，马修·希金斯提醒萨克雷"小心埃德温·詹姆斯在法庭上盘诘他"。[14]两周后，萨克雷给布莱克伍德写信，谈到了狄更斯的虚伪和嫉妒（他已经把狄更斯的信抄了一份给布莱克伍德）："这是什么样的深仇大恨啊！'耶茨，他就是我的对手。上，刺他！'于是，可怜的年轻人伸出了爪子，可惜了……把这位伟大的道德家的信寄回来吧。"[15]萨克雷还画了一幅速写，取名《笑里藏刀》，但没有发表。画中耶茨向萨克雷鞠躬致敬，拿刀的手就藏在背后。[16]

一波未平，一波又起。1858年12月底，安妮·萨克雷对朋友说，她父亲"很愤怒"，"所有人都在笑他敏感"。她说，萨克雷也嘲笑狄更斯说耶茨为他"两肋插刀"，"想不到他这么喜欢两肋插刀"。她也透露了一个新情况："爸爸说，真相是查利撞见他父亲和那位不管叫什么的演员小姐在汉普斯特德希思散步。"[17]查利此时已经站到了萨克雷这边，在12月11日的《笨拙周报》上发表了匿名文章，回应"俱乐部闲人"（耶茨）。由于耶茨在上周六的《时代画报》上抨击了所谓的俱乐部"绅士"，查利便在文章中说，"真的，真的，亲爱的闲人先生，这可有点过了"：

我们乐意相信，您自然是伦敦所有顶呱呱的俱乐部的会员，是"珠围翠绕的上流社会沙龙"的座上宾，比我们更有发言权。但我们还是不揣冒昧，坚决反对……粗野的辱骂和毁谤。我们还认为，这个古老的恶习早就从我们的报界消失了……请允许我们给您一个忠告，像我们这把年纪，完全有资格给《时代画报》的小毛孩提个忠告。记住，粗野不等于有才，谩骂不等于风趣……记者也得是个绅士。[18]

其实，在这篇文章之前，狄更斯父子的关系就很紧张了。查利没有跟弗雷德里克·埃文斯的女儿解除婚约，令狄更斯十分恼火。亨利·西尔弗在日记中说，狄更斯后来也知道这篇文章是查利写的。1859年1月中旬，加里克俱乐部推选新会员，狄更斯把查利的名字从提名名单上划掉了。[19]萨克雷跟友人威廉·辛格分析说，狄更斯“跟妻子不睦”，“快要疯了”，“连我也恨上了，实在不像一个——你知道我想说什么”（当然是“绅士”），“现在又跟他儿子过不去，就要投票表决了，却把他儿子的名字划掉了。可怜的孩子非常难过”。[20]

这个引人注目的案子将于2月2日星期三开庭。[21]在此之前，耶茨又对萨克雷发动了一次攻击。他模仿萨克雷的幽默诗《杂烩之歌》，写了一首《牛奶与蜂蜜——W.M.T-k-y作》[1]，发表在1月29日的《时代画报》上，其中有这样的句子：

世上的男人都是流氓恶棍，
女人都是娼妓，孩子都罪该万死。
我跟他们说这个，他们就给我钱。
对他们越凶，他们给得越多。

我嘲笑一切人类情感，
哪管它是真理赞同的，还是好人称颂的。
舌头藏在嘴里，
高呼我是“怀疑人生的人”——
因为这样能够挣钱！[22]

1 标题中的“W.M.T-k-y”明显是指萨克雷（W.M.Thackeray）。

耶茨的朋友萨拉说，这首诗写得很巧，但“恶意太盛，不宜发表”。“先把波吕斐摩斯先生放到一边，”他建议道，“我们不能让个人情感左右‘文字’。”[23]

该案最终没有开庭，大名鼎鼎的埃德温·詹姆斯也就没能把萨克雷“驳得体无完肤”。[24]加里克俱乐部辩称，该案的被告不应该是俱乐部委员会的秘书，而应该是俱乐部的财产受托人，因此要由大法官法庭审理。大法官法庭收费很高，需要二百到三百英镑，耶茨只好作罢。3月11日，他对朋友说，委员会“钻了司法程序的空子，逼我罢手，我现在没有办法，只能……出一本小册子”。[25]这本小册子题为《萨克雷先生、耶茨先生和加里克俱乐部》，讲述了事件经过，为自己辩解，哀叹自己的不幸。3月6日，安妮·萨克雷对威廉·辛格说，对方撤诉了，但也出了一本“骂人的小册子”，希望萨克雷不要再计较，“我们祈求朱庇特控制他的雷霆之怒，读都不要读。最近他也有点听我们的劝了，兴许不会读”。[26]

萨克雷虽然也跟朋友借了一本，但好像的确不打算再追究了。1859年3月12日，他给查尔斯·金斯利[1]写信，解释当初为什么要对付耶茨。他有些愧疚，也有些歉意，但还是不满狄更斯从中挑事。“很多每行一便士稿酬的写手，给他［耶茨］打抱不平”，说狄更斯想从中调解，而事实上，“耶茨给我的那封信”就是狄更斯“口述”的，唆使耶茨“打官司”的也是他。[27]报上说，布尔沃·利顿和爱尔兰小说家查尔斯·利弗[2]已经答应为耶茨辩护，要证明萨克雷也曾抨击他人的作品，而且比耶茨还过分。1847年，《笨拙周报》曾刊登萨克雷写的《笨拙周报获奖小说家》，文中嘲讽了上述两人的

1 查尔斯·金斯利（Charles Kingsley，1819—1875），英国圣公会牧师、作家，支持达尔文学说和宪章运动，著有长篇小说《酵母》。

2 查尔斯·利弗（Charles Lever，1806—1872），爱尔兰小说家，著有长篇小说《格温爵士》《罗兰·卡希尔》等。

小说。[28] 1847 年 8 月，萨克雷还写了短篇小说《乔治·德·巴恩韦尔，由准男爵 E.L.B.L.BB.LL.BBB.LLL. 爵士作》，讽刺布尔沃·利顿。标题明显在嘲弄利顿的名字，罗西娜看了肯定会会心一笑。小说开头花哨地写道："在'生命'之晨，'真诚'向'美'求欢，生的孩子叫'爱'。"《科宁思比，由迪·施鲁斯伯里先生作》（"Codlingsby，by D. Shrewsberry，Esq."）则戏仿了迪斯累里的"青年英格兰"小说《康宁思比》（*Coningsby*，1844），不仅调侃了标题，还把迪斯累里已经写得很夸张的犹太智者又夸大了一番。[29] 萨克雷也听说布尔沃·利顿被请来作证，1858 年 12 月对布莱克伍德说，这也是狄更斯的主意，"我觉得是那位不屈不挠的好朋友狄更斯请来的救兵"。[30]

萨克雷一直没能放下加里克俱乐部事件。去世前一个月，也就是 1863 年 11 月，他还在《康希尔杂志》上发表文章《说来也怪，写在俱乐部信笺上》，含蓄地提到了这件事，说"俱乐部有些碎嘴和闲人，总爱在背后拨弄是非"，"我见过有些文艺青年在俱乐部写文章辱骂他人，文棍们则时刻准备诋毁他人的清誉，编造可怕的谎言"。[31]

有些地方报刊也在关注这场俱乐部官司。1859 年 1 月，《设菲尔德和罗瑟勒姆独立报》说，"这个案子将会引起极大关注"，"耶茨先生因为文章不得体，被告上了文学'法庭'。据说萨克雷先生也会受到盘诘，因为他早年的一些作品写得比耶茨先生还过分，那些作品即便没有遭到反驳，也早已被人忘却"。[32]

4 月 2 日，该报故作失望地说，这场官司没戏了：

爱拨弄是非的人又要错过一场盛宴了。不过，文学倒也因此逃过一劫，否则会成为笑柄……萨克雷居然因为《街谈巷议》上的一篇小文章，就动了怒，还写了信。这当然是个错误，他的崇拜者肯定会抱憾终生。耶茨先生的做法无须评论，而且，他也已经把前因后果写成了小册子，更不用再做解释了。[33]

耶茨的小册子详细讲述了事情经过。他抱怨萨克雷故意对他"傲慢无礼”，说去年夏天他才26岁，萨克雷在这个年纪的时候，犯的这种“错误”比他多多了。俱乐部把案子弄到大法官法庭，就是逼他放弃：“我是年轻人，天地广阔，要跟一个富有的俱乐部斗，跟它的一二十个富有的代表斗，虽然有些势单力薄，但也未尝没有胜算……我对读者和加里克俱乐部一样坦诚。”最后，他请读者“自己判断”，“如果当年萨克雷先生写信时语气能够和善一点，大度一些，结果会怎样”。[34]

耶茨总觉得这场茶壶中的风暴毁了他，对他不公。1884年，大多数当事人都已经去世，耶茨出版了《回忆与经历》，认为“这一切都是萨克雷和狄更斯龙争虎斗或同行相妒引起的，我只是一只替罪羊，一只被他们打来打去的羽毛球”。[35]他在邮局工作到1872年，也一直活跃在报界，但也不是一帆风顺，有时做编辑收入不错，有时也会触犯诽谤法，还上过一次破产法庭，但1894年去世时还算比较富有。[36]

狄更斯和耶茨的关系一直不错，曾经在《一年到头》上发表耶茨的短篇小说，还和耶茨讨论过那本小册子。[37]1860年8月，耶茨的母亲去世，狄更斯也写信安慰耶茨。狄更斯对耶茨的好感，有一部分正是来自对他母亲伊丽莎白·耶茨的欣赏。1839年，伊丽莎白的丈夫改编了《雾都孤儿》，在阿德尔菲剧院上演，她在剧中扮演南希。她去世后，狄更斯伤感地说，她“是我青春记忆的一部分，但也和我的青春一样，一去不返了”。[38]1868年，耶茨经济上出了问题，狄更斯鼓励他说：“你还年轻，还有广阔的舞台，还有机会展现令所有人都满意的才华。”[39]那年夏天，耶茨上了破产法庭，亨利·西尔弗在日记中说：“如果萨克雷在天有灵，肯定会哈哈大笑。”[40]耶茨上了年纪以后，也始终无法忘记他最崇拜的小说家对他的羞辱。[41]1889年，他在信中说，被加里克俱乐部开除，是他这辈子最有名的遭遇：“被俱乐部‘赶出来’，那感觉，就像自己是个牌桌上的老千，是个骗子，是个小偷，是个吹嘘自己妻妾成群的家伙！”[42]

这场官司没有打成，埃德温·詹姆斯也就没能大显身手，但他的业务并没有减少。1859 年 1 月到 2 月，《泰晤士报》几乎每天都在报道他参与的案子，包括多起诽谤案、一起关错了人的案子、一起疑似绑架并诱奸未成年人的案子。案子这么多，他竟然还能抽出时间，作为自由党候选人，参加马里勒本选区的下议员补缺选举。2 月 21 日，他在集会上对选民说，他是真正的改革派，如果当选，“一定会主张进一步扩大选举权”。2 月 25 日，他成功当选议员。3 月 1 日，他就到下院参加辩论了。[43]他的事业一直很顺利。直到 1861 年，他欠下了巨额债务，内殿律师学院也对他展开调查，他才被迫结束了伦敦的律师生涯。

狄更斯和萨克雷也没有再通信或说过话。1861 年 5 月，他们在特鲁里街剧院邂逅，握了手，但没有说话。萨克雷对朋友说，他不打算重归于好，因为他已经发现，狄更斯才是加里克俱乐部事件的“幕后主使”，“可怜的耶茨只是个传声筒”。[44]1863 年 5 月，他又在雅典娜神殿俱乐部的大厅里碰到狄更斯。亨利·西尔弗在日记中说，两人握了手，狄更斯见萨克雷气色很差，眼睛还有些湿润。[45]1863 年 12 月，两人又在这家俱乐部相遇。一周后，就在圣诞节前夜，52 岁的萨克雷因中风逝世。[46]狄更斯参加了葬礼，《康希尔杂志》的出版商乔治·史密斯请他写篇纪念文章。萨克雷曾任该刊主编。

1864 年 1 月，狄更斯对威尔基·科林斯说，他“真不想”答应，但又不得不写几页以示悼念：

现在报上有些文章，把萨克雷捧上了天，写得十分离谱[47]……我尽量不和这些垃圾同流合污，只是隐约点出，萨克雷作为作家，性格中有两点，对文学事业很不好……你不知道现在报上写得多么无耻，那些写手反复强调他是个“绅士”“了不起的绅士”，好像我们这些人都是些补锅匠。[48]

从最后一句可以看出，狄更斯还是对萨克雷的傲慢心存芥蒂。不过，他写的《纪念》倒也还算客气，发表在1864年2月的《康希尔杂志》上，称萨克雷为“老伙计，好兄弟”，谈了萨克雷在1858年5月皇家美术学院年展开幕宴上讲的那个故事。当时两人还没闹矛盾，狄更斯自然也不会说两人之间有矛盾。狄更斯说，他和萨克雷在将近二十八年前就已经认识，当时萨克雷“想做我第一本书的插图师”。后来，他们相敬如友（但没说“是朋友”），他经常见萨克雷“友好，自然，热情，活跃，但也确实冲动”。“我们的观点不同。我认为他是故意摆出一副玩世不恭的样子，假装看低自己从事的艺术”（即前面信中所说萨克雷性格中的“两点”），每次谈到这个话题，他都一笑了之。显然，在耶茨这件事，狄更斯也没能释怀。他虽然没有明说，但说萨克雷“年轻时轻快活泼，却也鲁莽草率，笔端常带讽刺”，有时会“偏离正道或有失妥当”，好在还能为此道歉。狄更斯只是捎带着谈了萨克雷的作品，他并不觉得写得有多好。他说萨克雷“能够洞察人性的弱点”，“随笔写得欢快愉悦”，“英语用得炉火纯青”。文章最后说，“去年，一个晴朗的冬日，还有一天就是新年”，萨克雷在肯萨尔格林墓园下葬，“许多文艺界同人”到场吊唁。[49]

狄更斯和萨克雷的性情和出身差别很大，在19世纪四五十年代又有竞争，的确很难成为好友，但也没必要在1858年交恶，因为那年夏天他们的日子都不好过，尤其是狄更斯。两人都想借助报刊来压制“流言蜚语”，维护自己的名声，但都没能成功。[50]虽然他们是因为俱乐部的事闹的矛盾，俱乐部委员会也偏袒萨克雷，但俱乐部仍以这两位著名会员为荣。如今，加里克俱乐部的墙上还挂着狄更斯的画像，对面墙上挂着萨克雷的素描像。狄更斯的画像出自查尔斯·富尔伍德之手，富尔伍德是临摹了麦克利兹在1839年为狄更斯画的那幅著名的肖像（现藏于国家肖像美术馆）。萨克雷的画像则出自塞缪尔·劳伦斯之手。[51]

狄更斯的成就与尴尬

1858 年 11 月 13 日星期六，狄更斯巡回朗读的最后一场在布莱顿举行。萨拉当时正在布莱顿躲避伦敦债主，听说这位“大腕”要来，并且已经有“五千英镑收入囊中”。朗读会结束后，他说，“当然是巨大的成功”，“市政厅每次都座无虚席”。[52] 朗读结束后，狄更斯便着手跟自己的出版商布拉德伯里和埃文斯终止合作。11 月 27 日，他起草了一封信，让福斯特转交两人，希望六个月后停办《家常话》，问两人是否“愿意同狄更斯先生商量，把他们拥有的该刊股份卖给狄更斯”。[53] 狄更斯开价一千英镑，遭到了拒绝。但他决心已定，在 1859 年 5 月 28 日出版了最后一期《家常话》，随即停刊。这时，他已经创办了周报《一年到头》，以取代《家常话》。他最初想给这份新报纸取名《和睦家庭》，但福斯特觉得 1858 年夏天的婚姻问题已经毁掉了《家常话》，再取这种名字不太合适。狄更斯最后同意了福斯特的意见，但语气很不客气。[54]

布拉德伯里和埃文斯想用法律手段阻止狄更斯，但没能成功。1859 年 5 月，《家常话》拍卖，狄更斯让阿瑟·史密斯代他买下了这份杂志及其股权。[55] 这年 2 月，埃文斯在《笨拙周报》聚餐时对亨利·西尔弗说，狄更斯对他们公司不满，尤其是对他不满，主要是因为那份分居声明。1858 年 6 月 12 日，狄更斯在《家常话》上发表了分居声明，埃文斯当时已经勉强同意做凯瑟琳的受托人，但不同意在《笨拙周报》上发表这份声明，令狄更斯非常不满。[56]

狄更斯坚持让埃文斯做凯瑟琳的代理人，但埃文斯不情愿，狄更斯恼羞成怒。埃文斯和布拉德伯里失去了狄更斯这位知名作家，损失自然不小。1859 年 6 月，他们发表了声明《查尔斯·狄更斯先生与他的前出版商》，和萨克雷的《弗吉尼亚人》第二十期同时刊出，也算出了一口恶气。[57] 这份声明说，他们此前与狄更斯合作得很好，但去年 6 月，狄更斯在《家常话》上发表了“关于他婚姻问题”的声明，公开谈论他的个人问题，令大多数人感到震惊，“人们开始议论纷纷，大都对狄更斯的做法表示不齿”。他们没有同意在《笨拙周报》上刊登狄更斯的分居声明，狄更斯就要跟他们断绝关系：

> 也就是说，布拉德伯里和埃文斯作为该刊的创办人和出版人，没有越权行事，要求刊物刊登一则涉及个人家庭不幸的声明，毕竟这是一份幽默杂志……结果就惹恼了狄更斯先生。布拉德伯里和埃文斯没有义务这么低声下气，为了满足一个怪人的要求，就要去干蠢事。[58]

1859 年 7 月，布拉德伯里和埃文斯创办了周报《一周一次》，与《一年到头》竞争。1859 年底，两报都在争取英国小说新锐乔治·艾略特。1859年2月，这位“名不见经传”的作家出版了《亚当·比德》，评论界一片好评，销量也不错。1858 年夏天，她的爱人刘易斯多次从德国给出版商布莱克伍德写信，汇报写作进展，戏称这部小说为“比兹曼”，影射 1858 年德比马赛中的“黑马”贝兹曼[1]，后者在比赛中击败了德比勋爵的“神箭手”，一举夺魁，爆出了冷门。[59]

《亚当·比德》在 1859 年的文坛引起了轰动，乔治·艾略特也成了出版商们哄抢的目标，布拉德伯里和埃文斯、查普曼和霍尔也都加入了争夺。狄更斯早年曾与查普曼和霍尔合作，十五年前因《马丁·瞿述伟》产生分歧，改投布拉德伯里和埃文斯，现在又重回查普曼和霍尔的怀抱。11 月 15 日，刘易斯在日记中写道，弗雷德里克·埃文斯和《一周一次》的主编塞缪尔·卢卡斯来问乔治·艾略特是否

1 “比兹曼”（Bedesman）得名于《亚当·比德》的主人公比德（Bede），与赛马“贝兹曼”（Beadsman）音形相近。

愿意把下一部小说放在他们刊物上发表，保证比布莱克伍德的稿费高。（此时，大家都已经知道，乔治·艾略特就是刘易斯的爱人玛丽安·埃文斯，她的《弗洛斯河上的磨坊》已经写了一半，布莱克伍德正在与她商谈出版事宜。）就在前一天，对《教区生活场景》和《亚当·比德》十分欣赏的狄更斯就已经给乔治·艾略特写信，问她明年是否愿意在《一年到头》上发表一个短篇小说，稿费由她来定。[60]但乔治·艾略特不想有时间压力，也不想背叛布莱克伍德，拒绝了这两份邀请。埃德蒙·耶茨回忆说，伦敦文学圈的人都在问谁是乔治·艾略特的时候，狄更斯开玩笑说，要么是布拉德伯里，要么是埃文斯，但"我认为不是布拉德伯里"。[1][61]

此时，狄更斯已经开始在自己的周报上连载《双城记》，1859 年 11 月接着连载威尔基·科林斯的《白衣女人》。《双城记》虽然反响不错，但不是他最受欢迎的作品。他自己也说，这部小说写法国大革命的动荡起伏，主要靠情节取胜，并不突出人物塑造。1859 年 8 月，他对福斯特说，他打算写"一个生动的故事"，"以事件为主，根据故事来塑造人物，找出人物之间的利害关系"。[62]人物要为情节服务，并不刻意突出内心世界。马奈特医生在巴士底狱关了将近十八年，脑子受到了摧残。狄更斯在 1859 年 10 月对科林斯说，"由于长期监禁，医生性格怪僻"，作者也无法"让读者进入他的内心世界"。[63]律师西德尼·卡屯好酒贪杯，自怨自艾，虽然也是渲染情节的工具，却显得比较可信；露西·马奈特则完全是个符号，达奈和卡屯都爱上了她，但这个金发女孩唯一的角色就是孝顺的女儿、贤惠的妻子。

狄更斯后来又写了《远大前程》（1860—1861）和《我们共同的朋友》（1864—1865），主人公都在反思自己的过错，承受着良心的谴

1　乔治·艾略特真名为玛丽安·埃文斯，与出版商弗雷德里克·埃文斯同姓。狄更斯开这个玩笑，说明他已经知道了乔治·艾略特的真实身份。

责。随后，他又开始创作《德鲁德疑案》，直到1870年6月去世，也没有完成这部阴森可怖的凶杀小说。从1860年秋天开始，狄更斯大部分时间都住在盖茨山庄，有时也到伦敦过夜，就住在《一年到头》报社，很可能也去过埃伦那里。他替埃伦和她母亲租了房子，也可能和埃伦去过法国，因为有段时间他常去法国小住，但写信时又不说去干什么。[64]既然他觉得名声最重要，自然也就不能与意中人公开生活在一起。这是狄更斯的不幸，也是埃伦的不幸。（相反，刘易斯和玛丽安·埃文斯就不顾亲朋好友反对，长相厮守，玛丽安更是顶着巨大的压力。）狄更斯小心翼翼地隐瞒自己的行踪。19世纪60年代，有那么几年，埃伦甚至从公众视野中消失了。[65]

虽然狄更斯不停地写小说，举办巡回朗读，1867年到1868年还到美国朗读，但经济负担依然很重，家人还差点让他再次陷入丑闻风波。两个女儿玛米和凯蒂让他感到欣慰。玛米通情达理，没有嫁人，与乔治娜·霍加斯一起管理家务。凯蒂聪明伶俐，是个颇有天赋的艺术家，1860年7月嫁给了威尔基·科林斯的弟弟查尔斯。查尔斯也是拉斐尔前派画家。狄更斯不满意这桩婚事，但也认可了她的选择，在盖茨山庄为她举办了喜宴。儿子们最不让他省心。七个儿子，至少有六个让他失望，只有老六哈里例外，在剑桥大学学习数学，后来成了出色的律师并获封爵士。

狄更斯经常向朋友抱怨儿子惹他生气。他给他们找工作，可他们都不成器，欠了债还要他还，最后他也失去了耐心。1862年3月，他给洛桑的朋友威廉·德·赛尔雅写信，把儿子们数落了一通。老大查利"结了婚，但我不太满意"（儿媳是仇家弗雷德里克·埃文斯的女儿贝西），现在在伦敦城做生意，"如果能持之以恒，也许能有出息"。[66]他一直觉得查利缺少毅力。1854年1月，查利刚满17岁，狄更斯就对库茨说，查利更像他母亲凯瑟琳，虽然"温柔善良"，但"缺少干劲"。[67]

狄更斯发现好几个儿子都缺少精气神和意志力。他对二子沃尔特在印度的成就感到自豪，但1862年也对德·赛尔雅说，沃尔特“入不敷出，花了我不少钱，让我失望”。1863年12月，萨克雷去世几天后，沃尔特也在加尔各答去世，狄更斯还要替他还债。自从狄更斯告诉沃尔特不再替他还债，沃尔特就跟家里断了音讯。[68]他去世时只有22岁。1862年，狄更斯对德·赛尔雅说，三子弗兰克在《一年到头》工作。两年后，弗兰克加入了孟加拉骑警队。艾尔弗雷德生于1845年，“稳重，但谈不上聪明，正在花一大笔钱学工程或火炮”，后来到澳大利亚做了地产经纪人。狄更斯去世后，艾尔弗雷德表达了自己的震惊和悲痛，谈到了“父亲生命中那件不幸的事”，即“与母亲分居”。他当时12岁，“作为他们的孩子，我们都很爱他们”，但“关于这件事，父亲和母亲都绝口不提”，“所以，其中的原因，我们并不比外人知道得多”。[69]

狄更斯也谈到了五子西德尼。西德尼是他的第七个孩子，1862年15岁。狄更斯说，他天生就是个水手，已经在百慕大群岛当海军候补少尉。西德尼给狄更斯惹的麻烦最多。1869年，他在皇家海军“热诚号”当少尉，从温哥华岛给狄更斯写信说，如果不替他还债，他就彻底完了。狄更斯则回信说，他下次回英国时，盖茨山庄不欢迎他。[70]另外两个儿子1862年还在上学，哈里“很聪明”，最小的爱德华刚满十岁，狄更斯没有谈他的性格，也没有预测他的未来。[71]爱德华15岁时，狄更斯给爱德华的老师写信，建议让儿子放弃拉丁文，学点有用的东西，以备将来毕业后到澳大利亚找他哥哥艾尔弗雷德。狄更斯觉得爱德华“不够勤奋，用心不专”，“根源”自然还是凯瑟琳。[72]

1861年11月，查利违抗父命，娶了贝西，后来又和贝西的哥哥小弗雷德里克·埃文斯合伙投资造纸厂。1868年，厂子倒闭。狄更斯怒气冲冲地谈到了“查利跟这家造纸公司的关系。起初，有埃文斯家的人参与，我就写信……警告过他。这公司肯定要破产了”。[73]（1868 年 8 月，萨拉喜洋洋地给耶茨写信："小查尔斯·狄已经破产。"[74]）狄更斯苦笑道，查利遭了这场灾难，又“摇摇晃晃地回来了”，“现在有五个孩子，将来会有五十个，都要靠他养活”。[75]好在查利并没有破产，第二年狄更斯便把《一年到头》交给他经营。狄更斯虽然还讨厌儿媳的娘家姓，但也接受了她，很疼爱孙子和孙女。他的老同事威尔斯身体欠佳，临近退休。在过去的二十年里，威尔斯一直帮他办报，还悄悄替他和埃伦传递消息。狄更斯对麦克里迪说，查利“在造纸业混得一塌糊涂”，但“很有生意头脑”，“帮忙办报也干得不错”。[76]

狄更斯的两个不争气的弟弟都先他而去。1866 年 10 月，奥古斯塔斯因肺痨在芝加哥病逝。狄更斯在说到他时也说："可怜的家伙！"1857 年 2 月，奥古斯塔斯丢下妻子，去了美国，狄更斯便开始替他接济妻子。[77]奥古斯塔斯想借狄更斯的名气，拉狄更斯参与投机，大都空手而归。[78]弗雷德里克麻烦更大。1859 年，他妻子安娜以通奸和抛弃为由和他离婚。早在 1852 年，安娜就对妹妹说，弗雷德里克对她“粗暴得令人作呕”，还说她配不上他，甚至威胁说要征求医学建议，证明他有权阻止她从事艺术创作。[79]1859 年 7 月，离婚法院的克雷斯韦尔爵士批准两人离婚，要求弗雷德支付赡养费。弗雷德辞去了国防部的工作，消失得无影无踪，没有按时支付赡养费，1868 年 10 月 20 日在英国北部的达林顿去世。[80]狄更斯对福斯特说，弗雷德“这辈子白活了”，派查利去达林顿料理后事。[81]好在伦敦报界没有关注这个消息，只有几家北部报纸转载了《达林顿时报》的报道。[82]10 月 26 日，萨拉给耶茨写信，谈到了弗雷德悲惨的一生（他和弗雷德一样酗酒）：

你可能听说了，弗雷德·狄更斯死了。他是个卑鄙小人，但 1858 年以后过得很惨。国防部的退休金一年有一百二十英镑，离婚法院要拿走六十镑做他前妻的赡养费，破产法庭还要拿走二十英镑偿还债主。他的早餐一般就是一个一便士的小圆面包，一杯姜啤。接下来这一天就只能靠杜松子酒撑着，还是凉的。他抽不了烟，也不懂书。实际上，除了玩范约翰牌和卢牌［两种纸牌游戏］，他什么都不懂。每年净收入只有四十英镑，什么奢侈品都别想。可怜的家伙。[83]

1870 年 6 月，58 岁的狄更斯因中风在盖茨山庄去世。他在美国朗读了几个月，又在伦敦的圣詹姆斯厅举办了最后一轮朗读，3 月中旬草草结束，身心俱疲。虽然身体不好，他还是坚持朗读《雾都孤儿》中南希遇害的故事，弄得自己疲惫不堪。埃伦在 1 月 21 日听了一场。[84] 3 月，《德鲁德疑案》第一期问世，广受好评，销量极大，狄更斯大喜过望。[85] 他的逝世令国人痛心，葬礼在西敏寺[1]举行。他在遗嘱中给埃伦留了一千英镑。埃伦依旧过着默默无闻的生活，1876 年嫁给了年轻的教师乔治·鲁滨逊。狄更斯没有给凯瑟琳留下遗言，只是希望记下来，他每年都要给她六百英镑，而“一大家子的庞大开支全都落在我一个人身上”。他临到去世也没能对她好点，“一大家子的庞大开支”这个说法自然也让孩子们心里不舒服。[86]

不过，令人钦佩的是，狄更斯在遗嘱中要求朋友们“绝不可为我建造任何纪念像、纪念碑或举办任何纪念活动。我希望国人因为我的作品记住我”。[87] 1864 年，曾有人策划建一尊莎士比亚像，用来点缀巴泽尔杰特新修的泰晤士河大堤。狄更斯表示反对，他的用词和他在遗嘱中说的几乎一模一样。1864 年 1 月，他对赫普沃思·狄克逊说，“我不喜欢雕像，一想到某个公共场所又要添一尊雕像，就打哆嗦”，“我觉得莎士比亚已经在作品中树立了一座丰碑，再增砖添瓦就是画蛇添足了”。[88] 狄更斯不知道，他的老对手萨克雷也在临终前表达过

1　西敏寺是伦敦著名教堂，也是英国国王加冕和著名人物下葬的地方，南耳堂有著名的“诗人角”。

同样的观点。1863年12月17日，萨克雷对乔治·史密斯说，他收到了“一份与莎士比亚有关的传单”，“这个计划简直就是胡闹”。[89]

鲁滨逊案的结局

1858年11月，鲁滨逊案复庭。四个月前，法官宣布休庭，要等《离婚法》修正案出台后，再让爱德华·莱恩出庭作证。此后，莱恩继续在慕尔公园经营水疗业务，达尔文是他忠实的病人，10月25日又去待了一周，还谈到了疗效。11月2日，达尔文对胡克说，“慕尔公园对我帮助很大”，“我有一天走了四五英里，中途只休息了几次”![90] 11月26日，该案复庭，由亚历山大·科伯恩爵士主持。莱恩也由被告变为证人，出庭宣誓作证。伊莎贝拉和亨利的律师分别向他发问，问的都是他与伊莎贝拉的关系和她日记中的内容。莱恩回答说，他与伊莎贝拉并无不正当关系，更不用说通奸，日记里那些内容“纯属子虚乌有，凡是说我言行不得体的地方，从头到尾都是虚构的”。法庭无法判断伊莎贝拉写日记时精神是否正常（亨利的律师试图证明她精神正常），是否处在更年期引起的幻觉之中（伊莎贝拉的律师试图证明这一点）。科伯恩再次宣布休庭，但没说什么时候再审。[91]

达尔文正忙着写《物种起源》，但在1859年1月给华莱士写信时，还说这只是一份“摘要”。[92] 2月5日，达尔文又去慕尔公园待了两周，对福克斯说感觉好多了。他说：“我们在这里相处甚欢，非常惬意。我很高兴，莱恩医生的病人一个都没少，还经常有新病人慕名而来。”[93] 5月，他又去了慕尔公园，闲暇时读《亚当·比德》，觉得“写得精彩”。他对胡克说：“彻底放松，接受水疗，读《亚当·比德》，效果很明显。”[94] 正是在此期间，法庭最后一次审理了鲁滨逊案。

1859年3月2日庭审，最初的三位法官克雷斯韦尔、怀特曼和科伯恩都到场了。科伯恩做了总结，说该案的“性质和情况都很特殊”，日记是唯一的证据，但又无法“证明莱恩医生有罪”，法庭去年夏天因此休庭，等待《离婚法》做出修正。现在，法庭只能根据伊莎贝拉的日记，判断原告是否有权要求离婚；或者，在莱恩无罪的情况下，原告“对妻子的指控还能否成立”。科伯恩说，法官们现在认可原告律师的意见，认为伊莎贝拉精神正常，但不采信日记中那些露骨的通奸情节，那些文字无法证明她与莱恩通奸。因此，法庭决定驳回原告的诉讼要求。科伯恩对亨利·鲁滨逊表示了同情（宗教法庭此前已裁定两人分居，但未批准彻底离婚），“虽然他妻子记录了自己的不端行为”，至少是有“不忠之念和不贞之欲”，但由于“这些文字太过荒谬，很不可信”，不能作为通奸的司法证据，他还是没法摆脱妻子。法官们驳回了亨利的诉求，但判有独立收入的伊莎贝拉支付自己的诉讼费用。[95]据《泰晤士报》报道，科伯恩和怀特曼在宣判后退席，克雷斯韦尔继续审理其他案件。接下来审理的恰好是“狄更斯诉狄更斯案”，安娜·狄更斯起诉一贫如洗的弗雷德·狄更斯。7 月，法院做出了对她有利的判决。[96]

莱恩全身而退。1860 年，他带着全家和岳母德赖斯代尔夫人，搬到了萨德布鲁克公园。那也是一处有名的水疗院，在萨里郡的里士满附近，比慕尔公园更靠近伦敦，而且有蒸汽浴室，属于英国最早的蒸汽浴室之一。[97]伊莎贝拉告别了亲朋好友，租了一栋农舍，开始招收房客。1861 年，她的小儿子离开了学校，跟她住在了一起。1863 年 6 月，亨利的密探发现她跟一名男子在伦敦一家旅馆开房，此人竟然是她在 1855 年给孩子请的法语教师。1864 年，亨利终于和伊莎贝拉离婚，第二年便迎娶了新妇。[98]

鲁滨逊案一波三折，先是由新设立的离婚法院审理，接着又遇到了法律无法解决的问题，并为此修正了法律，不仅影响了莱恩家、德赖斯代尔家和鲁滨逊家，还牵动着很多局外人的神经。莱恩的病人，像达尔文，就一直关注着案件的进展。该案于 1858 年 6 月开庭，一直拖到1859年3月才最终做出了判决。新《医疗法》旨在管理和改进医疗行业，但鲁滨逊案一出，不管是正统的还是非正统的医生，都意识到他们的行业受到了威胁，女病人可能会指控医生举止不得体。该案也涉及精神病的判定问题，尤其是针对某个年龄段的女性，再加上当时频频出现以精神病为借口恶意囚禁配偶的事件，最终导致了对精神病管理委员会的调查。威尔基·科林斯很快就利用这个题材，创作了《白衣女人》，写恶毒的珀西瓦尔·葛雷德爵士，为了霸占妻子的财产，把她关进了精神病院。1859年11月，这部小说接替《双城记》，开始在狄更斯创办的《一年到头》上连载。

达尔文的成功

1858年夏天，达尔文经历了丧子之痛，华莱士的信也让他一度非常焦虑，但论文在林奈学会宣读，又让他兴奋不已。经过这番折腾，他一心想着和家人外出度假，恢复健康，1858年8月13日才回到达温，接着写关于自然选择的著作。他知道，要想确立自己的学术地位，就要尽快出版，但他并没有打算写一本专著，而是想把在林奈学会宣读的摘要扩充一下，写成"一篇长一点的摘要，论述我对物种和变种的看法"，先在林奈学会"分次宣读"，再发表在学会的会报上。1858年8月4日，他从怀特岛给博物学家托马斯·坎贝尔·艾顿写信说："我那本大书还得再等两三年。"[99]他虽然心有不甘，但也逐渐意识到，这篇长摘要实际上也就是他的"大书"，可以由一家大出版社出版（颇有声望的约翰·莫里出版社），而不是发表在只有同行才读的专业刊物上。他写作一向很慢，也不想让虔诚的妻子和朋友伤心，但现在终于认识到该怎么做了。

达尔文和华莱士的论文虽然不长，却是科学发展史上的一个重要里程碑。不过，7月1日在林奈学会宣读后，并没有引起报界关注。

8月在学会公报上刊登后，也没有引起反响。科学界的下一件大事是9月英国科学促进会在利兹召开的会议。报界认为达尔文可能会参加，但他在9月1日给促进会副秘书长约翰·菲利普斯写信说，自己身体欠佳，无力担任促进会动物学组的组长，甚至无法到利兹参会。[100]达尔文总共参加过三次促进会会议，分别是1846年在南安普敦、1847年在牛津、1855年在格拉斯哥。[101]他很恋家，身体也越来越差，很少参加这种会议，但经常通过胡克、赫胥黎等朋友了解会议动态。赫胥黎则渴望参加这种会议。9月5日，他给胡克写信说，在华莱士的刺激下，达尔文终于要出版著作了，肯定会导致“一场大革命”，让“科学和艺术进入英国时代”。“我要不要在会上跟大‘欧’干一架？”他问道。他指的是促进会主席理查德·欧文。1859年11月《物种起源》出版后，达尔文也说，欧文很想保住自己“老大的位子”！[102]

达尔文和华莱士都没有参加7月林奈学会的会议，也没有出席9月的利兹会议（华莱士还在马来群岛）。据《伦敦新闻画报》报道，这次会议共有1660多人参加，由欧文主持，9月23日星期四开幕，29日闭幕。[103]《泰晤士报》做了大幅报道，《雅典娜神殿》也在10月16日做了长篇报道。会上只有一两次提到达尔文，其中包括一位赖特医生，他在D组（动物学与植物学组）发言，在谈论蜂巢时引用了达尔文和威廉·特盖特迈纳的研究。[104]达尔文也正是受邀担任这个组的组长。

会议第一晚，欧文在利兹市政厅做了主席演说。《泰晤士报》次日说，他的演说是“一份冗长的记录，整整讲了三个小时”。该报概括了欧文必须说的内容，包括欧文对统计学和卫生学的坚定支持，这也是他演说中最有趣、最前沿的领域。欧文在演说开头强调，上帝指引科学发展，英国科学促进会是上帝忠实的仆从，宗旨是探索并利用“自然规律”，“促进社会安康，改善人类生活”，上帝已经“赐予人类发现并理解宇宙规律的能力”。[105]欧文认为，虽然已经证实物种会灭绝，但不会影响宗教，因为“创造原本就会弥补灭绝”。

利兹教区牧师威廉·胡克受到这番话的鼓励，表示了感谢，说科学并不是宗教的敌人，而是“基督教的仆从”。《泰晤士报》刊登了他的发言：

人们已经开始看到，哲学家们能够深入探究自然的秘密，不害怕后果，也不在乎结果。人们也已经开始看到，与此同时，神学家们也同样顽强勇敢，努力证明神启的事实，因为神启的作者也正是自然的创造者。人们完全可以放心，科学讲的事实与《圣经》讲的事实并不冲突。[106]

一位教士说出这样的话，倒也不足为奇，但欧文作为科学协会的领军人物，也在科学大会上大谈上帝，足可见他与达尔文的分歧有多大。达尔文的著作从构思到成文，都与欧文大相径庭，难怪他不愿参会。他很清楚，他的著作不仅会在公众中掀起波澜，也会在杰出的科学家中掀起风浪。欧文已经从林奈学会的公报上读到了达尔文和华莱士的论文，并在他洋洋洒洒的演说稿中拿出两段，概括了两人的观点，既不褒扬，也不批评。他说，华莱士的论文证明，“偏离原型有可能导致变种灭亡，也有可能使变种适应周围的环境变化，比原型更容易存活下来”。他引用了达尔文论狗和狐狸变种的一段文字，在前面加了一句多少有点褒扬的话：“我下面要引用查尔斯·达尔文先生的创见，他比华莱士先生更早地证明了这个原理。”[107]如果说他也像赫胥黎那样，认为达尔文和华莱士的理论有可能引发科学革命，那他显然没有说出来。

科学家们在利兹开会时，达尔文还在“稳步地”撰写他的“摘要”。10 月 6 日，他给胡克写信说，要写成一本书的篇幅，但仍称之为“摘要”：“您督促我写这份摘要，可是帮了我大忙。我原以为自己全都想通了，但写这份摘要时，又重新比较了几个因素，思路更清晰了。”[108] 同一天，华莱士也从摩鹿加群岛的德那第岛给他母亲和胡克写信。他对母亲说，他很感激达尔文、赖尔和胡克对他作品的认可，希望几年后回伦敦，能够得到“这些名人的帮助”。他想发表自己的发现，争取研究资助，靠科研谋生，自然需要同行的支持。7 月初，他收到胡克的信，得知他和达尔文的论文已在林奈学会宣读，回信感谢胡克和赖尔的安排，并主动提出是达尔文“最先发现的”。[109]

达尔文、胡克、华莱士和赫胥黎这段时间的通信，都对英国的博物学藏品表示了担忧。虽然大英博物馆不断扩建，但空间还是不够。欧文在利兹演说时，最后也谈到了这个问题，希望能够建一座新馆。科学家们在各种呼吁书和备忘录上签名，交给政府，尤其是要交到财政大臣迪斯累里手中。

欧文也在演说时向政府提出了请求，虽然没有指名道姓，但明显在说迪斯累里。他先是说，科学发展带来了巨大的实用价值，如蒸汽机、避雷针、电报和手术麻醉；然后略带恭维地说，“高瞻远瞩的财政大臣肯定会青睐科学家，现在科学已经带来了这么多意想不到的成就，而科学家们致力于发现抽象的真理，这些真理一旦应用，还会带来更多意想不到的成就”。[110] 欧文希望新建一座由他主管的博物馆。1881 年，艾尔弗雷德·沃特豪斯设计的自然历史博物馆在南肯辛顿落成，欧文心愿得偿。这也成了欧文最大的成就，远比他的科学研究更有名，也更长久。1858 年 11 月，英国科学家们在一份备忘录上签名，呈交政府，请求新建一座博物馆。达尔文虽然也签了名，但还是信不过迪斯累里。12 月 1 日，他对赫胥黎说：“哪怕所有真正的科学家都签了名，我也不太相信能打动本·迪斯累里这种家伙。”[111]

1859 年 4 月，达尔文完成了《物种起源》的第一部分，寄给了约翰·默里。7 月，他又去慕尔公园接受水疗，试图恢复力气，还不知道默里打算印多少册。[112] 11 月，该书出版，印了 1250 册，第一天就告售罄，12 月又加印了 3000 册。[113] 直到 9 月 10 日，达尔文才告诉默里，删掉书名中的“摘要”“论文”等词，但书名还是“太长”，最关键的词是“物种”。[114]达尔文知道胡克和赫胥黎会支持他。不过，据胡克自己说，他在1844年就读了达尔文的手稿，但也是花了十四年的时间，才完全接受了他的观点。[115]另一位好友兼顾问赖尔一直没有完全接受。赖尔在读了达尔文赠的《物种起源》后，友好但不热情地写道：

刚刚拜读大作，幸亏当时和胡克竭力劝你出版，否则，你就是活到一百岁，也可能迟迟不肯出版……

大作阐释详尽，论证层层递进，延绵数页，浓缩了大量信息，不熟悉这个领域的人读起来可能有些吃力，但作为初步的阐述，已经很有说服力，也很有价值。[116]

赖尔主要担心达尔文的理论会把人类放到一个尴尬的位置上。如果承认动植物都遵从自然选择法则，就不得不承认“人类也是如此”，“各种麻烦便接踵而至”。[117]1863年，达尔文还失望地对胡克说，赖尔仍未“就物种问题充分发表意见”。[118]

达尔文知道欧文会攻击这本书。1859年8月9日，他给华莱士写信说：“我相信，欧文肯定会全力反对我们，但我不会在意，他的说理能力很差。”[119]虽然达尔文又暗示了他的独立思考，但在说到自然选择时，特意用了“我们”这个词，显出了客气和厚道。他重申了1857年12月给华莱士写信时的观点，关于“海岛的动植物移植”，他有不同的看法。华莱士认为，海岛上的动植物群来自原来与它相连的陆地，达尔文则认为来自风、水、鸟类传播的种子和卵。[120]

《物种起源》11月24日正式出版。在出版前几天，达尔文给华莱士写信，说默里会给华莱士寄一本，[121]“不知公众会有怎样的反应”，胡克已经接受，赖尔“似乎还没有”被说服，希望赫胥黎能够支持，那“将令我非常开心”。达尔文之所以有这种担忧，与他几乎与世隔绝的生活有关，正如他对华莱士所说，“由于身体不好，已经有六到九个月没见一位博物学家了”。[122]他要到1860年5月才能收到华莱士的回信。

在此期间，已经有人给达尔文写信回应或直接撰写评论。查尔斯·金斯利是位牧师，也是小说家和科学爱好者，收到赠书后，在11月18日给达尔文写信表示感谢，谈了自己的不同意见，说这本书让他感到“震惊”，“书中提供了大量的事实，而您又是这么一位有声望的人，我有一种很清晰的直觉，如果您说得对，那我就得放弃我相信、我写过的很多东西”。他同意达尔文关于物种变异和灭绝的观点：“通过观察家养动物和栽培植物的杂交，我早就不相信物种永恒不变这条教义了。”他认为可以把自己的宗教信仰与达尔文的学说统一起来：

我逐渐意识到，有两种对上帝的认识，同样崇高。一种相信上帝创造了原型，它们能够根据时空需要，自主变化；另一种相信上帝需要再度出手，弥补他当初留下的空白。我甚至在想，前一种是不是比后一种更高尚。[123]

达尔文没有生气，反而受到了鼓舞。1859年12月，他准备再版关于进化论演变史的著作，问金斯利能否在该书中引用这封信。[124]

12月5日，玛丽安·埃文斯（她更愿意别人称她为玛丽安·刘易斯）在信中说，她正和刘易斯读《物种起源》。她多少有些不甘心，因为她觉得刘易斯也写科普作品，和达尔文通信时也会互相称赞，却没有得到同行的好评。她认为达尔文的著作“开创了一个时代，展示了他对进化论的长期坚守”，虽然还缺乏足够的“事实例证”，但已经能“让科学界产生震动，让人们可以深入且公开地讨论一个此前不敢涉足的话题”。[125]恩格斯也给马克思写信称赞了达尔文的著作，但遗憾地说，达尔文毕竟不是德国思想家，缺少理论思辨能力：

顺便说一句，我刚才正在读达尔文，非常精彩。目的论还有一个方面没被摧毁，现在已经实现了。以前从来没有人这么精彩地论证自然的历史演变，当然也没能取得这么好的效果。不过，不得不忍受粗糙的英式思维。[126]

马克思同意恩格斯的看法，认为达尔文的论证“缺乏哲理”，但他把达尔文对自然历史的解释和自己对社会历史的解释联系了起来。1861 年，他对德国朋友说，达尔文的著作“非常重要”，“为我解释历史上的阶级斗争提供了自然科学的基础”，当然，也“不得不忍受笨拙的英式论证风格”。[127]不过，与达尔文不同的是，马克思认为历史的进步是不可避免的。1866 年，他谈到了一本关于人类和其他物种起源和演变的法国著作，认为该书比达尔文的书写得好，因为“达尔文认为进步纯粹是偶然的，而该书认为进步是地球发展必不可少的”。[128]

达尔文的英国朋友和支持者很快就做出了回应。11 月 21 日，胡克乐观地说，该书“值得称道”，“细腻地论证了有趣的事实和新奇的现象，写得非常巧妙，必将大受欢迎”。[129]达尔文的哥哥伊拉兹马斯称赞说，“这是我读过的最有意思的书”，“那感觉只有第一次接触化学时有过，进入了一个全新的世界，来到了神秘的幕后”。[130]达尔文期待赫胥黎的肯定，知道他肯定会在报纸或期刊上发表评论文章。11 月 23 日，赫胥黎说，这本书深深地打动了他，他“宁可上火刑柱”，也要捍卫它。他只有一两点不同意见。例如，达尔文认为进化一直都是“渐进的”，自然界从未有过“跳跃”，他不能同意这种观点。他认为，达尔文已经“让所有有识之士都永远心存感激”，但“也会有大批的毁谤和误解在等着你”。他让达尔文不必担心，因为他会为达尔文而战（他后来自称是“达尔文的斗牛犬”）：“纵然有恶犬狂吠，也不要忘记，你也有血气方刚的朋友随时准备迎战（当然，你一直反对争强斗狠）。我正在把自己的爪子和牙齿磨得锋利些。”[131]

《泰晤士报》请赫胥黎写篇书评，他既惊讶又高兴，欣喜地对胡克说，他给达尔文寄了一幅漫画，把自己画成职业拳击手，胡克则

“手里拿着瓶子”，那篇评论“是我有生以来写得最快的一篇。写最后一栏时，几乎快到和我妻子读的速度一样。我完全进入了状态，思如涌泉……真希望能对那些从《泰晤士报》汲取营养的文化人有所启发。不管怎样，他们都会对达尔文产生敬意”。[132]

这篇书评发表在12月26日的《泰晤士报》上，达尔文看了非常激动，对胡克说，他“严重怀疑”就是赫胥黎写的，“但我没听说他要给《泰晤士报》写评论。这下可帮了大忙，跟那些宗教偏见相比，这篇评论简直就是鹤立鸡群”。[133]他当天就给赫胥黎写信，语气也是少有的兴奋，假装不知道作者是谁，称赞作者是一位眼明心亮的专家：

[他]是个文人，德国学者，读得很认真，像是一位学养深厚的博物学家……文笔和思路清晰有力。更难能可贵的是，他的文字不仅雄辩，还妙趣横生……会是谁呢？我当然会说，全英国就一个人能写这样的文章，这个人就是你。但我觉得我可能猜错了，也许是另外一位尚未露面的天才，因为你怎么有能力说服奥林匹斯山的朱庇特[《泰晤士报》的昵称]，让他拿出$3\frac{1}{2}$栏的篇幅给纯科学呢？那些老顽固们肯定会觉得世界末日要来了。[134]

为了让人们接受达尔文的观点，至少不会马上反对，赫胥黎先是总括地说，科学正以前所未有的速度推陈出新，这些成果需要认真的检验和批评。“我们身边的著名博物学家”达尔文也提出了一个“别开生面、博大精深”的假说，“今后也许能站得住脚，也许站不住脚，也许会被其他理论推翻”，但不管怎样，都要先对它进行合理的检验。达尔文的著作“可能会引发争议”，但只有科学的检验才是可取的。他概括了物种变异理论，也像《物种起源》前几章那样，借用了人们熟知的例子，即，通过控制鸽子或狗的交配，来利用每个物种最有用的特征。既然人类可以通过控制家养动物的交配来培育变种，大自然为什么不能在漫长的时间中这样对待野生动物？他说，已经有很多人在谈论进化，并尝试做出解释，例如拉马克[1]或“《创世遗痕》的作者那样的空想家”（赫胥黎曾经评论过罗伯特·钱伯斯的这部作品，但后来认为自己当初“不该那么凶”[135]）。他接着讲了达尔文的生平，说他出身于知名的科学世家，曾出海考察，发表了部分成果，为现在这本书做了二十多年的研究，“这是一部呕心沥血的大作，当今没有哪位博物学家和解剖学家能够写出比它更好的作品”。[136]

赫胥黎介绍了自然选择理论，称之为“极富创见的假说”，认为它“解释了生物时空分布中的许多异常现象”，但是否完全正确，还有待检验：

> 歌德说过，要积极地怀疑（Thätigue Skepsis）。有怀疑，才会热爱真理，不会止步于怀疑，也不会满足于轻信。研究物种的学者就有这种精神……达尔文拒绝空白……他要给我们指明道路。那不是一条虚幻的道路，不是用想象的蛛网织成，而是一座坚固宽阔的大桥，用事实铸就。果真如此，我们就能沿着这条大路，安全地跨过知识体系中的裂隙，到达一片乐土，那里没有华而不实的终极因来设置陷阱。早就有权威人士警告我们，要小心那些陷阱。“孩子们，好好地挖葡萄园吧，”这是［伊索］寓言中那位老人的临终之言。他的孩子没有挖出宝藏，却靠葡萄发了家。[137]

赫胥黎就这样结束了这篇酣畅淋漓的文章。达尔文正是因为文中引用歌德，才说作者是位“德国学者”。赫胥黎年轻时曾自学德语。他特意在文中克制自己的热情，一方面是在一些细节上还有不同意见，另一方面也是觉得不表现得像个热诚的信徒，反而更容易说服读者。他后来堂而皇之地做起了达尔文的信徒，还给达尔文的儿子弗朗西斯写过一篇《〈物种起源〉的接受状况》，收入到了1887年出版的《达尔文生平及书信集》中。赫胥黎说，他起初也很谨慎，后来想，

1　拉马克（Jean-Baptise Lamarck，1744—1829），法国生物学家，最先提出生物进化理论。

“我竟然没想到这一点，多么愚蠢啊”！“我觉得哥伦布把鸡蛋竖起来时，他的同伴肯定也有过这种念头”。1858 年 7 月达尔文与华莱士的论文公开宣读，1859 年 11 月《物种起源》出版，“就像一束亮光，为黑夜中迷途的人照亮了一条路，不管能否带他回家，他都会跟着走下去”。[138] 1860 年 4 月，赫胥黎又在激进的《威斯敏斯特评论》上写了一篇详细的评论，也用比喻来形容《物种起源》的影响：“落败的神学家躺在科学的摇篮边，就像被勒死的巨蛇，躺在大力神赫拉克勒斯身边。”达尔文认为这个句子写得“精彩”。[139]

对达尔文来说，拥有这些朋友非常重要，因为反对与指责的声音开始纷至沓来。《物种起源》的出版，神学家和虔信者的反应，令他妻子非常伤心。1859 年 12 月 3 日，达尔文对卡彭特说：“可恶的神学人士令女眷们非常难过。”[140] 剑桥大学地质学教授亚当·塞奇威克写信说，这本书非但没有给他带来快乐，还让他“深感痛心”，有些内容简直就是“一派胡言，害人匪浅”，“很多结论过于宽泛，依据的假设既无法证实，也无法证伪”。更令塞奇威克愤怒的是，达尔文虽然用动植物做例证，却又没有明确地把人类排除在外：

> 自然既包括物质，也包括精神。否认这一点，就会掉进愚蠢的泥沼，无法自拔。有机的科学正是源自终极因。将物质与精神联系起来，才是有机科学的桂冠与荣耀……你忽略了这种联系……有一两处甚至要彻底打破这种联系。如果真能打破（谢天谢地，那是不可能的），人类将遭受重创，回到野蛮状态，坠入史无前例的深渊之中。

最后，“我很不喜欢结论那章”，因为“你在用一种胜券在握的语气向后人呼吁”，“预言了一些没影的事”。[141] 几个月后，塞奇威克又在《观察者》上发表评论，在剑桥哲学学会发言，抨击《物种起源》。胡克虽然认为达尔文的“假说有些过头”，但仍在信中称该书为“当前最重要的著作”，很多评论文章都是“愚蠢的咆哮”，尽是“无知的偏见”和“一派胡言”。[142]

《爱丁堡评论》是一份享有盛誉的季刊，理查德·欧文在上面发表了一篇评论《物种起源》的文章，但一直不承认是他写的。这也不难理解，因为那篇文章还谈到了其他作品，其中就包括他自己的新著《古生物学》、他的一部早期著作的法语译本以及 1858 年 9 月他在利兹会议上的长篇演说。匿名的欧文不停地批评达尔文，说自然选择理论是“纯粹的假设”。[143] 1860 年 4 月 9 日，达尔文给出版商默里写信，问他是否读过这篇文章：“我被骂了个狗血喷头，仇家们肯定会拍手称快。这篇文章非常恶毒，肯定是欧文干的。原来还希望他能念着旧情，不要这么刻薄呢。”[144] 他还幽默地对胡克说，一些亲友“认为不可能是欧文写的，因为这篇文章还高度赞扬了欧文。真是天真啊”！[145]

1860 年 5 月，达尔文收到了华莱士的信，说已收到《物种起源》。这封信找不到了，但华莱士在 1860 年 2 月做的读书笔记保留了下来。他说这本书“令人叹服”，与他两年前寄给达尔文的那篇文章完全一致。与欧文的遮遮掩掩相反，华莱士非常坦诚：“达尔文讨论并阐释了很多我没有想到的问题”，“关于地理分布的许多事实和分析也令我耳目一新，是我最感兴趣的部分”。[146] 显然，2 月 16 日他给达尔文的信也是这么写的。我们可以从达尔文 5 月 18 日的回信中看出些端倪：

> 您对拙著的评价如此之高，着实令我钦佩。大多数人处在您的位置，都会有嫉妒或羡慕之情，您却丝毫没有这种常见的人性弱点，令我肃然起敬。不过，您也太过自谦了。倘若您有我这么多闲暇，肯定也会写出这样一部著作，甚至比我写得还好。[147]

1860 年 6 月 27 日至 7 月 4 日，英国科学促进会在牛津开会。这是《物种起源》出版后英国科学界的首次大会。以达尔文的性格、健康状况和对批评的敏感，是不太可能参加的。果然，他在 1860 年 6 月 25 日对赖尔说，“已经决定不去牛津了”，胃“彻底垮了”，准备去莱恩的萨德布鲁克公园接受水疗，希望能像以前那样见效。[148]

于是，维多利亚时代科学界最有名的一场争吵，就在他不在场的情况下爆发了，但不是赫胥黎与欧文对决，而是赫胥黎大战欧文的支持者、牛津主教塞缪尔·威尔伯福斯（绰号“圆滑的萨姆”）。[149]

自然选择理论的两位提出者达尔文和华莱士，既没有参加1858年林奈学会和英国科学促进会的会议，也没有出席1860年9月这次会议。在达尔文遭到抨击时，赫胥黎和胡克挺身而出。7月2日星期一，胡克给达尔文写信，兴奋地讲了上周四（6月28日）的一次交锋：“在我到场之前，赫胥黎和欧文已经在D组［植物学与动物学组］大战了一场”，赫胥黎取得了“胜利——你和你的大作随即成为热议的话题”。[150]

星期六，胡克在会场耐着性子听了一大堆“空洞无物的言论”，然后威尔伯福斯“站了起来，喋喋不休地说了半小时，全是恶心、空洞、褊狭之论，居然也说得眉飞色舞”，听众约“七百到一千人，全都跑来听牛津的萨姆发言”。“我看欧文已经给他上过课了，但他还是一无所知，说的都是评论文章里的内容——他恶意地嘲笑你，粗鲁地讽刺赫胥黎——赫胥黎则沉着应对，扭转了局面”。然后胡克要求发言：

我把他痛扁了一顿，赢得了阵阵掌声——我第一拳就正中他胸口，借用了他那脏嘴里吐出来的十个字——然后几句话就证明了：第一，他根本没有读过你的书；第二，他连植物学的基本知识都一窍不通……萨姆无言以对，会议随即结束。经过四小时的鏖战，你成了战场上的王者。[151]

虽然胡克把大半功劳都记在自己身上，但很多人都觉得是赫胥黎的机智应答扭转了战局。“圆滑的萨姆”问赫胥黎：究竟他祖父还是祖母那边是无尾猿的后代？赫胥黎在1860年9月对朋友说，他的回答是，“宁可让无尾猿当祖父”，也不愿看到一位“大人物滥用自己的影响力，让严肃的科学讨论沦为笑料”。[152]多年后，他回忆说，当时他也很惊讶，牛津主教居然会在大庭广众之下表现得如此无知，便小声地对身边的人说，“主教大人自己送上门来了”，然后起身“尽情攻击”。[153]

达尔文在萨德布鲁克读了胡克的信，痛并快乐地回复说：

我正头痛得厉害，已经持续了四十八个小时，情绪低落到了极点，我觉得不管对自己还是对他人来说，我都是一个累赘。这时，你的信来了，顿时让我精神一振，你的深情厚爱让我热泪盈眶。什么名声、荣誉、快乐、财富，跟友情相比，简直一文不值……看到你和赫胥黎当众迎战（我肯定永远不敢这么干），我完全相信，我们终将获得胜利。真庆幸我没去牛津，否则会被胃病拖垮。[154]

他也给赫胥黎写了信：“我敬佩你的勇气，要是让我当着这么多人的面回答主教的质问，肯定还没开口，就被他气死了。”[155]

达尔文的慢性病一直没能治好。他尝试了很多方法，1865 年还咨询过约翰·查普曼。查普曼也是《威斯敏斯特评论》的出版人，与玛丽安·埃文斯和刘易斯交情不浅。他发明了冰袋，宣称可以治疗很多疾病，也包括达尔文的这种慢性病。[156]达尔文此时已经 56 岁，他对查普曼说，他的症状已经持续了二十五年，“白天夜间经常出现严重的胃胀”，偶尔也会呕吐，“有两次甚至持续了好几个月”，耳鸣，发抖，几乎昏厥，走路也不超过半英里，总是累得不行。[157]达尔文尝试过甘汞、肉桂、碳酸氢钠、芦荟、苦味液[1]、磷酸铁、白垩粉、氧化镁和各种催泻剂，还经常接受水疗，去爱德华·莱恩的水疗院，但一直没能治愈。[158]他活到了 73 岁，1882 年 4 月死于心脏病。按现代医学推断，达尔文的慢性病可能是身体原因，或许是随“小猎犬号”航行时感染了病菌；也可能是心理或心身原因，通常认为是他小时候

1 苦味液由带有苦味的草、树皮或树根浸泡而成，用以调制鸡尾酒或食品，有时也作药用。

为取悦严父而产生的焦虑。[159]

和十二年前去世的狄更斯一样，人们也认为达尔文有资格葬入西敏寺。华莱士是扶柩人，他在自传中引用了赫胥黎在《自然》上发表的悼文，认为这是“写得最深刻、最凄美”的悼文。赫胥黎写道：

与达尔文交谈，让人不由得想到苏格拉底。两人都渴望找到比自己更聪明的人，都相信理性至上，都机敏善辩，都对他人的研究方法和著作保持关注。不过，我们这位现代哲学家并不认为自然界的问题无法解决。他没有转身离去，而是以赫拉克利特和德谟克利特的精神，穷尽一生来解决这些问题。[160]

赫胥黎总能找到恰当的类比，突出达尔文在科学史乃至整个知识史中的地位。他在给同行的信中说，达尔文“思维敏捷，记性好，想象力丰富，把这些才华都用来追求真理，最终取得了巨大的成就”。[161]

达尔文不会这么夸自己。1876 年，他在写给孩子的《自传》中说自己上学时并不聪明：“我觉得，我父亲和所有老师都认为我是个很平庸的孩子，甚至达不到一般智力水平。”[162]找到了合适的工作后，他也始终觉得自己无法清晰简洁地表达观点。当然，他觉得这个短处“也有好处，能让我长时间地琢磨每一个句子”。[163]他承认自己学不了外语，喜欢音乐和诗歌，但又没有这方面的天赋。[164]（达尔文家族和韦奇伍德家族似乎都有这个特点。达尔文的孙女格温·雷夫拉特说，她的姑母和叔伯，除了弗朗西斯，都是“和善的非利士人”，认为艺术“不过是人生可有可无的点缀”。[165]）

达尔文还在《自传》中谈到了其他方面的不足，“我没有聪明人（比如赫胥黎）那种敏捷的悟性和头脑”，记的东西“虽然很杂，却不够清晰”。他还像分析动植物那样，分析了自己的特点和生活环境：

我习惯于有条不紊地做事，这对我的工作很有好处。特别是我不用挣钱养家糊口，有大把的闲暇。虽然健康状况不佳，虚度了几年，但也因祸得福，不必分心社交或享乐。

因此，在我看来，我的科学成就，不管多大，都是由复杂的智力水平和条件决定的。在所有这些因素中，最重要的就是热爱科学，有耐心，能够长时间地思考某个题目，还有一定的创造力和判断力。我的这些才能都不出众，居然也能在某些重要方面深刻地影响科学人士的观点，的确有些不可思议。[166]

华莱士在三十年后写自传时，也是这么谦虚。他也拿自己跟赫胥黎比较，自认为没有赫胥黎那种“充沛的精力和十足的干劲”。他也和达尔文一样，认为自己对音乐一窍不通，没有语言学习能力，也没有绘画天赋——这一点对博物学家来说非常不利。他遗憾自己在语言方面记性一般，“笔下完全没有机智、幽默、佯谬或华彩”。[167]在这一点上，他显然低估了自己。1869年，他出版了《马来群岛纪行——猩猩与极乐鸟的乐土（人与自然研究）》，记录了他在海外的八个春秋，写得非常生动，一直很受欢迎，即便没有妙语连珠，至少也生动地再现了独特的异域经历。1862年3月回到英国后，他对动物学会的秘书说，七周前他在新加坡买了两只极乐鸟，把它们活着带回了英国。他详细地描绘了这项艰巨的任务，包括途中喂食的困难：“抵达苏伊士之前，它们吃香蕉，在马耳他吃甜瓜”；“它们很喜欢蟑螂，离开孟买前，我一直想办法弄给它们吃”；在红海时，把鸡蛋煮老了，给它们吃，“它们很喜欢，但我担心长期吃不好消化”。他让收信人放心，虽然一路北上，长途颠簸，气温渐低，但两只鸟都“健康地”熬了过来。这是第一次有人把活的极乐鸟带回欧洲，他却轻描淡写地说，“希望它们能大放异彩”。[168]

不管在私人信件还是在公开的文字中，华莱士都没有宣称自己最先发现了自然选择理论，他始终在强调达尔文的才华和优先权。1860年12月，他在德那第岛给亨利·贝茨写信，表达了对《物种起源》的崇拜：“这本书浑然天成，证据车载斗量，论证势如破竹，语调和精神令人拍案叫绝，让我望尘莫及”，达尔文开创了“一门新科学和新哲学。我相信，从没有人能凭一己之力，如此全面地论证一个新的知识分支”。[169]

从1862年回国，到1913年去世，华莱士先后出版了多部关于动物地理分布的著作，但最有名的还是1889年的《达尔文主义》。1890年，皇家学会设立达尔文奖章，华莱士是第一位得主，之后是胡克（1892）和赫胥黎（1894）。[170]19世纪60年代，华莱士开始相信唯灵论，令朋友们感到吃惊。当时，宗教方面的自由思想家，像罗伯特·钱伯斯和达尔文的妻兄亨斯利·韦奇伍德，都走上了这条路。他们认为，进化论非但没有排斥宗教信仰，反而坚定了他们的信念，即，高级生命死后，会在精神领域继续进化。[171]华莱士也关心社会政治问题，包括土地国有化和妇女选举权。1908年7月1日，林奈学会纪念1858年7月1日那次重要会议（当时无人关注）五十周年。此时，华莱士已是知名人士。这次活动取名为“达尔文－华莱士纪念会”，可谓恰如其分。由于参会人数太多，林奈学会的伯林顿府容纳不下，便改到了威斯敏斯特区大乔治街的土木工程师协会。到场的除了达尔文的家人（包括他儿子弗朗西斯，此时已是皇家学会会员），还有丹麦、瑞典和德国使馆的代表，以及博物学界的头面人物，包括动物学家雷·兰克斯特爵士，达尔文的表弟、遗传学家弗朗西斯·高尔顿，两人都在这次活动中得到了奖章。

学会主席达金菲尔德·斯科特在开场白中说，自然选择“现在已经成了经典术语”，这次会议就是要纪念它的首次使用。他很高兴达尔文最初的支持者、老朋友华莱士和胡克（此时已是约瑟夫·胡克爵士）都来了。在达尔文的支持者中，最年长的赖尔已于1875年去世，最年轻的赫胥黎也于1895年逝世。这次活动专门铸造了达尔文－华莱士奖章，两面分别是两人的头像。华莱士最先领授奖章[172]，然后是胡克、高尔顿和兰克斯特。兰克斯特称赫胥黎为“敬爱的、伟大的教师，无与争锋的雄辩家，卓尔不群的散文家，战无不胜的勇士，文学界的带刀侍卫”，赫胥黎自然担得起这个称号。[173]德国大使也代表耶拿大学的海克尔[1]教授领取了奖章。海克尔是达尔文主义在德国的主要支持者，达尔文也在1876年的《自传》中说，他的著作对德国学者影响很大，“德国有一份关于‘达尔文主义’的目录和参考文献，一两年出版一次”。[174]

胡克在致谢时向听众讲了1858年7月1日那次特别会议的由来，既与罗伯特·布朗去世有关，也与达尔文恰巧收到华莱士的论文有关。达尔文当时身体不适，胡克和赖尔安排在会上宣读达尔文和华莱士的论文。兰克斯特说，孟德尔[2]神父的研究又进一步发展了进化论，但“没有动摇达尔文和华莱士的主要理论”，相反，“越是有新观点和新假说来挑战”，两人的理论就越能展示其“创新之处、重要性和永恒的价值”，是“人类在这个问题上最伟大的、具有划时代意义的思想贡献”。[175]华莱士领到奖章后平淡地说，他和达尔文各自独立地提出了自然选择理论，但达尔文比他早了二十年，一直在潜心研究，而他只是“灵光一现”，在1858年2月用一周的时间写了出来。能与达尔文并列成为这一理论的提出者，并写书来阐述它，他深感自豪，但掌声都应送给“我尊敬的朋友和导师”达尔文。[176]

1 海克尔（Ernst Haeckel，1834—1919），德国动物学家，著有《人类发展史》。

2 孟德尔（Gregor Mendel，1822—1884），奥地利遗传学家，原为天主教神父，发现了遗传学原理。

Epilogue

尾声

童话剧中的1858年

圣诞节和新年期间，伦敦所有剧院都会上演童话剧。常去剧院的人，可以到伦敦西区的大剧院，除了特鲁里街剧院和考文特花园剧院这两家历史悠久的特许剧院，还有秣市剧院、斯特兰德大街的阿德尔菲剧院，以及牛津街的公主剧院和斯特兰德大街附近的皇家吕克昂剧院。囊中羞涩的，可以去小剧场，通常就在酒馆旁边，分布在伦敦相对偏僻的区域，北边有海布里谷仓，东区有希腊厅、埃芬厄姆厅和不列颠剧院，南岸有皇家萨里剧院。童话剧和德比马赛一样，也是贫富共赏，老少咸宜。爱德华·哈维是年轻的邮递员，在日记中记下了他去过的伦敦东区的小剧场。他住在霍克斯顿，也在那边送信，去过那里的不列颠剧院，还去过肖迪奇的标准剧院，以及老街的希腊厅。[1]住在伦敦西区的维多利亚和艾伯特会带孩子去特鲁里街剧院，或请人到温莎城堡演出。很多剧院就靠从节礼日[1]到1月底这几周来维持生计。以前，只有两家特许剧院可以上演有对话的戏剧。1843年，《剧院管理法》取消了这个特权，剧院数量开始增多，童话剧也跟着多了起来。[2]

童话剧原来主要是打打闹闹的粗俗滑稽剧，也有些搞笑歌曲和童话场景。《剧院管理法》出台后，童话剧也增加了对话，大多是双关语、押韵的对句和时事评论。随着新式照明技术和舞台装置的出现，舞台布景和演出效果也日渐精致，尤其是高潮部分的角色转换戏。这时，前面的普通角色会变身为传统丑角，如年轻情侣哈乐根和科伦芭茵、好色的傻老头、爱吹牛的斯卡拉穆卡和傻男孩彼得[2]。[3]19世纪50年代，角色转换戏成了人们谈论的主要话题。圣诞节童话剧有两个最成功的制造者——剧作家爱德华·布兰查德和布景画家威廉·贝弗利，后者打造的舞台效果一个比一个壮观。1858年12月，布兰查德创作的《罗宾汉》在特鲁里街皇家剧院上演，贝弗利负责布景，角色转换这场戏引起了阵阵惊呼。1859年1月1日的《雅典娜神殿》说，这是"贝弗利先生最精彩的作品之一"，"呈现了仙子离场的情形，用不断打开的活动装置，展现了不断变换的景色，绚丽多彩，美轮美奂"。[4]《年代》也赞叹不已："玉树金枝构成前景，中间林木夹道，引向远方，一条激流沿峭壁翻腾而下……如此震撼的舞台效果，必将成为伦敦今后热议的话题。"[5]特鲁里街剧院可容纳三千人，很难保证一年到头座无虚席，也需要靠一部卖座的童话剧来维持经营。[6]

除了震撼的角色转换场景、惊人的舞台效果（公主剧院有旋转舞

1 节礼日（Boxing Day）为圣诞节次日，如遇星期日，则推迟一天。按习俗，这天向雇员、仆人、邮递员等赠送匣装节礼。

2 这些角色大都是意大利即兴喜剧中的角色，哈乐根（Harlequin）是意大利即兴喜剧中的主要定型角色，出现于16世纪，是一个狡猾放肆的滑稽男仆，17世纪时成了卷入桃色事件的忠实仆从，18世纪中叶进入英国的童话剧；科伦芭茵（Columbine）是哈乐根的情人；傻老头（Pantaloon）是老丑角；斯卡拉穆卡（Scaramouche）也是程式化的角色。傻男孩彼得（Pierrot）是法国哑剧中穿白短褂、涂白脸、头戴高帽的定型男丑角。

台，曾上演《城堡中的国王，或哈乐根式的钻石王子与光明公主》[7]），童话剧还会拿一年来的大事开玩笑，夹杂着大量的时评、笑话和双关语。进化论此时尚未引起轰动，自然也就没有露面，但其他引人注目的科技进步都纷纷登台亮相，大恶臭及其治理方案也没有被人遗忘。

布鲁内尔的巨轮“利维坦”、大西洋电报电缆、多纳蒂彗星都是热门话题。布兰查德的《罗宾汉》中有一场戏把彗星、电缆和酷暑联系了起来。“1858 年”这个人物说：

我可不像彗星朋友尾巴那么长。

我是异乎寻常的一年，天气特别棒，

我觉得一点都不差。

兴许你能看到，

电缆已经来到世上。[8]

C.J. 柯林斯的《哈乐根式的泰晤士河老爹，或大河女王与伦敦市长》是当年最好的作品之一。剧中也有一首歌提到了大西洋海底电缆：

缆线已经铺好，

就盼着早点接通，

让信号漂洋过海，

扑进美国佬的胸怀。

干这活的人啊，

乘坐着“阿伽门农号”。[9]

还有很多童话剧也提到了布鲁内尔的“大东方号”。布兰查德为 1858 年至 1859 年的演出季写了一部《哈乐根与老艾萨克·沃尔顿，或舰队街的汤姆·莫尔、银鲑鱼和托特纳姆七姐妹》。该剧在萨德勒威尔斯剧场上演，剧中也提到了这艘巨轮的更名，以及那年夏天期待新主人接手的急切心情。一个人从台上走过，拿着一块牌子，先是写着“利维坦出售”，接着又变成“大东方号等待船帆和蒸汽”。[10]托马斯·莫布雷的《哈乐根式的沃尔特少爷，或驼子农基与小仙子们》在皇家索霍剧场上演，也提到了船名更换，说船是“好船”，就是缺少资金和装备，“无法出海”。[11] 乔治·康奎斯特的《哈乐根式的盖伊·福克斯》在希腊厅上演，说大西洋电缆和“大东方号”都在尝试覆盖前所未有的区域，似乎预见了两者在1866年的成功合作。剧中的亚马孙族女王安蒂奥普说，只要能到达英国，她就能占领英国，“我想征用利维坦，可惜她还没有完成舾装”。就在这时，“电”自告奋勇，要去给“历史”送信：“我去送吧，不会浪费时间，/一眨眼就能横跨半个世界。”[12]

1858年的流行风尚、喜好和轰动新闻也都一如既往地搬上了舞台。《离婚法》也被提及，但没讲具体案例。时装经常入戏，圈环裙不断出场，主要是为了营造视觉冲击，并调侃“得得得得得”。在斯特兰德剧院上演的《凯尼尔沃思，或女王、伯爵与夫人》中，埃米·罗布萨特就被圈环裙裙救了一命。W.E. 苏特的《哈乐根与四十大盗，或阿里巴巴与仙子阿迪奈拉》在女王剧院上演，也用到了圈环裙。布兰查德的《罗宾汉》在特鲁里街剧院上演，提到了竞争对手考文特花园剧院（这座新建的剧院空间很大，也是当时热议的话题），说“圈环裙都能伸展自如”。卡斯尼的《的笃叩门》在白教堂的埃芬厄姆厅上演，强调了社会各阶层对圈环裙的迷恋。剧中有一位农家女，单纯朴素，但去了趟伦敦，就变得“衣着入时，一袭圈环裙”。[13]

童话剧也谈到了这一年的流行娱乐节目。《哈乐根式的沃尔特少爷》中有个人物，“唱得比克里斯蒂滑稽说唱团难听多了”。《罗宾汉》最后有个滑稽片段，有块牌子上面写着“诚聘驯马搭档”，然后一些马夫上台，拿着扫帚柄，高喊“快艇”。在考文特花园剧院上演的《小红帽》中，有两匹马一前一后，拉着邪恶男爵的马车，其中一匹马不听话，不肯前行，挣脱了挽具，但看到驯马大师詹姆斯·拉里的名片后，就像被驯服了一样，趴在地上。[14]希腊厅的《哈乐根式的盖伊·福克斯》将驯马与“驯悍妻”、新离婚法院联系在了一起。在《哈乐根与老艾萨克·沃尔顿》中，有两块招牌，一前一后出场，一块写着“美国驯马机构”，另一块写着“1858 年驯妻机构”。《年代》的评论员说，这部剧囊括了“去年所有的重要话题”——彗星、大西洋电缆和驯马术，并“作了发挥，由小丑展示驯妻术，供有需要的丈夫参考”，引得台下笑声掌声不断。[15]在皇家萨里剧院上演的《哈乐根式的泰晤士河老爹》中，小丑撮合一对情侣幽会并帮他们缔结良缘，然后出现了一扇门，上面写着“新离婚法院现已开始办公”。《的笃叩门》中的仙后对新离婚法表示满意，认为对女性尤其有利：

> 你说对了，现在穷人也有机会了。
>
> 不管地位多么卑微，
>
> 只要没法用武力制止争吵，就去离婚。
>
> 要是男人抛弃我们，我们可比很多人幸运。
>
> 我们可以找治安官要个指令，捂紧我们的钱包。
>
> 他们胆敢威胁我们，胆敢发牢骚或惹麻烦，
>
> 我们只需要花一点点钱，就能跟他们离婚——获得自由
>
> ……没错，自由地找个新老公。

《印度法案》作为 1858 年的重大事件，也引起了童话剧的关注。前一年的童话剧就谈到了印度兵变。巴克斯通的《水精，或哈乐根与水中女神》在秣市剧院上演，最后的场景是德里的宫殿，象征大英帝国在 11 月 1 日正式统治印度。[16]布兰查德在《哈乐根与老艾萨克·沃尔顿》中讽刺了东印度公司的失落。一个“东印度公司官员”走上台，手里拿着一张证明，上面写着“尊贵的东印度公司”。他去敲政府办公室的门，雨伞却被小丑偷走，小丑一语双关地对他说：“你

的统治[1]结束了。”随后，他便被“维多利亚消防员”浇了一身。

1858 年夏天的大恶臭自然是最热门的话题。好几部童话剧都以泰晤士河老爹为主人公，从语言和视觉上呈现这个话题。还有很多童话剧，虽然剧名没有涉及泰晤士河，但也调侃了这个炎热的夏天。女王剧院的《哈乐根与四十大盗》多次提到河水恶臭，说泰晤士河水比士的宁还要毒。1857 年夏天，马德琳·史密斯投毒案后，“士的宁”成了那年童话剧中的热词。在《哈乐根式的沃尔特少爷》中，邪恶的罗兰爵士想摆脱两个幼子，说毒药并不难买，一盎司只要三便士，但“泰晤士河水一样管用”，还不用花钱。

两部很受欢迎的童话剧也以泰晤士河及其周边为背景。布兰查德的《哈乐根与老艾萨克·沃尔顿》一开场就是“泰晤士河老爹的泥山”，泰晤士河老爹“病得不轻，身边围着四个流浪儿 [低潮时在河中捡破烂的孩子]，他们手里拿着大号的嗅盐瓶”。四名医生前来治病，名字分别叫“议会”、媒体”、“街谈巷议”和“舆论”。还有一些瓶子，上面贴着标签，分别写着“除臭粉”、“消毒液”、“石灰”和“皮肤增白剂”，最后一个明显带有讽刺意味。饱受批评的伦敦市政工程委员会在剧中的角色是医生，由蜗牛拉着，抱怨泰晤士河老爹治病花钱太多。泰晤士河老爹吃了药不见效，便叫道：“必须治好我，/ 我现在可是最可怕的景象。/ 你们这群臭鱼烂虾，赶快滚蛋！ / 这就把你们扔到道格斯岛去。”

柯林斯写了《哈乐根式的泰晤士河老爹》。从剧名就能看出，该剧对泰晤士河的污染状况做了最为详尽的批评。威廉·多恩是宫务大臣办公室的戏剧审查员，剧中很多内容都被他删掉了。有些对话涉及议会、伦敦市政工程委员会、本杰明·霍尔爵士和新当选的伦敦市长戴维·怀尔，都被多恩整段整段地删掉了，理由是不能过激地攻击公

1 此处“统治”(reign) 与“雨”(rain) 谐音。

众人物。当时也不允许剧中出现王室成员。1858 年夏天，维多利亚女王的次子艾尔弗雷德 14 岁，成了海军候补少尉。有些戏剧写到了这位王子，结果遭到了斥责。[17]《哈乐根式的泰晤士河老爹》也是受害者，多恩要求删掉王子"挽起裤管，跳角笛舞[1]"的场景。[18] 童话剧中还有很多段落提到了内阁大臣和其他官员，或者在写大恶臭时掺杂了过多的政治批评，都遭到了多恩的反对。不过，有些话题似乎没有引起他的注意。例如，《的笃叩门》就提到了犹太法案，称赞"小个子约翰·罗素勋爵"厥功至伟。

在《哈乐根式的泰晤士河老爹》中，同名主人公开场出现在滑铁卢人桥，此时已是夜晚低潮时段。他"胡须浓密"，手拿三齿鱼叉，冲着河滩上的拾荒人开起了玩笑，暗示他与议会比邻而居："我的伙房[2] 就是公共下水道。/ 能得到我的宠爱，他们非常骄傲。/ 我们共享公共下水道的醇香。"随后，下水道作为寓言人物出场，泰晤士河老爹跟他们打招呼：

……你们供我吃喝。

每天清晨慷慨倾泻，

由全城各处汇入河道。

到桥上去，把上院的老爷们都叫来，

我今儿也要给他们特权。

在这里，"上院的老爷们"（peers）和"桥墩"（piers）谐音，令审查员非常不满。"威斯敏斯特桥"登台后，说了很多话，审查员都要求删掉，例如下面几句：

陛下，您说得太对了。

我现在的处境那可真叫一个苦。

1 角笛舞是一种生动活泼的单人舞，曾在水手中流行。

2 此处"伙房"（house of Commons）与议会下院（House of Commons）音形相近，有双关之意。

您知道，我是最老的上院议员，

岁月的重担压弯了我的老腰。

求您了，别再说这些笑话，我的压力已经不小。

泰晤士河老爹回答道："你最近不是驮着霍尔[1]吗？""威斯敏斯特桥"反驳说："是啊，没错，我的罪孽都是拜他所赐。/他早就该把我重建。/可他太粗暴——是最粗暴的设计师……""切尔西桥"随后登场，抱怨道："本·霍尔爵士取消了我的过桥费。"泰晤士河老爹说，这么说，"大本钟现在也不响了"（此处是双关，"toll"既指过桥费，又指鸣钟，议会大厦的新钟正是以霍尔的名字命名）。"切尔西桥"说："这个笑话可不赖/我是说那位绅士，不是那座钟。"

这些话都被审查员删掉了。

该剧接着抨击了卫生问题。泰晤士河老爹不同意使用拦截式下水道。议会授权伦敦市政工程委员会来组织这项工程，但委员会主席（思韦茨）和一些高级市政官都没有开始工作，反倒和泰晤士河老爹在酒馆里喝得酩酊大醉，乱作一团。审查员要求删掉这个场景中的很多内容，并删掉歌曲《我是电缆，我是电缆》，因为它把伦敦市长的大名与大西洋电缆混到了一起。[2]

虽然审查员很警觉，但《哈乐根式的泰晤士河老爹》上演时，似乎还是有力地讽刺了当局。《年代》专门谈了这部剧，说它是一部有力的"卫生史诗"，是近年来最精彩的童话剧之一；该剧深受欢迎，皇家萨里剧院"座无虚席"；它"严厉抨击了伦敦城和各公司的劣迹、市政工程委员会及其折中政策、下水道管理委员会和其他热门话题；这些批评毫无忌惮，火力全开，妙趣横生。观众笑声不断，乐不可支，津津有味地品味着对政府和恶习的一次次重击"。[19]

1 "霍尔"（Hall）也是双关，既指威斯敏斯特桥旁边的威斯敏斯特厅（Westminster Hall），又指本杰明·霍尔（Benjamin Hall）。

2 歌曲名为"I' m a Wire，I' m a Wire"，新任伦敦市长名为戴维·怀尔（David Wire）。

酷暑的影响

单看剧本，可能无法充分体会童话剧的幽默效果，但现场观看肯定非常过瘾。形形色色的人物登台亮相，还有许多寓言人物，场景和服装不断变换，桥梁和下水道也能开口说话，舞台效果更是精心设计，泥泞的河流能化作水晶洞，森林泉水突然出现在观众面前。剧中谈论的年度话题，自然也是那年报界和公众最关注的话题。当然，剧中也提到了一些不太重要或短暂流行的娱乐节目，如克里斯蒂滑稽说唱团、美国驯马大师、圈环裙癖；也提到了科技方面的进步，如大西洋电报电缆的敷设，多纳蒂彗星的观测以及拍摄彗星的摄影术，“大东方号”的吨位和尴尬的处境。

除了童话剧中写到的事件，还有一些影响深远的事件，也与1858年那个炎热的夏天有关。有些重要的刑事和民事案件影响很大，尤其是新《离婚法》出台后审理的第一批离婚案。还有很多案子涉及精神病院和精神病管理委员会的职权范围，也与婚姻或离婚有关。有些影响要很多年后才能显现出来，最明显的例子就是《医疗法》的出台，推动医疗行业走上了职业化道路，改进了医学教育，改善了医生之间的不平等状况。罗斯柴尔德几经波折，终于拥有了下院席位。虽然最初几年《宣誓法案》只是改变了他本人、他弟弟和戴维·萨洛蒙斯的命运，但和被废除的议员财产资格法一样，也是重要的里程碑，反映了从1832年改革法案到20世纪初实现普选的整个政治改革进程。

从童话剧可以看到，1858年影响最大的公共事件就是大恶臭。它在炎热的6月迫使世界上最大的城市采取了重要的卫生措施，不仅在随后的十年里治理了泰晤士河，还改善了整座城市的构造、基础设施和景观效果。巴泽尔杰特修筑的泰晤士河大堤，不仅包含了伦敦主下水道，缓解了斯特兰德大街的交通拥堵，还容纳了新建的地铁网络，美化了地表景观。1858 年 7 月，迪斯累里提交议案时，预计这项工程要用时五年半，耗资三百多万英镑。虽然最后投入的时间和资金都远远超出了预算，但物有所值，这项工程有力地推动了伦敦的现代化。1865 年，北岸的维多利亚大堤和切尔西大堤已经在建，南岸的艾伯特大堤也已动工，清理利用河道五十二英亩，修建下水道八十二英里。最终，主下水道花费了四百多万英镑，大堤花费了二百五十万英镑，此外还有大量资金用于美化或整修公园、花园、桥梁和街道。[20]

1891 年，巴泽尔杰特去世，《伦敦新闻画报》对比了伦敦的旧貌新颜，认为“伦敦市政工程委员会的这项工程规模宏大，修建了主下水道系统，构筑了泰晤士河大堤，极大地改善了公共卫生，使这座大都市更加便利，更加雄伟”。[21]

巴泽尔杰特在临终前回忆说，“泰晤士河大堤倒是值得骄傲，但下水道实在不值得称道”：

河道的斜度一英里最多三英寸，但下水道要求斜度达到两英尺。我们没办法，只能沿着河道往前挖，越挖越深，达到一定深度后，再用水泵抽上来。这当然很麻烦。有时花好几周绘制了方案，却突然遇到了铁路或沟渠，只好全部推倒重来。工作十分繁重。[22]

其实，地下的拦截式下水道才是这项工程的核心，将伦敦不断增加的废水安全运走，改善了公共卫生，只是不像地面上的大堤那么引人注目。

如果说迪斯累里的《泰晤士河净化法案》是 1858 年夏天最重大的政治和公共成就，给伦敦居民的生活和工程建设带来了深远的影响，最大的个人和私人成就则非达尔文莫属。他已经默默地研究了二十年，理论也已经基本成型，但还想继续研究下去。就在这时，他收到一位同行从东半球寄来的信和论文，被迫公开了自己的理论，并最终写出了《物种起源》。公众并不知道他在 1858 年 6 月经历的风浪，也只有几位至交好友意识到他的著作可能会引发一场风暴。

1858 年夏天是迪斯累里的高光时刻，他终于挤进了权力中心，确立了政治家的地位。这年夏天也是达尔文人生中的一个关键时刻，他不得不直面自己的欲望和困境，公布他的研究成果。

从性格上说，迪斯累里喜欢热闹，达尔文偏爱独处，狄更斯则介于两者之间。狄更斯成就斐然，自然是公众人物。他也喜欢出风头，不管是登台演戏，还是在孩子的聚会上表演魔术、举办朗读会，他都很享受那种众星拱月的感觉。但在 1858 年，他却想方设法转移公众视线，隐瞒他与埃伦·特南的关系，掩盖他对妻子的不忠。这么一个聪明人，却在这个炎炎的夏日仓皇失措，做了蠢事。他公开宣布与凯瑟琳分居，本是想平息流言，结果适得其反，引起了公众的关注。明明是遮遮掩掩，却非要让他的崇拜者觉得他坦荡高洁。1858 年，这三位维多利亚时代的知名人物，就数狄更斯最不成功，前途最黯淡。他没有写小说，也没能享受持久的快乐。不过，他的声誉倒是没有受到太大影响，而且找到了新的生财之道，在全国各地巡回朗读，收获颇丰。1858 年夏天是一个让他不堪回首的夏天。两年后，他开始创作《远大前程》。这是他最伟大的小说，描写了一个年轻人的内心世界，也融入了他自己的痛苦经历，不幸的主人公认识到自己的错误，开始痛悔前非。

1858 年的夏天格外炎热，三人都面临着新的挑战。其他人的日子也不好过，如萨克雷、爱德华·布尔沃·利顿和他妻子罗西娜、鲁滨逊夫妇、爱德华·莱恩医生、德比勋爵和他儿子斯坦利勋爵、布鲁内尔与巴泽尔杰特、将印度纳入治下的维多利亚女王、在海外考察的华莱士、伦敦报界的耶茨和萨拉、《笨拙周报》的作家、律师埃德温·詹姆斯、当代生活画家弗里斯和埃格、英国小说新星乔治·艾略特。这些人物之间的关联和影响有时纯属偶然。例如，达尔文离群索居，却与风口浪尖的爱德华·莱恩成了莫逆之交；弗雷德里克·狄更斯离婚案开庭的那天，就在同一个法庭，刚刚宣判了伊莎贝拉·鲁滨逊案；5 月到 6 月，布尔沃·利顿和狄更斯这对朋友都异口同声地说自己妻子精神有问题，一边是情绪暴躁、胡搅蛮缠的罗西娜，一边是恬淡隐忍、命运坎坷的凯瑟琳。同时，这些人物又和许多默默无闻的伦敦人一样，都在不同方面、不同程度上受到了这年夏天公共事件的影响。这些公共事件，从决定治理泰晤士河，到政治代表权、外交、婚姻、医疗等领域的立法，又都受到了日益壮大的报刊媒体的影响。最明显的例子就是泰晤士河大恶臭，报界一直在抗议呼吁。整个伦敦，尤其是泰晤士河两岸，人们的生活都被那年夏天史无前例的高温笼罩了起来。

Endnotes
原文注释

第一章 历史中的 1858 年

1. John Lothrop Motley to his wife, 20 June 1858, *The Correspondence of John Lothrop Motley,* ed. George William Curtis, 2 vols (London, 1889), vol. 1, p. 271.
2. G.M. Trevelyan, *British History in the Nineteenth Century* (*1782–1901*) (London, 1922), p. 292.
3. Charles Darwin, *On the Origin of Species by Means of Natural Selection, or the Preservation of Favoured Races in the Struggle for Life*, ed. John Burrow (Harmondsworth, 1968), pp. 53–63. 这个版本采用的是《物种起源》第一版，增加了《发展史》（"An Historical Sketch"）。钱伯斯是科学爱好者，匿名出版了《创世遗痕》，达尔文虽然对该书有批评，但也心存敬意。关于该书在当时的轰动效应，可见 James A. Secord, *Victorian Sensation: The Extraordinary Publication, Reception and Secret Authorship of "Vestiges of the Natural History of Creation"* (London, 2000)。
4. *The Autobiography of Charles Darwin*, ed. Nora Barlow (London, 1958), pp. 76–7.
5. Ibid., p. 72.
6. See Bill Luckin, *Pollution and Control: A Social History of the Thames in the Nineteenth Century* (Bristol, 1986), Stephen Halliday, *The Great Stink of London: Sir Joseph Bazalgette and the Cleansing of the Victorian Capital* (Stroud, 1999) and *The Great Filth: The War against Disease in Victorian England* (Stroud, 2007), Michelle Allen, *Cleansing the City: Sanitary Geographies in Victorian London* (Athens, Ohio, 2008), and Lee Jackson, *Dirty Old London. The Victorian Fight against Filth* (New Haven, Connecticut, 2014).
7. See Adrian Vaughan, *Isambard Kingdom Brunel: Engineering Knight-Errant* (London, 1991), and R. Angus Buchanan, *The Life and Times of Isambard Kingdom Brunel*

(London, 2002).

8. See A.R. Bennett, *London and Londoners in the Eighteen-Fifties and Sixties* (London, 1924), and Gillian Cookson, *The Cable: Wire to the New World* (Stroud, 2012).
9. See Jay M. Pasachoff, Roberta J.M. Olson and Martha L. Hazen, 'The Earliest Comet Photographs: Usherwood, Bond, and Donati 1858', *Journal for the History of Astronomy*, vol. 27 (1996), pp. 129–45.
10. G.A. Sala, *Twice Round the Clock, or Hours of the Day and Night in London* (London, 1859), reprint edited by Philip Collins (Leicester, 1971), p. 164. 该书收录了萨拉1858年5月至11月在期刊《嘉宾》(*Welcome Guest*)上连载的专栏文章。关于伦敦摄影发展史，可见 Gavin Stamp, *The Changing Metropolis: Earliest Photographs of London 1839–1879* (Harmondsworth, 1984)。
11. *The Birthplace of Podgers, in Lacy's Acting Edition*, vol. 35 (1858), and *Your Likeness – One Shilling!*, in ibid., vol. 36 (1858).
12. Edward A. Copland, *Photography for the Many*, number 11 (1858), pp. 25, 29.
13. Richard Owen, *President's Address to the British Association for the Advancement of Science*, 1858, Internet Archive, p. 62.
14. Ibid., pp. 97, 98, 102. See also Donald J. Olsen, *The Growth of Victorian London* (London, 1976).
15. 对查德威克职业生涯的评价，可见 S.E. Finer, *The Life and Times of Sir Edwin Chadwick* (London, 1952), and Christopher Hamlin, *Public Health and Social Justice in the Age of Chadwick: Britain 1800–1854* (Cambridge, 1998)。
16. 1849年至1850年，亨利·梅休(Henry Mayhew)在《纪事晨报》上发表了系列文章，公众开始关注"挖夜土的人"(nightsoil men)、低潮时在泰晤士河"河滩上拾荒的人"(mudlarks)和"在下水道里捡破烂的人"(toshers)。1851年，这些文章收入梅休的《伦敦劳工与伦敦贫民》(*London Labour and the London Poor*)一书。该书的选本可见 Robert Douglas-Fairhurst 选编的版本 (Oxford, 2010)。
17. See Martin Daunton, "'London's 'Great Stink' and Victorian Urban Planning", BBCHistory (2004).
18. 关于斯诺的职业生涯，以及他的发现迟迟得不到认可，可见 Peter Vinten-Johansen et al., *Cholera, Chloroform, and the Science of Medicine: A Life of John Snow* (Oxford, 2003)。See also Halliday, *The Great Stink*, pp. 129–37, and David S. Barnes, *The Great Stink of Paris and the Nineteenth-Century Struggle against Filth and Germs* (Baltimore, Maryland, 2006), pp. 9–10, 243–4。
19. Owen, *President's Address*, pp. 102, 104, 105.
20. Ibid., p. 105.
21. Snow, 'Cholera and the Water Supply', *The Times*, 26 June 1856.
22. See 'Health of London', *Era*, 27 June 1858.
23. See Halliday, *The Great Stink*, pp. 61–9.
24. Dante Gabriel Rossetti to Robert Brough, 7 July 1858, *The Correspondence of Dante Gabriel Rossetti,* ed. William E. Fredeman, 10 vols (Woodbridge, 2002–10), vol. 2, p. 219.

25. *The Times*, 3 July 1858 (quoting the Globe).《泰晤士报》在 1858 年 7 月 2 日报道了 6 月 30 日海德公园的气温。
26. Edwin Lankester, 'The Silver Thames', *Athenaeum*, 17 July 1858. 关于兰克斯特的事业，可见 Mary P. English, *Victorian Values: The Life and Times of Dr Edwin Lankester, MD, FRS* (London, 1990)。
27. *Punch*, vol. 35 (24 July 1858), p. 33. 关于泰晤士河老爹的漫画，见 *Punch*, vol. 35 (3 and 10 July 1858), pp. 5, 15。
28. Editorial, *The Times*, 21 July 1858.
29. Karl Marx, 'Lord Palmerston', *People's Paper*, 22 October 1853, *Marx–Engels Collected Works,* 50 vols (London, New York, Moscow, 1975–2005), vol. 12, p. 345.
30. Ibid., vol. 12, p. 346.
31. Dickens, speech to the Administrative Reform Association, 27 June 1855, *The Speeches of Charles Dickens*, ed. K.J. Fielding (Hemel Hempstead, 1988), pp. 198n, 199, 200.
32. See *ODNB* entry for Clanricarde.
33. *Punch*, vol. 34 (23 January 1858), p. 35.
34. *Illustrated London News*, vol. 32 (27 February 1858), p. 201.
35. Prince Albert, memorandum, 4 September 1858, *The Letters of Queen Victoria: A Selection from Her Majesty's Correspondence between the Years 1837 and 1861*, ed. A.C. Benson and Viscount Esher, 3 vols (London, 1907), vol. 3, pp. 381–2.
36. Marx, 'The Attempt upon the Life of Bonaparte', *New York Daily Tribune*, 22 February 1858, *Marx–Engels Collected Works*, vol. 12, p. 458.
37. Sir George Grey to Lord John Russell, 2 February 1858, *The Later Correspondence of Lord John Russell 1840–1878*, ed. G.P. Gooch, 2 vols (London, 1925), vol. 2, p. 225.
38. Sir James Graham to Lord John Russell, 4 February 1858, ibid., vol. 2, p. 226.
39. 'The Derby Ministry', *Bentley's Miscellany*, vol. 43 (April 1858), p. 331.
40. Lord Stanley, journal, 21 February 1858, *Benjamin Disraeli Letters,* ed. J.A.W. Gunn, M.G. Wiebe, Michel W. Pharand et al., 10 vols so far (Toronto, 1982–), vol. 7 (2004), p. 124n.
41. 关于迪斯累里职业生涯的总结，见 Robert Blake, *Disraeli* (London, 1966), pp. 757–66。
42. Disraeli, the 'Mutilated Diary' for 1833, see Thea Van Dam, *My Dearest Ben: An Intimate Glimpse into the World of Benjamin Disraeli, his Family and the Women in his Life – through their Letters*, Buckinghamshire Papers, number 16 (Aylesbury, 2008), p. 47.
43. Disraeli to Lord Derby, 22 February 1858, *Letters*, vol. 7, p. 124.
44. See William Flavelle Monypenny and George Earle Buckle, *The Life of Benjamin Disraeli*, new and revised edition, 2 vols (London, 1929), vol. 1, pp. 1520ff.
45. Joseph Irving, *The Annals of Our Time: A Diurnal of Events, Social and Political, Home and Foreign, from the Accession of Queen Victoria, June 20, 1837, to the*

Peace of Versailles, February 28, 1871, new revised edition (London, 1880), p. 510.
46. Disraeli to Queen Victoria, 12 March and 24 June 1858, *Letters*, vol. 7, pp. 142, 215.
47. Disraeli to Queen Victoria, 24 June 1858, ibid., vol. 7, pp. 215–16.
48. 'The Closing Session', *Era*, 1 August 1858.
49. See W.D. Jones, *Lord Derby and Victorian Conservatism* (Oxford, 1956), pp. 238–40.
50. 'Prorogation of Parliament', *The Times*, 3 August 1858.
51. See Stephanie J. Snow, *Blessed Days of Anaesthesia: How Anaesthetics Changed the World* (Oxford, 2008).
52. 关于韦克利，见 John Hostettler, *Thomas Wakley: An Improbable Radical* (Chichester, 1993)。关于 19 世纪医疗改革，见 Ivan Waddington, *The Medical Profession in the Industrial Revolution* (Dublin, 1984); Dorothy Porter and Roy Porter (eds), *Doctors, Politics and Society: Historical Essays (Amsterdam, 1993); W.F. Bynum, Science and the Practice of Medicine in the Nineteenth Century* (Cambridge, 1994); Vivian Nutton and Roy Porter (eds), *The History of Medical Education in Britain* (Amsterdam, 1995); Michael J.D. Roberts, 'The Politics of Professionalization: MPs, Medical Men, and the 1858 Medical Act', *Medical History*, vol. 53 (January 2009), pp. 37–56。
53. See Waddington, *The Medical Profession*, pp. 53–4, 96–107.
54. 'The Doctors and their Bills', *Punch*, vol. 34 (12 June 1858), p. 235.
55. See Waddington, *The Medical Profession*, pp. 107–11.
56. *Hansard*, vol. 127, col. 1092, 3 June 1853.
57. Dickens, 'The Murdered Person', *Household Words*, vol. 14 (11 October 1856), p. 290.
58. ［Charles Egan］, *A Handy Book on the New Law of Divorce and Matrimonial Causes, and the Practice of the Divorce Court* (London, 1860), pp. 6–7.
59. *Hansard,* vol. 145, col. 486, 19 May 1857.
60. Ibid., vol. 142, col. 406, 20 May 1856.
61. *Crim. Con. Gazette*, vol. 2 (1839), p. 75, quoted in Lawrence Stone, *Road to Divorce, England 1530–1987* (Oxford, 1990, paperback 1992), p. 366. 劳伦斯·斯通的这部著作是英国离婚史方面最为详尽的研究。
62. Stone, *Road to Divorce*, p. 357, *A Handy Book*, p. 8.
63. Michael Slater, *Charles Dickens* (New Haven, Conn. and London, 2009, paperback 2011), p. 67.
64. *Morning Chronicle*, 11 October 1836, reprinted in Charles Dickens, *Sketches by Boz*, ed. Dennis Walder (Harmondsworth, 1995), pp. 110–12. See also Slater, *Charles Dickens*, p. 33.
65. Charles Dickens, *David Copperfield* (1850), chap. 23.
66. Caroline Norton, *A Letter to the Queen on Lord Chancellor Cranworth's Marriage and Divorce Bill* (1855), p. 154. For Caroline Norton's life see Diane Atkinson, *The Criminal Conversation of Mrs Norton* (London, 2012).
67. *Hansard*, vol. 147, cols 1021, 1073, 4 August 1857; col. 1996, 21 August 1857; col. 2036, 24 August 1857.

68. 罗西娜·布尔沃·利顿在她的小说中不断抨击她丈夫，如 1858 年 5 月出版的《世界与他的妻子，或一个重要人物》(*The World and his Wife: or, A Person of Consequence*)。
69. *Morning Chronicle*, 12 January 1858.
70. *Punch*, vol. 34 (9 January 1858), p. 11, and vol. 35 (6 November 1858), p. 184.
71. See *Hansard*, vol. 145, col. 532, 19 May 1857.
72. Letters of Dr John Lee, May–June 1858, MS 2876, Lambeth Palace Library.
73. 关于该案的详细描述，可见 Kate Summerscale, *Mrs Robinson's Disgrace: The Private Diary of a Victorian Lady* (London, 2012)。
74. Dickens to Forster, 30 January 1858, *The Letters of Charles Dickens*, Pilgrim Edition, ed. Madeleine House, Graham Storey, Kathleen Tillotson et al., 12 vols (Oxford, 1965–2002), vol. 8, p. 511.
75. See George Curtis to Thackeray, 17 June 1858, *The Letters and Private Papers of William Makepeace Thackeray*, ed. Gordon N. Ray, 4 vols (Cambridge, Mass., 1945–6), vol. 4, p. 92; John Blackwood to G.H. Lewes, 23 May 1858, *The George Eliot Letters*, ed. Gordon S. Haight, 9 vols (New Haven, Conn., 1954–5, 1978), vol. 2, p. 458.
76. See *Trollope: The Critical Heritage*, ed. Donald Smalley (London, 1969), pp. 71–2, 73, 76.
77. 关于乔治·艾略特的生平与创作，可见 Rosemary Ashton, *George Eliot: A Life* (London, 1996, reprinted 1997)。
78. See George Eliot, *Adam Bede* (1859), chap. 17; John Blackwood to George Eliot, 30 January 1857, *The George Eliot Letters*, vol. 2, p. 291; Dickens to John Forster, ?mid-April 1857, *Letters*, vol. 8, p. 317.
79. 这幅三联画现藏于英国泰特美术馆，关于其象征意义，可见 Susan P. Casteras, *Images of Victorian Womanhood in English Art* (London, 1987), pp. 61–3。
80. Thomas Carlyle to Jane Carlyle, 15 July 1857, and to John Carlyle, 28 January 1858, and Jane Carlyle to Mary Russell, 19 November 1857, *The Collected Letters of Thomas and Jane Welsh Carlyle*, Duke–Edinburgh Edition, ed. C.R. Sanders, K.J. Fielding, Clyde de L. Ryals et al., 42 vols so far (Durham, North Carolina, 1970–), vol. 32, p. 188, vol. 33, pp. 173, 120.
81. See Rosemary Ashton, *Thomas and Jane Carlyle: Portrait of a Marriage* (London, 2002, reprinted 2003), chaps 14 and 15.
82. *Annual Register* (1858), p. 90; *Bentley's Miscellany*, vol. 43 (May 1858), p. 441.
83. See Richard D. Altick, *The Shows of London* (Cambridge, Mass. and London, 1978), p. 411.
84. 关于弗里斯的绘画与事业，详见 Aubrey Noakes, *William Frith: Extraordinary Victorian Painter* (London, 1978), and Mary Cowling, *The Artist as Anthropologist: The Representation of Type and Character in Victorian Art* (Cambridge, 1989)。
85. *Comic Songs and Recitations forming Mr Merryman's Magazine of Miscellaneous Mirth* (1840).

86. G.A. Sala, *Gaslight and Daylight, with Some London Scenes They Shine Upon* (London, 1859), p. 384.
87. See Roger Mortimer, *The History of the Derby Stakes* (London, 1962).
88. See Dickens, *Letters*, vol. 3, pp. 581–2n.
89. Dickens to Thomas Chapman, ?28 June 1846, *Letters*, vol. 4, pp. 576–7, and to Richard Watson, 21 July 1849, ibid., vol. 5, p. 580.
90. Disraeli to Lady Londonderry, 16 September 1857, *Letters*, vol. 7, p.67.
91. Disraeli to Sarah Disraeli, 8 March 1838, ibid., vol. 3, p. 33.
92. Disraeli to Sarah Disraeli, ?13 February 1839, ibid., vol. 3, p. 143.
93. See Darwin to Joseph Hooker, 26 May 1859, *The Correspondence of Charles Darwin*, ed. Frederick Burkhardt et al., 22 vols so far (Cambridge, 1985–), vol. 7, p. 300; to Hooker, 18 April 1860, ibid., vol. 8, p. 163; and to Hooker, 27–28 September 1865, ibid., vol. 13, p. 246.
94. See, for example, Darwin to Charles Lyell, 9 August 1838, *Correspondence,* vol. 2, p. 98; to Mary-Anne Herbert, 5 May 1842, ibid., vol. 2, p. 318; and to Hooker, 25 September 1853, ibid., vol. 5, pp. 155–6.
95. Darwin to Hooker, 10 December 1864, ibid., vol. 12, p. 459.
96. Disraeli, *Tancred*, 3 vols (1847, reprinted 1864), vol. 1, pp. 225–6.
97. See Barbara Black, *A Room of His Own: A Literary-Cultural Study of Victorian Clubland* (Athens, Ohio, 2012), pp. 59–63.
98. Darwin, *Autobiography*, pp. 34–5.
99. Blake, *Disraeli*, pp. 81–2, 88–9, 435.

第二章 1858 年 5 月

1. 'Banquet at the Royal Academy of Arts', *The Times*, 3 May 1858.
2. See *ODNB* entry for David Salomons.
3. 'Banquet at the Royal Academy of Arts', *The Times*, 3 May 1858.
4. See Slater, *Charles Dickens*, pp. 68–9, and Thackeray, *Letters and Private Papers*, vol. 1, p. cxxi. 有一部虚构作品讲了狄更斯与西摩的关系，并对狄更斯提出了批评，详见 Stephen Jarvis, *Death and Mr Pickwick* (London, 2014)。
5. Dickens, *Speeches*, p. 262.
6. Thackeray, *Letters and Private Papers*, vol. 4, p. 392; Dickens to Thackeray, 28 April 1858, *Letters*, vol. 8, p. 551.
7. See *Athenaeum*, 1 and 8 May 1858, *Illustrated London News*, 8 May 1858, and *Era*, 30 May 1858.
8. Rossetti to William Bell Scott, c. 21 June 1858, *Correspondence*, vol. 2, p. 213.
9. Dickens, *Speeches*, pp. 246–53.
10. See Dickens to Wilkie Collins, 21 March 1858, *Letters*, vol. 8, p. 535.
11. See Slater, *Charles Dickens*, pp. 426–7, 435–6.
12. Francesco Berger, *Reminiscences, Impressions and Anecdotes* (London, 1913), pp.

19, 24.

13. Ibid., p. 22.
14. Queen Victoria, journal, 4 July 1857, online at http://www.queenvictoriasjournals.org, vol. 43, p. 202.
15. Dickens to Frederick Evans, 16 March 1858, *Letters*, vol. 8, p. 533.
16. Slater, *Charles Dickens*, pp. 461–8.
17. 'Mr Charles Dickens', *The Times*, 16 April 1858.
18. 'Mr Charles Dickens and "The Cricket on the Hearth" ', *Era*, 2 May 1858.
19. Ibid.
20. Dickens to Angela Burdett-Coutts, 9 May 1858, *Letters*, vol. 8, p. 558.
21. See Michael Slater, *Dickens and Women* (London, 1983), pp. 145–6.
22. See Dickens, *Letters*, vol. 8, pp. 558–60n.
23. 关于威灵顿街的报业历史，可见 Mary L. Shannon, *Dickens, Reynolds, and Mayhew on Wellington Street: The Print Culture of a Victorian Street* (Farnham, 2015)。
24. See Slater, *Charles Dickens*, pp. 471, 587; Lillian Nayder, *The Other Dickens: A Life of Catherine Hogarth* (Ithaca, New York, 2011), pp. 245, 285, 287.
25. See *Macready's Reminiscences, and Selections from his Diaries*, ed. Sir Frederick Pollock, 2 vols (London, 1875); Tracy C. Davis, 'Actresses and Prostitutes in Victorian London', *Theatre Research International*, vol. 13 (1988), pp. 221–34.
26. Dickens to Wilkie Collins, 2 August 1857, *Letters*, vol. 8, p. 394.
27. Dickens to Frank Stone, 17 August 1857, and to Angela Burdett-Coutts, 5 September 1857, ibid., vol. 8, p. 412 and n., p. 433 and n. See also Claire Tomalin, *The Invisible Woman: The Story of Nelly Ternan and Charles Dickens* (London, 1990).
28. Dickens to Angela Burdett-Coutts, 5 September 1857, *Letters*, vol. 8, pp. 432–3.
29. Dickens to Wilkie Collins, 29 August 1857, ibid., vol. 8, p. 423.
30. See Andrew Lycett, *Wilkie Collins: A Life of Sensation* (London, 2014).
31. Dickens to John Forster, 3 September 1857, *Letters*, vol. 8, p. 430; Slater, *Charles Dickens*, p. 375.
32. Dickens to the Hon. Mrs Richard Watson, 7 December 1857, *Letters*, vol. 8, p. 488; see also Dickens to Lady Duff Gordon, 23 January 1858, ibid., vol. 8, p. 508.
33. See Dickens to Georgina Hogarth, 15 September 1857, ibid., vol. 8, p. 447 and n.
34. Dickens and Collins, 'The Lazy Tour of Two Idle Apprentices', chap. 5, *Household Words*, 31 October 1857, reprinted in *Dickens' Journalism*, ed. Michael Slater, 4 vols (London, 1994–2000), vol. 3, p. 471.
35. Dickens to Wilkie Collins, 21 March 1858, *Letters*, vol. 8, p. 536.
36. Dickens to Angela Burdett-Coutts, 19 May 1858, ibid., vol. 8, p. 565.
37. Catherine Dickens to Angela Burdett-Coutts, 19 May 1858, ibid., vol. 8, p. 565n.
38. Dickens to Angela Burdett-Coutts, 19 May 1858, ibid., vol. 8, p. 565.
39. Dickens to Macready, 28 May 1858, ibid., vol. 8, p. 570.
40. See Michael Slater, *The Great Charles Dickens Scandal* (New Haven, Conn. and

London, 2012), chap. 1.
41. Thackeray to his mother, early June 1858, *Letters and Private Papers*, vol. 4, p. 86.
42. See *The Times*, 21 May and 24 June 1858.
43. Ibid., 20 May 1858.
44. See *Racing Times*, 17 May 1858, and *St James's Chronicle*, 20 May 1858.
45. J. Ewing Ritchie, *Here and There in London* (1859), pp. 99, 101.
46. *Era*, 16 May 1858.
47. 'The Great Derby Extravaganza', *Racing Times*, 17 May 1858.
48. *Punch*, vol. 34 (22 May 1858), p. 212.
49. 印度问题十分复杂，详细的剖析可见 Jones, *Lord Derby and Victorian Conservatism*, pp. 234–7。
50. Dickens to Angela Burdett-Coutts, 4 October 1857, *Letters*, vol. 8, p. 459.
51. Dickens to Cavendish Spencer Boyle, 5 February 1858, ibid., vol. 8, p. 516.
52. Thomas Carlyle to John Strachey, 13 September 1857, *Collected Letters*, vol. 33, p. 81.
53. Marx, 'The Indian Revolt', *New York Daily Tribune*, 16 September 1857, *Marx–Engels Collected Works*, vol. 15, pp. 353–6.
54. William Howard Russell, *My Diary in India, in the Year 1858–9*, 2 vols (1860), vol. 1, p. 356.
55. Lord Ellenborough's dispatch to Lord Canning, 19 April 1858, quoted in Irving, *Annals of Our Time*, p. 518.
56. Lord Ellenborough to Queen Victoria, 10 May 1858, *Letters of Queen Victoria*, vol. 3, p. 358.
57. Memorandum by Prince Albert, 16 May 1858, ibid., vol. 3, p. 367.
58. Disraeli to Queen Victoria, 21 May 1858, *Letters*, vol. 7, pp. 189–90.
59. 1858 年 5 月 26 日，迪斯累里在斯劳发表演说，相关报道可见 *Era*, 30 May 1858。
60. *Disraeli's Reminiscences*, ed. Helen M. Swartz and Marvin Swartz (London, 1975), p. 113.
61. Lord Derby to Queen Victoria, 23 May 1858, *Letters of Queen Victoria*, vol. 3, p. 369.
62. 《年代》(*Era*) 在 1858 年 5 月 9 日称帕默斯顿和罗素为“逮不着”。
63. See R.L. Leonard, *Nineteenth-Century British Premiers: Pitt to Rosebery* (New York, 2008), p. 227.
64. Disraeli to Queen Victoria, 19 April 1858, *Letters*, vol. 7, p. 170.
65. Disraeli to Sarah Brydges Willyams, 22 May 1858, ibid., vol. 7, p. 191.
66. *Bentley's Miscellany*, vol. 44 (July 1858), p. 3.
67. 'Public Dinner to the Chancellor of the Exchequer', *Era*, 30 May 1858; see also *The Times*, 27 May 1858, and Irving, *Annals of Our Time*, p. 520.
68. Irving, *Annals of Our Time*, p. 521.
69. 'House of Lords, Monday 31 May', *The Times*, 1 June 1858.

70. Irving, *Annals of Our Time*, p. 521.
71. See Joseph S. Meisel, 'Humour and Insult in the House of Commons: The Case of Palmerston and Disraeli', *Parliamentary History*, vol. 28, part 2 (2009), pp. 238–9, 244.
72. John Lothrop Motley to his wife, 6 June 1858, *Correspondence*, vol. 1, p. 249.
73. Benjamin Disraeli, *Sybil, or the Two Nations* (1845), book 4, chap. 14.
74. See Patrick Leary, *The 'Punch' Brotherhood: Table Talk and Print Culture in Mid-Victorian London* (London, 2010), p. 42.
75. Leonard, *Nineteenth-Century British Premiers*, pp. 271–6; Disraeli, *Letters*, vol. 7, pp. xx, 51.
76. 关于迪斯累里与男性的关系，他在小说中谈同性恋，利顿夫人说他有同性恋倾向，可见 William Kuhn, *The Politics of Pleasure: A Portrait of Benjamin Disraeli* (London, 2006)。
77. See Daisy Hay, *Mr and Mrs Disraeli: A Strange Romance* (London, 2015), p. 111.
78. Nathaniel Parker Willis, *Pencillings by the Way* (New York, 1852), quoted in Hay, *Mr and Mrs Disraeli*, p. 49.
79. See Kuhn, *The Politics of Pleasure*, pp. 168, 169.
80. See Patrick Waddington, *Turgenev and England* (New York, 1981), p. 67.
81. See Hay, *Mr and Mrs Disraeli*, pp. 134, 171–2, 214.
82. Ibid., p. 248.
83. 关于 1857 年遗留下来的案件，或者需要再次补充完善的案件，可见 *The Times*, 12 and 18 January, 10 February, 3 March, 17 April, 1 May 1858。
84. See Summerscale, *Mrs Robinson's Disgrace*, pp. 111–12, and the *ODNB* entries for Cresswell, Wightman, and Cockburn.
85. *ODNB* entry for Sir Cresswell Cresswell.
86. See *The Times*, 6 May 1858.
87. *Manchester Times*, 15 May 1858.
88. See Summerscale, *Mrs Robinson's Disgrace*, pp. 138, 260; *St James's Chronicle*, 13 May 1858; *Era*, 16 May 1858.
89. 'The New Divorce Court', *Era*, 16 May 1858.
90. *The Times*, 13 May 1858.
91. Ibid., and Disraeli, *Letters*, vol. 7, pp. 127–8n.
92. See, for example, Disraeli to Delane, 25 February 1858, ibid., vol. 7, pp. 129–30.
93. Lord Derby to Disraeli, 25 February 1858, ibid., vol. 7, p. 129n.
94. Disraeli to Bulwer Lytton, 24 February 1858, ibid., vol. 7, p. 127.
95. See Leslie Mitchell, *Bulwer Lytton: The Rise and Fall of a Victorian Man of Letters* (London and New York, 2003).
96. Rosina Bulwer Lytton, *The World and his Wife: or, A Person of Consequence*, vol. 1, p. 19.
97. Ibid., vol. 1, p. 33.
98. 关于她对出版商的抱怨，可见 Rosina to Rebecca Ryves, 8 March 1858, *The*

Collected Letters of Rosina Bulwer Lytton, ed. Marie Mulvey-Roberts, 3 vols (London, 2008), vol. 3, p. 32。

99. Rosina Bulwer Lytton, *Very Successful!*, 3 vols (1856), vol. 1, p. ix.

100. Ibid., vol. 1, p. 284, vol. 2, pp. 58, 61, 76.

101. Ibid., vol. 2, pp.178–9.

102. Ibid., vol. 2, pp. 181, 187, vol. 1, p. 166.

103. Rosina Bulwer Lytton to Lord Derby, 23 February 1858, *Collected Letters*, vol. 3, p. 23.

104. Rosina Bulwer Lytton to Lord Stanley, 23 February 1858, ibid., vol. 3, pp. 25–6.

105. Rosina Bulwer Lytton to Lord Lyndhurst, 23 February 1858, ibid., vol. 3, pp. 26–7. 关于林德赫斯特的生平，尤其是他与赛克斯夫人、迪斯累里的关系，可见 Dennis Lee, *Lord Lyndhurst, the Flexible Tory* (Niwot, Colorado, 1994)。

106. *Disraeli's Reminiscences*, pp. 118–19.

107. See *Hansard, passim*, summer 1856 and summer 1857; Lee, *Lord Lyndhurst*, pp. 244, 247.

108. *Disraeli's Reminiscences*, p. 120.

109. *Fraser's Magazine*, vol. 18 (August 1838), pp. 195–6, and Gordon N. Ray, *Thackeray: The Uses of Adversity (1811–1846)* (London, 1955), pp. 270–1.

110. See *The Poems of Tennyson*, ed. Christopher Ricks (New York, 1969), pp. 736–9 and n.

111. *Disraeli's Reminiscences*, pp. 61–2.

112. Ibid., p. 65.

113. Rosina Bulwer Lytton to Rebecca Ryves, 2 March 1858, *Collected Letters*, vol. 3, p. 28.

114. See Dickens to Bulwer Lytton, 9 May 1851, *Letters*, vol. 6, pp. 379–80 and n.

115. See, for example, Dickens to his solicitor Frederic Ouvry, 26 May 1858, ibid., vol. 8, p. 568.

116. Dickens to William Charles Macready, 7 June 1858, ibid., vol. 8, p. 579 and n.

117. John Forster to Frederic Ouvry, 21 May 1858, in K.J. Fielding, 'Dickens and the Hogarth Scandal', *Nineteenth-Century Fiction*, vol. 10 (June 1955), p. 65.

118. Legal copy of George Hogarth's statement, ibid., p. 68.

119. Dickens to Arthur Smith, 25 May 1858, *Letters*, vol. 8, p. 568.

120. Dickens to Herbert Watkins, 31 May 1858, ibid., vol. 8, p. 576.

121. *The Times*, 3 June 1858.

122. Queen Victoria, journal, 27–31 May 1858, online at http://www.queenvictoriasjournals.org, vol. 45, pp. 219–22.

123. See Disraeli to Lord Derby, 25 May 1858, and to Bulwer Lytton, 30 May 1858, *Letters*, vol. 7, pp. 196, 198.

124. 'The Exhibition of the Royal Academy', *Era*, 30 May 1858.

125. 'The Leviathan', ibid.

126. 'The Atlantic Telegraph', *St James's Chronicle*, 8 June 1858.

127. See Darwin to his wife Emma, 25 April 1858, and to Joseph Hooker, 6 May 1858, *Correspondence*, vol. 7, pp. 80, 89.

第三章 1858 年 6 月（上）

1. Charles Darwin to Joseph Hooker, 3 June 1858, *Correspondence*, vol. 7, p. 98.
2. Darwin to William Tegetmeier, 5 June 1858, and Erasmus Darwin to Charles Darwin, 8 June 1858, ibid., vol. 7, pp. 98, 100–102.
3. 在《泰晤士报》数据库中检索达尔文，1858 年全年只有三条，而且都比较简短。
4. Darwin to Hooker, 10 August 1858, *Correspondence*, vol. 7, p. 148.
5. Darwin to Hooker, 11 January 1844, ibid., vol. 3, p. 2.
6. Darwin to Asa Gray, 5 September 1857, ibid., vol. 6, p. 447.
7. Ibid., vol. 7, pp. 15, 17, 20, 27, 36.
8. Leonard Huxley, *Life and Letters of Sir Joseph Dalton Hooker,* 2 vols (London, 1918), vol. 1, p. 495.
9. See *Bromley Record,* vol. 1 (1 June and 1 July 1858), pp. 1, 7.
10. Ibid., vol. 1 (1 June 1858), p. 3.
11. See Tori Reeve, *Down House: The Home of Charles Darwin* (London, 2009, reprinted 2011), pp. 16, 21, 36; R.B. Freeman, *Charles Darwin: A Companion* (Folkestone, 1978), p. 126.
12. 关于赫胥黎的生平与事业，可见 Leonard Huxley, *Life and Letters of Thomas Henry Huxley,* 2 vols (London, 1900), Cyril Bibby, *Scientist Extraordinary: The Life and Scientific Work of Thomas Henry Huxley 1825–1895* (London, 1972), Paul White, *Thomas Huxley: Making the 'Man of Science'* (Cambridge, 2003)。
13. Darwin, *Autobiography*, p. 106.
14. Ibid., p. 101.
15. Sir Charles Lyell to Darwin, 15 March 1863, *Life, Letters and Journals of Sir Charles Lyell, Bart., ed. by his sister-in-law Mrs Lyell,* 2 vols (London, 1881), vol. 2, p. 366.
16. Freeman, *Charles Darwin,* pp. 169–70; *ODNB* entry for Huxley.
17. Leonard Huxley, *Life and Letters of Thomas Henry Huxley,* vol. 1, pp. 91, 96.
18. Alfred Russel Wallace, *My Life: A Record of Events and Opinions* (London, 1908), p. 45.
19. Ibid., pp. 143–4, 146.
20. Ibid., p. 168.
21. Ibid., pp. 175, 177, 194–5; Alfred Russel Wallace to his mother, 30 September 1854, *Alfred Russel Wallace: Letters from the Malay Archipelago,* ed. John van Wyhe and Kees Rookmaaker (Oxford, 2013), pp. 21–2.
22. *Letters from the Malay Archipelago*, p. 125 and n. For Wallace's career see also Peter Raby, *Alfred Russel Wallace: A Life* (London, 2001), Ross A. Slotten, *The Heretic in Darwin's Court: The Life of Alfred Russel Wallace* (New York, 2004), and Michael A. Flannery, *Alfred Russel Wallace: A Rediscovered Life* (Seattle, Washington State, 2011).

23. Wallace to Henry Walter Bates, 4 January 1858, *Letters from the Malay Archipelago*, p. 146.
24. Wallace to Bates, 25 January 1858, ibid., p. 148.
25. Wallace to Samuel Stevens, 15 May 1857, ibid., pp. 127, 128.
26. Wallace, *My Life*, p. 183.
27. Darwin, memorandum, December 1855, *Correspondence,* vol. 5, pp. 510–11, 521–2n.
28. Darwin to Wallace, 1 May 1857, ibid., vol. 6, p. 387.
29. Ibid.
30. Wallace to Darwin, 27 September 1857, *Letters from the Malay Archipelago,* p. 132.
31. Darwin to Wallace, 22 December 1857, Correspondence, vol. 6, pp. 514–15.
32. Darwin to Syms Covington, 18 May 1858, ibid., vol. 7, p. 95. 关于科温顿在澳大利亚的生活，可见虚构作品：Roger McDonald, *Mr Darwin's Shooter* (London, 1998)。
33. See Darwin, *Autobiography,* p. 124.
34. See Darwin to William Darwin Fox, 8 May 1858, *Correspondence,* vol. 7, p. 90.
35. Darwin to Hooker, 8 June 1858, ibid., vol. 7, p. 102.
36. Dickens to Daniel Maclise, [11 June 1858], *Letters,* vol. 8, p. 584.
37. 'Mr Charles Dickens Reading "Little Dombey" at St Martin's Hall', *Illustrated London News,* vol. 33 (31 July 1858), p. 100.
38. See Slater, *Charles Dickens,* p. 463.
39. Dickens, *Dombey and Son* (1846–8), chap. 16.
40. See Martin Hewitt, The *Dawn of the Cheap Press in Victorian Britain: The End of the 'Taxes on Knowledge' 1849–1869* (London, 2014).
41. Dickens's statement, *The Times,* 7 June 1858; *Household Words*, 12 June 1858.
42. See Dickens to Frederic Ouvry, 2 June 1858, and to William Macready, 7 June 1858, *Letters,* vol. 8, pp. 577 and n., 579–80 and n.
43. Dickens to William Holman Hunt, 13 and 20 April 1858, ibid., vol. 8, pp. 543 and n., 548 and n.
44. *St James's Chronicle,* 8 June 1858.
45. *Era*, 13 June 1858.
46. *Court Circular,* 12 June 1858, and *Reynolds's Newspaper,* 13 June 1858; both articles are quoted in part in Fielding, 'Dickens and the Hogarth Scandal', pp. 71–2.
47. William Henry Wills to Frederic Ouvry, 14 June 1858, ibid., p. 71.
48. See Shannon, *Dickens, Reynolds, and Mayhew on Wellington Street,* p. 28.
49. Carlyle to Ralph Waldo Emerson, 2 June 1858, *Collected Letters,* vol. 33, p. 233.
50. *The Life and Reminiscences of E.L. Blanchard, with Notes from the Diary of Wm. Blanchard,* ed. Clement Scott and Cecil Howard, 2 vols (London, 1891), vol. 1, p. 198.
51. Thackeray to his mother, early June, *Letters and Private Papers,* vol. 4, p. 87.

52. G.H. Lewes, journal, 14 June 1858, MS George Eliot / George Henry Lewes Collection, Beinecke Rare Book and Manuscript Library, Yale University.
53. For Dickens's itinerary, see *Letters*, vol. 8, pp. 752–3.
54. Queen Victoria, journal, 4, 5, and 8 June 1858, online at http://www.queenvictoriasjournals. org, vol. 45, pp. 228, 234.
55. *The Times,* 7 June 1858.
56. See Edmund Yates, *Recollections and Experiences,* 2 vols (London, 1884), vol. 1, p. 227; Altick, *The Shows of London,* pp. 475–7.
57. Disraeli to his wife, *Letters*, vol. 7, p. 200; for the temperature report see *The Times,* 10 June 1858.
58. *The Times,* 11 June 1858.
59. See ibid., 8 June 1858.
60. Disraeli to Bulwer Lytton, [8 June 1858], *Letters,* vol. 7, p. 201.
61. Rosina Bulwer Lytton, *A Blighted Life: A True Story* (London, 1880); see also David Lytton Cobbold, *A Blighted Marriage: The Life of Rosina Bulwer Lytton, Irish Beauty, Satirist and Tormented Wife, 1802–1882* (Knebworth, 1999).
62. 关于赫特福德选举当日的详情，可见 Sarah Wise, *Inconvenient People: Lunacy, Liberty and the Mad Doctors in Victorian England* (London, 2012), pp. 223–6。
63. Carlyle to Jane Carlyle, 11 July 1858, *Collected Letters,* vol. 34, p. 30.
64. Rosina Bulwer Lytton to Rebecca Ryves, 11 June 1858, *Collected Letters,* vol. 3, p. 70; *The Times,* 9 June 1858.
65. Earl of Lytton, *The Life of Edward Bulwer Lytton, first Lord Lytton,* 2 vols (London, 1913), vol. 2, p. 269.
66. See James A. Davies, *John Forster: A Literary Life* (Leicester, 1983), pp. 40, 41. 记者桑顿·亨特（Thornton Hunt）称福斯特为"宇宙执事"（the beadle of the universe），见 Alethea Hayter, *A Sultry Month: Scenes of London Literary Life in 1846* (London, 1966, reprinted 1992), p. 163。
67. Mitchell, *Bulwer Lytton,* p. 63.
68. Rosina Bulwer Lytton to Rebecca Ryves, 12 June 1858, *Collected Letters,* vol. 3, p. 72.
69. Rosina Bulwer Lytton to Frederick Hale Thomson, 15 June 1858, ibid., vol. 3, p. 76.
70. 关于 1858 年的一系列相关案件，可见 Wise, *Inconvenient People,* pp. 252–81。
71. 'Commission of Lunacy', *The Times,* 18 June 1858.
72. See *The Times* account in the article 'Commission of Lunacy', 11 June 1858.
73. 关于当时与现在货币的价值，可见 Slater, *Charles Dickens,* p. xviii, and http://www.measuringworth.com。
74. See *ODNB* entry for Sir Henry Meux and reports in *The Times* on 9, 10, 11, 18, and 21 June 1858.
75. *People's Paper,* 19 June 1858. 关于埃德温·詹姆斯的职业生涯，可见 *ODNB*。亦见 Wise, *Inconvenient People,* p. 274。

76. Rosina Bulwer Lytton to Rebecca Ryves, 11 June 1858, *Collected Letters,* vol. 3, p. 70.
77. Carlyle to his brother John, 12 June 1858, *Collected Letters of Thomas and Jane Welsh Carlyle,* vol. 33, p. 240.
78. Carlyle to Forster, 17 June 1858, ibid., vol. 33, pp. 242–3.
79. Queen Victoria, journal, 13 June 1858, online at http://www.queenvictoriasjournals.org, vol. 45, p. 238.
80. Disraeli to Sarah Brydges Willyams, 16 June 1858, *Letters,* vol. 7, p. 205.
81. See *Morning Chronicle,* 1 June 1858.
82. See Ritchie, *Here and There in London,* p. 11; *ODNB* entry for Lord Chelmsford (previously Sir Frederick Thesiger); Disraeli, *Letters,* vol. 7, pp. 205–6n.
83. *Liverpool Mercury,* 2 June 1858.
84. Lord Derby to Lord Carnarvon, Carnarvon Papers, vol. 9, Add MS 60,765, British Library.
85. *Weekly Chronicle,* 19 June 1858.
86. See 'Pestilential State of the Thames', *Era,* 20 June 1858.
87. 'The State of the Thames', *People's Paper,* 3 July 1858.
88. *Theatrical Journal,* 23 June 1858.
89. 'The Weather and the Wigs', *Weekly Chronicle,* 19 June 1858.
90. See P.D. Edwards, *Dickens's 'Young Men': George Augustus Sala, Edmund Yates, and the World of Victorian Journalism* (Aldershot, 1997).
91. 关于萨拉的生平与职业生涯，见 *ODNB* entry, and Ralph Straus, *Sala: The Portrait of an Eminent Victorian* (London, 1942)。关于 1855 年至 1858 年廉价报刊的发行情况，详见 Richard Altick, *The English Common Reader: A Social History of the Mass Reading Public, 1800–1900* (Columbus, Ohio, 1957, reprinted 1988), pp. 394–5。
92. Sala, *Twice Round the Clock,* pp. 95, 98, 100–101, 193.
93. G.A. Sala to Edmund Yates, [December 1858], *Letters of George Augustus Sala to Edmund Yates,* ed. Judy McKenzie (University of Queensland Victorian Fiction Research Guide, 1993), p. 53.
94. Ibid., pp. 25, 32–3, 143, 148, 327, 333.
95. G.A. Sala, *The Life and Adventures of George Augustus Sala, Written by Himself,* 2 vols (London, 1895), vol. 1, p. 381.
96. 'Gossip of the Week', *Reynolds's Newspaper,* 20 June 1858; Sala to Yates, [31 January 1859], *Letters of Sala to Yates,* p. 59.
97. 'The Lounger at the Clubs', *Illustrated Times,* vol. 6 (12 June 1858), p. 415.
98. Yates, *Recollections and Experiences,* vol. 2, p. 2.
99. See Guy Boas, *The Garrick Club 1831–1947* (London, 1948), p. 41.
100. Yates, *Recollections and Experiences,* vol. 1, pp. 218–19.
101. Yates, 'Literary Talk', *Town Talk,* 12 June 1858.
102. Thackeray to Mrs Baxter, 23 April 1858, *Letters and Private Papers,* vol. 4, p. 80.
103. Yates, *Town Talk,* 12 June 1858.

104. Yates, *Recollections and Experiences,* vol. 2, pp. 9–10.
105. See Thackeray's diary, 3 January–23 September 1858, *Letters and Private Papers,* vol. 4, pp. 390–4.
106. Thackeray to Yates, 13 June 1858, *Letters and Private Papers,* vol. 4, pp. 89–90.
107. Ibid., vol. 4, pp. 90–1n.
108. Yates, *Recollections and Experiences,* vol. 2, p. 18.
109. Dickens to Yates, 15 June 1858, *Letters,* vol. 8, p. 588; for 'My dear Edmund', see the letter of 8 June 1858, ibid., vol. 8, p. 581.
110. Yates to Thackeray, 15 June 1858, *Letters and Private Papers of William Makepeace Thackeray,* vol. 4, pp. 91–2.
111. Yates, *Recollections and Experiences,* vol. 2, pp. 15–16.
112. Thackeray to Bulwer Lytton, 21 June 1853, *Letters and Private Papers,* vol. 3, p. 278.
113. Thackeray to the committee of the Garrick Club, 19 June 1858, *Letters and Private Papers,* vol. 4, pp. 93–4.
114. Thackeray to Charles Dickens Jr, 15 June 1858, Gordon N. Ray, *Thackeray: The Age of Wisdom (1847–1863)* (London, 1958), p. 477, n. 20.
115. See James C. Whorton, *The Arsenic Century: How Victorian Britain was Poisoned at Home, Work and Play* (Oxford, 2010), pp. 262–70.
116. *Punch,* vol. 34 (12 June 1858), p. 233.
117. *The Times,* Editorial, 'An Extraordinary Meeting at St James's-hall', 12 June 1858.
118. Queen Victoria to her daughter Vicky, 14 June 1858, *Dearest Child: Letters between Queen Victoria and the Princess Royal,* ed. Roger Fulford (London, 1964), p. 113. 维琪 1858 年 1 月 25 日结婚时只有 17 岁。
119. *Punch,* vol. 35 (24 July 1858), p. 35; see also ibid., vol. 35 (9 October and 27 November 1858), pp. 147, 217.
120. J. Ewing Ritchie, *The London Pulpit* (London, 1858), pp. 47–8.
121. Basil F. Clarke, *Parish Churches of London* (London, 1966), pp. 185–6.
122. 'The Lounger at the Club', *Illustrated Times,* vol. 6 (19 June 1858), p. 431.

第四章 1858 年 6 月（下）

1. 'To the Editor', *The Times,* 16 June 1858.
2. See, for example, a report from Berkhamsted in Hertfordshire, ibid., 18 June 1858.
3. *Bromley Record,* vol. 1 (1 July 1858), p. 8.
4. National Meteorological Library and Archive, https://library.metoffice.gov.uk/M10326UK/OPAC/Details/Record.aspx?BibCode=56602443.
5. *Hansard,* vol. 150, cols 2157–89, 16 June 1858.
6. Disraeli to Sarah Brydges Willyams, 16 June 1858, *Letters,* vol. 7, p. 204 and n.
7. *The Times,* 19 June 1858.
8. B.W. Richardson, memoir of John Snow in Snow, *On Chloroform and Other*

Anaesthetics: Their Action and Administration (London, 1858), pp. xlii–xliv.

9. Ibid., p. xxii.
10. 直到 19 世纪 80 年代，巴黎的权威人士仍相信臭气致病说，见 Barnes, *The Great Stink of Paris, and Colin Jones, Paris: Biography of a City* (London, 2004), pp. 338–9。
11. *Builder,* vol. 16 (26 June 1858), p. 445.
12. *The Times,* 18 June 1858.
13. 'Pestilential State of the Thames', *Era,* 20 June 1858.
14. 'To the Editor', *The Times,* 18 June 1858.
15. *Illustrated London News,* vol. 32 (26 June 1858), p. 626; *Times* editorial, 29 June 1858; Luckin, *Pollution and Control,* p. 17; Allen, *Cleansing the City*, p. 57.
16. See Halliday, *The Great Filth,* pp. 75–6; Allen, *Cleansing the City,* pp. 57–8.
17. *Annual Register* (1858), p. 111.
18. Carlyle to Joseph Neuberg, 21 June 1858, *Collected Letters,* vol. 33, p. 246.
19. E.L. Blanchard, diary, 23 June 1858, *Life and Reminiscences,* vol. 1, p. 199.
20. John Ruskin to his father, 25 June 1858, *John Ruskin: Letters from the Continent 1858,* ed. John Hayman (Toronto, 1982), p. 58.
21. Motley to his wife, 20 June 1858, *Correspondence,* vol. 1, pp. 271, 269.
22. Letter to the editor of *The Times,* 21 June 1858. 王室和伦敦当局在泰晤士河前滩的所有权问题上存有争议，详见 Luckin, *Pollution and Control,* pp. 143–4。
23. John Simon and Edward Headlam Greenhow, *Papers Relating to the Sanitary State of the People of England,* June 1858, House of Commons Parliamentary Papers Online, pp. iii–iv.
24. See Royston Lambert, *Sir John Simon (1816–1904) and English Social Administration* (London, 1963), pp. 50–51.
25. See 'Return of the Number of Select Committees appointed in the Session of 1857–8', House of Commons Parliamentary Papers Online, p. 749.
26. See Disraeli, *Letters,* vol. 7, p. 214n.
27. Queen Victoria, journal, 23 June 1858, online at http://www.queenvictoriasjournals.org, vol. 45, p. 254.
28. Disraeli to Queen Victoria, 24 June 1858, *Letters,* vol. 7, p. 215.
29. Ibid., vol. 7, p. 216n.
30. *The Times,* 26 June 1858.
31. Report from the select committee on the River Thames, 17 July 1858, House of Commons Parliamentary Papers Online, pp. 252–85.
32. *The Times,* 26 June 1858.
33. See *ODNB* entry for Thwaites.
34. See Halliday, *The Great Filth,* p. 205.
35. *People's Paper,* 5 June 1858.
36. 'No Coat, No Justice', ibid., 26 June 1858.

37. Alfred Smee, letter to the editor of *The Times,* 26 June 1858; *Illustrated London News,* vol. 32 (26 June 1858), p. 631; Era, 27 June 1858.
38. 'Londoners, Look to Your River!', Era, 27 June 1858.
39. Darwin to Lyell, 26 June 1858, *Correspondence,* vol. 7, p. 119.
40. Darwin to Hooker, 23 June, to W.D. Fox, 24 and 27 June, and to Lyell, 25 June 1858, ibid., vol. 7, pp. 115–19.
41. See Queen Victoria, journal, 19, 21, 22, 23, 24 June 1858, online at http://www.queenvictoriasjournals.org, vol. 45, pp. 251–9.
42. Queen Victoria, journal, 26 June 1858, ibid., vol. 45, p. 258.
43. 《泰晤士报》刊登了拉里著作的赞助人名单，见 *The Times,* 19 April 1858。
44. *Punch,* preface to vol. 34 (January–June 1858), p. iii; *How I Tamed Mrs Cruiser, by Benedict Cruiser, M.M. (Married Man), and now H.H. (Happy Husband), ed. George Augustus Sala, with Illustrations by Phiz* [Hablot Knight Browne] (London, 1858).
45. Queen Victoria to Vicky, 29 June 1858, *Dearest Child,* p. 118.
46. Queen Victoria, journal, 28 June 1858, online at http://www.queenvictoriasjournals.org, vol. 45, p. 260.
47. 'Queen of the River', *Punch,* vol. 35 (10 July 1858), p. 20.
48. *Weekly Chronicle*, 19 June 1858, p. 5.
49. See Buchanan, *The Life and Times of Isambard Kingdom Brunel,* p. 123.
50. Thomas Wright, *Some Habits and Customs of the Working Classes, by a Journeyman Engineer* (London, 1867), pp. 251–60.
51. Isambard Kingdom Brunel to John Scott Russell, 2 October 1855, Buchanan, *Life and Times,* p. 121.
52. *The Times,* 18 and 20 April 1858; see also Vaughan, *Isambard Kingdom Brunel,* p. 257.
53. Buchanan, *Life and Times,* p. 123.
54. See *The Times,* 2, 4, 5, 7, 11, 16, and 17 December 1857; Carlyle to John Carlyle, 7 December 1857, *Collected Letters*, vol. 33, p. 128.
55. Vaughan, *Isambard Kingdom Brunel,* p. 258; *ODNB* entry for Henry Thomas Hope.
56. Buchanan, *Life and Times,* p. 128.
57. Ibid., pp. 127–32; Vaughan, *Isambard Kingdom Brunel,* pp. 260–69.
58. See *ODNB* entry for Robert Howlett.
59. Irving, *Annals of Our Time,* p. 524.
60. See *The Times,* 3 July 1858.
61. *Athenaeum,* 3 July 1858, p. 24.
62. 'Advice in Hot Weather', *Punch,* vol. 35 (3 July 1858), p. 9.
63. Princess Royal to Queen Victoria, 24 July 1858, *Dearest Child,* p. 124.
64. Gwen Raverat, *Period Piece: A Cambridge Childhood* (London, 1952), p. 260.
65. See Lucy Johnston with Marion Kite and Helen Persson, *Nineteenth-Century Fashion in Detail,* V&A Publications (London, 2005), p. 128.
66. See Norah Waugh, *Corsets and Crinolines* (New York, 1954, reprinted 2004), pp. 79, 93.

67. 'Philosophy and Fashion', *Punch,* vol. 48 (6 May 1865), p. 181.
68. Mary Anne Disraeli to Sarah Brydges Willyams, 24 April 1856, Hay, *Mr and Mrs Disraeli,* p. 181.
69. Elizabeth Gaskell, 'The Cage at Cranford', *All the Year Round,* vol. 10 (28 November 1863), pp. 332–6.
70. 'Every Lady her own Perambulator', *Punch,* vol. 31 (23 August 1856), p. 77.
71. 'Crinolineomania. Treated pathologically by Dr Punch', ibid., vol. 31 (27 December 1856), p. 253.
72. 'Effect of Crinoline on Parties' and 'Crinoline in the Studio', ibid., vol. 32 (7 February and 2 May 1857), pp. 57, 177.
73. 'A Wholesome Conclusion', ibid., vol. 34 (6 February 1858), p. 54; 'Crinoline in the Slums', ibid., vol. 35 (10 July 1858), p. 17; 'New Omnibus Regulation', ibid., vol. 35 (2 October 1858), p. 133.
74. 'The Theatre of Crinoline', ibid., vol. 34 (29 May 1858), p. 221.
75. 'The Opening of the New Opera House, Covent-garden', *Builder,* vol. 16 (22 May 1858), pp. 345–7.
76. See Bennett, *London and Londoners,* p. 75.
77. 具体例子可见 Denis Pellerin and Brian May, *Crinoline: Fashion's Most Magnificent Disaster* (London, 2016), pp. 24, 54, 154–6。
78. 'Perversion of Crinoline', *People's Paper,* 10 July 1858.
79. *Athenaeum,* 1 January 1859, p. 24.
80. 在不列颠图书馆的目录中，从 1850 年到 19 世纪 70 年代，以 "Hoop de dooden do" 为标题的条目有 11 条。
81. 'Hoop de dooden doo. A fashionable ballad', *Punch,* vol. 34 (5 June 1858), p. 229.
82. *Illustrated Times,* vol. 6 (26 June 1858), p. 446; see also *People's Paper,* 17 July 1858.
83. Jane Carlyle to Thomas Carlyle, 5 September 1864, *Collected Letters,* vol. 41, p. 7.
84. Summerscale, *Mrs Robinson's Disgrace,* p. 63.
85. Darwin to Lyell, 13 April 1857, *Correspondence,* vol. 6, p. 377.
86. Darwin to Hooker, 29 April 1857, ibid., vol. 6, p. 384.
87. Darwin to W.D. Fox, 30 April 1857, ibid., vol. 6, pp. 385–6.
88. Darwin to his son William, 13 May 1857, ibid., vol. 6, pp. 394–5.
89. See Summerscale, *Mrs Robinson's Disgrace,* pp. 20, 27–9, 61.
90. Rosanna Ledbetter, *A History of the Malthusian League 1877–1927* (Columbus, Ohio, 1976), p. 58.
91. See *ODNB* entry for Charles Drysdale.
92. Charles Drysdale, 'Tobacco and the Diseases It Produces', *The Times,* 25 September 1878.
93. [George Drysdale], *Physical, Sexual, and Natural Religion, by a Student of Medicine* (London, 1855), pp. 53–4.
94. See E. Royston Pike, *Human Documents of the Victorian Golden Age (1850–1875)*

(London, 1967), p. 338. See also Angus McLaren, *Birth Control in Nineteenth-Century England* (London, 1978).

95. See Charles Gibbon, *The Life of George Combe,* 2 vols (London, 1878), vol. 2, pp. 215, 298; George Combe, journal, 10 October 1850 and 25 May 1851, MS George Combe Papers, National Library of Scotland.
96. Summerscale, *Mrs Robinson's Disgrace,* pp. 55–6.
97. Ibid., pp. 8–10, 132.
98. Ibid., pp. 106–7, 131–2.
99. Ibid., pp. 114ff., 254–5; Summerscale 对该案的描述参考了报纸每日的报道和下述著作的第一卷：*Reports of Cases Decided in the Court of Probate and in the Court for Divorce and Matrimonial Causes,* ed. M.C.M. Swabey, T.H. Tristram et al., 4 vols (London, 1858–65)。
100. 'Court for Divorce and Matrimonial Causes', *The Times,* 16 June 1858.
101. Ibid.
102. Summerscale, *Mrs Robinson's Disgrace,* pp. 156–7.
103. *The Times,* 17 June 1858.
104. *People's Paper,* 19 June 1858.
105. 'Crim. Con. and Hydropathic Love', *Era,* 20 June 1858.
106. Ibid., 22 June 1858; Summerscale, *Mrs Robinson's Disgrace,* pp. 172–5.
107. Summerscale, *Mrs Robinson's Disgrace,* pp. 81–6. 该刊已不复存在，此处引文来自更擅长毁谤谩骂的报纸以及 *Reports of Cases*。
108. *Daily News,* 23 June 1858. 报界在报道鲁滨逊案时，有歧视女性的言论，详见 Janice M. Allan, 'Mrs Robinson's "Day-book of Iniquity": Reading Bodies of/and Evidence in the Context of the 1858 Medical Reform Act', in *The Female Body in Medicine and Literature,* ed. Andrew Mangham and Greta Depledge (Liverpool, 2011), pp. 169–81。
109. 'Classified Advertisements', *The Times,* 29 May 1854.
110. *British Medical Journal,* vol. 80 (10 July 1858), pp. 561–2.
111. Summerscale, *Mrs Robinson's Disgrace,* pp. 181–3.
112. Ibid., pp. 163–4.
113. Ibid., p. 167.
114. Ibid., p. 168.
115. Darwin to Fox, 24 June 1858, *Correspondence,* vol. 7, p. 116.
116. Darwin to Hooker, 23 June 1858, ibid., vol. 7, p. 115.
117. See ibid., vol. 6, p. 386, n. 5.
118. Darwin to Hooker, 25 June 1857, ibid., vol. 6, p. 416.
119. See Darwin to Fox, 3 October 1856, ibid., vol. 6, p. 238. For Annie Darwin see Randal Keynes, *Annie's Box: Charles Darwin, his Daughter, and Human Evolution* (London, 2001).
120. Darwin to Hooker, 30 October 1857, *Correspondence,* vol. 6, p. 476.

121. Darwin to Lyell, 18 June 1858, ibid., vol. 7, p. 107.
122. 有评论家认为，达尔文对何时收到华莱士的信和论文可能有所隐瞒，他关于“趋异”的思考可能也是受到了华莱士的启发。对这种观点的反驳，可见《达尔文书信集》第 7 卷的“编者序言”（volume 7 of Darwin's *Correspondence,* pp. xvii–xix）和编者对达尔文的信所作的长注（ibid., vol. 7, p. 108）。《华莱士马来群岛书信集》的编者也对这种观点做了反驳，见 *Letters from the Malay Archipelago,* pp. xv–xvi。达尔文最新传记的作者也反驳了这种观点，见 Janet Browne, *Charles Darwin: The Power of Place* (London, 2002), pp. 16, 501, n. 17。
123. Darwin to his son William, 20 June 1858, *Correspondence,* vol. 7, p. 113.
124. Darwin to Fox, 24 June 1858, ibid., vol. 7, p. 116.
125. Darwin to Lyell, 25 June 1858, ibid., vol. 7, pp. 117–18.
126. See ibid., vol. 8, p. 600 (Appendix VII).
127. Darwin, *Autobiography*, pp. 86–7.
128. Ibid., p. 87n.
129. Darwin to Wallace, 22 December 1857, *Correspondence,* vol. 6, p. 515.
130. Darwin, *Autobiography,* p. 130.
131. Darwin to Lyell, 26 June 1858, *Correspondence,* vol. 7, p. 119.
132. Darwin to Hooker, 29 June 1858, ibid., vol. 7, p. 121.
133. Wallace, *My Life,* pp. 201, 203; Wallace to Philip Sclater, 31 March 1862, *Letters from the Malay Archipelago,* p. 283 and n.
134. Hooker and Lyell to the Linnaean Society, 30 June 1858, Darwin, *Correspondence,* vol. 7, pp. 122–3.
135. Ibid., vol. 7, p. 123.
136. Darwin to Hooker, 29 June 1858, ibid., vol. 7, p. 122.
137. Ibid., vol. 7, p. 121.

第五章　1858 年 7 月

1. 'Register of Burials in the Parish of Downe in the County of Kent in the Year 1858',Bromley Local Studies Library.
2. Darwin to W.D. Fox, 6 July 1858, *Correspondence,* vol. 7, p. 129.
3. Darwin, journal, ibid., vol. 7, p. 504 (Appendix II).
4. Darwin's memorial on the death of Charles Waring Darwin, ibid., vol. 7, p. 521 (Appendix V).
5. See Keynes, *Annie's Box*, pp. 225–6. 在达尔文的传记中，只有该书作者注意到，查尔斯·韦林·达尔文的葬礼与林奈学会的会议在同一天举行。
6. Henrietta Lichfield (ed.), *Emma Darwin: A Century of Family Letters,* 2 vols (London, 1915), vol. 2, p. 162.
7. See Darwin to Hooker, 16 May 1858, *Correspondence,* vol. 7, p. 94. 达尔文下次去伦敦是在 1858 年 10 月 19 日，见 ibid., vol. 7, p. 504 (Appendix II)。
8. Darwin to Hooker, 5 and 13 July 1858, ibid., vol. 7, pp. 127–8, 129.

9. Darwin, *Autobiography,* pp. 103–4.
10. Hooker's speech, *The Darwin–Wallace Celebration held on Thursday 1 July 1908 by the Linnaean Society of London* (London, 1908), p. 15.
11. Ibid.
12. 参会名单可见 *Darwin–Wallace Celebration,* p. 83。
13. Darwin to W.B. Carpenter, 18 November 1859, and to Hooker, 20 November 1859, *Correspondence,* vol. 7, pp. 378, 382.
14. 关于各项议程的次序，见 *Darwin–Wallace Celebration,* pp. 85–6。
15. Darwin to Hooker, 13 July 1858, *Correspondence,* vol. 7, p. 130.
16. 'Abstract of Darwin's Theory', ibid., vol. 7, pp. 508–9 (Appendix III; original letter to Asa Gray, 5 September 1857, ibid., vol. 6, pp. 448–9).
17. Wallace, *My Life,* pp. 189–90.
18. See *ODNB* entry for Malthus.
19. Darwin, *Autobiography,* p. 120.
20. Wallace, *My Life,* pp. 190–91.
21. 'Wallace's Essay on Variation', Darwin, *Correspondence,* vol. 7, p. 514 (Appendix IV).
22. Darwin, *On the Origin of Species,* ed. John Burrow, p. 117.
23. 'Wallace's Essay on Variation', Darwin, *Correspondence,* vol. 7, pp. 516–18.
24. Hooker's speech in 1908, *Darwin–Wallace Celebration,* p. 15.
25. Darwin, *Autobiography,* p. 122.
26. See *ODNB* entry for Samuel Haughton.
27. Wallace to his mother and to Hooker, 6 October 1858, *Letters from the Malay Archipelago,* pp. 180, 181.
28. Wallace to Bates, 4 January 1858, ibid., p. 147.
29. Wallace, *My Life,* p. 194.
30. Huxley to Hooker, 5 September 1858, *Life and Letters,* vol. 1, p. 159.
31. Ibid., vol. 1, p. 171.
32. Darwin to W.D. Fox, 21 July 1858, *Correspondence,* vol. 7, p. 138.
33. See Darwin to his publisher John Murray, 10 September 1859, ibid., vol. 7, p. 331.
34. Darwin, *Autobiography,* p. 124.
35. Darwin's journal, *Correspondence,* vol. 7, p. 504 (Appendix II).
36. 'Court for Divorce and Matrimonial Causes', *The Times,* 5 July 1858.
37. Ibid.
38. Darwin to W.D. Fox, 21 July 1858, *Correspondence,* vol. 7, p. 138.
39. Letters to the editor of *The Times,* 8 July 1858.
40. See Disraeli, *Letters,* vol. 7, p. 219 and n., and Queen Victoria to Bulwer Lytton, 24 July 1858, *Letters of Queen Victoria,* vol. 3, p. 376.
41. Rosina Bulwer Lytton to Rebecca Ryves and to Frederick Hale Thomson, 12 June 1858, *Collected Letters,* vol. 3, pp. 72–4.

42. Rosina Bulwer Lytton to Thomson, 15 June 1858, ibid., vol. 3, pp. 75–6.
43. Rosina Bulwer Lytton to Thomson, 20 June 1858, ibid., vol. 3, p. 85.
44. See *ODNB* entries for Hill and Conolly.
45. Advertisement for Wyke House, *The Times,* 4 December 1856.
46. Rosina Bulwer Lytton, *A Blighted Life,* p. 34.
47. See Wise, *Inconvenient People,* pp. 227–8, 426–7.
48. Rosina Bulwer Lytton to Rebecca Ryves, 29 June, 4 and 5 July 1858, *Collected Letters,* vol. 3, pp. 92, 95–6, 98.
49. 这本小册子现存于利顿的乡宅内布沃斯大院的档案室，苏格兰国家图书馆（National Library of Scotland）也有一份副本，见 Thomas and Jane Welsh Carlyle, *Collected Letters of Thomas and Jane Welsh Carlyle,* vol. 34, p. 25。
50. See Mitchell, *Bulwer Lytton,* pp. 62–3.
51. See *ODNB* entry for Joseph Levy.
52. Jane Carlyle to Thomas Carlyle, 12 July 1858, *Collected Letters,* vol. 34, pp. 37–9.
53. Ibid., vol. 34, p. 39.
54. Carlyle to Jane Carlyle, 14 July 1858, ibid., vol. 34, pp. 43–4.
55. *Daily Telegraph,* 15 July 1858.
56. *The Times,* 14 July 1858.
57. 'Lady Bulwer Lytton', *The Times,* 19 July 1858.
58. See Summerscale, *Mrs Robinson's Disgrace,* p. 158.
59. Marx, 'Imprisonment of Lady Bulwer-Lytton', *New York Daily Tribune,* 4 August 1858, *Marx–Engels Collected Works,* vol. 15, pp. 599, 600–601.
60. Rosina Bulwer Lytton to Edwin James, 5 August 1858, *Collected Letters,* vol. 3, p. 111.
61. Rosina Bulwer Lytton to Robert Lytton, 27 August and 3 November 1858, ibid., vol. 3, pp. 117, 121, 122.
62. Rosina Bulwer Lytton to the earl of Shaftesbury, 25 October 1858, ibid., vol. 3, pp.118–19.
63. Rosina Bulwer Lytton, *A Blighted Life,* pp. 38, 39, 43, 55.
64. *The Times,* 20 July 1858.
65. Hill's notes, quoted in Wise, *Inconvenient People,* pp. 232–3.
66. Robert Gardiner Hill, letter to the editor of *Freeman's Journal and Daily Commercial Advertiser,* 23 July 1858.
67. See Wise, *Inconvenient People,* pp. 244–5.
68. Ibid., p. 247.
69. 'The Lounger at the Clubs', *Illustrated Times,* vol. 7 (17 July 1858), p. 42.
70. Mitchell, *Bulwer Lytton,* p. 213.
71. Disraeli to Lytton, 20 December 1858, *Letters,* vol. 7, p. 294.
72. Lytton to Disraeli, 22 December 1858, ibid., vol. 7, p. 294n.
73. Disraeli to Lord Derby, 1 January 1859, ibid., vol. 7, p. 308.

74. Disraeli to Queen Victoria, 22 March 1859, ibid., vol. 7, p. 347.
75. See ibid., vol. 7, p. 358 and n.
76. 最杰出的迪斯累里传记家当数罗伯特·布莱克（Robert Blake），他写的迪斯累里传记有八百多页，却只有十几页谈 1858 年至 1859 年的德比 - 迪斯累里内阁，而且没有提及大恶臭或迪斯累里为消除大恶臭所做的贡献。
77. 'Parliamentary Committee: The State of the River Thames', *The Times,* 1 July 1858.
78. Editorial, ibid.
79. 'The Thames and the House', letter to the editor, ibid., 2 July 1858.
80. 'The Thames', letter to the editor, ibid.
81. *Illustrated London News,* vol. 33 (3 July 1858), p. 11.
82. *Punch,* vol. 35 (3 July 1858), p. 5.
83. Ibid., p. 7.
84. 'The Thames and its Doctors', *Era,* 4 July 1858.
85. *The Times,* 10 July 1858.
86. 'State of the Thames: Parliamentary Committee', ibid., 14 July 1858.
87. Disraeli to Queen Victoria, 8 July 1858, *Letters*, vol. 7, p. 220.
88. *Hansard,* vol. 151, col. 1508, 15 July 1858.
89. Michael Faraday, letter to the editor of *The Times,* 9 July 1855.
90. See Halliday, *The Great Filth,* pp. 132, 135.
91. See Halliday, *The Great Stink,* p. 43, and 'Pestilential State of the Thames', *Era,* 20 June 1858.
92. 'Liberty and Tranquillity. The Seine and the Thames', *People's Paper,* 10 July 1858. For Paris's sanitation problems see Barnes, *The Great Stink of Paris.*
93. *Hansard,* vol. 151, cols 1510–15, 15 July 1858.
94. Ibid., cols 1522–3.
95. See Halliday, *The Great Filth,* p. 205.
96. *Hansard,* vol. 151, cols 1525–6, 15 July 1858.
97. Ibid., cols 1532, 1536–7.
98. Ibid., cols 1538–40.
99. 'Purification of the Thames', *Illustrated London News,* vol. 33 (24 July 1858), p. 72.
100. 'Sketches in Parliament', ibid., p. 88.
101. *Punch,* vol. 35 (17 July 1858), p. 22.
102. Marx to Engels, 29 March 1858, *Marx–Engels Collected Works,* vol. 40, p. 295.
103. Marx to Engels, 15 July 1858, ibid., vol. 40, pp. 328–41. For the original letter in German, see *Marx–Engels Werke,* 39 vols (Berlin, 1956–68), vol. 29, pp. 340–42.
104. Engels to Marx, 16 July 1858, *Marx–Engels Collected Works,* vol. 40, pp. 332 and 619.
105. Marx to Engels, 28 January and 8 August 1858, ibid., vol. 40, pp. 258, 336; for his articles see ibid., vol. 15, pp. 453–8, 510–14, 533–8, 602–6. 关于马克思在伦敦的生活，可见 Rosemary Ashton, *Little Germany: Exile and Asylum in Victorian England* (Oxford, 1986)。

106. Queen Victoria, journal, 4 July 1858, online at http://www.queenvictoriasjournals.org, vol. 45, p. 266.
107. Ibid., 17 and 18 July 1858, vol. 45, pp. 280, 281.
108. *Hansard,* vol. 150, col. 2241, 17 June 1858.
109. Disraeli to Queen Victoria, 8 July 1858, *Letters,* vol. 7, p. 219.
110. See Waddington, *The Medical Profession,* pp. 123–5.
111. 'Parliamentary Intelligence', *St James's Chronicle,* 20 May 1858.
112. 'Topics of the Week', *Era,* 11 July 1858.
113. 'The Triumph of Moses', *Punch*, vol. 35 (10 July 1858), p. 12.
114. 'Punch's Essence of Parliament', ibid., vol. 35 (24 July 1858), p. 23.
115. 'Notes of the Week', *Illustrated London News,* vol. 33 (17 July 1858), p. 57.
116. 关于《宣誓法案》最后在议会上院和下院之间反复辩论，见 Disraeli, *Letters,* vol. 7, pp. 212–13n。
117. 'Baron Rothschild and the House of Commons', *Era,* 1 August 1858. See also Niall Ferguson, *The World's Banker: The History of the House of Rothschild* (London, 1998), p. 548.
118. 'Gossip of the Week', *Reynolds's Newspaper,* 1 August 1858.
119. W. Cusnie, *Tit, Tat, Toe: The Three Butcher Boys; or, Harlequin Old Father Thames and Mephistopheles,* licensed for performance at the Effingham Saloon on 27 December 1858, Lord Chamberlain's Plays, Add MS 52,977D, British Library.
120. 'Sketches in Parliament', *Illustrated London News,* vol. 33 (24 July 1858), p. 88.
121. Thomas Aspden, *Historical Sketches of the House of Stanley, and Biography of Edward Geoffrey, 14th Earl of Derby* (London, 1877), pp. 40, 41.
122. Lord Derby's speech in the House of Lords, 1 March 1858, see Jones, *Lord Derby and Victorian Conservatism,* p. 231.
123. Editorial, *The Times,* 7 June 1858.
124. Ibid., 11 June 1858.

第六章　1858 年 7 月至 8 月

1. Irving, *Annals of Our Time,* p. 522.
2. George Hodder, *Memories of My Time, including Personal Reminiscences of Eminent Men* (London, 1870), p. 277.
3. Thackeray to his mother, 7 January 1848, *Letters and Private Papers,* vol. 2, p. 333.
4. 关于《笨拙周报》每周工作聚餐时的席间谈话，详见 Leary, *The 'Punch' Brotherhood,* especially chap. 4。
5. Ibid., p. 81.
6. Thackeray to James Wilson, late May 1858, *Letters and Private Papers,* vol. 4, p. 83.
7. Anny Thackeray to Amy Crowe, late December 1858, *Anne Thackeray Ritchie: Journals and Letters,* ed. Lillian F. Shankman, Abigail Burnham Bloom, and John Maynard (Columbus, Ohio, 1994), p. 58.

8. Thackeray to the committee of the Garrick Club, 19 June 1858, *Letters and PrivatePapers,* vol. 4, pp. 93–4.
9. Yates to the committee of the Garrick Club, 19 June 1858, ibid., vol. 4, p. 94.
10. Alexander Doland to Yates, 19 June 1858, ibid., vol. 4, pp. 94–5.
11. Undated fragment of a letter from Dickens to Thackeray, June 1858, *Letters*, vol. 8,p. 591.
12. Yates to the committee of the Garrick Club, 23 June 1858, Thackeray, *Letters and Private Papers,* vol. 4, pp. 95–6.
13. Doland to Yates, 26 June 1858, ibid., vol. 4, p. 97.
14. Minutes of the Garrick Club committee, 3 April 1858, quoted in Leary, *The 'Punch' Brotherhood,* p. 97.
15. Thackeray, *The Virginians,* number 9 (1 July 1858), quoted in *Letters and Private Papers,* vol. 4, p. 98n.
16. Yates to the committee of the Garrick Club, 1 July 1858, ibid., vol. 4, p. 98; Yates,*Recollections and Experiences,* vol. 2, p. 23.
17. See Silver, *Punch* diary, 1 September and 21 October 1858, 2 March 1859, Add MS88937/2/13, British Library; for some of these instances, see Leary, *The 'Punch' Brotherhood,* pp. 30, 38.
18. Percival Leigh, 'Liberties of the Press', *Punch,* vol. 35 (3 July 1858), p. 7.
19. Editorial, *Critic,* 3 July 1858, p. 347; quoted in Leary, *The 'Punch' Brotherhood,*p. 102.
20. Dickens to Yates, 6 July 1858, *Letters,* vol. 8, p. 595.
21. Dickens to W.H. Russell, 7 July 1858, ibid., vol. 8, pp. 600–601.
22. Yates to the committee of the Garrick Club, 10 July 1858, Thackeray, *Letters and Private Papers,* vol. 4, p. 103.
23. Thackeray to the chairman of the general meeting of the Garrick Club, 10 July 1858, ibid.,vol. 4, pp. 101–2. 萨克雷书信集的编者 Gordon N. Ray 给这封信加了一个注释，说该信并未寄出；但Leary在加里克俱乐部的会议记录簿中发现了这封信，见 *The 'Punch' Brotherhood,* p. 100 and n。
24. John Blackwood to Thackeray, 9 July 1858, Ray, *Thackeray: The Age of Wisdom,* pp. 285,477n.
25. See Thackeray to Lytton, 21 June 1853, *Letters and Private Papers,* vol. 3, p. 278, and toDickens, 11 June 1847, ibid., vol. 2, p. 299.
26. Shirley Brooks, quoted in Ray, *Thackeray: the Age of Wisdom,* p. 280.
27. Silver, *Punch* diary, 12 August 1863, Add MS 88937/2/13, British Library.
28. Leary, *The 'Punch' Brotherhood,* p. 101.
29. Dickens to Charley Dickens, ?10–12 July 1858, and to the committee of the GarrickClub, 12 July 1858, *Letters,* vol. 8, pp. 602, 603.
30. Thackeray, *Letters and Private Papers,* vol. 4, p. 105n.
31. Thackeray, diary, 12 July to 17 August 1858, ibid., vol. 4, pp. 393–4.
32. Frank Fladgate to Thackeray, 27 July 1858, ibid., vol. 4, p. 107.

33. Minutes of the Garrick Club meeting, 20 July 1858, quoted in Leary, *The 'Punch' Brotherhood,* p. 101 and n.
34. Dickens to J. Palgrave Simpson, 23 July 1858, *Letters,* vol. 8, p. 611.
35. Yates, *Mr Thackeray, Mr Yates, and the Garrick Club. The Correspondence and Facts* (London,1859), pp. 10–11; see also *Recollections and Experiences,* vol. 2, p. 28.
36. See Dickens, *Letters,* vol. 8, pp. 752–3.
37. Dickens to Yates, 21 August 1858, ibid., vol. 8, p. 631.
38. 'The Garrick Club – Thackeray and Yates – A Tempest in a Teacup', *Reynolds's Newspaper,* 1 August 1858.
39. Sala, *Twice Round the Clock,* pp. 211, 213–14; 萨拉写"那个时髦的俱乐部"('The Fashionable Club')的那一期，发表在 1858 年 7 月底或 8 月初的《嘉宾》(*Welcome Guest*)上。
40. See Ruskin to his father, 24 July 1858, *Letters from the Continent,* p. 99.
41. Thackeray to the Baxters, 25 August 1858, *Letters and Private Papers,* vol. 4, pp.109–10.
42. 'Mr Thackeray and the Garrick Club', *Reynolds's Newspaper,* 22 August 1858.
43. 'The Row at the Garrick Club', ibid.
44. 'The Garrick Club', ibid., 29 August 1858.
45. Dickens to Yates, 21 August 1858, *Letters,* vol. 8, p. 631.
46. Dickens to William de Cerjat, 7 July 1858, ibid., vol. 8, pp. 597–8.
47. Ibid., vol. 8, pp. 596–7, 598.
48. Deed of Separation, 4 June 1858, see Nayder, *The Other Dickens,* pp. 254–5.
49. Dickens to Catherine Gore, 31 May 1858, *Letters,* vol. 8, p. 574.
50. Dickens to John Leech, 31 May 1858, ibid., vol. 8, p. 575.
51. Charley Dickens to Dickens, 10 May 1858, ibid., vol. 8, p. 575n.
52. Dickens to Catherine Dickens, 4 June 1858, ibid., vol. 8, p. 578.
53. Dickens to Charley Dickens, ?10–12 July 1858, ibid., vol. 8, p. 602.
54. Charley Dickens to Catherine Dickens, 13 July 1858, ibid., vol. 8, p. 602n.
55. See Nayder, *The Other Dickens,* p. 257.
56. Dickens, *Letters,* vol. 8, p. 603n.
57. Dickens to Frederick Evans, 22 July 1858, ibid., vol. 8, p. 608.
58. Slater, *Charles Dickens,* p. 465.
59. See Tomalin, *The Invisible Woman,* pp. 111, 113, 116–17.
60. Ibid., pp. 121, 127, 170, 172; Slater, *Dickens and Women,* pp. 209–10, and *The Great Charles Dickens Scandal,* pp. 173–4.
61. *Athenaeum,* 18 December 1858.
62. See *The Times,* 14 March 1859, and *Era,* 13 March 1859.
63. See Malcolm Morley, 'The Theatrical Ternans', a series of ten articles published in *The Dickensian,* vols 54–7 (January 1958–January 1961). Morley 收藏的秣市剧院演出海报现存于维多利亚与艾伯特戏剧表演资料库（V&A Theatre and

Performance Archive, Blythe House, Kensington Olympia），海报上写有埃伦所饰演的角色，但一些报刊广告和评论写的却是她姐姐玛丽亚，1859 年 8 月上演的《眼不见，心不烦》也属于这种情况。

64. See Dickens, *Letters,* vol. 8, pp. 752–3 (Appendix H).
65. See Slater, *Charles Dickens,* pp. 461–4.
66. Dickens to Georgina Hogarth, 5 August 1858, *Letters,* vol. 8, p. 617.
67. *Chambers's Exeter Journal,* 7 August 1858, ibid., vol. 8, p. 617n.
68. Dickens to Mamie Dickens, 7 August 1858, ibid., vol. 8, p. 619.
69. Dickens to Yates, 11 August 1858, ibid., vol. 8, p. 623 and n.
70. Dickens to Collins, 11 August 1858, ibid., vol. 8, p. 623.
71. See Dickens to Collins, 12 February and 13 April 1856, ibid., vol. 8, pp. 53, 86–7.
72. Dickens to Collins, 11 August 1858, ibid., vol. 8, p. 623.
73. Dickens to Mamie Dickens, 12 August 1858, ibid., vol. 8, p. 625.
74. Dickens to Anne Cornelius, 17 August 1858, ibid., vol. 8, p. 627.
75. Dickens to Georgina Hogarth, 20 August 1858, ibid., vol. 8, p. 629.
76. Dickens to Angela Burdett-Coutts, 23 August 1858, ibid., vol. 8, p. 632.
77. Watkins took the photograph on 17 June 1858, see ibid., vol. 8, pp. 576n, 607n.
78. Dickens to Georgina Hogarth, 25 August 1858, ibid., vol. 8, p. 637.
79. Dickens to Mamie Dickens, 28 August 1858, ibid., vol. 8, p. 641.
80. Dickens to Frederick Dickens, 12 December 1856, ibid., vol. 8, p. 236 and n. See also Slater, *Charles Dickens,* pp. 281, 325.
81. Dickens to Frederick Dickens, 5 February 1857, *Letters,* vol. 8, p. 275.
82. Frederick Dickens to Dickens, 7 February 1857, ibid., vol. 8, p. 277n.
83. Dickens to Georgina Hogarth, 29 August 1858, ibid., vol. 8, p. 644.
84. See 'Law Intelligence', *Daily News,* 27 July 1859.
85. Dickens to T.J. Thompson, 8 November 1858, *Letters,* vol. 8, p. 699.
86. Dickens to T.J. Thompson, 22 November 1858, ibid., vol. 8, p. 706.
87. Dickens to Arthur Smith, 25 May 1858, *Letters,* vol. 8, p. 568.
88. See ibid., vol. 8, p. 648n.
89. Dickens to Anne Cornelius, 11 October 1857, ibid., vol. 8, p. 465.
90. Dickens, 'Violated Letter', 25 May 1858, ibid., vol. 8, p. 740.
91. Henry Morley to Mary Anne Sayer, early December 1851, in Henry Solly, *The Life of Henry Morley* (London, 1898), pp. 200–1.
92. Dickens, 'Violated Letter', 25 May 1858, *Letters,* vol. 8, p. 741.
93. Statement by Mrs Hogarth and Helen Hogarth, 29 May 1858, ibid., vol. 8, p. 742.
94. 'The Dickens Domestic Affair', *New York Daily Tribune,* 16 August 1858, ibid., vol. 8,p. 648n.
95. *Morning Star,* 30 August 1858, *Morning Chronicle and Morning Herald,* 31 August1858, and *Daily Telegraph,* 2 September 1858; see Dickens, *Letters,* vol. 8, pp. 648n,746n.

96. Dickens to Frederic Ouvry, 5 September 1858, Dickens, *Letters,* vol. 8, p. 648.
97. Dickens to Wilkie Collins, 6 September 1858, ibid., vol. 8, p. 650.
98. Elizabeth Barrett Browning, letter of 11 July 1858, see Dickens, *Letters*, vol. 8, p. 597n.
99. Elizabeth Barrett Browning, letter of 5 October 1858, ibid., vol. 8, pp. 648–9n.
100. Helen Thomson to Mrs Stark, 30 August 1858, ibid., vol. 8, p. 746.
101. Ibid., vol. 8, pp. 478–9.
102. See Slater, *The Great Charles Dickens Scandal,* p. 501.
103. Dickens to Angela Burdett-Coutts, 27 October 1858, *Letters,* vol. 8, p. 689.
104. Dickens, *A Tale of Two Cities* (1859), ed. George Woodcock (Harmondsworth, 1980),pp. 117, 110, 104.
105. 'Extraordinary Libel Case', *Weekly Chronicle,* 26 June 1858.
106. Ibid.
107. 'Board of Health Actions', *Builder*, 3 July 1858.
108. Report in the *Standard,* 26 July 1858; for an account of the case see Wise, *Inconvenient People,* pp. 252–64.
109. Wise, *Inconvenient People,* pp. 265–6.
110. Ibid., pp. 271–7; *Daily News,* 24 August 1858; *The Times,* 24 June 1859.
111. See *ODNB* entry for Simon Bernard.
112. Disraeli to Sarah Brydges Willyams, 15 January 1858, *Letters,* vol. 7, p. 114.
113. Blanchard, *Life and Reminiscences,* vol. 1, p. 190.
114. Disraeli, *Letters,* vol. 7, p. 120n.
115. Dickens to Francois Regnier, 20 February 1858, *Letters,* vol. 8, p. 522.
116. Queen Victoria to her daughter Vicky, 20 February 1858, *Dearest Child,* p. 54.
117. 关于这次审判的具体安排，可见 Irving, *Annals of Our Time,* pp. 516–17。
118. Bernard, *Life of Dr Simon Bernard, with Judgment and Extracts from the Press on his Trial*(London, 1858), p. 10. See also Irving, *Annals of Our Time,* p. 516.
119. 'A Day at the Old Bailey during Dr Bernard's Trial', *Reynolds's Newspaper,* 18 April 1858.
120. Edwin James, *Speech of Edwin James, Esq., One of Her Majesty's Counsel, in Defence of Dr Simon Bernard, delivered at the Central Criminal Court, on Friday, the16th of April, 1858,revised and edited by James Gordon Allan, of the Inner Temple, Esquire, Barrister at Law* (London, 1858), pp. 5, 17, 22, 29.
121. Bernard, *Life of Dr Simon Bernard,* p. 13.
122. Ibid.
123. James Gordon Allan's note in James, *Speech of Edwin James, Esq.*, p. 30.
124. See Simon Bernard's own pamphlet recounting the trial, *The Life and Extraordinary Trial of Simon Bernard, for conspiring to assassinate in the French Empire, with Important Disclosures* (London, 1858), p. 8.
125. Bernard, *Life of Dr Simon Bernard,* p. 15.

126. J. Ewing Ritchie, *About London* (London, 1860), pp. 9–10.
127. Engels to Marx, 22 April 1858, *Marx–Engels Collected Works,* vol. 40, p. 309.
128. 'The Acquittal of Dr Bernard', The Times, 20 April 1858; see also the *Morning Post,* 20April 1858.
129. 'Trial of Dr Bernard', *People's Paper,* 24 April 1858.
130. 'Liberation of Dr Bernard', *Reynolds's Newspaper,* 25 April 1858.
131. James, *Speech of Edwin James, Esq.*, p. 22. Wyld is probably James Wyld, the cartographer who exhibited a huge globe in Leicester Square in the 1850s.
132. See *ODNB* entry for Simon Bernard.
133. Yates, *Recollections and Experiences,* vol. 2, pp. 31–2.
134. *ODNB* entry for Edwin James.
135. Yates, *Recollections and Experiences,* vol. 2, p. 133 and n.
136. 'Good News for the Thames', *Era,* 18 July 1858.
137. Editorial, *The Times,* 21 July 1858.
138. 'Sketches in Parliament', *Illustrated London News,* vol. 33 (24 July 1858), p. 88.
139. 'Parliamentary Intelligence', *The Times,* 24 July 1858.
140. 'The Results of the Session', *Bentley's Miscellany,* vol. 44 (August 1858), p. 217.
141. Queen Victoria to Lord Derby, 15 August 1858, *Letters of Queen Victoria,* vol. 3, p. 379.
142. Queen Victoria to Viscount Canning, 2 December 1858, ibid., vol. 3, p. 389.
143. See *Illustrated London News,* vol. 33 (31 July 1858), p. 111, and *Era,* 8 August 1858.
144. *Punch,* vol. 35 (21 August 1858), p. 80.
145. 'The Working of the New Divorce Bill', *English Woman's Journal,* vol. 1 (1 July 1858),p. 339.
146. 'Domestic Differences', *Era,* 25 July 1858.
147. 'Commission of Lunacy – Private Asylums' and Editorial, *Morning Chronicle,* 27 July1858.
148. 'The Closing Session', *Era,* 1 August 1858.
149. 'The Session', *The Times,* 2 August 1858.
150. Ibid.
151. Disraeli to Lady Londonderry, 24 July 1858, *Letters,* vol. 7, pp. 220–21.
152. Disraeli to Sarah Brydges Willyams, 26 July 1858, ibid., vol. 7, pp. 222–3.
153. 'Father Thames', *Punch,* vol. 35 (31 July 1858), p. 47.
154. Disraeli to Sarah Brydges Willyams, 26 July 1858, *Letters,* vol. 7, p. 222.
155. Disraeli to Sarah Brydges Willyams, 5 August 1858, ibid., vol. 7, p. 225.
156. Ibid., vol. 7, p. 223.

第七章　酷暑的影响

1. See Thackeray, diary, 5 August 1858, *Letters and Private Papers*, vol. 4, p. 393.
2. *The Virginians,* number 11, see ibid., vol. 4, pp. 109–10n.

3. Sala, *Twice Round the Clock,* ed. Collins, pp. 333, 344.
4. Ibid., pp. 344–5.
5. Sala to Yates, 7 November 1858, *Letters,* pp. 44 and 46n.
6. Sala, *Things I Have Seen and People I Have Known,* 2 vols (London, 1894), vol. 1, p. 3.
7. 'Mr Thackeray and Mr Edmund Yates – The Garrick Club', *Morning Post,* 17 November 1858.
8. Dickens to Thackeray, 24 November 1858, *Letters,* vol. 8, pp. 707–8.
9. Ibid., vol. 8, p. 708.
10. Thackeray to Dickens, 26 November 1858, *Letters and Private Papers,* vol. 4, p. 118.
11. Yates, *Recollections and Experiences,* vol. 2, p. 36n.
12. Dickens to Yates, c. 28 November 1858, *Letters,* vol. 8, p. 711.
13. Thackeray to Blackwood, 2 December 1858, Ray, *Thackeray: The Age of Wisdom,* p. 285.
14. Thackeray to Anny and Minny Thackeray, 4 December 1858, *Letters and Private Papers,* vol. 4, p. 121.
15. Thackeray to Blackwood, 12–15 December 1858, Ray, *Thackeray: The Age of Wisdom,* p. 286.
16. Thackeray, 'The Smiler with the Knife', reproduced in *Letters and Private Papers,* vol. 4, facing p. 102.
17. Anny Thackeray to Amy Crowe, late December 1858, *Journals and Letters,* p. 58.
18. Charles Dickens Jr, 'The Offence is Rank', *Punch,* vol. 35 (11 December 1858), p. 239.
19. Henry Silver, diary, 19 January 1859, Ray, *Thackeray: The Age of Wisdom,* p. 288.
20. Thackeray to William Synge, c. mid-January 1859, ibid., pp. 288–9.
21. See Thackeray, *Letters and Private Papers,* vol. 4, p. 131n.
22. *Illustrated Times,* 29 January 1859; Ray, *Thackeray: The Age of Wisdom,* p. 289.
23. Sala to Yates, 31 January 1859, *Letters,* p. 59.
24. Thackeray to Synge, mid-January 1859, Ray, *Thackeray: The Age of Wisdom,* p. 288.
25. See Thackeray, *Letters and Private Papers,* vol. 4, p. 131n.
26. Anny Thackeray to William Synge, 6 March 1859, *Journals and Letters,* p. 73.
27. Thackeray to Charles Kingsley, 12 March 1859, *Letters and Private Papers,* vol. 4, pp.134–5.
28. See Ray, *Thackeray: The Age of Wisdom,* p. 290, and Thackeray, *Letters and Private Papers,* vol. 4, p. 131n.
29. Thackeray, 'Punch's Prize Novelists', *Punch,* April–October 1847, reprinted in *Miscellaneous Contributions to 'Punch' 1843–1854,* ed. George Saintsbury, vol. 8 of *The Oxford Thackeray,* 17 vols (Oxford, 1908).
30. Thackeray to John Blackwood, 12–15 December 1858, Ray, *Thackeray: The Age of Wisdom,* p. 290.
31. Thackeray, 'Strange to Say, On Club Paper', *Cornhill Magazine,* vol. 8 (November 1863), pp. 638, 639.
32. *Sheffield and Rotherham Independent,* 29 January 1859.

33. Ibid., 2 April 1859.
34. Yates, *Mr Thackeray, Mr Yates, and the Garrick Club,* pp. 5, 12, 15.
35. Yates, *Recollections and Experiences,* vol. 2, p. 32.
36. See *ODNB* entry for Yates.
37. See Dickens to Yates, 19 February 1859, *Letters,* vol. 9, p. 30.
38. Dickens to Yates, 23 September 1860, ibid., vol. 9, pp. 315–16.
39. Dickens to Yates, 12 May 1868, ibid., vol. 12, p. 107.
40. Ibid., vol. 12, p. 107n.
41. 耶茨用一章的篇幅写自己想成为萨克雷笔下的彭登尼斯（Pendennis），见 *Recollections and Experiences,* vol. 1。
42. Yates to Herman Merivale, 25 May 1889, Thackeray, *Letters and Private Papers,* vol. 4, pp. 133–4n.
43. See *The Times,* 18 and 26 January, 10, 17, 21, 24 February, 1 and 12 March 1859.
44. Thackeray to Whitwell Elwin, May 1861, Ray, *Thackeray: The Age of Wisdom,* p. 312.
45. Henry Silver, diary, 27 May 1863, ibid., pp. 404–5.
46. See Dickens's tribute to Thackeray, 'In Memoriam', *Cornhill Magazine,* vol. 9 (February 1864), p. 129.
47. See, for example, James Hannay in the *Edinburgh Evening Courant* and an editorial in the *Daily News,* quoted in Dickens, *Letters,* vol. 10, p. 347n.
48. Dickens to Collins, 25 January 1864, *Letters,* vol. 10, pp. 346–7.
49. Dickens, 'In Memoriam', *Cornhill Magazine,* vol. 9 (February 1864), pp. 129, 130, 132.
50. See the excellent chapter on the Garrick Club affair in Leary, *The 'Punch' Brotherhood,* pp. 79–109.
51. Information from Marcus Risdell, former art curator at the Garrick Club. See also Geoffrey Ashton, *Pictures in the Garrick Club: A Catalogue* (London, 1997).
52. Sala to Yates, 7 and 15 November 1858, *Letters,* pp. 44, 52.
53. Dickens to Forster for Messrs Bradbury and Evans, 27 November 1858, *Letters,* vol. 8, p. 711.
54. Dickens to Forster, 24 and ?25 January 1859, ibid., vol. 9, p. 15.
55. See Slater, *Charles Dickens,* pp. 469–75.
56. Henry Silver, diary, 2 February 1859, quoted in Leary, *The 'Punch' Brotherhood,* p. 89.
57. See Leary, *The 'Punch' Brotherhood,* p. 168, and Dickens, *Letters,* vol. 8, p. 608n.
58. Bradbury and Evans, 'Mr Dickens and His Late Publishers', printed in newspapers including *Trewman's Exeter Flying Post,* 2 June 1859.
59. See John Blackwood to Lewes, 7 June 1858, and Lewes to Blackwood, 9 June, 19 July, and 16 August 1858, *The George Eliot Letters,* vol. 2, pp. 463, 464, 469, 474.
60. Dickens to Lewes, 14 November 1859, *Letters,* vol. 9, p. 160; Lewes, journal, 15 November 1859, and George Eliot, journal, 18 November 1859, *The George Eliot Letters,* vol. 3, pp. 204, 205.
61. Yates, *Recollections and Experiences,* vol. 2, p. 167.

62. Dickens to Forster, 25 August 1859, *Letters,* vol. 9, pp. 112–13n.
63. Dickens to Wilkie Collins, 6 October 1859, ibid., vol. 9, p. 127.
64. See Slater, *Charles Dickens,* pp. 498, 511–12, 527.
65. See Tomalin, *The Invisible Woman,* especially the chapter entitled 'Vanishing into Space', and Slater, *The Great Charles Dickens Scandal,* p. 174.
66. Dickens to William de Cerjat, 16 March 1862, *Letters,* vol. 10, p. 53.
67. Dickens to Angela Burdett-Coutts, 14 January 1854, ibid., vol. 7, p. 245.
68. See Dickens to Angela Burdett-Coutts, 12 February 1864, ibid., vol. 10, pp. 355–6.
69. Alfred Dickens to G.W. Rusden, 11 August 1870, ibid., vol. 12, pp. 734–5.
70. Sydney Dickens to Dickens, 19 March 1869, and Georgina Hogarth to Annie Fields, 18 June 1872, in Nayder, *The Other Dickens,* pp. 280–1 and n.
71. Dickens to de Cerjat, 16 March 1862, *Letters,* vol. 10, p. 53.
72. Dickens to the Rev. John Taylor, 4 May 1867, ibid., vol. 11, pp. 362–3.
73. Dickens to Janet Wills, 26 June 1868, ibid., vol. 12, p. 139.
74. Sala to Yates, 18 August 1868, *Letters,* p. 114.
75. Dickens to James Fields, 7 July 1868, *Letters,* vol. 12, p. 149.
76. Dickens to Macready, 20 July 1869, ibid., vol. 12, p. 378.
77. Dickens to W.H. Wills, 21 October 1866, ibid., vol. 11, p. 257.
78. See Dickens to his brother Alfred's wife Helen, 13 November 1859, ibid., vol. 9, p. 159.
79. Anna Dickens to Christiana Thompson, ?10 January 1852, in Nayder, *The Other Dickens,* p. 222.
80. See Dickens to T.J. Thompson, 6 January 1859, *Letters,* vol. 9, p. 6 and n.
81. Dickens to Forster, 24 October, and to Henry Morley, 21 October 1868, ibid., vol. 12, pp. 208, 206.
82. See *York Herald,* 24 and 31 October 1868, *Manchester Times* and *Preston Guardian,* 31 October 1868.
83. Sala to Yates, 26 October 1868, *Letters,* p. 116.
84. See Slater, *Charles Dickens,* p. 608.
85. Ibid., pp. 608–9.
86. Dickens's Last Will and Testament, 12 May 1869, *Letters,* vol. 12, p. 732.
87. Ibid.
88. Dickens to Hepworth Dixon, 15 January 1864, ibid., vol. 10, p. 341.
89. Thackeray to George Smith, 17 December 1863, ibid., vol. 10, p. 341n.
90. Darwin to Hooker, 2 November 1858, *Correspondence,* vol. 7, p. 181.
91. See *The Times,* 27 November 1858; Summerscale, *Mrs Robinson's Disgrace,* pp. 190–99.
92. Darwin to Wallace, 25 January 1859, *Correspondence,* vol. 7, p. 241.
93. Darwin to W.D. Fox, 12 February 1859, ibid., vol. 7, p. 247.
94. Darwin to Hooker, 26 May 1859, ibid., vol. 7, p. 300 and n.
95. See 'Court for Divorce and Matrimonial Causes', *The Times,* 3 March 1859.

96. Ibid.; see also *Daily News and Morning Post,* 27 July 1859.
97. See Summerscale, *Mrs Robinson's Disgrace,* p. 211. 关于萨德布鲁克公园（Sudbrook Park）在水疗史上的重要性，见 Richard Metcalfe, *The Rise and Progress of Hydropathy in England and Scotland* (London, 1906)。
98. Summerscale, *Mrs Robinson's Disgrace,* pp. 217–20.
99. Darwin to Thomas Campbell Eyton, 4 August 1858, *Correspondence,* vol. 7, p. 145.
100. Darwin to John Phillips, 1 September 1858, ibid., vol. 7, p. 153.
101. See Freeman, *Charles Darwin,* pp. 101–2.
102. Huxley to Hooker, 5 September 1858, *Life and Letters of Charles Darwin,* vol. 1, pp. 159–60; Darwin to Huxley, 28 December 1859, *Correspondence,* vol. 7, p. 459.
103. 'Notes of the Week', *Illustrated London News,* vol. 33 (25 September 1858), p. 284.
104. *Athenaeum,* 16 October 1858, p. 492.
105. 'The British Association', *The Times,* 24 September 1858.
106. Ibid.
107. Owen, *President's Address,* pp. 91, 92.
108. Darwin to Hooker, 6 October 1858, *Correspondence,* vol. 7, p. 165.
109. Wallace to his mother and to Hooker, 6 October 1858, *Letters from the Malay Archipelago,* pp. 180, 181.
110. Owen, *President's Address,* p. 107.
111. Darwin to Huxley, 1 December 1858, *Correspondence,* vol. 7, p. 214.
112. Darwin to John Murray, 25 July 1859, ibid., vol. 7, p. 319.
113. See Darwin to Murray, 31 August 1859, and to J. de Quatrefages de Breau, 5 December 1859, ibid., vol. 7, pp. 327 and n., 416.
114. Darwin to Murray, 10 September 1859, ibid., vol. 7, p. 331.
115. See Hooker, *Life and Letters,* vol. 1, p. 520.
116. Lyell to Darwin, [November] 1859, *Life, Letters, and Journals,* vol. 2, p. 325. 赖尔书信集的编者认为这封信写于 10 月 3 日，但当时达尔文本人都尚未收到《物种起源》样书，赖尔似乎不太可能这么早就收到该书。
117. Ibid.
118. Darwin to Hooker, 24 February 1863, *Correspondence,* vol. 11, p. 173.
119. Darwin to Wallace, 9 August 1859, ibid., vol. 7, p. 324.
120. See ibid., vol. 7, p. 324n.
121. 关于《物种起源》正式出版的时间、当月月初赠送给了哪些人，可见 ibid., vol. 7, pp. 533–6 (Appendix VIII)。
122. Darwin to Wallace, 12 November 1859, ibid., vol. 7, p. 375.
123. Charles Kingsley to Darwin, 18 November 1859, ibid., vol. 7, pp. 379–80.
124. See Darwin to John Lubbock, 14 December 1859, and to W.D. Fox, 25 December 1859, ibid., vol. 7, pp. 433, 449.
125. George Eliot to Barbara Bodichon, 5 December 1859, *The George Eliot Letters,* vol. 3, p. 227. 关于刘易斯的科学著作以及他与其他科学家的关系，可见 Rosemary

Ashton, G.H. *Lewes: A Life* (Oxford, 1991)。

126. Engels to Marx, 11 or 12 December 1859, Marx–Engels Collected Works, vol. 40, p. 551.
127. Marx to Ferdinand Lassalle, 16 January 1861, ibid., vol. 41, pp. 246–7.
128. Marx to Engels, 7 August 1866, ibid., vol. 42, p. 304. See Gareth Stedman Jones, *Karl Marx: Greatness and Illusion* (London, 2016), p. 567. 那部法语著作为: Pierre Tremaux, *Origine et Transformations de l'Homme et des autres êtres* (Paris, 1865)。
129. Hooker to Darwin, 21 November 1859, *Correspondence,* vol. 7, p. 383.
130. Erasmus Darwin to Darwin, 23 November 1859, ibid., vol. 7, p. 390.
131. Huxley to Darwin, 23 November 1859, ibid., vol. 7, p. 391.
132. Huxley to Hooker, 31 December 1859, *Life and Letters,* vol. 1, p. 177. 给达尔文的信现已失存。
133. Darwin to Hooker, 28 December 1859, *Correspondence,* vol. 7, p. 457.
134. Darwin to Huxley, 28 December 1859, ibid., vol. 7, p. 458.
135. See Huxley's essay, 'The Reception of the "Origin of Species"', written for *The Life and Letters of Charles Darwin,* ed. Francis Darwin, 3 vols (London, 1887), printed in *Life and Letters of Thomas Henry Huxley,* vol. 1, p. 168.
136. Huxley, 'Darwin on the Origin of Species', *The Times,* 26 December 1859.
137. Ibid.
138. Huxley, 'The Reception of the "Origin of Species"', in *Life and Letters of Charles Darwin,* vol. 1, p. 170.
139. Darwin to Huxley, 14 April 1860, *Correspondence,* vol. 8, p. 160 and n.
140. Darwin to W.B. Carpenter, 3 December 1859, ibid., vol. 7, p. 412.
141. Adam Sedgwick to Darwin, 24 November 1859, ibid., vol. 7, pp. 396, 397.
142. Hooker, letters of May 1860, *Life and Letters,* vol. 1, pp. 513, 514.
143. [Richard Owen], review of *Origin of Species* and other works, *Edinburgh Review,* vol. 111 (April 1860), pp. 487–532. See Nicolaas A. Rupke, *Richard Owen: Victorian Naturalist* (New Haven, Conn. and London, 1994), pp. 238–40.
144. Darwin to John Murray, 9 April 1860, *Correspondence,* vol. 8, p. 152.
145. Darwin to Hooker, 18 April 1860, ibid., vol. 8, p. 162.
146. Wallace, note, February 1860, *Letters from the Malay Archipelago,* p. 209.
147. Darwin to Wallace, 18 May 1860, *Correspondence,* vol. 8, pp. 219–20.
148. Darwin to Lyell, 25 June 1860, ibid., vol. 8, pp. 265–6.
149. See *ODNB* entry for Wilberforce; 他在 1847 年干预赫里福德（Hereford）主教的任命，引起了争议，遂得此绰号。
150. Hooker to Darwin, 2 July 1860, Darwin, *Correspondence,* vol. 8, p. 270.
151. Ibid., vol. 8, pp. 270–71.
152. Huxley to F. Dyster, 9 September 1860, quoted in *ODNB* entry on Huxley. 关于现场其他人对赫胥黎发言的描述，见 Huxley, *Life and Letters,* vol. 1, pp. 184–5。
153. Huxley to Francis Darwin, 27 June 1891, *Life and Letters,* vol. I, p. 188; 关于这次

交锋的不同版本，可见 ibid., vol. 1, pp. 179–87。
154. Darwin to Hooker, 2 July 1860, *Correspondence,* vol. 8, p. 272.
155. Darwin to Huxley, 3 July 1860, ibid., vol. 8, p. 277.
156. 关于查普曼的事业，可见 Rosemary Ashton, *142 Strand: A Radical Address in Victorian London* (London, 2006)。
157. Darwin, note written for John Chapman, 20 May 1865, *Correspondence,* vol. 13, pp. 481–2 (Appendix IV).
158. Editors' notes, ibid., vol. 13, p. 484.
159. 很多传记家关注达尔文的健康状况，有人认为与身体有关，有人认为与心理有关。关于心理方面的分析，可见 Ralph Colp, *To Be an Invalid: The Illness of Charles Darwin* (Chicago and London, 1977), and John Bowlby, *Charles Darwin: A Biography* (London, 1990)。
160. Wallace, *My Life,* p. 238.
161. Huxley to George Romanes, 9 May 1882, *Life and Letters,* vol. 2, p. 39.
162. Darwin, *Autobiography,* p. 28.
163. Ibid., pp. 136–7.
164. Ibid., pp. 27, 138.
165. Raverat, *Period Piece,* p. 188.
166. Darwin, *Autobiography,* pp. 140, 144–5.
167. Wallace, *My Life*, pp. 375, 116–17.
168. Wallace to Philip Sclater, 31 March 1862, *Letters from the Malay Archipelago,* pp. 283–5.
169. Wallace to Bates, 24 December 1860, ibid., p. 239.
170. See Freeman, *Charles Darwin: A Companion,* p. 83.
171. 关于相信进化论的唯灵论者的观点，可见 Sherrie Lynn Lyons, *Species, Serpents, Spirits, and Skulls: Science at the Margins in the Victorian Age* (Albany, New York, 2009)。
172. See *The Darwin–Wallace Celebration,* pp. 1–3.
173. Ibid., p. 29.
174. Darwin, *Autobiography,* p. 123.
175. *The Darwin–Wallace Celebration,* p. 32.
176. Ibid., pp. 6–11.

尾声

1. See *A Postman's Round 1858–1861: Selected Extracts from the Diary of Edward Harvey,* ed. Richard Story with an Introduction by Tony Mason, University of Warwick Library Occasional Publications, number 10 (Coventry, 1982), p. 19.
2. See Jeffrey Richards, *The Golden Age of Pantomime: Slapstick, Spectacle and Subversion in Victorian England* (London, 2015), p. 2.
3. Ibid., pp. 6–7, 35–6.

4. 'Pantomimes', *Athenaeum,* 1 January 1859.
5. 'Christmas Pantomimes and Burlesques', *Era,* 2 January 1859.
6. Richards, *The Golden Age of Pantomime,* p. 158.
7. See 'The Christmas Entertainments', a preview of the season's pantomimes, *Era,* 26 December 1858.
8. E.L. Blanchard, *Robin Hood,* licensed for performance at the Theatre Royal, Drury Lane, on 27 December 1858, Lord Chamberlain's Plays, Add MS 52,977J, British Library.
9. C.J. Collins, *Harlequin Father Thames; or, The River Queen and the Great Lord Mayor of London,* licensed for performance at the Royal Surrey Theatre on 27 December 1858, Lord Chamberlain's Plays, Add MS 52,977B, British Library.
10. E.L. Blanchard, *Harlequin and Old Izaak Walton; or, Tom Moore of Fleet Street, the Silver Trout, and the Seven Sisters of Tottenham,* licensed for performance at Sadler's Wells on 27 December 1858, Lord Chamberlain's Plays, Add MS 52,977I, British Library.
11. Thomas Mowbray, *Harlequin Master Walter; or, The Hunchback Nunky and the Little Fairies,* licensed for performance at the Royal Soho Theatre on 27 December 1858, Lord Chamberlain's Plays, Add MS 52,977Y, British Library.
12. George Conquest, *Harlequin Guy Faux,* licensed for performance at the Grecian Saloon on 27 December 1858, Lord Chamberlain's Plays, Add MS 52,977F, British Library.
13. W.E. Suter, *Harlequin and the Forty Thieves; or, Ali Baba and the Fairy Ardinella*, licensed for performance at the Queen's Theatre on 27 December 1858, Lord Chamberlain's Plays, Add MS 52,977S, British Library; W. Cusnie, *Tit, Tat, Toe, The Three Butcher Boys; or, Harlequin Old Father Thames and Mephistopheles*, licensed for performance at the Effingham Saloon on 27 December 1858, Lord Chamberlain's Plays, Add MS 52,977D. British Library.
14. See 'Christmas Pantomimes and Burlesques', *Era*, 2 January 1859.
15. Ibid.
16. John Buckstone, *Undine; or, Harlequin and the Spirit of the Waters,* licensed for performance at the Theatre Royal, Haymarket, on 27 December 1858, Lord Chamberlain's Plays, Add MS 52,977V, British Library.
17. See Queen Victoria, journal, 21 July 1858, online at http://www.queenvictoriasjournals.org, vol. 45, p. 283.
18. 关于剧本审查员要求《哈乐根式的泰晤士河老爹》删除的内容，可见 'Register of Lord Chamberlain's Plays', vol. 2 (1852–65), Add MS 53,703, British Library。审查员也要求删除《哈乐根式的沃尔特少爷》、《罗宾汉》和《的笃叩门》中的部分段落。审查员威廉·多恩在 1858 年 12 月 20 日的《的笃叩门》审查笔记中说，“原则是允许有图画展示，但不能有男演员或女演员在台上饰演王室成员”。关于戏剧审查，可见 John Russell Stephens, *The Censorship of English*

Drama 1824–1901 (Cambridge, 1980)。

19. 'Christmas Pantomimes and Burlesques', *Era*, 2 January 1859.
20. See Halliday, *The Great Stink*, pp. 144, 182–3.
21. *Illustrated London News,* vol. 98 (21 March 1891), p. 368.
22. Bazalgette, *interview with Cassell's Saturday Journal,* August 1890, quoted in Halliday, *The Great Stink,* p. 183.

Select Bibliography

主要参考文献

手稿及档案

Beinecke Rare Book and Manuscript Library, Yale University (George Eliot/George Henry Lewes Collection)

British Library (Carnarvon Papers; Lord Chamberlain's Plays; Register of Lord Chamberlain's Plays; Henry Silver's *Punch* Diary)

Bromley Local Studies Library (Burial Register)

Lambeth Palace Library Archives (Tait Papers)

Met Office National Meteorological Archive, Exeter

National Library of Scotland (George Combe Papers)

V&A Theatre and Performance Archive, Blythe House, Kensington Olympia (Haymarket Theatre playbills)

在线数据库

19th-Century British Library Newspaper Archive

BBC History Online

Hansard Online

Illustrated London News Historical Archive

Internet Archive

Old Bailey Online

Parliamentary Papers Online

Queen Victoria's Journals Online

The Times Digital Archive

报纸、杂志及期刊

All the Year Round
Annual Register
Athenæum
Bentley's Miscellany
British Medical Journal
Bromley Record
Builder
Chambers's Exeter Journal
Cornhill Magazine
Court Circular
Daily News
Daily Telegraph
Edinburgh Review
English Woman's Journal
Era
Fraser's Magazine
Freeman's Journal and Daily Commercial Advertiser
Household Words
Illustrated London News
Illustrated Times
Liverpool Mercury
Manchester Times
Morning Chronicle
Morning Herald
Morning Post
New York Daily Tribune
Observer
People's Paper
Preston Guardian
Punch
Racing Times
Reynolds's Newspaper
St James's Chronicle
Sheffield and Rotherham Independent
The Standard
Theatrical Journal
The Times
Town Talk
Trueman's Exeter Flying Post

Weekly Chronicle
York Herald

著作与文章

Allan, Janice M., 'Mrs Robinson's "Day-book of Iniquity": Reading Bodies of/and Evidence in the Context of the 1858 Medical Reform Act', in *The Female Body in Medicine and Literature*, ed. Andrew Mangham and Greta Depledge, Liverpool, 2011, pp. 169-81.

Allen, Michele, *Cleansing the City: Sanitary Geographies in Victorian London*, Athens, Ohio, 2008.

Altick, Richard D., *The English Common Reader: A Social History of the Mass Reading Public, 1800-1900*, Columbus, Ohio, 1957, reprinted 1988.

—*The Shows of London*, Cambridge, Mass., and London, 1978.

Ashton, Geoffrey, *Pictures in the Garrick Club: A Catalogue*, London, 1997.

Ashton, Rosemary, *142 Strand: A Radical Address in Victorian London*, London, 2006.

—*George Eliot: A Life*, London, 1996.

—*G. H. Lewes: A Life*, Oxford, 1991.

—*Little Germany: Exile and Asylum in Victorian England*, Oxford, 1986.

—*Thomas and Jane Carlyle: Portrait of a Marriage*, London, 2002.

Aspden, Thomas, *Historical Sketches of the House of Stanley, and Biography of Edward Geoffrey, 14th Earl of Derby*, London, 1877.

Atkinson, Diane, *The Criminal Conversation of Mrs Norton*, London, 2012.

Barnes, David S., *The Great Stink of Paris and the Nineteenth-Century Struggle against Filth and Germs*, Baltimore, Maryland, 2006.

Bennett, A.R., *London and Londoners in the Eighteen-Fifties and Sixties*, London, 1924.

Berger, Francesco, *Reminiscences, Impressions and Anecdotes*, London, 1913.

Bernard, Simon, *The Life and Extraordinary Trial of Simon Bernard, for Conspiring to Assassinate in the French Empire, with Important Disclosures*, London, 1858.

—*Life of Dr Simon Bernard, with Judgment and Extracts from the Press on his Trial*, London, 1858.

Bibby, Cyril, *Scientist Extraordinary: The Life and Scientific Work of Thomas Henry Huxley 1825—1895*, London, 1972.

Black, Barbara, *A Room of His Own: A Literary-Cultural Study of Victorian Clubland*, Athens, Ohio, 2012.

Blake, Robert, *Disraeli*, London, 1966.

Blanchard, Edward Leman, *The Life and Reminiscences of E.L. Blanchard, with Notes from the Diary of Wm. Blanchard*, ed. Clement Scott and Cecil Howard, 2 vols, London, 1891.

Boas, Guy, *The Garrick Club 1831–1947,* London, 1948.

Bowlby, John, *Charles Darwin: A Biography*, London, 1990.

Brake, Laurel and Marysa Demoor (eds), *The Lure of Illustration in the Nineteenth Century: Picture and Press*, London, 2009.

Briggs, C.F. and A. Maverick, *The Story of the Telegraph and a History of the Great Atlantic Cable*, New York, 1858.

Browne, Janet, *Charles Darwin: The Power of Place*, London, 2002.

Buchanan, R. Angus, *The Life and Times of Isambard Kingdom Brunel*, London, 2002.

Bynum, W.F., *Science and the Practice of Medicine in the Nineteenth Century*, Cambridge, 1994.

Carlyle, Thomas, and Jane Welsh Carlyle, *The Collected Letters of Thomas and Jane Welsh Carlyle*, ed. C.R. Sanders, K.J. Fielding, Clyde de L. Ryals et al., 42 vols to date, Durham, North Caroline, 1970- .

Casteras, Susan P., *Images of Victorian Womanhood in Victorian Art*, London, 1987.

Cesarani, David, *Disraeli the Novel Politician*, London, 2016.

Clarke, Basil F.L., *Parish Churches of London*, London, 1966.

Cobbold, David Lytton, *A Blighted Marriage: The Life of Rosina Bulwer Lytton, Irish Beauty, Satirist and Tormented Wife, 1802-1882*, Knebworth, 1999.

Colp, Ralph, *To Be an Invalid: The Illness of Charles Darwin*, Chicago and London, 1977.

Cookson, Gillian, *The Cable: Wire to the New World*, Stroud, 2012.

Copland, Edward A., *Photography for the Many*, London, 1858.

Cowling, Mary, *The Artist as Anthropologist: The Representation of Type and Character in Victorian Art*, Cambridge, 1989.

Darwin, Charles, *The Autobiography of Charles Darwin*, ed. Nora Barlow, London, 1958.

—*The Correspondence of Charles Darwin*, ed. Frederick Burkhardt et al., 22 vols so far, Cambridge, 1985- .

—*The Life and Letters of Charles Darwin*, ed. Francis Darwin, 3 vols, London, 1887.

—*On the Origin of Species by Means of Natural Selection, or the Preservation of Favoured Races in the Struggle for Life*, ed. John Burrow, Harmondsworth, 1968.

Darwin, Emma, *A Century of Family Letters,* ed. Henrietta Litchfield, 2 vols, London, 1915.

The Darwin-Wallace Celebration held on Thursday 1 July 1908 by the Linnæan Society of London, London, 1908.

Daunton, Martin, 'London's "Great Stink" and Victorian Urban Planning', BBC History, 2004.

David, Saul, *The Indian Mutiny:1857*, London, 2002.

Davies, James A., *John Forster: A Literary Life,* Leicester, 1983.

Davis, Tracy C., 'Actresses and Prostitutes in Victorian London', *Theatre Research International,* vol. 13 (1988), pp. 221-34.

Dickens, Charles, *A Tale of Two Cities*, London, 1859.

—*David Copperfield*, 1850.

—*The Letters of Charles Dickens,* ed. Madeleine House, Graham Storey, Kathleen Tillotson et al., 12 vols, Oxford, 1965–2002.

—*The Speeches of Charles Dickens*, ed. K.J. Fielding, Hemel Hempstead, 1988.

Disraeli, Benjamin, *Benjamin Disraeli Letters*, ed. J.A.W. Gunn, M.G. Wiebe, Michel W. Pharand et al., 10 vols so far, Toronto, 1982 - .

—*Disraeli's Reminiscences,* ed. Helen M. Swartz and Marvin Swartz, London, 1975.

—*Sybil, or the Two Nations,* London, 1845.

—*Tancred,* London, 1847.

[Drysdale, George], *Physical, Sexual, and Natural Religion, by a Student of Medicine,* London, 1855.

Edwards, P.D., *Dickens's 'Young Men': George Augustus Sala, Edmund Yates, and the World of Victorian Journalism,* Aldershot, 1997.

[Egan, Charles], *A Handy Book on the New Law of Divorce and Matrimonial Causes, and the Practice of the Divorce Court,* London, 1860.

Eliot, George, *The George Eliot Letters,* ed. Gordon S. Haight, 9 vols, New Haven, Conn., 1954-5, 1978.

English, Mary P., *Victorian Values: The Life and Times of Dr Edwin Lankester, MD, FRS,* London, 1990.

Ferguson, Niall, *The World's Banker: The History of the House of Rothschild,* London, 1998.

Field, Henry M. *History of the Atlantic Telegraph,* New York, 1867.

Fielding, K.J., 'Dickens and the Hogarth Scandal', *Nineteenth-Century Fiction,* vol. 10 (June 1955), pp. 64-74.

Finer, S.E., *The Life and Times of Sir Edwin Chadwick,* London, 1952.

Flanery, Michael A., *Alfred Russel Wallace: A Rediscovered Life,* Seattle, Washington, 2011.

Freeman, R.B., *Charles Darwin: A Companion,* Folkestone, 1978.

Gibbon, Charles, *The Life of George Combe,* 2 vols, London, 1878.

Halliday, Stephen, *The Great Filth: The War against Disease in Victorian England,* Stroud, 2007.

—*The Great Stink of London: Sir Joseph Bazalgette and the Cleansing of the Victorian Capital,* Stroud, 1999.

Hamlin, Christopher, *Public Health and Social Justice in the Age of Chadwick: Britain 1800-1854,* Cambridge, 1998.

Harrington, N.H., and Edmund Yates, *Your Likeness – One Shilling!, in Lacy's Acting Edition,* vol. 36 (1858).

Harvey, Edward, *A Postman's Round 1858–1861: Selected Extracts from the Diary of Edward Harvey,* ed. Richard Story with an Introduction by Tony Mason, University of Warwick Library Occasional Publications, number 10, Coventry, 1982.

Hay, Daisy, *Mr and Mrs Disraeli: A Strange Romance,* London, 2015.

Hayter, Alethea, *A Sultry Month: Scenes from London Literary Life in 1846,* London, 1966, reprinted 1992.

Hewitt, Martin, *The Dawn of the Cheap Press in Victorian Britain: The End of the 'Taxes on Knowledge' 1849–1869*, London, 2014.

Hodder, George, *Memories of My Time, including Personal Reminiscences of Eminent Men,* London, 1870.

Hollingshead, John, *The Birthplace of Podgers, in Lacy's Acting Edition,* vol. 35 (1858).

Hostettler, John, *Thomas Wakley: An Improbable Radical,* Chichester, 1993.

Huxley, Leonard, *Life and Letters of Sir Joseph Dalton Hooker,* 2 vols, London, 1918.

—*Life and Letters of Thomas Henry Huxley,* 2 vols, London, 1900.

Irving, Joseph, *The Annals of Our Time: A Diurnal of Events, Social and Political, Home and Foreign, from the Accession of Queen Victoria, June 20, 1837, to the Peace of Versailles, February 28, 1871,* new revised edition, London, 1880.

Jackson, Lee, *Dirty Old London: The Victorian Fight Against Filth,* New Haven, Conn., 2014.

James, Edwin, *Speech of Edwin James, Esq., One of Her Majesty's Counsel, in Defence of Dr Simon Bernard, delivered at the Central Criminal Court, on Friday, the 16th of April, 1858, revised and edited by James Gordon Allan, of the Inner Temple, Esquire, Barrister at Law,* London, 1858.

Jarvis, Stephen, *Death and Mr Pickwick,* London, 2014.

Johnston, Lucy (with Marion Kite and Helen Persson), *Nineteenth-Century Fashion in Detail,* London, 2005.

Jones, Colin, *Paris: Biography of a City,* London, 2004.

Jones, W.D., *Lord Derby and Victorian Conservatism,* Oxford, 1956.

Keynes, Randal, *Annie's Box: Charles Darwin, his Daughter, and Human Evolution,* London, 2001.

Kuhn, William, *The Politics of Pleasure: A Portrait of Benjamin Disraeli,* London, 2006.

Lambert, Royston, *Sir John Simon (1816–1904) and English Social Administration,* London, 1963.

Leary, Patrick, *The 'Punch' Brotherhood: Table Talk and Print Culture in Mid-Victorian London,* London, 2010.

Ledbetter, Rosanna, *A History of the Malthusian League 1877–1927,* Columbus, Ohio, 1976.

Lee, Dennis, *Lord Lyndhurst, the Flexible Tory,* Niwot, Colorado, 1994.

Leonard, R.L. *Nineteenth-Century British Premiers: Pitt to Rosebery,* New York, 2008.

Luckin, Bill, *Pollution and Control: A Social History of the Thames in the Nineteenth Century,* Bristol, 1986.

Lycett, Andrew, *Wilkie Collins: A Life of Sensation,* London, 2014.

Lyell, Sir Charles, *Life, Letters and Journals of Sir Charles Lyell, Bart., ed. by his sister-*

in-law Mrs Lyell, 2 vols, London, 1881.

Lyons, Sherrie Lynn, *Species, Serpents, Spirits, ands Skulls: Science at the Margins in the Victorian Age,* Albany, New York, 2009.

Lytton, Earl of, *The Life of Edward Bulwer Lytton, First Lord Lytton,* 2 vols, London, 1913.

Lytton, Rosina Bulwer, *A Blighted Life: A True Story,* London, 1881.

—*The Collected Letters of Rosina Bulwer Lytton,* ed. Marie Mulvey-Roberts, 3 vols, London, 2008.

—*Very Successful!,* London, 1856.

—*The World and his Wife: or, A Person of Consequence,* London, 1858.

Macready, William Charles, *Macready's Reminiscences, and Selections from his Diaries,* ed. Sir Frederick Pollock, 2 vols, London, 1875.

McDonald, Roger, *Mr Darwin's Shooter,* London, 1998.

McLaren, Angus, *Birth Control in Nineteenth-Century England,* London, 1978.

Marx, Karl, and Friedrich Engels, *Marx-Engels Collected Works,* 50 vols, London, New York, and Moscow, 1975–2005.

—*Marx-Engels Werke*, 39 vols, Berlin, 1956–68.

Mayhew, Henry, *London Labour and the London Poor,* ed. Robert Douglas-Fairhurst, Oxford, 2010.

Meisel, Joseph S., 'Humour and Insult in the House of Commons: The Case of Palmerston and Disraeli', *Parliamentary History,* vol. 28, part 2 (2009), pp. 228-45.

Metcalfe, Richard, *The Rise and Progress of Hydropathy in England and Scotland,* London, 1906.

Mitchell, Leslie, *Bulwer Lytton: The Rise and Fall of a Victorian Man of Letters,* London and New York, 2003.

Monypenny, William Flavelle and George Earle Buckle, *The Life of Benjamin Disraeli,* new and revised edition, 2 vols., London, 1929.

Morley, Malcolm, 'The Theatrical Ternans', *The Dickensian,* vols 54-7 (January 1958 January 1961).

Mortimer, Roger, *The History of the Derby Stakes,* London, 1962.

Motley, John Lothrop, *The Correspondence of John Lothrop Motley,* ed. George William Curtis, 2 vols, London, 1889.

Mussell, James, *The Nineteenth-Century Press in the Digital Age,* London, 2012.

Nayder, Lillian, *The Other Dickens: A Life of Catherine Hogarth,* Ithaca, New York, 2011.

Noakes, Aubrey, *William Frith: Extraordinary Victorian Painter,* London, 1978.

Norton, Caroline, *A Letter to the Queen on Lord Chancellor Cranworth's Marriage and Divorce Bill,* London, 1855.

Nutton, Vivian and Roy Porter (eds), *The History of Medical Education in Britain,* Amsterdam, 1995.

Olsen, Donald J., *The Growth of Victorian London,* London, 1976.

Owen, Richard, *President's Address to the British Association for the Advancement of Science,* London, 1858.

The Oxford Dictionary of National Biography (ODNB).

Pasachoff, Jay M., Roberta J. M. Olsen, and Martha M. Hazen, 'The Earliest Comet Photographs: Usherwood, Bond, and Donati 1858', *Journal for the History of Astronomy,* vol. 27 (1996), pp. 129-45.

Pellerin, Denis and Brian May, *Crinoline: Fashion's Most Magnificent Disaster: A History of the Crinoline Dress from Victorian Times to the Present Day, Seen through Stereo Photography, Illustrated Magazines and other Ephemera,* London, 2016.

Pike, E. Royston, *Human Documents of the Victorian Golden Age (1850–1875),* London, 1967.

Porter, Dorothy, and Roy Porter (eds), Doctors, Politics and Society: Historical Essays, Amsterdam, 1993.

Raby, Peter, *Alfred Russel Wallace: A Life,* London, 2001.

Raverat, Gwen, *Period Piece: A Cambridge Childhood,* London, 1952.

Ray, Gordon N., *Thackeray: The Age of Wisdom (1847–1863),* London, 1958.

—*Thackeray: The Uses of Adversity (1811–1846),* London, 1955.

Reeve, Tori, *Down House: The Home of Charles Darwin,* London, 2009, reprinted 2011.

Richards, Jeffrey, *The Golden Age of Pantomime: Slapstick, Spectacle and Subversion in Victorian England,* London, 2015.

Ritchie, Anne Thackeray, *Chapters from Some Memoirs,* London, 1894.

—*Journals and Letters,* ed. Lillian F. Shankman, Abigail Burnham Bloom and John Maynard, Columbus, Ohio, 1994.

Ritchie, J. Ewing, *About London,* London, 1860.

—*Here and There in London,* London, 1859.

—*The London Pulpit,* London, 1858.

Roberts, Michael J.D., 'The Politics of Professionalization: MPs, Medical Men, and the 1858 Medical Act', *Medical History,* vol. 53 (January 2009), pp. 37-56.

Rossetti, Dante Gabriel, *The Correspondence of Dante Gabriel Rossetti,* ed. William E. Fredeman, 10 vols, Woodbridge, 2002-10.

Rupke, Nicolaas A., *Richard Owen: Victorian Naturalist,* New Haven, Conn. and London, 1994.

Ruskin, John, *Letters from the Continent 1858,* ed. John Hayman, Toronto, 1982.

Russell, Lord John, *The Later Correspondence of Lord John Russell 1840–1878,* ed. G.P. Gooch, 2 vols, London, 1925.

Russell, William Howard, *My Diary in India, in the Year 1858-9,* 2 vols, London, 1860.

Sala, G.A., *Gaslight and Daylight, with Some London Scenes They Shine Upon,* London, 1859.

—*How I Tamed Mrs Cruiser, by Benedict Cruiser, M.M. (Married Man), and now H.H.*

(Happy Husband), ed. George Augustus Sala, with Illustrations by Phiz, London, 1858.

—*Letters of George Augustus Sala to Edmund Yates,* ed. Judy McKenzie, University of Queensland Victorian Research Guide, 1993.

—*Things I Have Seen, and People I Have Known,* 2 vols, London, 1894.

—*The Life and Adventures of George Augustus Sala, Written by Himself,* 2 vols, London, 1895.

—*Twice Round the Clock, or Hours of the Day and Night in London,* London, 1859.

Secord, James A., *The Extraordinary Publication, Reception and Secret Authorship of 'Vestiges of the Natural History of Creation',* London, 2000.

Shannon, Mary L., *Dickens, Reynolds, and Mayhew on Wellington Street: The Print Culture of a Victorian Street,* Farnham, 2015.

Simon, John and Edward Headlam Greenhow, *Papers Relating to the Sanitary State of the People of England,* London, 1858.

Slater, Michael, *Charles Dickens,* New Haven, Conn. and London, 2009, paperback 2011.

—*Dickens and Women,* London, 1983.

—*The Great Charles Dickens Scandal,* New Haven, Conn. and London, 2012.

Slotten, Ross A., *The Heretic in Darwin's Court: The Life of Alfred Russel Wallace,* New York, 2004.

Smalley, Donald (ed.), *Trollope: The Critical Heritage,* London, 1969.

Snow, John, *On Chloroform and Other Anæsthetics: Their Action and Administration,* with a memoir by B.W. Richardson, London, 1858.

Snow, Stephanie J., *Blessed Days of Anæsthesia: How Anæsthetics Changed the World,* Oxford, 2008.

Solly, Henry, *The Life of Henry Morley,* London, 1898.

Stamp, Gavin, *The Changing Metropolis: Earliest Photographs of London 1839–1879,* Harmondsworth, 1984.

Stedman Jones, Gareth, *Karl Marx: Greatness and Illusion,* London, 2016.

Stephens, John Russell, *The Censorship of English Drama 1824–1901,* Cambridge, 1980.

Stone, Lawrence, *Road to Divorce, England 1530-1987,* Oxford, 1990.

Straus, Ralph, Sala: *The Portrait of an Eminent Victorian,* London, 1942.

Summerscale, Kate, *Mrs Robinson's Disgrace: The Private Diary of a Victorian Lady,* London, 2012.

Swabey, M.C.M., T.H. Tristram et al., *Reports of Cases Decided in the Court of Probate and in the Court for Divorce and Matrimonial Causes,* 4 vols, London, 1858-65.

Tennyson, Alfred, *The Poems of Tennyson,* ed. Christopher Ricks, New York, 1969.

Thackeray, William Makepeace, *The Letters and Private Papers of William Makepeace Thackeray,* ed. Gordon N. Ray, 4 vols, Cambridge, Mass., 1945-6.

—*The Oxford Thackeray,* ed. George Saintsbury, 17 vols, Oxford, 1908.

Tomalin, Claire, *The Invisible Woman: The Story of Nelly Ternan and Charles Dickens,* London, 1990.

Trevelyan, G.M., *British History in the Nineteenth Century (1782–1901),* London, 1922.

Van Dam, Thea, *My Dearest Ben: An Intimate Glimpse into the World of Benjamin Disraeli, his Family and the Women in his Life– through their Letters,* Buckinghamshire Papers, number 16, Aylesbury, 2008.

Vaughan, Adrian, *Isambard Kingdom Brunel: Engineering Knight-Errant,* London, 1991.

Victoria, Queen, *Dearest Child: Letters between Queen Victoria and the Princess Royal,* ed. Roger Fulford, London, 1964.

—*The Letters of Queen Victoria: A Selection from Her Majesty's Correspondence between the Years 1837 and 1861,* ed. A.C. Benson and Viscount Esher, 3 vols, London, 1907.

Vinten-Johansen, Peter et al., *Cholera, Chloroform, and the Science of Medicine: A Life of John Snow,* Oxford, 2003.

Waddington, Ivan, *The Medical Profession in the Industrial Revolution,* Dublin, 1984.

Waddington, Patrick, *Turgenev and England,* New York, 1981.

Wallace, Alfred Russel, *Letters from the Malay Archipelago,* ed. John van Wyhe and Kees Rookmaaker, Oxford, 2013.

—*My Life*: *A Record of Events and Opinions,* London, 1908.

Waugh, Norah, *Corsets and Crinolines,* New York, 1954, reprinted 2004.

White, Jerry, *London in the Nineteenth Century,* London, 2007.

White, Paul, *Thomas Huxley: Making the 'Man of Science',* Cambridge, 2003.

Whorton, James C., *The Arsenic Century: How Victorian Britain was Poisoned at Home, Work and Play,* Oxford, 2010.

Willis, Nathaniel Parker, *Pencillings by the Way,* New York, 1852.

Wilson, Ben, *Heyday: Britain and the Birth of the Modern World,* London, 2016.

Wise, Sarah, *Inconvenient People: Lunacy, Liberty and the Mad Doctors in Victorian England,* London, 2012.

Wright, Thomas, *Some Habits and Customs of the Working Classes, by a Journeyman Engineer,* London, 1867.

Yates, Edmund, *Mr Thackeray, Mr Yates, and the Garrick Club: The Correspondence and the Facts,* London, 1859.

—*Recollections and Experiences*, 2 vols, London, 1884.

译名对照

人名

C.J. 柯林斯 C.J. Collins
G.J. 西蒙斯 G.J. Symons
G.M. 屈维廉 G.M. Trevelyan
J. 尤因・里奇 J.Ewing Ritchie
N.H. 哈林顿 N.H. Harrington
W.B. 卡彭特 W.B.Carpenter
W.D 福克斯 W.D.Fox
W.E. 苏特 W.E.Sutor
W.H. 威尔斯 W.H.Wills
W. 卡斯尼 W. Cusnie
阿格尼斯 Agnes
阿里奥斯托 Ludovico Ariosto
阿奇博尔德・泰特 Archibald Tait
阿萨・格雷 Asa Gray
阿瑟・史迪威 Arthur Stillwell
阿什伯顿夫人 Lady Ashburton
埃德蒙・伯克 Edmund Burke
埃德蒙・耶茨 Edmund Yates
埃德温・查德威克 Edwin Chadwick
埃德温・兰克斯特 Edwin Lankester
埃德温・兰西尔 Edwin Landseer
埃德温・詹姆斯 Edwin James

埃伦·特南（内利）Ellen Ternan (Nelly)
埃伦伯勒勋爵 Lord Ellenborough
埃玛·达尔文 Emma Darwin
埃米·罗布萨特 Amy Robsart
埃米·塞奇威克 Amy Sedgwick
埃米莉·布尔沃·利顿 Emily Bulwer Lytton
艾伯特亲王 Prince Albert
艾蒂安·若弗鲁瓦·圣伊莱尔 Étienne Geoffroy Saint-Hilaire
艾尔弗雷德·丁尼生 Alfred Tenneyson
艾尔弗雷德·拉塞尔·华莱士 Alfred Russel Wallace
艾尔弗雷德·普尔 Alfred Poole
艾尔弗雷德·斯米 Alfred Smee
艾尔弗雷德·沃特豪斯 Alfred Waterhouse
艾萨克·埃文斯 Isaac Evans
艾萨克·迪斯累里 Isaac D'Israeli
爱德华·狄更斯 Edward Dickens
爱德华·布尔沃·利顿爵士 Sir Edward Bulwer Lytton
爱德华·布莱思 Edward Blyth
爱德华·格林豪 Edward Greenhow
爱德华·哈维 Edward Harvey
爱德华·卡德维尔 Edward Cardwell
爱德华·科普兰 Edward Copland
爱德华·莱恩 Edward Lane
爱德华·莱曼·布兰查德 Edward Leman Blanchard
爱德华·斯坦利 Edward Stanley
安德鲁·阿塞德肯 Andrew Arcedeckne
安杰拉·伯德特 - 库茨 Angela Burdett-Coutts
安娜·狄更斯 Anna Dickens
安妮·科尼科厄斯 Anne Cornelius
奥柏 Daniel Auber
奥古斯塔斯·狄更斯 Augustus Dickens
奥古斯塔斯·埃格 Augustus Egg
奥古斯塔斯·梅休 Augustus Mayhew
巴尔扎克 Honoré de Balzac
贝尔·伯纳德 Bayle Bernard
贝里·切瓦斯科 Berry Chevasco
贝里 Berry
贝西·埃文斯 Bessie Evans
本杰明·迪斯累里（迪奇）Benjamin Disraeli（Dizzy）
本杰明·霍尔 Benjamin Hall

本杰明·理查森 Benjamin Richardson
比尔·朗 Bill Long
庇护九世 Pius IX
伯基特 Burkitt
博伊塞特 Boycett
布丰 George Louis Leclerc De Buffon
布鲁厄姆勋爵 Lord Brougham
查尔斯·艾伦 Charles Allen
查尔斯·巴里 Charles Barry
查尔斯·达尔文 Charles Darwin
查尔斯·德赖斯代尔 Charles Drysdale
查尔斯·狄更斯 Charles Dickens
查尔斯·富尔伍德 Charles Fullwood
查尔斯·格雷 Charles Grey
查尔斯·金斯利 Charles Kingsley
查尔斯·赖尔 Charles Lyell
查尔斯·利弗 Charles Lever
查尔斯·马里奥特 Charles Marriott
查尔斯·纽迪盖特·纽德盖特 Charles Newdigate Newdegate
查尔斯·韦林·达尔文 Charles Waring Darwin
查尔斯·沃思 Charles Worth
查尔斯·伊斯特莱克 Charles Eastlake
查尔斯·约翰·坎宁 Charles John Canning
查利·狄更斯 Charley Dickens
达金菲尔德·斯科特 Dukinfield Scott
戴维·怀尔 David Wire
戴维·马森 David Masson
戴维·萨洛蒙斯 David Salomons
戴维·威尔基 David Wilkie
戴维斯夫人 Mrs Davis
丹尼尔·麦克利兹 Daniel Maclise
但丁·加布里埃尔·罗塞蒂 Dante Gabriel Rossetti
道格拉斯·杰罗尔德 Douglas Jerrold
德比勋爵 Lord Derby
德赖斯代尔夫人 Lady Drysdale
德文公爵 Duke of Duevonshire
多纳蒂 Giovanni Battista Donati
多尼采蒂 Donizetti
多切斯特勋爵 Lord Dorchester
恩里卡·维拉里 Enrica Villari

凡·戴克 Anthony Van Dyck
范妮·特南 Fanny Ternan
菲茨罗伊·凯利 Fitzroy Kelly
菲利普·斯克莱特 Philip Sclater
菲利斯·奥尔西尼 Felice Orsini
腓特烈·威廉王子 Frederick William
腓特烈大帝 Frederick the Great
弗吉尼亚·伍尔夫 Virginia Woolf
弗兰克·狄更斯 Frank Dickens
弗兰克·弗拉德盖特 Frank Fladgate
弗朗索瓦·雷尼耶 François Régnier
弗朗西丝·胡克 Frances Hooker
弗朗西丝·特南 Frances Ternan
弗朗西斯·达尔文 Francis Darwin
弗朗西斯·高尔顿 Francis Galton
弗朗西斯科·伯杰 Francesco Berger
弗雷德·施瓦茨巴赫 Fred Schwarzbach
弗雷德里克·波洛克爵士 Sir Frederick Pollock
弗雷德里克·塞西杰爵士 Sir Frederick Thesiger
弗雷德里克·乌弗里 Frederic Ouvry
福布斯·温斯洛医生 Forbes Winslow
高夫 Gough
戈蒂埃 Gautier
戈兹沃西·格尼 Goldsworthy Gurney
格兰比·蒂普托夫 Granby Tiptoff
格雷戈里·达特 Gregory Dart
格温·雷夫拉特 Gwen Raverat
哈布洛特·奈特·布朗 Hablot Knight Browne
哈里·狄更斯 Harry Dickens
哈伦·赖世德 Haroon Alraschid
海克尔 Ernst Haeckel
海伦·霍加斯 Hellen Hogarth
海伦·汤姆森 Helen Thomson
赫伯特·华莱士 Herbert Wallace
赫伯特·沃特金斯 Herbert Watkins
赫普沃思·狄克逊 Hepworth Dixon
黑尔·汤姆森 Hale Thomson
亨利·奥斯汀 Henry Austen
亨利·贝茨 Henry Bates
亨利·菲尔丁 Henry Fielding

亨利·福克斯 Henry Fox
亨利·霍普 Henry Hope
亨利·科尔伯恩 Henry Colburn
亨利·莱廷顿 Henry Lettington
亨利·缪克斯爵士 Henry Meux
亨利·维泽特利 Henry Vizetelly
亨利·西尔弗 Henry Silver
亨利·詹姆斯 Henry James
亨利埃塔（埃蒂）Henrietta (Etty)
亨利埃塔·霍普 Henrietta Hope
亨利埃塔·赛克斯夫人 Lady Henrietta Sykes
亨斯利·韦奇伍德 Hensleigh Wedgwood
霍顿 Haughton
霍克斯利 Hawksley
霍勒斯·格里利 Horas Greeley
霍勒斯·梅休 Horace Mayhew
简·卡莱尔 Jane Carlyle
卡尔·马克思 Karl Marx
卡罗琳·格雷夫斯 Caroline Graves
卡罗琳·诺顿 Caroline Norton
卡那封勋爵 Lord Carnarvon
卡斯尔罗斯勋爵 Lord Castlerosse
凯蒂·狄更斯 Katey Dickens
凯瑟琳·戈尔 Catherine Gore
凯瑟琳·霍加斯 Catherine Hogarth
坎贝尔勋爵 Lord Campbell
考珀勋爵 Lord Cowper
科林·坎贝尔爵士 Sir Colin Campbell
克拉克森·斯坦菲尔德 Clarkson Stanfield
克拉伦登勋爵 Lord Clarendon
克兰里卡德侯爵 Marquess of Clanricarde
克兰沃斯 Cranworth
克雷斯韦尔·克雷斯韦尔爵士 Sir Cresswell Cresswell
肯德尔 Kendall
拉尔夫·沃尔多·爱默生 Ralph Waldo Emerson
拉马克 Lamarck
拉瓦特尔 Lavater
莱昂内尔·德·罗斯柴尔德 Lionel de Rothschild
莱斯特伯爵 Earl of Leicester
赖特 Wright

兰斯多恩侯爵 Marquess of Landowne
劳伦斯・拉克 Laurence Ruck
勒内・韦斯 René Weis
雷・兰克斯特爵士 Ray Lankester
雷切尔・朗斯代尔 Rachael Lonsdale
李比希 Justus von Liebig
里德 Reed
理查德・欧文 Richard Owen
理查德・沃多 Richard Wardour
理查德・沃森 Richard Watson
丽贝卡・赖夫斯 Rebecca Ryves
利奥波德一世 King Leopold
利蒂希亚・狄更斯 Letitia Dickens
利斯 Lees
林德赫斯特勋爵 Lord Lyndhurst
林赛・杜吉德 Lindsay Duguid
卢肯勋爵 Lord Lucan
伦敦德里夫人 Lady Londonderry
伦纳德・赫胥黎 Leonard Huxley
伦纳德 Leonard
罗伯特・布尔沃・利顿 Robert Bulwer Lytton
罗伯特・埃文斯 Robert Evans
罗伯特・布拉夫 Robert Brough
罗伯特・布朗 Robert Brown
罗伯特・达德利 Robert Dudley
罗伯特・达尔文 Robert Darwin
罗伯特・菲茨罗伊 Robert FitzRoy
罗伯特・菲利莫尔 Robert Phillimore
罗伯特・豪利特 Robert Howlett
罗伯特・加德纳・希尔 Robert Gardiner Hill
罗伯特・科赫 Robert Koch
罗伯特・皮尔 Robert Peel
罗伯特・钱伯斯 Robert Chambers
罗伯特・泰特 Robert Tait
罗伯特・西摩 Robert Seymour
罗西娜・布尔沃・利顿（罗西娜・惠勒）Rosina Bulwer Lytton (Rosina Wheeler)
洛娜・昂温 Lorna Unwin
马德琳・史密斯 Madeleine Smith
马克・莱蒙 Mark Lemon
马米恩・萨维奇 Marmion Savage

马修·希金斯 Matthew Higgins
玛丽·安·迪斯累里 Mary Anne (Disraeli)
玛丽·简·特纳 Mary Jane Turner
玛丽 Mary
玛丽安·埃文斯 Marian Evans
玛丽亚·特南 Maria Ternan
玛米·狄更斯 Mamie Dickens
迈克·迪尔克 Mike Dilke
迈克尔·法拉第 Michael Faraday
迈克尔·斯莱特 Michael Slater
迈耶 Mayer
麦凯 McKay
梅尔本勋爵 Lord Melbourne
孟德尔 Gregor Mendel
拿破仑·波拿巴 Napoleon Bonaparte
纳撒尼尔·帕克·威利斯 Nathaniel Parker Willis
尼古拉斯·威斯曼 Nicholas Wiseman
尼古拉斯·雅各布斯 Nicholas Jacobs
欧内斯特·贝克尔 Ernest Becker
欧内斯特·琼斯 Ernest Jones
欧仁妮 Eugénie
帕默斯顿勋爵 Lord Palmerston
帕斯洛 Parslow
佩尼尼 Penini
珀西瓦尔·利 Percival Leigh
乔赛亚·韦奇伍德 Josiah Wedgwood
乔治·艾略特 George Eliot
乔治·奥古斯塔斯·萨拉 George Augustus Sala
乔治·本瑟姆 George Bentham
乔治·本廷克勋爵 Lord George Bentinck
乔治·比德 George Bidder
乔治·德赖斯代尔 George Drysdale
乔治·弗雷德里克·史密斯 George Frederick Smith
乔治·格雷 George Grey
乔治·亨利·刘易斯 G.H.Lewis
乔治·霍加斯 George Hogarth
乔治·康奎斯特 George Conquest
乔治·康沃尔·刘易斯 George Cornewall Lewis
乔治·库姆 George Combe
乔治·鲁滨逊 George Robinson

乔治・罗斯 George Ross
乔治・史密斯 George Smith
乔治・思韦茨 George Thwaites
乔治娜・霍加斯 Georgina Hogarth
切姆斯福德 Chelmsford
琼・赛克斯 Jean Sykes
塞缪尔・劳伦斯 Samuel Lawrence
塞缪尔・卢卡斯 Samuel Lucas
塞缪尔・史蒂文斯 Samuel Stevens
塞缪尔・威尔伯福斯 Samuel Wilberforce
赛克斯上校 Colonel Sykes
沙夫茨伯里勋爵 Lord Shaftesbury
莎拉・迪斯累里 Sarah Disraeli
莎拉・布里奇斯・威廉斯 Sarah Brydges Willyams
莎拉・伊丽莎白・韦奇伍德 Sarah Elizabeth Wedgwood
圣劳伦斯 St Lawrence
史朵夫 Steerforth
斯宾塞・沃波尔 Spencer Walpole
斯揣沃 Stryver
斯蒂芬・普赖斯 Stephen Price
唐・乔瓦尼（唐璜）Don Giovanni
特罗洛普 Anthony Trollope
托马斯・贝尔 Thomas Bell
托马斯・亨利・赫胥黎 Thomas Henry Huxley
托马斯・卡莱尔 Thomas Carlyle
托马斯・坎贝尔・艾顿 Thomas Campbell Eyton
托马斯・赖特 Thomas Wright
托马斯・莫布雷 Thomas Mowbray
托马斯・莫顿 Thomas Morton
托马斯・斯梅瑟斯特 Thomas Smethurst
托马斯・韦克利 Thomas Wakley
威尔基・科林斯 Wilkie Collins
威廉・鲍威尔・弗里斯 William Powell Frith
威廉・贝尔・斯科特 William Bell Scott
威廉・贝弗利 William Beverley
威廉・贝凯 William Baikie
威廉・布鲁克斯 William Brooks
威廉・查尔斯・麦克里迪 William Charles Macready
威廉・德・赛尔雅 William de Cerjat
威廉・德盖特迈耶 William Tegetmeier

威廉·多恩 William Donne
威廉·厄舍伍德 William Usherwood
威廉·格莱斯顿 William Gladstone
威廉·胡克 William Hook
威廉·怀特曼爵士 Sir William Wightman
威廉·霍尔曼·亨特 William Holman Hunt
威廉·霍华德·罗素 William Howard Russell
威廉·霍加斯 William Hogarth
威廉·考珀 William Cowper
威廉·梅克皮斯·萨克雷 William Makepeace Thackeray
威廉·莫里斯 William Morris
威廉·帕尔默 William Palmer
威廉·培利 William Paley
威廉·丘比特 William Cubitt
威廉·辛格 William Synge
维多利亚·霍布斯 Victoria Hobbs
维琪 Vicky
沃尔特·狄更斯 Walter Dickens
沃尔特·司各特 Walter Scott
西德尼·狄更斯 Sydney Dickens
西蒙·贝尔纳 Simon Bernard
西姆斯·科温顿 Syms Covington
希多尼亚 Sidonia
希瑟·麦卡勒姆 Heather McCallum
夏洛特·德·罗斯柴尔德 Charlotte de Rothschild
谢里丹 Richard Brinsley Sheridan
休伯特·德·维尔 Hubert de Vere
雪利·布鲁克斯 Shirley Brooks
亚当·塞奇威克 Adam Sedgwick
亚当斯 Adams
亚德利 Yardley
亚历山大·多兰 Alexander Doland
亚历山大·科伯恩 Alexander Cockburn
燕妮 Jenny
伊拉兹马斯·阿尔维·达尔文 Erasmus Alvey Darwin
伊拉兹马斯·达尔文 Erasmus Darwin
伊莱扎·福斯特 Eliza Forster
伊丽莎白·巴雷特·勃朗宁 Elizabeth Barrett Browning
伊丽莎白·盖斯凯尔 Elizabeth Gaskell
伊丽莎白·耶茨 Elizabeth Yates

伊桑巴德·金德姆·布鲁内尔 Isambard Kingdom Brunel
伊莎贝拉·鲁滨逊 Isabella Robinson
伊万·屠格涅夫 Ivan Turgenev
约翰·埃布尔·史密斯 John Abel Smith
约翰·巴克斯通 John Buckstone
约翰·布莱克伍德 John Blackwood
约翰·查普曼 John Chapman
约翰·德莱恩 John Delane
约翰·菲利普斯 John Phillips
约翰·亨利·纽曼 John Henry Newman
约翰·霍林斯黑德 John Hollingshead
约翰·康诺利 John Conolly
约翰·兰登·唐 John Langdon Down
约翰·李 John Lee
约翰·利奇 John Leech
约翰·罗斯金 John Ruskin
约翰·罗素勋爵 Lord John Russell
约翰·洛克 John Locke
约翰·洛思罗普·莫特利 John Lothrop Motley
约翰·马丁 John Martin
约翰·麦克斯韦 John Maxwell
约翰·曼纳斯勋爵 Lord John Manners
约翰·萨姆纳 John Sumner
约翰·萨瑟兰 John Sutherland
约翰·思韦茨 John Thwaites
约翰·斯科特·罗素 John Scott Russell
约翰·斯诺 John Snow
约翰·汤姆 John Tom
约翰·西蒙 John Simon
约翰·约瑟夫·贝内特 John Joseph Bennett
约瑟夫·巴泽尔杰特 Josheph Bazalgette
约瑟夫·胡克 Joseph Hooker
约瑟夫·利维 Joseph Levy
詹姆斯·布坎南 James Buchanan
詹姆斯·戈登·阿伦 James Gordon Allan
詹姆斯·格雷厄姆爵士 James Graham
詹姆斯·格利 James Gully
詹姆斯·拉里 James Rarey
詹姆斯·劳斯 James Lawes
詹姆斯·乌特勒姆爵士 James Outram

朱塞佩·皮耶里 Giuseppe Pieri

地名

阿伯丁 Aberdeen
阿伯里府 Arbury Hall
阿德尔菲剧院 Adelphi Theatre
阿德尔菲桥 Adelphi
阿鲁群岛 Arru Islands
埃芬厄姆厅 Effingham Saloon
埃及厅 Egyptian Hall
埃克塞特 Exeter
埃普瑟姆 Epsom
埃文斯晚餐厅 Evans's Super Rooms
安波沙洲 Amboyna
安提瓜岛 Antigua
奥德省 Oudh
奥弗涅 Auvergne
奥斯本宫 Osborne House
巴金 Barking
巴金克里克 Barking Creek
白教堂 Whitechapel
白金汉郡 Buckinghamshire
贝德福德 Bedford
贝尔法斯特 Belfast
贝肯纳姆 Beckenham
贝林佐纳 Bellinzona
贝斯纳尔格林 Bethnal Green
蓓尔美尔街 Pall Mall
比林斯门 Billingsgate
标准剧院 Standard
伯林顿府 Burlington House
伯纳斯街 Berners Street
勃朗峰 Mont Blanc
博罗 Borough
不列颠剧院 Britannia Theatre
不列颠图书馆 British Library
布莱顿 Brighton
布里斯托尔 Bristol
布鲁姆斯伯里 Bloomsbury
布伦特福德 Brentford

布罗德斯泰斯 Broadstairs
布罗姆利镇 Bromley
插画美术馆 Gallery of Illustration
衬裙巷 Petticoat Lane
达林顿 Darlington
达温村 Down
达温小筑 Down House
大奥蒙德街 Great Ormond Street
大堡礁 Great Barrier Reef
大乔治街 Great George Street
大英博物馆 British Museum
道格斯岛 Isle of Dogs
德那第岛 Ternate
德特福德 Deptford
邓弗里斯郡 Dumfriesshire
敦提 Dundee
多金 Dorking
法灵顿 Farringdon
法纳姆 Farnham
费勒姆 Fareham
福克斯通 Folkestone
盖茨山庄 Gad's Hill
冈比亚河 Gambia
格拉斯哥 Glasgow
格洛斯特新月街 Gloucester Crescent
公主剧院 Princess's Theatre
共济会会堂 Freemason's Hall
狗渠街 Houndsditch
哈特菲尔德 Hartfield
海布里谷仓 Highbury Barn
海德公园 Hyde Park
海斯 Hythe
汉普斯特德希思 Hampstead Heath
汉普夏郡 Hampshire
赫特福德郡 Hertfordshire
黑衣修士桥 Blackfriars Bridge
亨格福德桥 HungerfordBridge
红狮广场 Red Lion Square
洪堡 Homburg
怀尔德阅览室 Wyld's Reading Room

怀特岛 Isle of Wight
皇家吕克昂剧院 Royal Lyceum Theatre
皇家萨里剧院 Royal Surrey Theatre
皇家索霍剧场 Royal Soho Theatre
霍克斯顿 Hoxton
舰队街 Fleet Street
交响音乐厅 Philharmonic Hall
旧衣市 Rag Fair
卡莱尔 Carlisle
卡姆登 Camden
坎伯韦尔 Camberwell
考文特花园 Covent Garden
科克 Cork
科学馆 Hall of Science
克拉吉斯街 Clarges Street
克拉肯维尔 Clerkenwell
克莱德河 Clyde
克雷蒙 Cremorne
克利夫顿 Clifton
克罗斯内斯 Crossness
肯萨尔格林 Kensal Green
肯特郡 Kent
宽街 Broad Street
拉合尔 Lahore
莱斯特广场 Leicester Square
赖盖特 Reigate
兰开斯特 Lancaster
老大厦庭院 Old Palace Yard
老街 Old Street
勒克瑙 Lucknow
里士满 Richmond
利默里克 Limerick
利兹 Leeds
林肯律师学院 Lincoln's Inn
卢塞恩 Lucerne
伦敦城 City of London
伦敦西区 West End
罗切斯特 Rochester
罗瑟希德 Rotherhithe
洛桑 Lausanne

马来群岛 Malay Archipelago
马里勒本 Marylebone
马夏尔西监狱 Marshalsea
茅屋酒店 Thatched House Tavern
梅费尔 Mayfair
米尔班克 Millbank
摩鹿加群岛 Moluccas
莫尔文 Malvern
慕尔公园 Moor Park
纳格斯黑德 Nag's Head
纳塔尔 Natal
奈茨布里奇 Knightsbridge
南安普敦 Southampton
南安普敦街 Southampton Street
南肯辛顿 South Kensington
内布沃斯大院 Knebworth Park
内殿律师学院 Inner Temple
女王剧院 Queen's Theatre
帕克街 Park Lane
帕威林酒店 Pavilion Hotel
佩思 Perth
皮卡迪利大街 Piccadilly
皮姆利科 Pimlico
朴次茅斯 Portsmouth
普利茅斯 Plymouth
切恩巷 Cheyne Row
邱园 Kew Gardens
萨德布鲁克公园 Sudbrook Park
萨德勒威尔斯剧场 Sadler's Wells
萨里郡 Surrey
萨默塞特郡 Somerset
沙捞越 Sarawak
设菲尔德 Sheffield
摄政街 Regent Street
圣巴拿巴教堂 Church of St Barnabas
圣贾尔斯街 Sanit Giles's
圣克雷芒旅馆 St Clement Inn
圣马丁堂 St. Martin's Hall
圣詹姆斯广场 St James's Square
圣詹姆斯街 St James's Street

圣詹姆斯厅 St James's Hall
水晶宫 Crystal Palace
斯劳 Slough
斯特兰德大街 Strand
斯特兰德剧院 Strand Theatre
斯特普尼 Stepney
索霍区 Soho
塔滕纳姆弯道 Tattenham Corner
塔维斯托克寓所 Tavistock House
泰特美术馆 Tate
坦普尔 Temple
汤顿 Taunton
唐克斯特 Doncaster
特鲁里街剧院 Drury Lane Theatre
提契诺河 Ticino
托特纳姆科特路 Tottenham Court Road
王宫附属教堂 Chapel Royal
威客楼 Wyke House
威灵顿北街 Wellington Street North
威灵顿街 Wellington Street
威斯敏斯特厅 Westminster Hall
桅场街码头 Masthouse Terrace Pier
温哥华岛 Vancouver Island
温莎 Windsor
沃里克郡 Warwickshire
沃平 Wapping
伍利奇船厂 Woolwich Dockyard
伍斯特 Worcester
西敏寺 Westminster Abbey
希腊厅 Grecian Saloon
锡德纳姆 Sydenham
锡兰 Ceylon
肖迪奇 Shoreditch
新几内亚岛 New Guinea
新街 New Street
新喀里多尼亚 New Caledonia
新门监狱 Newgate
新斯科舍半岛 Nova Scotia
休恩登庄园 Hughenden Manor
亚马孙河 Amazon

耶利哥 Jericho
因弗内斯小舍 Inverness Lodge
约克城堡 York Castle
长地街 Long Acre
自由贸易大厅 Free Trade Hall

报纸期刊

《爱丁堡评论》*Edinburgh Review*
《本特利杂志》*Benteley's Miscellany*
《笨拙周报》*Punch*
《伯明翰每日邮报》*Birmingham Daily Post*
《布莱克伍德杂志》*Blackwood's Magazine*
《布罗姆利纪事报》*Bromley Record*
《晨星报》*Morning Star*
《达林顿时报》*Darlington Times*
《弗雷泽杂志》*Frazer's Magazine*
《宫廷活动公报》*Court Circular*
《观察者》*Observer*
《纪事晨报》*Morning Chronicle*
《纪事周报》*Weekly Chronicle*
《季刊评论》*Quarterly Review*
《家常话》*Household Words*
《嘉宾》*Welcome Guest*
《检查者》*Examiner*
《建筑师》*Builder*
《街谈巷议》*Town Talk*
《肯奈尔杂志》（虚构）*Kennel Miscellany*
《雷诺兹报》*Reynolds's Newspaper*
《利物浦信使报》*Liverpool Mercury*
《利兹信使报》*Leeds Mercury*
《柳叶刀》*Lancet*
《伦敦新闻画报》*Illustrated London News*
《曼彻斯特时报》*Manchester Times*
《每日电讯报》*Daily Telegraph*
《每日新闻》*Daily News*
《年代》*Era*
《纽约每日论坛报》*New York Daily Tribune*
《旁观者》*Spectator*
《批评家》*Critic*
《钱伯斯氏埃克塞特杂志》*Chambers's Exeter Journal*

《人民报》*People's Paper*
《萨默塞特郡报》*Somerset County Gazette*
《赛马时报》*Racing Times*
《设菲尔德和罗瑟勒姆独立报》*Sheffield and Rotherham Independent*
《圣詹姆斯纪事报》*St James's Chronicle*
《水疗杂志》*Water-Cure Journal*
《私通报》*Grim. Con. Gazette*
《苏格兰人》*Scotsman*
《泰晤士报》*The Times*
《威斯敏斯特评论》*Westminster Review*
《文学报》*Literary Gazette*
《戏剧杂志》*Theatrical Journal*
《信使晨报》*Morning Herald*
《雅典娜神殿》*Athenaeum*
《一周一次》*Once a Week*
《医学时报》*Medical Times*
《英国妇女杂志》*English Woman's Journal*
《英国医学杂志》*British Medical Journal*
《邮政晨报》*Morning Post*
《周六评论》*Saturday Review*
《自然》*Nature*
《自由人杂志及商业日报》*Freeman's Journal and Daily Commercial Advertiser*

文学艺术作品

《艾凡赫》*Ivanhoe*
《奥赛罗》*Othello*
《被毁掉的一生》*A Blighted Life*
《冰封深海》*The Frozen Deep*
《波杰斯的出生地》（虚构）*The Birthplace of Podgers*
《博物学年鉴杂志》*Annals and Magazine of Natural History*
《博兹札记》*Sketches by Boz*
《惨遭抛弃》（虚构）*The Abandoned*
《城堡中的国王，或哈乐根式的钻石王子与光明公主》*The King of the Castle; or, Harlequin Prince Diamond and the Princess Brightness*
《冲激，冲激，冲激》“Break, Break, Break”
《创世遗痕》*Vestiges of Creation*
《错误的喜剧》*Comedy of Errors*
《达尔文生平及书信集》*Life and Letters*
《达尔文主义》*Darwinism*
《大卫·科波菲尔》*David Copperfield*

《大众指南系列》*Manuals for the Many*
《当代年鉴》*The Annals of Our Time*
《得得得得得跳起来》*Hoop de dooden do Galop*
《德比赛马日》*The Derby Day*
《德鲁德疑案》*The Mystery of Edwin Drood*
《的笃叩门》*Tit, Tat, Toe*
《冬青旅馆的布茨先生》"Boots at the Holly-Tree Inn"
《董贝父子》*Dombey and Son*
《法国大革命》*The French Revolution*
《非常成功！》*Very Successful!*
《疯狂的奥兰多》*Orlando Furioso*
《弗吉尼亚人》*The Virginians*
《弗洛斯河上的磨坊》*The Mill on the Floss*
《改革的学校》*School of Reform*
《古生物学》*Palaeontology*
《过去与现在》*Past and Present*
《哈乐根式的盖伊·福克斯》*Harlequin Guy Faux*
《哈乐根式的泰晤士河老爹，或大河女王与伦敦市长》*Harlequin Father Thames; or, The River Queen and the Great Lord Mayor of London*
《哈乐根式的沃尔特少爷，或驼子农基与小仙子们》*Harlequin Master Walter; or, The Hunchback Nunky and the Little Fairies*
《哈乐根与老艾萨克·沃尔顿，或舰队街的汤姆·莫尔、银鲑鱼和托特纳姆七姐妹》*Harlequin and Old Izaak Walton; or, Tom Moore of Fleet Street, the Silver Trout, and the Seven Sisters of Tottenham*
《哈乐根与四十大盗，或阿里巴巴与仙子阿迪奈拉》*Harlequin and the Forty Thieves; or, Ali Baba and the Fairy Ardinella*
《亨利·埃斯蒙德》*Henry Esmond*
《亨利四世》*Henry IV*
《荒凉山庄》*Bleak House*
《黄绒裤信札》*Yellowplush Correspondence*
《回忆与经历》*Recollections and Experiences*
《纪念》"In Memoriam"
《纪事年鉴》*Annual Register*
《教区生活场景》*Scenes of Clerical Life*
《旧衣新裁》*Sartor Resartus*
《凯尼尔沃思，或女王、伯爵与夫人》*Kenilworth, or ye Queene, ye Earle, and ye Maydenne*
《康宁思比》*Coningsby*
《考察日记》*Journal*
《科宁思比，由迪·施鲁斯伯里先生作》"Codlingsby, by D. Shrewsberry, Esq."

《克兰福德的鸟笼》"The Cage at Cranford"
《莱茵河上的齐克贝里家》*The Kickleburys on the Rhine*
《烈马驯服术》*The Art of Taming Wild Horses*
《鲁克蕾齐亚·博尔吉亚》*Lucrezia Borgia*
《伦敦概况》*About London*
《论变种无限地离开其原始模式的倾向》"On the Tendency of Varieties to depart indefinitely from the Original Type"
《论氯仿及其他麻醉药》*On Chloroform and Other Anaesthetics*
《罗宾汉》*Robin Hood*
《马丁·瞿述伟》*Martin Chuzzelwit*
《名利场》*Vanity Fair*
《魔鬼兄弟》*Fra Diavolo*
《您的照片——只要一先令!》*Your Likeness-One Shilling!*
《纽克姆一家》*The Newcomes*
《佩勒姆,或一位绅士的历险》*Pelham, or, The Adventures of a Gentleman*
《彭登尼斯》*Pendennis*
《匹克威克外传》*Pickwick Papers*
《匹克威克在国外——游在法国》*Pickwick Abroad, or, the Tour in France*
《乔治·奥古斯塔斯·萨拉生平自述》*The Life and Adventure of George Augustus Sala, Written by Himself*
《切尔西的一间房内》*A Chelsea Interior*
《人类的由来》*The Descent of Man*
《人在囧途》"The Poor Traveller"
《社会科学原理》*Elements of Social Science*
《身体、性与自然宗教》*Physical, Sexual and Natural Religion*
《圣诞颂歌》*A Christmas Carol*
《时潮》*The Tide of Time*
《世界与他的妻子,或一个重要人物》*The World and his Wife; or, A Person of Consequence*
《世界与舞台》*The World and the Stage*
《势利人脸谱》*Books of Snobs*
《双城记》*A Tale of Two Cities*
《水精,或哈乐根与水中女神》*Undine; or, Harlequin and the Spirit of the Waters*
《水疗法,或医疗的自然体系》*Hydropathy: or the Natural System of Medical Treatment. An Explanatory Essay*
《索恩医生》*Doctor Thorne*
《他该怎么办?》*What Will He Do with It?*
《坦克雷德》*Tancred*
《我见过的事和我认识的人》*Things I Have Seen and People I Have Known*
《我们共同的朋友》*Our Mutual Friend*
《我们没那么糟》*Not So Bad as We Seem*

《我是如何驯服快艇夫人的》*How I Tamed Mrs Cruiser*
《物种理论概要》“Extracts from a M.S. work on Species”
《物种起源》*Origin of Species*
《雾都孤儿》*Oliver Twist*
《西比尔，或两个国家》*Sybil, or the Two Nations*
《现代小说》“Modern Fiction”
《小杜丽》*Little Dorrit*
《小红帽》*Red Riding Hood*
《新泰门：伦敦传奇》*The New Timon: A Romance of London*
《新泰门与诗人们》“The New Timon, and the Poets”
《驯悍记》*The Taming of the Shrew*
《亚当·比德》*Adam Bede*
《眼不见，心不烦》*Out of Sight, Out of Mind*
《夜以继昼》“Twice Round the Clock”
《一夜蠢行》*The Follies of a Night*
《英国小说家及其风格》*British Novelists and Their Style*
《远大前程》*Great Expectations*
《杂烩之歌》“Ballad of Bouillabaise”
《政治经济学批判》*Contribution to the Critique of Political Economy*
《织工马南》*Silas Marner*

其他

《财产资格法案》Property Qualification Bill
《大西洋电报公司法案》Atlantic Telegraph Company Bill
《毒药法案》Poisons Bill
《精神病人法》Lunacy Act
《剧院管理法》Theatre Regulation Act
《凯利氏伦敦邮政人名地址录》*Kelly's Post Office London Directory*
《离婚法》Divorce Act
《离婚和婚姻诉讼法》Divorce and Matrimonial Causes Act
《密谋谋杀法案》Conspiracy to Murder Bill
《缅因州禁酒法》Maine Liquor Law
《弃绝宣誓法案》(《宣誓法案》) Oath of Abjuration Bill (Oath Bill)
《泰晤士河净化案》Thames Purification Bill
《新喀里多尼亚管理法案》Government of New Caledonia Bill
《药师法》Apothecaries' Act
《医疗法》Medical Act
《印度法案》Indian Bill
《犹太法案》Jew Bill
《执业医师法案》Medical Practitioners Bill

阿伽门农号 Agamemnon
“贝兹曼”Beadsman
辩护律师 council
博士会馆 Doctors'Commons
布拉德伯里和埃文斯（出版社）Bradbury and Evans
财政大臣法院 Court of the Exchequer
财政诉讼署 Exchequer of Pleas
茶舞会 thés dansantes
查普曼和霍尔（出版社）Chapman and Hall
查特豪斯公学 Charthouse
达尔文奖章 Darwin Medal
大本钟 Big Ben
大东方号 Great Eastern
大恶臭 the Great Stink
大法官法庭 Court of Chancery
德比马赛 Derby
德意志博物学院 German Academy of Naturalists
地质学会 Geological Society
东印度公司 East India Company
督查委员会 Board of Control
改革俱乐部 Reform Club
高教会派 Anglo-Catholicism
行政改革协会 Administrative Reform Association
皇家地理学会 Royal Geographical Society
皇家内科医师学院 Royal College of Physicians
皇家普通戏剧基金会 Royal General Theatrical Fund
皇家外科医师学院 Royal College of Surgeons
皇家文学基金会 Royal Literary Fund
皇家学会 Royal Society
皇家医学与外科学会 Royal Medical and Chirurgical Society
皇家美术学院 Royal Academy of Arts
极乐鸟 bird of paradise
加里克俱乐部 Garrick Club
嘉德勋位爵士 Knight of the Garter
剑桥邸宅阴谋 Cambridge House Plot
剑桥哲学学会 Cambridge Philosophical Society
角色转换戏 transformation scene
节礼日 Boxing Day
精神病管理委员会 Lunacy Commission
剧作家协会 Dramatic Author's Society

克里米亚战争 Crimean War
克里斯蒂滑稽说唱团 Christy Minstrels
兰贝斯公司 Lambeth Company
老贝利 Old Bailey
利维坦 Leviathan
林奈学会 Linnaean Society
鲁滨逊诉鲁滨逊和莱恩案 *Robinson v. Robinson and Lane*
伦敦大学学院 University College London
伦敦市政工程委员会 Metropolitan Board of Works
马尔萨斯协会 Malthusian League
美国驯马大师 Great American Horse Tamer
米尔沃尔钢铁公司 Millwall Iron Works Company
民事法庭 Court of Common Pleas
秣市剧团 Haymarket
尼亚加拉号 Niagara
鸟笼裙 cage
女王敕语 Queen's Speech
欧克斯赛 Oakes
气象学会 Meteorological Society
圈环裙 crinoline
全国医学总会 General Medical Council
全科医生 general practitioner
热诚号 Zealous
人民互助保险会 People's Provident Assurance Society
萨瑟克和沃克斯霍尔公司 Southwark and Vauxhall Company
" 神箭手 "Toxopholite
诉状律师 proctor
泰晤士河管理委员会 Conservancy Board
泰晤士河管渠 Thames Tunnel
泰晤士河治安法庭 Thames Police Court
汤姆金斯诉汤姆金斯案 *Tomkins v. Tomkins*
童话剧 pantomime
土木工程师协会 Institution of Civil Engineers
挖夜土的人 nightsoil men
王座法庭 Court of King's Bench
微观史学 microhistory
卫生委员会 Board of Health
无尾礼服 dinner jacket
西班牙宗教法庭 Spanish Inquisition
下水道管理委员会 Commission of Sewers

响尾蛇号 Rattlesnake
小猎犬号 Beagle
雅典娜神殿俱乐部 Athenaeum Club
演唱会 chantantes
耶拿大学 Jena University
一便士一份的报纸 penny papers
遗嘱验证处 Prerogative Office
遗嘱验证法院 Probate Court
意大利之友 Friends of Italy
银餐叉派 silver-fork school
印度兵变 Sepoy Rebellion
英国科学促进会 British Association for the Advancement of Science
执业医师资格注册制度 Medical Register
殖民部 Colonial Office
宗教法庭 Court of Arches

译后记

微观史学视域中的“蝴蝶效应”

“大恶臭”的蝴蝶效应

美国气象学家曾提出过“蝴蝶效应”：在南美亚马孙河流域的热带雨林中，一只蝴蝶偶尔扇动几下翅膀，两周后便在美国得克萨斯州引起了一场龙卷风。也就是说，一个不起眼的小动作或小事件也能引起一连串的巨大反应。《大恶臭：1858 伦敦酷夏》（以下简称《大恶臭》）就讲了这么一个蝴蝶效应。这只蝴蝶就是 1858 年伦敦的“大恶臭”，它促成了伦敦的一项工程奇迹——拦截式下水道系统。

这项工程在当时被誉为“当代最宏伟壮观的工程”，英国广播公司（BBC）在 2003 年制作的纪录片中称之为“工业时代的七大奇迹”之一。1858 年，伦敦市政工程委员会总工程师约瑟夫·巴泽尔杰特主持这项工程，开始在泰晤士河两岸修筑堤岸，堤岸下修建拦截式下水道，将原本注入泰晤士河的废水引到伦敦以东排出。这项工程不仅使伦敦成为世界上第一个有完善的下水道排污系统的城市，治理了泰晤士河的污染问题，改善了伦敦的环境和公共卫生，还对城市交通和地貌景观产生了深远的影响。维多利亚大堤、艾伯特大堤和切尔西大堤让伦敦像很多欧洲都市那样，拥有了壮观的滨河大道，疏解了周边的交通拥堵，容纳了世界上首个地铁网的部分轨道，极大地推进了伦敦的现代化过程。

那么，“大恶臭”又是怎么形成的呢？这还要从埃德温·查德威克说起。查德威克是19世纪英国公共卫生改革的先驱，1842年撰写了《英国劳动人口卫生状况报告》，认为传染病多发与城市卫生条件太差有关，尤其是伦敦等人口密集的城市，卫生状况已经严重危害到了居民的健康。19世纪上半叶，伦敦经历了工业化和城市化带来的冲击，人口和面积都翻了一番，1858年人口接近250万，是世界上首屈一指的大都市，但市政建设明显跟不上城市的扩张速度。不仅街道、河流等公共区域卫生状况很差，家庭排污也存在很大的问题。当时，伦敦人大都将粪便排到化粪池，由“挖夜土的人”夜间挖走，卖到郊区用作肥料。19世纪40年代，伦敦已经有二十多万个化粪池，很多都已经满溢，成了环境污染的源头。查德威克建议改用抽水马桶，将污物排入下水道，再经下水道排入泰晤士河，最终排入大海。后来证明，这个建议危害更大，因为伦敦最初修建的下水道主要是用于排雨，增加了抽水马桶排出的污水后，没有经过处理便汇入泰晤士河，加重了河水的污染。这条横贯伦敦的大河也因此被称作“伦敦的化粪池”，制造了1858年令人谈虎色变的“大恶臭”。

其实，这种恶臭已经存在多年，为什么到1858年就形成了“大恶臭”呢？这还与那年夏天的高温有着直接的关系。早在1855年夏天，英国物理学家法拉第就曾给《泰晤士报》写信，说泰晤士河臭味刺鼻，已经成了“发酵的污水沟”。1858年，伦敦遇到了有史以来最为炎热的一个夏天，气温打破了1846年和1857年的记录。6月16日，格林尼治短时达到了创纪录的39摄氏度。英国历史学家托马斯·卡莱尔说伦敦已经“如炙似烤”；美国历史学家约翰·莫特利也说“没人能想到英国有这么热”。持续的高温加剧了泰晤士河的恶臭。狄更斯过河时就“被熏得头昏脑涨，胃里难受”；约翰·罗斯金庆幸他父亲住在伦敦南部，远离泰晤士河；画家但丁·加布里埃尔·罗塞蒂原本住在河边，现在也为了躲避“臭气熏天的河水”，搬到了朋友家中。

大恶臭引起了伦敦人的恐慌。当时流行“臭气致病”的说法，很多人担心泰晤士河的恶臭会引发霍乱等传染病。伦敦曾多次遭受霍乱等传染病侵扰，最近一次就在1854年，人们的恐惧心理还没有消除。各种报刊报道也加剧了人们的恐慌。报上有很多传言，有的说泰晤士河边的居民正大批地死亡，有的说臭味能把站在河边的人直接熏倒，《笨拙周报》甚至调侃说泰晤士河的恶臭是当时毒性最强的毒药。不仅普通居民认为臭气能够致病，当时的大多数学者和官员也认为霍乱等传染病就是通过空气传播的。1858年，英国科学促进会主席理查德·欧文说，泰晤士河污水漫溢，“污染了空气”，具有“毒害和致病能力”，并随着“一个又一个夏天”的到来而变本加厉。事实上，霍乱等传染病是通过水源而非空气传播的，但当时英国只有约翰·斯诺发现了这一点，没有引起人们重视。四年前，斯诺发现了污染水源与疾病传播的关系。1854年霍乱爆发时，斯诺发现伦敦索霍区有一个街区死亡率畸高，原因是当地居民都从宽街的水泵打水吃，这些未经处理的水中含有致病的细菌。当时伦敦也有供水公司直接从泰晤河取水。斯诺调查了两家公司，一个是萨瑟克和沃克斯霍尔公司，另一个是兰贝斯公司，前者水质不洁，后者水质干净，饮用者因霍乱死亡的比例为六比一。虽然大多数人怕的是河水恶臭，而不是饮用脏水，但结果是一样的，那就是要求政府治理泰晤士河，解决这个“刺鼻扎眼”的公害。

虽然议会和伦敦市政当局也意识到了这个问题，但很多既得利益者，如教区委员会、私人供水公司、下水道管理委员会和不愿增加选民负担的议员，都相互推诿，不愿承担治河费用。而且，关于如何解决河水污染问题，政府官员和工程师们也始终无法达成一致，如狄更斯所说，“人人都有方案，但人人都觉得别人的方案行不通”。议会大厦就在河边，议员们每年都要忍着恶臭开会。一位下院议员抱怨说，整个 6 月，乌黑的泰晤士河水就在会议室窗外翻腾，不开窗屋里“就和烤箱一样”，把人“闷个半死”，但一开窗就会被“熏个半死”。终于，在6 月最后一天的下午两点，以迪斯累里为首的议员们捂着鼻子，仓皇地逃离了会议室。

即便如此，让议会通过一个治河法案也不容易。6 月和 7 月酷热难耐，泰晤士河臭气熏天，议员们却在治河方案上争执不休，每种方案都要提出质疑，或者要求暂缓表决。迪斯累里出色的口才和谋略发挥了作用，说服议会通过了《伦敦地方管理法修正案》，也就是通常所说的《泰晤士河净化法案》。1855 年，议会通过了工务大臣本杰明·霍尔提交的“改善伦敦地方管理”的议案，迪斯累里正是在此基础上提交了他的修正案。这也是 1858 年夏天最重要的政治和公共成就，给伦敦居民的生活和工程建设带来了深远的影响，直接促成了巴泽尔杰特的工程奇迹，也让 53 岁的财政大臣迪斯累里大放异彩。

1858 年在英国历史上原本不是一个特别重要的年份，却因为这场大恶臭出了名。不过，这只蝴蝶引起的反应远不止这些。《大恶臭》能在四个月的时间跨度中呈现众多人物、事件和思想之间错综复杂的关系，还与罗斯玛丽·阿什顿的微观史研究密不可分。

阿什顿的微观史学研究

“微观史学”并非一个统一的学派，而是 20 世纪七十年代兴起的一种研究趋势。相比于宏观研究，它更关注“个别的、具体的事实，一个或几个事实，地方性事件”，通过研究微观现象发现或折射出其他方面的现象。[1]罗斯玛丽·阿什顿的微观史研究重在挖掘那些未能引起重视的关联。她认为:“微观史学就是要细致深入地研究历史现象,挖掘未知的关联、模式和结构。”弗吉尼亚·伍尔夫在《现代小说》一文中提出,小说要“记录微尘坠落心田的过程”,“描述每一事每一景给意识留下的痕迹,哪怕看上去毫不相干、互不相连”。阿什顿认为微观史学也有这种魅力,可以将看似不相干的人物、事件和观念联系起来。

微观史学的代表作,如卡罗·金斯堡的《奶酪与蛆虫》(1976)、埃玛纽埃尔·勒华拉杜里的《蒙塔尤》(1975)和纳塔莉·戴维斯的《马丁·盖尔归来》(1983),都是写小地方的底层小人物,描述他们的生活习俗和精神世界。阿什顿的微观史学著作虽然也聚焦在较小的地理区域,却是在伦敦这个大都市,并以知名人士为主线,追溯他们生平事业中的细节,探寻与之关联的边缘人物,挖掘公共生活与个人生活之间的隐含关系。《大恶臭》的微观视域主要体现在时间跨度很短,讲述了形形色色的人物在1858年5月至8月这四个月中经历的危机时刻。阿什顿认为,“长篇传记和宏观史书要么讲述人物一生,要么叙述整段历史,无暇挖掘芸芸众生在那个夏天所经历的种种紧张时刻”,而“选取一个比较短的时段,进行深入考察,能够发现很多相通、交叉或重合的路径,也能看到一些有意为之或纯属偶然的关联”。该书不仅详细描述了小说家狄更斯、政治家迪斯累里和科学家达尔文生平事业中长期被学界忽略的层面,还探讨了他们与萨克雷和乔治·艾略特等小说家、德比勋爵和维多利亚女王等政界要人、布鲁内尔和巴泽尔杰特等工程师、威廉·弗里斯和奥古斯塔斯·埃格等画家以及众多律师、医生、记者、博物学家之间的关联,就像波德莱尔所说的“现代生活画家”那样,捕捉到了维多利

1 陈启能《略论微观史学》,载《史学理论研究》2002年第2期,第22、24页。

亚时代社会和文化中很多稍纵即逝的瞬间和隐含的联系。卡罗·金兹堡认为，微观史学并没有忽略宏观层面，微观史与宏观史之间、特写镜头与远镜头之间要不断地转换。[1]《大恶臭》也不断切换镜头，将这年夏天与19世纪英国的政治、婚姻、医疗、公共卫生改革史紧密地联系在了一起。

阿什顿是英国伦敦大学学院英语语言文学教授、英国皇家文学学会会员，从20世纪80年代起撰写了多部关于19世纪英国作家的传记和思想史著作，为她后来的微观史写作奠定了基础。她早年关注德国思想对英国文学的影响，《德国思想》（*The German Idea*，1980）分析了德国思想对19世纪四位英国作家的影响，《小德意志》（*Little Germany*，1986）讨论了流亡英国的德国人对维多利亚时代英国的认识。她对乔治·艾略特研究颇为深入，还撰写了多部人物传记，传主大多与德国文学和思想有着密切的关系。1983年，她写了《乔治·艾略特传略》（*George Eliot*），这也是她唯一一部译成中文的作品。[2]后来，她又出版了《乔治·亨利·刘易斯传》（*G.H.Lewes*，1991）、《柯尔律治评传》（*The Life of Samuel Taylor Coleridge*，1996）和更为详尽的《乔治·艾略特传》（*George Eliot: A Life*，1996）。她的《卡莱尔夫妇的婚姻》（2002）已经有了微观史学的影子，以文坛泰斗托马斯·卡莱尔的婚姻生活为切入点，再现维多利亚时代关于女权、婚姻和法律问题的争论，反映当时的“文学、思想和社会”[3]，将文学史与思想史、社会史结合了起来。

2000年后，阿什顿的研究转向了微观视角，虽然仍以19世纪

1　卡罗·金兹堡《微观史学：我所知道的二三事》，李映雪译，载陈恒、王刘纯主编《新史学》第十八辑，郑州：大象出版社，2017年，第80页。

2　艾西顿《乔治·艾略特》，彭淮栋译，台北：联经，1985年。

3　Rosemary Ashton, *Thomas & Jane Carlyle: Portrait of a Marriage*, London: Chatto & Windus, 2002, p. 7.

英国文学和思想界的人物为主，但更侧重他们的日常生活，寻找与他们相关的次要人物，空间上聚焦于一栋建筑、一个街区或一座城市，时间则限定在较短的时段，有时甚至只有几个月。由于大量使用人物传记资料，其微观史著作叙事生动，故事性很强。《斯特兰德大街142号》（*142 Strand*，2006）以维多利亚时代伦敦的一栋建筑为中心，讲述了出版商约翰·查普曼的事业与交往，再现了维多利亚时代的激进思想氛围，起到了滴水见世界的效果。《维多利亚时代的布鲁姆斯伯里》（*Victorian Bloomsbury*，2012）则将视角从伦敦的一栋建筑扩大到一个街区，由此审视19世纪英国的教育、医疗和社会改革。2017年的《大恶臭》又把视野扩大到整个城市，但时间跨度只有短短的四个月，以伦敦史上罕见的高温和“大恶臭”为线索，以文学、科学和政治领域的三位杰出人物为中心，描绘了英国现代化进程中的一组人物群像，探讨了维多利亚时代社会与文化之间的关联。

安妮·萨默塞特认为，《大恶臭》虽然是微观史，却呈现了社会全貌，就像威廉·弗里斯的名画《德比赛马日》（1858），虽然只画了一天中的一个事件，却再现了社会各阶层的人物，而且各有特征，并不雷同。[1]更有趣味的是，阿什顿的这部著作不仅描述了维多利亚时代形形色色的人物，还把他们编织成了一张经纬交错的大网，拉动任何一个人物，都会牵动整张人网，找到他与其他人之间的种种关联。这些关联也有助于看到那些人物的不同侧面，甚至颠覆其传统形象。1858年夏天的狄更斯、迪斯累里和达尔文就是明显的例子。我们不妨以书中谈到的狄更斯为例，看看微观史视域挖掘到的细节。

1 Anne Somerset，“The Heat Is On”，in *Literary Review*，July 2017，p. 29.

微观视域下的狄更斯

狄更斯是 19 世纪英国最受欢迎的小说家，他的情感生活对他的创作影响很大，但长期未能引起学界重视。20 世纪下半叶以来，很多传记作家和研究者开始关注狄更斯的婚姻问题，克莱尔·托马林的《隐身的女人》(1990)和《狄更斯传》(2011)就是这方面的代表作，但没有详述狄更斯在 1858 年 6 月公开宣布与妻子分居后，怎样熬过了那个漫长的夏季，又对他的创作产生了怎样的影响。[1]《大恶臭》补充了这方面的细节，并借助狄更斯的亲朋好友、观察者、评论者和竞争者对他的评价，看到了狄更斯的另一面以及这段情感纠葛对他后期小说情节和主题的影响。

对狄更斯来说，1858 年夏天是个不堪回首的夏天。46 岁的他虽然已经功成名就，却进入了创作的枯水期。这一年，他没有写出任何长篇或短篇小说，甚至没有动笔创作。自 1833 年开始创作以来，他还是头一次出现这种状况。1858 年初，他还对好友约翰·福斯特说，希望夏天能收回心来，开始创作。但到了夏天，他又与结婚二十二年、为他生了九个孩子的凯瑟琳·霍加斯分居，还在报上公开发表分居声明，一时闹得沸沸扬扬，甚至传到了美国和欧洲大陆。阿什顿描述了这件事的经过和前因后果，是目前最详细的版本，如她所说，几乎是一份“一天接一天”的记录。阿什顿的描述带有明显的情感立场，她同情狄更斯，但更同情被狄更斯伤害了的人。

1858 年 5 月，关于狄更斯的婚姻问题，已经有不少风言风语。伦敦的俱乐部、德比马赛的赛马场和廉价报刊都在传他的绯闻，有的说

1　托马林的《狄更斯传》有五百页左右，却只用了十来页谈狄更斯在 1858 年经历的“风云激荡”(Stormy Weather)。参见 Claire Tomalin, *Charles Dickens*, London: Penguin, 2011, pp. 289—304.

他跟妻妹乔治娜·霍加斯眉目传情，有的说他跟年轻的女演员朝云暮雨。6 月，他在《泰晤士报》和他自己创办的《家常话》上发表分居声明，为自己辩解，说“这些传言严重不实，极端荒谬，也极其残忍，不仅伤害了我，还殃及一些无辜之人，其中有我至亲至爱的人，也有与我素不相识的人（如果真有其人的话）”。阿什顿认为，这份声明非但没能平息谣言，反而引来了更多的关注，因为他只说传言不实，却又不说传言的内容，也没有说那些无辜之人都有谁、是谁杜撰了那些与他素不相识的人，导致很多读者都想知道传言是怎么说的、无辜的人有哪些。阿什顿委婉地指出，狄更斯在这份声明中表现得有些虚伪：“他明明很不诚实，却坚持说自己很诚实。”

狄更斯的虚伪还在于他说分居是因为与妻子性格不合，但主要原因是他已经感情出轨。1857 年夏天，他在排演威尔基·科林斯创作的戏剧《冰封深海》时，爱上了 18 岁的女演员埃伦·特南，9 月便跑到英格兰北部与埃伦幽会，12 月又在信中描述见不到埃伦的沮丧心情：“我希望生在一个有吃人妖的时代，巨龙把守着他的城堡。我希望，长了七个头却没有大脑的吃人妖掠走我心爱的公主——你不知道我有多么爱她——把她关到群山之巅的城堡中，用头发捆住她。我今天就想拿起宝剑，爬上高山，救出公主。如果不成，就血溅当场。这就是我在 1857 年的心情。”“心爱的公主”让他躁动不安，一直到 1858 年 5 月都“没法写作，没法休息”，“从来没有人被一个精灵控制并撕裂成这样”。6 月，他逼着凯瑟琳在分居协议上签了字，但一直对外宣称是因为与凯瑟琳性格不合才分居的。他对好友安杰拉·伯德特－库茨说，他和妻子“彼此完全没有兴趣，没有同情，没有信任，没有感情，更谈不上情投意合”；也对好友约翰·福斯特说，结婚两年后就发现与妻子“根本合不来，毫无希望”。阿什顿认为这是自欺欺人，只有他自己相信他的婚姻从一开始就是不幸福的，因为这样能让他的良心好受些。当时文学界的很多知情者都对狄更斯的做法表示不满。

诗人勃朗宁夫人愤怒地说：“一起生活了二十三年，才说性情不合？这算什么借口！我觉得还不如说用情不专呢。”萨克雷也说，狄更斯夫人“做了二十二年的主妇”，生了九个孩子，没犯什么错，“却要被扫地出门”。

狄更斯不仅公开发表了一封毫无诚意的分居声明，还在5月底给阿瑟·史密斯写了一封信，谈了自己婚姻问题的“真相”，说夫妻二人琴瑟失调“已有多年”，“从来没有一对夫妻，双方都没有不良习气，却无法相互理解，没有共同语言”。8月中旬，这封信在美国见报，英国报纸纷纷转载。狄更斯称之为“被泄露的信”。但阿什顿暗示，狄更斯写信时就已经“授权”给收信人史密斯，“允许”他拿给“任何想还我公道的人，或因不明真相而冤枉了我的人”看，并非被泄露了的私人信件。勃朗宁夫人认为，狄更斯就是想公开这封信，拿才华当“棍棒”来对付妻子，“利用人们对他的崇拜，煽动舆论来反对她”。最先发表这封信的《纽约每日论坛报》也认为，狄更斯的妻子一直默不作声，他自己却咄咄逼人，接二连三地发表声明，自然不得人心。

阿什顿认为，狄更斯在整个分居事件中太过自私和虚伪，不仅不敢承认自己用情不专，还只顾维护自己的形象，丝毫不顾及凯瑟琳的感受，心胸狭隘，言语刻薄。她引用凯瑟琳亲友的话说，公众把狄更斯“奉若神明”，但他的“柔情和慈悲”都只是“童话故事”。狄更斯的弟弟弗雷德也说他言辞刻薄，心肠太硬：“人们读你的书，还以为你是世上最宽容大度的人。可要是让他们也受你监管，就凭你对亲人的态度，我得说，上帝保佑他们！”同为女性学者的克莱尔·托马林也在《狄更斯传》中说，狄更斯感情出轨后，想表现得像个“单纯的男孩”，反倒暴露了“性格中最阴暗的部分”。[1] 阿什顿还暗示，乔

1 Claire Tomalin，*Charles Dickens*，p. 292.

治·艾略特在情感生活上就很有担当，在与有妇之夫乔治·亨利·刘易斯坠入爱河后，能够顶着巨大的压力，与意中人长相厮守，不像狄更斯这样遮遮掩掩，不敢与埃伦公开露面。她认为1858年夏天的这段经历让狄更斯产生了强烈的负罪感，他后来创作《远大前程》(1860)和《我们共同的朋友》(1864—1865)，就是在探讨罪与耻的主题，尤其是《远大前程》，描写年轻的主人公认识到自己的错误，开始痛悔前非，忍受着良心的煎熬。至于她的这些解读是否有说服力，就要由读者自己来判断了。

19世纪中叶，随着报刊税的取消，涌现出了大量的廉价报刊，它们的《一周闲谈》《俱乐部闲人》等栏目都擅长散布小道消息，既推动了当时对名人的崇拜，也影响了这些名人的行动。近年来，这些原始的报刊资料很多都实现了数字化，为深入研究当时的文学创作和日常生活提供了庞大的数据库。《大恶臭》就充分利用了这些资料，回顾了“日报、周报、晚报、半月刊、月刊和一便士一份的廉价报纸”对狄更斯分居事件的看法。这恰恰是此前研究比较薄弱的地方。弗雷德·卡普兰的《狄更斯传》在这方面用的主要是狄更斯等人的书信，彼得·阿克罗伊德的《狄更斯传》虽然提到了英国媒体的报道，但没有具体说有哪些报刊、它们是怎样评价狄更斯的、又对狄更斯产生了怎样的影响。[1] 阿什顿则用大量的例子证明，媒体在这件事上起到了推波助澜的作用，加剧了狄更斯的担忧和恐慌，影响了他的判断和行动。一直令狄更斯耿耿于怀的《雷诺兹报》就刊登了一首讽刺诗：“若论用舌头和笔头胡说八道，没人能干得过狄更斯；/但现在他也没法拿道德说事了，/因为从今往后，人们评判他的品行时，/不再依据他的《家常话》，而是依据他的家务事。”这样的例子不胜枚举，难

1 Fred Kaplan, *Dickens: A Biography*, Baltimore and London: The Johns Hopkins University Press, 1998, pp. 385—396; 阿克罗伊德《狄更斯传》，包玉苗译，北京：北京师范大学出版社，2015年，第293—294页。

怪狄更斯竭力要控制媒体的报道。19 世纪中叶英国报刊媒体的力量日益壮大，不仅影响了个人生活，也影响了公共生活，尤其是政治代表权、外交、婚姻、医疗、城市环境治理等方面的立法。

个人生活与公共生活

《大恶臭》也把狄更斯的情感纠葛放到了公共生活背景中，与离婚法改革、精神病问题和女权运动联系了起来。1858 年 1 月 1 日，几经周折才得以出台的新《离婚法》开始生效，5 月审结了第一批适用新法的离婚案件，媒体纷纷报道。狄更斯的岳父家威胁说要到离婚法院告狄更斯与人通奸，双方的代理人和律师通信十分频繁，令狄更斯在 6 月初非常恐慌，不仅担心绯闻会影响自己在读者心目中的形象，也担心会在离婚法庭上出丑。

狄更斯多次批判旧离婚法荒谬，却没想到新法反而差点让他出丑。在新法出台前，离婚要走三道程序，非常烦琐，而且耗时费钱，绝大多数人都只能望而兴叹。申请人先要到宗教法庭获准“分居”，法律上保留夫妻关系，不能再婚；然后再到法庭上，当着陪审团的面，证明对方与人通奸，要求赔偿；最后还要议会通过一个法案，宣布这桩婚事从一开始就是无效的，允许解除婚姻关系，从而“彻底离婚”，可以再婚。很少有人能走完所有程序，女性更加困难。1800 年至 1850 年，平均每年只有两人能“彻底离婚”；而 1856 年的议会上院辩论记录表明，在之前的一百五十年里，只有四位妇女获准离婚。狄更斯多次在小说中讽刺旧离婚法，1856 年 10 月还在《家常话》上说：“按现行的离婚法，只要建立了婚姻关系，就再也逃脱不掉，解除不了，除非能够证明有某些特殊情况并支付一大笔钱。不拿出一大笔钱，就是暴行、酗酒、逃跑、重罪和疯癫，也无法解除这层关系。”新《离婚法》显然是司法改革的一大进步，使穷人和女性也有了离婚的自由。

不过，新法出台后，仍有很多人无法离婚。狄更斯的朋友爱德华·布尔沃·利顿和他妻子罗西娜就属于这种情况。两人感情早已破裂，1836 年开始分居，从此势不两立，但两人行为都不检点，谁也不敢到法院提起离婚诉讼。两人都是小说家，在当时也小有名气。布尔沃写过昙花一现的“银餐叉派”小说，描写贵族的浪漫传奇。1828 年，他出版了畅销小说《佩勒姆，或一位绅士的历险》，主人公是个贵族公子哥，喜欢穿黑衣赴宴。很快，黑色的“无尾礼服”就成了当时流行的男子晚礼服。托马斯·卡莱尔对此非常不满，在《旧衣新裁》（1833）中批判了布尔沃笔下那些没有责任心和同情心的贵族。1858 年夏天，布尔沃准备重新竞选议员，以便进入内阁担任殖民大臣。罗西娜伺机报复，督促出版商赶在 5 月底出版她的三卷本小说《世界与他的妻子，或一个重要人物》，因为她在这部小说中讽刺了她丈夫。6 月，她又赶到布尔沃的竞选演说现场，向听众讲述布尔沃的斑斑劣迹，吓得布尔沃狼狈而逃。随后，布尔沃买通医生，开具了精神病证明，把罗西娜关进了精神病院，制造了 1858 年夏天的轰动新闻，也使人们更加关注婚姻矛盾和精神病之间的关联。

阿什顿指出，借精神病之名恶意囚禁他人的现象在当时非常多见，很多离婚案件都与此有关。丈夫如果嫌弃妻子，可以诬陷她有精神病，贿赂两名医生，让他们开具医学证明，把她关进精神病院。当时有很多报道说，无耻的丈夫贿赂无良的医生，把“病人”关进黑心的私营精神病院。在伦敦流亡的马克思也给《纽约每日论坛报》写了文章《布尔沃·利顿夫人遭囚禁》，从这个个案想到了普遍的问题：“会不会有无耻之人，打着《精神病人法》的幌子，以诱人的价格收买两个贪得无厌的医师，从而拿到‘逮捕令’？”小说家威尔基·科林斯利用这个题材创作了《白衣女人》（1859），写恶毒的珀西瓦尔·葛雷德爵士为了霸占妻子的财产，把她关进了精神病院。桑德拉·吉尔伯特和苏珊·古芭最初写《阁楼上的疯女人：女性作家与19世纪文学想象》，就是在文学作品中读到了大量的关于“疯癫、囚禁”的意象。[1]阿什顿证明，这个问题不仅涉及文学意象和女性创作，还是实实在在的历史事实，文学界就有很多这样的例子。布尔沃以精神病为由将妻子囚禁了起来，狄更斯也暗示妻子凯瑟琳有精神病，“想让凯瑟琳的医生出具报告，但医生严词拒绝了，说狄更斯夫人的精神没有任何问题”。

另一方面，也有离婚案件的当事人试图以精神病为由为自己开脱。《大恶臭》讲了这年6月份最为轰动的案子——“鲁滨逊诉鲁滨逊和莱恩案”，亨利·鲁滨逊告他妻子伊莎贝拉·鲁滨逊与爱德华·莱恩医生通奸。伊莎贝拉年轻守寡，1844年改嫁亨利·鲁滨逊，当时31岁，比亨利小六岁。亨利对伊莎贝拉很吝啬，也不够温柔体贴，心思都放在了生意上。伊莎贝拉空虚寂寞，心情郁闷，开始读浪漫文学，幻想花前月下，自然也少不了红杏出墙。1854年，她来到莱恩医生的水疗院治病。在阿什顿看来，伊莎贝拉所谓的“病”，就是空虚寂寞。她把自己的情感和肉体需求都寄托到了小她十岁的莱恩医生身上，自然是一厢情愿。但麻烦在于，她还把这段虚构的情感写到了日记里面，很多内容都不堪入目。1858年夏天，她丈夫在她的日记中找到了很多偷情的“证据”，把她和莱恩告上了法庭。她的律师辩称，她患有妄想症，是更年期引起的一种精神病，日记里的云雨之事都是她幻想的。这个案子案情太过复杂，法官几次推迟宣判，并因此修正了新出台的《离婚法》。

阿什顿还把婚姻、精神病和囚禁等热点话题放到了19世纪女权运动的背景中，谈到卡罗琳·诺顿也在为此奔走呼吁，写自传体小

1 Sandra M. Gilbert，“Conversions of the Mind”，in Annette R. Federico ed.，*Gilbert & Cuber' s* The Madwoman in the Attic *after Thirty Years*，Columbia and London: University of Missouri Press，2009，p. x.

说，游说政界人士，1855 年出版了小册子《就大法官克兰沃斯的“婚姻与离婚法案”致女王书》，为女性争取离婚和分居时的财产权。阿什顿在描写这些女性人物时，不只参考了当时的报刊媒体和男性的声音，还大量引用她们自己的日记、书信、自传、小说、文章和小册子，让她们自己说话。于是，我们便看到了疯狂的罗西娜、雄辩的卡罗琳、呓语的伊莎贝拉、无助的凯瑟琳、风趣的简·卡莱尔和愤怒的勃朗宁夫人。无论是维多利亚女王、亨利埃塔·赛克斯夫人，还是名不见经传的汤姆金斯夫人、玛丽·简·特纳和马德琳·史密斯，在阿什顿的笔下，她们的个人生活都与公共生活紧密地联系在了一起。

“大事常成于微隐”

阿什顿的微观史研究最大的特点就是寻找那些隐微的关联，将很多貌似不相干的话题联系起来。例如，风靡一时的圈环裙时尚影响了盖斯凯尔夫人的短篇小说《克兰福德的鸟笼》；威廉·弗里斯的名画《德比赛马日》借助了摄影术的进步；乔治·艾略特的小说《亚当·比德》竟然也跟当时著名的德比马赛有关；狄更斯和萨克雷的交恶居然源自街头小报上的一篇文章；达尔文和华莱士不仅同时提出了自然选择理论，还都受到了马尔萨斯《人口论》的启发。当然，阿什顿也指出，有些关联和影响纯属偶然。例如，离群索居的达尔文与风口浪尖上的爱德华·莱恩成了莫逆之交；狄更斯的弟弟弗雷德离婚案开庭的那天，同一法庭刚刚宣判了鲁滨逊案；布尔沃·利顿和狄更斯这对朋友都异口同声地说自己的妻子精神有问题。

不管这些关联是明显的还是偶然的，读者都能顺藤摸瓜，找到各种人物和事件之间的相互影响。尤其是很多不知名或当时有名但现在已被遗忘的人物，如《双城记》中律师斯揣沃的原型埃德温·詹姆斯，以及很多默默无闻的伦敦人，他们都是时代画卷的重要组成部分，都在不同方面、不同程度上受到了这年夏天公共事件的影响。这些公共事件，从决定治理泰晤士河，到政治代表权、外交、婚姻、医疗等领域的立法，又都受到了日益壮大的报刊媒体的影响。

阿什顿熟稔 19 世纪英国文学史和思想史，《大恶臭》又在此基础上增加了社会史维度，提供了一种时间跨度很小的微观研究，非但没有将文学和历史碎片化，反而借助特写镜头放大了文化与社会之间的关联，通过一个切面呈现了人物、思想、事件之间纵横交错的关系网，牵一发而动全身，使读者对维多利亚时代有了一种立体的感知。当然，阿什顿的微观史学研究不可能包罗万象，但可以像她在《维多利亚时代的布鲁姆斯伯里》中所暗示的，找到那些知名人物之外的“更全面、也更重要”的影响因素，再现英国现代化进程中的危机与活力。[1] 也正是从这个意义上说，《大恶臭》的微观视域使历史具有了“陌生化”的效果。

关于 19 世纪英国和伦敦的史书可谓汗牛充栋，但采用阿什顿这种微观视角的并不多。正如同样研究维多利亚时代历史的朱迪思 · 弗兰德斯所言，“历史就该这么写，但这么写的人太少了”。史学家 G. M. 扬格认为，对于历史，真正的、中心的主题不是发生了什么，而是事件发生时人们的感受是什么。[2] 这也正是微观史学的一大特色。《大恶臭》的重心不在于描述历史事件，而是突出事件发生时人们的感受。阿什顿把我们带回到 1858 年那个燥热的夏天，让我们看到了维多利亚时代人们的思想、观点和情感。通过那些当事人的直接反应，我们可以真切地感受到社会变革产生的影响。19 世纪是英国现代化进程中的重要阶段，阿什顿书中讨论的很多问题，大到民主进程、

1 Rosemary Ashton, *Victorian Bloomsbury*, New Haven and London: Yale University Press, 2012, p. 310.

2 G.M. Young, *Portrait of an Age: Victorian England*, Oxford: Oxford University Press, 1977, p. vi.

司法改革、医疗改革、环境卫生、市政建设、妇女权益、科学研究和媒体监督，小到社会各阶层民众的情感世界、婚姻矛盾和时尚娱乐，都值得我们深思。

达尔文晚年写了一本自传，回顾自己的研究生涯，认为大事常成于微隐。在他看来，他“一生最重要的事件”就是随“小猎犬号”出海考察，但这件决定他事业道路的大事却是由两件小事决定的，一是他舅父驾车送他回家，一是船长菲茨罗伊质疑他的鼻型。阿什顿的微观史研究也是要寻找这种不起眼的小事，并在貌似风马牛不相及的事件中找到隐含的关联，呈现出鲜活而又深刻的历史。这一件件小事，也就是 1858 年夏天在泰晤士河畔扇动着翅膀的蝴蝶。